高职高专交通运输系列工学结合型规划教材

城市公共交通运营管理

主　编　张洪满
副主编　崔　嘉　温习章

北京大学出版社
PEKING UNIVERSITY PRESS

内 容 简 介

本书较为全面地介绍了城市公共交通的相关知识和技能，具体内容包括5篇：走近城市公共交通、城市道路公共交通运营管理、城市轨道交通运营管理、城市水上公共交通运营管理、城市公共交通的组织优化；9个项目：城市公共交通认知、城市公共交通行业管理、常规公共汽车运营管理、快速公共汽车运营管理、出租汽车运营管理、城市轨道交通认知、城市轨道交通运营组织、城市客渡运营管理、城市公共交通的协调与整合。本书采用了大量的图片、表格等帮助学生直观地理解相关知识，是一本真正实现“项目引领，任务驱动”的高职高专示范性教材。

本书可作为高等职业教育交通运营管理专业、轨道交通运营管理专业的教学用书，同时也可作为物流管理、交通运输、交通工程、公路运输管理等专业的教材或教学参考书，还可以作为城市公共交通企业客运服务岗位的职业培训教材及从事城市公共交通运营管理人员的参考用书。

图书在版编目(CIP)数据

城市公共交通运营管理/张洪满主编．—北京：北京大学出版社，2014.5

(高职高专交通运输系列工学结合型规划教材)

ISBN 978-7-301-24108-0

Ⅰ.①城…　Ⅱ.①张…　Ⅲ.①城市交通—交通运输管理—高等职业教育—教材　Ⅳ.①U491

中国版本图书馆CIP数据核字(2014)第068361号

书　　　名：城市公共交通运营管理

著作责任者：张洪满　主编

策 划 编 辑：万　里

责 任 编 辑：李　辉

标 准 书 号：ISBN 978-7-301-24108-0/U·0110

出 版 发 行：北京大学出版社

地　　　址：北京市海淀区成府路205号　100871

网　　　址：http://www.pup.cn　新浪官方微博：@北京大学出版社

电 子 邮 箱：编辑部 pup6@pup.cn　总编室 zpup@pup.cn

电　　　话：邮购部010-62752015　发行部010-62750672　编辑部010-62750667

印　刷　者：北京虎彩文化传播有限公司

经　销　者：新华书店

787毫米×1092毫米　16开本　20印张　471千字

2014年5月第1版　2023年1月修订　2024年8月第8次印刷

定　　　价：50.00元

前　言

城市公共交通是城市中供公众乘用的、经济方便的各种交通方式的总称，是城市交通系统的重要组成部分。随着社会经济的快速发展，城市交通需求日益旺盛，居民出行需求也在同步提升，安全可靠、经济高效、便捷舒适乃至个性化的出行需求不断增强，同时，城市私家车数量的不断增长，给城市带来了严重的交通问题和社会问题，大力发展城市公共交通，推行"公交优先"应该成为城市交通发展的主流方向。为了推动公交优先发展战略的落实，交通运输部 2012 年 10 月授予北京、石家庄、太原、大连、哈尔滨、南京、济南、郑州、武汉、长沙、深圳、重庆、昆明、西安、乌鲁木齐 15 个城市"公交都市"第一批创建城市称号。国务院在 2012 年 12 月 29 日颁发的《国务院关于城市优先发展公共交通的指导意见》(国发〔2012〕64 号)文件中明确提出："通过提高运输能力、提升服务水平、增强公共交通竞争力和吸引力，构建以公共交通为主的城市机动化出行系统，同时改善步行、自行车出行条件。要发展多种形式的大容量公共交通工具，建设综合交通枢纽，优化换乘中心功能和布局，提高站点覆盖率，提升公共交通出行分担比例，确立公共交通在城市交通中的主体地位。"这些政策的实施必将大力推动我国城市公共交通的发展，以满足城市居民出行、城市经济发展的需要。

为适应当前职业教育"校企合作，工学结合"的人才培养模式的要求，本书专业知识以应用为目的，以必需、够用为度，突出实际操作能力的培养。具体有以下几点明显的特征：

(1) 内容全面简洁。为满足和体现高等职业教育的要求，本书重点介绍最常见的城市公共交通方式，如常规公交、快速公交、轨道交通、出租汽车等，内容表达简明扼要、通俗易懂，既有基础理论的一般表述，又有实际操作的说明。

(2) 体例新颖完整。教学内容以项目为载体，通过任务驱动，强化学生实践技能的培养，其中对应每一种公共交通方式都有明确的岗位说明，通过任务引入、任务分析、任务拓展、任务操作及任务考核，使学生真正做到学、思、练、做相结合，提高教与学的综合效果。

(3) 强调够用、实用。本书内容力求体现高等职业教育够用、实用的原则，重点强调实用，提供大量的图片、表格等，以帮助学生直观理解，以求实现学习内容与岗位内容的一致，从而培养学生的实践技能。

本书由南京交通职业技术学院交通运营管理(轨道交通运营管理)专业带头人张洪满担任主编，崔嘉、温习章担任副主编。张洪满负责设计全书的编写框架及编写思路，并负责全书的统稿与定稿。具体的编写分工如下：张洪满编写项目 1、项目 3、项目 4、项目 6、项目 7、项目 9；崔嘉编写项目 2、项目 5；温习章编写项目 8。

编者在编写本书的过程中引用了国内外许多专家学者的先进理念和研究成果，参考了大量的城市公共交通企业资料、相关著作、文献、教材和网络资料、图片等，在此谨向这些企业、专家、学者、作者表示衷心的感谢。北京大学出版社对本书的编写提出很多非常有益的建议，在此表示诚挚的谢意。

由于编者水平有限，时间仓促，书中不足之处在所难免，敬请广大读者批评指正。

编　者

2013 年 12 月

目　　录

第4篇 城市水上公共交通运营管理

第5篇 城市公共交通的组织优化

第 1 篇

走近城市公共交通

项目1　城市公共交通认知

任务1.1　城市公共交通系统概述

知识目标

1. 了解城市公共交通的内涵。
2. 掌握城市公共交通的组成。

能力目标

能识别与分析一个城市的公共交通组成。

任务引入

现请你从所在地出发前往某商业中心或景点，你会选择怎样的出行路线与交通工具？有哪些选择方式？

任务分析

在城市化进程中，城市空间布局向网络化、均衡化、多核心的区域空间结构发展，地区间的阻隔和差异已逐渐消失并完全融合为一个整体。城市规模日益扩大，导致人们出行距离逐步超出可使用非机动交通方式的范围，城市交通迅速增长，公共交通成为大多数人们必选的交通方式。同时城市化加重了城市的环境问题，迫使城市发展公共交通。城市公共交通成为城市交通不可缺少的部分，是保证城市生产、生活正常运转的动脉，是提高城市综合功能的重要基础设施之一。

1.1.1　城市公共交通的界定

人们通常把城市公共汽车和电车叫做“公交车”，广义上的城市公共交通含义则更为广泛。1985年发布的中华人民共和国国家标准《城市公共交通常用名词术语》(GB 5655—1985)将城市公共交通(urban public transport)释义为“城市中供公众乘用的、经济方便的各种交通方式的总称”。城市公共交通是城市客运交通体系的主体，是城市建设和发展的重要基础之一，是生产和生活必不可少的社会公共设施，也是城市投资环境和社会生产的基本物质条件，同时又是展示城市精神文明，反映国民经济、社会发展水平和市民精神风貌的窗口。

狭义的城市公共交通是指在规定的线路上，按固定的时刻表，以公开的费率为公众提供短途客运服务的系统，是由常规公共汽车、快速公共汽车、电车、轨道交通、出租汽车、轮渡等多种交通方式组成的公共客运交通系统。通过各种交通工具之间的互相配合，为乘客提供交通运输服务，维系着城市功能的正常运转。城市公共交通是城市社会和经济赖以生存、发展的基础，在国民经济发展中占有重要地位。

1.1.2 城市公共交通的类型

2007年10月1日实施的《城市公共交通分类标准(附条文说明)》(CJJ/T 114—2007)将城市公共交通首先按照客运系统的运行线路环境条件分为“城市道路公共交通”、“城市轨道交通”、“城市水上公共交通”和“城市其他公共交通”四大基本类型，然后按照系统运营特点分成若干种类，如图1.1所示；最后按照载客工具类型分成小类。按由大到小原则进行层次归类，以达到简洁明了和容易区分的目标。

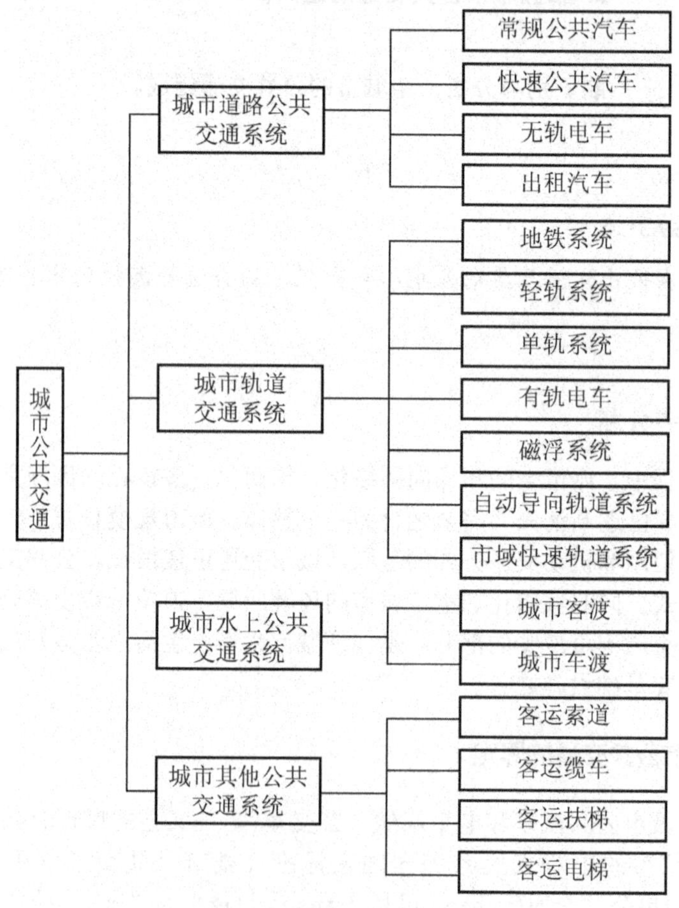

图1.1 城市公共交通的类型

(1) 城市道路公共交通系统包含常规公共汽车、快速公共汽车、无轨电车、出租汽车，其特点是灵活机动，成本较低，是使用最广泛的公共交通系统，一般是城市公共交通系统的主体。

(2) 城市轨道交通系统包括地铁系统、轻轨系统、单轨系统、有轨电车、磁浮系统、自动导向轨道系统、市域快速轨道系统，其特点是运量大、速度快、可靠性高，并可促进城市土地开发，但造价很高，一般是城市公共交通系统的骨架。

(3) 城市水上公共交通系统包括城市客渡、城市车渡，是航行在城市及周边地区范围水域上的公共交通方式。

(4) 城市其他公共交通系统包括客运索道、客运缆车、客运扶梯、客运电梯，其特点是在特殊条件下采用。

各种交通方式有着不同的客运量、速度、运营成本、收益、运行特征及适用范围特性。良好的城市公共交通系统应是多种方式的灵活组合，形成多层次的立体网络。

小案例

香港发达的公共交通系统

作为世界上人口密度最高的城市之一，中国香港的道路狭窄而局促。香港有700余万人口，道路里程仅2 040千米，平均每1 000名港人仅拥有0.29千米的道路。但香港的城市交通多数情况下畅通无阻、秩序井然，这不能不说是一个奇迹。这个奇迹的背后主要归功于香港发达的公共交通系统。

香港拥有高度发达及成熟的交通网路，公共运输的主要组成部分包括铁路、电车、巴士、的士及渡轮等。高峰时，香港每天客流量达400万人次，30%的香港市民出门靠地铁。香港的专营大巴、公共小巴、居民社区巴士，占全港交通客运量的60%。据香港特别行政区运输署介绍，每天约有1 200万人次乘坐各种各类公共交通工具，公共交通承担了市民每天出行的90%以上的交通量。

(资料来源：唐艺，等．香港PK内江：谁的城市交通更给力？[N]. 内江日报，2011. 节选，有删改)

1.1.3 城市公共交通的系统组成

1. 城市道路公共交通系统

城市道路公共交通系统是路面公共交通，根据动力类型一般分为常规公共汽车、快速公共汽车、无轨电车、出租汽车4种。

1) 常规公共汽车

常规公共汽车是目前使用最广泛的公共交通工具，主要利用燃油或燃气为动力。公共汽车之所以被广泛采用，是由于它具有固定的行车线路和车站，按班次运行，通达地区多、载客量大、对道路条件要求不高、线路开设投资不大、票价便宜、较为机动灵活，并且公共汽车运行所需的附属设施的投资较之其他现代公共交通工具也较少。

常规公共汽车的车辆类型包括小型公共汽车、中型公共汽车、大型公共汽车、特大型(铰接)公共汽车、双层公共汽车(图1.2)等，有效地适应了不同乘客不同层次的需要。

图 1.2　北京双层公共汽车

2）快速公共汽车系统

快速公共汽车(图 1.3)系统是由公共汽车专用线或通道、服务设施较完善的车站、高新技术装备和各种智能交通技术措施组成的客运系统，是优化提升地面公共交通，充分与道路新建和改建相结合，保持轨道交通特性且具备常规公交灵活性的一种便利、快速的公共交通方式。常简称为快速公交(bus rapid transit，BRT)。

图 1.3　常州快速公共汽车

快速公共汽车系统具有低造价、低维修、占地少、建设周期短、车速较快、车辆运行不受其他交通干扰、运量大、服务可靠、灵活和环保、易形成网络的特点，能有效地缓解交通压力，降低居民出行成本，提高运输质量和效率。

3）无轨电车

无轨电车以电力牵引，需要架空的输电线(也可由高能蓄电池供电)和专用的车辆等设备(图 1.4)。无轨电车有固定的行车路线和车站，行驶时能偏移两侧各 4.5 米左右，可以靠人行道边停站，必要时也可超越其他车辆。无轨电车的客运能力及运营速度与公共汽车基本相同，但初期投资较大，且行驶时因受架空触线的限制，机动性不如公共汽车。无轨

电车的特点是噪声低、不排废气、启动加速度快、变速方便。

图 1.4 上海无轨电车

4）出租汽车

出租汽车是按照乘客和用户意愿提供直接的、个性化的客运服务，不定线路、不定车站、以计程或计时方式营业，为乘客提供门到门服务的客车。与常规公共汽车客运相比，出租汽车可达性高、舒适性好、速度快，在城市中满足对出行有较高要求乘客的需要；但存在着对道路资源占用多、能源消耗大和污染严重等与私人小汽车交通相似的问题。

2. 城市轨道交通系统

城市轨道交通系统为采用轨道结构进行承重和导向的车辆运输系统，是一种路权基本隔离的公共交通方式。与常规公共汽(电)车相比，轨道交通具有运量大、快速、正点、低能耗、少污染、乘坐舒适方便等优点，能将居民的出行时耗控制在某一规定的范围内，其建设也有利于城市土地的开发。但因为它是一种与地面交通分离的独立系统，技术要求高、建设费用大、维护也较昂贵，城市财力不足是难以办到的。所以，只有在大城市客流量很大的线路上才值得使用。轨道交通系统包括线路网、车站、车辆段、停车场及其他运营设备。按其技术特性、运量、区域服务功能等分为地铁系统、轻轨系统、单轨系统、有轨电车、磁浮系统、自动导向轨道系统和市域快速轨道系统。

1）地铁系统

地铁是最早出现的城市轨道交通系统，因其采用地下隧道的形式而得名。随着地铁系统的不断发展，现代的城市地铁不仅运行于地下，还包括地面线、高架线。在许多城市，地铁被称为大容量快速交通，或快速轨道交通系统。

2）轻轨系统

轻轨是一种中运量的轨道交通，列车编组一般在 4 辆以下，适合中等规模的城市，在西欧和北美地区的中小城市被广泛采用。轻轨的路权要求不高，大部分是隔离式的路权专用，因此大部分线路采用路面形式，只有在进入中心区道路比较拥挤又要保证其运营速度时才采用隧道形式，因此其建设成本比地铁低。

知识链接

路权即交通参与者的权利，是交通参与者根据交通法规的规定，一定空间和时间内在道路上进行道路交通活动的权利。路权可分为上路行驶权、先行权、占用权、通行权。

上路行驶权是指上路行驶的车辆及其驾驶人，必须符合交通法规规定的条件，才有权上路行驶。

先行权是指交通参与者根据交通法规的规定所享有的优先使用道路的权利。先与后是时间概念，所以先行权又称时间路权，多用在车辆与车辆、车辆与行人发生交叉时，由法规规定谁先谁后。

占用权是指占用道路时，须经公安交通管理部门批准，取得占用的权利。不经批准是不得占用的。

通行权是指交通参与者，根据交通法规的规定，在道路某一空间范围内进行交通活动的权利。例如：机动车在机动车道行驶，即在机动车道这一范围内享有通行的权利，非机动车在非机动车道内行驶，行人在人行道上行走，都享有各自的权利，其他交通参与者不得侵犯，否则就是侵权行为。

路权原则在交通管理实践中得到广泛的应用，特别是在处理交通事故时，违章一方往往承担主要甚至全部责任。

3）有轨电车

有轨电车的设备类似于无轨电车，是一种低运量的城市轨道交通，但它不仅需要电力架空线，还需要固定的轨道和专设的停靠站台。其轨道线路可以与城市道路结合也可以分离，它具有运载能力大、客运成本低的优点。由于与其他交通混合运行，有轨电车运营组织比较困难，因此，随着城市的发展，有轨电车的延伸受到阻碍，一般会被公共汽车取代，也有些城市将有轨电车改建为轻轨。

4）磁浮系统

磁悬浮是当今世界最新的地面交通运输技术，它是介于航空运输和常规陆路运输之间的一种新型运输方式，被誉为21世纪的交通工具。它彻底摆脱了轮轨关系的束缚，因而使速度、运量、功率、轴重、舒适度和安全性等实现了更好的结合。磁悬浮列车是利用电磁系统产生的吸引或排斥将车辆托起，使之悬浮于线路上，利用电磁力导向，使用直线电机将电能直接转化为推动力，推动列车前进。

5）单轨系统

单轨电车是指车辆在一根轨道上行驶的轨道交通系统。单轨铁路一般架设在道路上部空间，故土地占用较少。大多数单轨系统采用橡胶轮胎，可以适应急转弯及大坡度，对复杂地形有较好的适应性，从而减少拆迁量。同时，单轨系统建设工期较短，投资也小于地铁系统。单轨系统的不足是运营费用偏高，而且，目前已投产的单轨系统的运量很少达到设计运能。由于其走行装置采用橡胶轮，与混凝土轨面的滚动摩擦阻力比钢轮钢轨大，因此能耗比一般轨道交通大40%，且有轻度的橡胶粉尘污染。

6）自动导向轨道系统

自动导向轨道系统是一种车辆采用橡胶轮胎在专用轨道上运行的中运量旅客运输系

统，其列车沿着特制的导向装置行驶，车辆运行和车站管理采用计算机控制，可实现全自动化和无人驾驶技术，线路大多采用高架结构，但也有一些地下隧道。

7）市域快速轨道系统

市域快速轨道系统是一种大运量的轨道运输系统，适用于城市区域内重大经济区之间中长距离的客运交通。快速轨道系统一般由铁路部门运营管理，路权一般是隔离式的，也有信号平面交叉口。其动力一般为电力，也有内燃机，车辆可独立运营也可编组为列车运营，乘坐舒适度较高。大部分呈现市中心区至郊区城镇的放射线路。近年来，随着城市空间的扩大，市域快速轨道交通正向城市地铁型发展，因其大多数是既有国家铁路的改造，所以建设成本较低。

想一想

从你出行角度看，平时乘坐公交车与地铁有何区别？你更愿意选择哪一种交通方式？

3. 城市水上公共交通系统

城市水上公共交通是航行在城市及周边地区范围水域上的公共交通方式，其主要运行方式有3种：连接被水域阻断的两岸接驳交通；与两岸平行航行，在固定站点码头的客运交通；旅游观光交通。本系统包括城市客渡系统(图1.5)、城市车渡系统(图1.6)。这对没有桥梁、隧道或过江通道能力短缺的城市显得十分重要。轮渡具有固定线路，其线路规划依赖于城市道路系统的规划、越江隧道及地铁的规划，主要弥补越江(海)交通的不足。轮渡两岸应有规范的客运码头和相应的公共交通线路终点站或过境站，两岸公交、轮渡形成联运枢纽站，以保持城市公共交通连续性。城市客渡的渡轮包括常规渡轮、快速渡轮和旅游观光轮。

图1.5 长江客运轮渡

图1.6 火车轮渡

4. 城市其他公共交通系统

城市其他公共交通系统是由于一些特殊类型客运交通工具的存在及今后交通的发展需要，属于城市公共交通系统的补充，以满足乘客不同的出行需求的公共交通系统，包括客运索道、客运缆车(图1.7)、客运扶梯及客运电梯。

图 1.7　重庆索道缆车

5. 城市公共交通线路网

城市公共交通线路是由几个或十几个以至数十个站点串联而成的一段固定的营运路径，从小的方面解决线路沿途的居民乘车要求。城市公共交通线路网是由若干条、几十条以至数百条线路组成的一个覆盖面广的线路网络，从大的方面满足一个区域乃至城市的居民乘车需求。

6. 城市公共交通车站与场站设施

城市公共交通车站分为终点站、枢纽站和中间停靠站，公共交通的站距受交叉口间距和沿线客流集散点分布的影响，在整条线路上是不等的。城市中心区客流密集、乘客乘距短，上下站频繁，站距宜小；城市边缘区，站距可大些；郊区线，乘客乘距长，站距更大。

公共交通停车场、车辆保养场、公共交通车辆调度中心等场站设施是城市公共交通系统的重要组成部分，应与城市公共交通发展规模相匹配。公共交通站场布局，主要根据公共交通的类型、车种、车辆数、服务半径和所在地区的用地条件设置。

7. 城市公共交通运营管理系统

城市公共交通系统(urban public transport system)服务示意如图 1.8 所示。

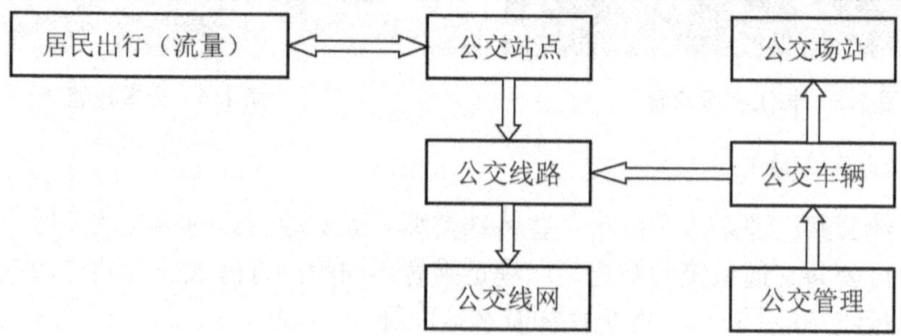

图 1.8　公交系统服务示意

城市公共交通能否正常和有效地运行，不仅取决于道路和车辆、场站等物质技术设施条件，而且有赖于科学有效的运营管理系统。公共交通企业的运营调度管理主要包括两项内容：一是运营调度计划的制订；二是运营调度计划的执行和监控。近年来，公共交通运营管理引进或自主开发了调度通信手段和车辆自动监控等先进的运营管理信息系统，可以实现公共交通运营的实时控制，实现现代现代化公共交通运营管理。

任务拓展

城市主要公共交通方式的性能指标对比情况见表1－1。

表1－1　城市主要公共交通方式性能指标对比表

公共交通方式	地铁	轻轨	公共汽(电)车
路权形式	专用轨道	专用轨道	城市道路
每车道每公里投资/亿元	6.0～8.0	1.5～3.5	0.1～0.2
运送速度/(千米/时)	30～40	25～30	15～25
发车频率/(车次/小时)	20～30	40～60	60～90
单向运送能力/(万人次/小时)	3.0～7.0	1.0～3.0	0.8～1.2
人均占路面积/($米^2$/人)	0～0.2	≤0.5	1.0～2.0
建设成本(设地铁为1)	1	1/5～1/3	1/30～1/10
运营成本(设地铁为1)	1	2/3	≤1/2
人均能耗(设地铁为1)	1	1.25～1.5	1.5～2.5
建设周期/(天/千米)	60	36	≤7

任务操作

1.(课堂任务操作)针对出行任务，分组完成：

(1) 绘制选择的出行路线。

(2) 列出选择的交通工具。

(3) 列出出行方式组合。

2.(课后任务操作)请选择一个你熟悉的城市(如南京)，分组调查该城市公共交通系统的构成，并撰写调研报告。

任务考核

本任务主要学习了城市公共交通的系统构成，请你思考以下几个问题，并作为自我检查：

1. 城市公共交通的内涵是什么？

2. 城市公共交通分类的依据是什么？如何分类？

3. 从乘客出行角度，比较常规公共汽车、快速公共汽车、出租汽车、地铁的优缺点。

任务 1.2 城市公共交通客流变化

知识目标

1. 了解城市居民出行目的和出行方式。
2. 了解城市公共交通客流的变化。

能力目标

能分析城市公共交通客流的变化规律。

任务引入

选择一个你熟悉的城市(或区域)，分组调查该区域居民的出行方式或选择一条线路，调研其客流变化情况。

任务分析

城市公共交通是城市重要的基础设施之一，是城市复杂系统的重要组成部分，是城市居民从事各项生产、生活等活动的纽带。它不仅满足城市居民出行的需求，从某种意义上讲，其发展水平直接关系到城市的整体发展水平。然而，城市公共交通运营水平的状况，又直接影响到居民的出行选择，进而影响公共交通的整体发展，因此，对城市居民出行的分析就显得尤为重要。

1.2.1 城市居民出行方式和目的

1. 出行方式

出行方式是指城市居民出行对各种交通工具的利用比例，可以反映客运系统的结构和运行服务水平。目前城市客运交通中，最常用的出行方式主要有步行、自行车、摩托车(包括轻骑、助力车)、私人汽车、出租汽车、单位通勤车、公共汽车、有轨(无轨)电车、地铁、轻轨和通勤铁路。此外，一些城市还有导向公交、轮渡、人力三轮车、缆车等。具体到某一个城市，其所拥有的交通方式种类主要与城市自身的经济实力、自然环境和建成环境(指城市中非自然形成的人造环境)密切相关。

同样的出行总量、不同的出行方式结构对交通的要求有很大的差异。我国某市居民出行方式及比例见表 1-2。

表 1-2 某市居民出行方式

出行方式	步行	自行车	摩托车	公交车	出租汽车	私人汽车	其他	合计
所占比例	16.86%	24.39%	3.23%	36.26%	1.51%	11.88%	5.87%	100%

从表1-2数据可以看出，在该市居民出行方式所占比例中，第一是公交车，为36.26%；第二是自行车，为24.39%；第三是步行，为16.86%；私人汽车的比例较低，为11.88%。公交车出行比例尽管最高，但与国外发达国家城市公共交通相比仍有一定距离(国外通常为50%以上)，该市私人交通出行所占比例为56.36%，在居民出行方式中占据主导地位，这与该市公交线路布局不尽合理、公交设施配备不到位等有关，随着该市轨道交通的建设运营及公共交通设施的进一步完善，居民的出行方式将会发生较大的变化，公共交通出行将成为该市居民出行的主要选择。

2. 出行目的

对于城市居民来说，居民日常出行目的可以分类，如为了谋生、处理个人或家庭事务以及参加社交和文化娱乐等活动，即出行必然具有相应的目的。通常将居民出行目的归纳为8种：上班、上学、公务、购物、文化娱乐、社交或探亲访友、回家(含回程)和其他。根据研究目的及研究深度的不同，上述出行目的还可以进一步细分或综合，如国内有些城市将购物、文化娱乐、探亲访友、外出就餐、就医、个人或家庭事务(如去银行、邮局)等与生活有关的出行综合为私人生活。结合我国某市居民出行情况，该市城市居民出行目的及其比例见表1-3。

表1-3 某市居民出行目的分布

出行目的	上班	上学	购物	文化娱乐	社交或探亲访友	回家	其他	合计
所占比例	23.67%	9.54%	10.62%	2.93%	2.57%	42.75%	7.92%	100%

由表1-3可以看出，居民出行目的中，回家所占比例最大，为42.75%，其次是上班，其他各类活动出行次数总和与回家次数吻合，生活出行比例为16.12%，相对较低。生活出行的多寡是一个城市经济水平的反映，城市经济越发达，居民生活出行所占的比例就越高。在居民各种目的的出行中，上班、上学及其回家占据了绝对优势，因此，生存出行较多，生活出行较少，出行目的比较集中，成为城市居民出行的又一特点。由此可见，采取各种措施解决好上班、上学及回程的交通问题是城市交通管理的重点所在，也是城市规划时需重点考虑的问题之一。

小案例

中国城市居民出行方式性选择调查报告

《中国城市居民出行方式性选择调查报告》显示，居民日常出行距离大多集中于3～8千米，其中3～5千米和5～8千米合计占比超过半数，达到52.9%，仅有6.2%的居民出行距离在1千米以内。

调查表明，居民日常出行目的主要集中于通勤(包括上班、上学)，占比高达68.7%，其次是休闲或走亲访友(21.2%)，仅有9.3%的居民将购买生活用品作为日常出行主要目的。

北京、成都等大城市中，居民日常出行距离较远，其中北京日常出行8千米及以上人群占比高达47.8%；每日出行距离1千米以内的人群中，昆明相较其他城市比例较高，达到12.2%。有车族的出行距离大于无车族，其中有车且未来两年有换车打算的人群出行距离最远，8千米以上占比39.6%。

调查显示，居民日常出行时间主要集中于15～30分钟和30～60分钟两个时间段，占比分别为37.4%和33.9%；“2个小时以上”的占比很低，仅有1.6%。北京、上海、天津、广州等城市居民日常出行时间主要集中于30～60分钟，尤其在北京日出行1个半小时的居民占比达15.9%，远高于其他城市。

报告显示，在现有出行方式中，居民选用公共交通出行的比例超过半数，高达56.1%，远远高于其他方式。

此项调查显示，有32.5%的居民选用私家轿车出行，步行排在第三位，占20.1%，自行车或电动自行车占16.5%，出租汽车占14.7%。相比较其他城市而言，北京与广州居民选择公共交通工具出行的比例较高，分别为71.5%和72.5%。

调查表明，有73.9%的居民愿意改变现有出行方式，其中超过60%的居民愿意选择私家车代替现有出行方式，而购车原因是由于公交车过于拥挤、速度慢。经济发达城市居民较其他城市居民选择公共交通出行方式的意愿要高。

（资料来源：俞俭．中国城市居民出行方式性选择调查报告[N]．新华每日电讯，2009-11-2(3)．有删改）

1.2.2 客流分类

公共交通客流是指需要乘坐公共交通以实现其位置移动而达到出行目的的乘客群。乘客群流动的数量简称为客流量。

客流量从总的方面反映城市居民需要乘坐公共交通工具的概括数据，它是由城市市区和郊区的固定居住人口和外来临时人口，因生产、生活等需要出行而乘坐公共交通工具构成的。客流量的大小取决于城市性质与面积、人口密度、经济水平、就业人口、城市布局、出行距离及公共交通线路网的布设、票价和服务质量等因素。

按照乘坐公共交通工具的目的性，可以将客流分为3种类型。

(1) 工作性客流。是乘客因上下班需要而乘坐公共交通工具的客流。这种客流每天有固定的乘车次数和一定的乘车时间，比较稳定，有一定的动态规律，是公共交通的基本客流。

(2) 学习性客流。是乘客因学习需要而乘坐公共交通工具形成的客流。这种客流也有固定的乘车时间和乘车次数，但数量比较少，是公交系统的次要客流。

(3) 文娱生活性客流。属于文化生活需要而出行的客流，范围很广，如乘坐公共交通工具去文化娱乐场所，购买商品，走访亲友，观光旅游，不同交通方式换乘等。这种客流没有固定的次数，但是数量却很大，特别是节假日的数量更大。这种客流客观影响的因素很多，如气候的转变、社会活动的频繁、经济发展的水平等都直接影响这种乘车的次数。所以，这种客流的稳定性很弱，有特殊的规律性，是调度部门较难处理的一部分客流。

按照客流的来源，可将客流分为下列3种类型。

(1) 基本客流。是指由于城市公共交通线路既有客流加上按正常增长率增加的客流。

(2) 转移客流。是指由于轨道交通具有快速、准时、舒适等的优点，而使原来经由常规公交和自行车出行转移到经由轨道交通出行的这部分客流。

(3) 诱增客流。是指城市公共交通线路投入运营后，促进沿线土地开发、住宅区形成规模、商业活动频繁所诱发的新增客流。

想一想

从你出行角度看，你在多数情况下属于哪一种客流？

1.2.3 客流变化规律

影响客流的因素很多，因此，客流不是固定不变的，而是一刻不停地变动着，但是这种变化有一定的规律性，如果能认识和掌握这种变化的规律性，就能使生产调度工作更好地适应客流变化的状况。

1. 客流在空间分布上的变化规律

1）线路网上的客流动态

线路网上客流动态是指全市性的客流动态，反映全市公共交通线路网上客流量的多少及分布特点。一般城市的中心区客流量总是最密集，而边缘地区则相对稀疏。

客流的动态分布与城市的总体布局有很大关系，并受道路格局的制约。根据线路网上客流量动态变化的方向和数值及波动的幅度，可以新辟线路，调整运营车辆的选型及配备各时段的车辆数，修改行车时刻表等。

2）方向上的客流动态

公共交通的每条线路都有上、下两个方向。假设某一条线路两端的站点分别为A站和B站，若线路表示为“A站→B站”，则车辆从A站至B站方向运行，称为上行方向；若线路表示为“B站→A站”，则车辆从B站至A站方向运行，称为下行方向。

一条线路两个方向的客流量在同一时间分组内一般是不完全相等的。有的线路双向的客流量几乎相等，有的线路则差异很大。由于方向上的客流动态不同，可计算出两个方向的运量数值，为确定相应的调度措施、合理地组织车辆运行提供依据，方向上的客流动态类型可以分双向型和单向型。其中双向型是指线路上行、下行两个方向的运量数值接近相等，很多市区线路是属于双向型的，这种线路在调度上比较容易处理；单向型是指上行、下行两个方向的运量数值差异很大，特别是通过郊区或通往工业区的线路，很多是属于单向型的，这种线路在调度上较为复杂，车辆的利用率较双向型低。

3）断面上的客流动态

在同一时间段内线路上各站点的上下车人数一般也是不完全相等的。若把同一时间段内一条线路各断面通过量的数值，按照上行和下行各个断面的前后次序排成一个数列，则可以从这个数列中显示出该线路在这个时间段内各断面上的客流动态。根据断面客流的动态分析，可以为经济合理地编制行车作业计划及选择调度措施提供重要的依据。

2. 客流在时间上的变化规律

1）客流在季节上的变化

一年中，每月的客流量互有差异，很不均衡。客流与形成的众多因素，不论是社会因素还是自然、经济等因素，都有着密切的联系。例如，年末人们出行活动增加，城市市区、郊区的客流量都有较大幅度上升；春节前后的返乡潮，致使运输枢纽附近的线路客流剧烈变化等。因此，做好季节性客流动态分析，可以为制订季节客运生活产计划提供主要资料，这些资料也是编制各月行车作业计划的主要依据之一。

2）客流在一周内的变化

在一周的7天中，由于受到工作日和休假日的影响，每天的客流量是不等的，但变化较为稳定，如果生产企业轮休日没有大幅度的变动，就会使每周的客流量有重复出现的规律。其特点是工作性客流、学习型客流在每星期一至星期五之内达到一周的最高峰；市区线路在双休日，由于休假单位多而且集中，因此工作性客流量、学习性客流量大幅减少，而生活娱乐性客流则有很大增加。

3）客流在昼夜间的变化

在一昼夜内，各个单位时间段的客流动态是不相同的。公共交通的基本客流是工作性客流，在市区内这种现象在工作日是非常明显的，一般在早晚上、下班时间内会出现两个客运高峰。在工业区运营的线路上，因受到工作制的影响，还会另外形成中午和夜间两个客运小高峰；在郊区，在时间上客流量上午起伏度较小，但是，郊区的客流量受季节、气候变化的影响较大，一般夏季中午客流量较低、早晚较高，而冬季早晚较低工、白天较高。

客流的动态分布，都有一定的规律性。但是这种规律性随着城市布局的改变和城市经济的发展会发生一定的变化。所以，经常深入线路现场，加强客流动态的调查，找出其变化规律，是公共交通运营部门需要做好的经常性工作之一。

任务拓展

根据客流量在一昼夜不同时间内的分布，其动态演变可以划分为4种基本类型，见表1－4。

表1－4　昼夜客流动态变化的类型

昼夜客流动态变化类型	变化规律
双峰型	这种类型是在一昼夜中有两个显著的高峰，是一种典型的变化，在大城市和工业性城市有一定代表性。一般一个高峰发生在上午上班时间，称为早高峰(6:00—8:00)；而另一个高峰则出现在下午下班时间，称为晚高峰(17:00—19:00)
三峰型	这种类型比双峰型多出一个高峰，如果这个高峰出现在中午时间(12:00—14:00)，则称为午高峰，而出现在夜晚(20:00—22:00)，则称为小夜高峰。一般情况下，这个高峰的峰值比早、晚高峰要小。这种类型常见于市区线路

续表

昼夜客流动态变化类型	变化规律
四峰型	这种类型比双峰型多出两个高峰，这个高峰一般出现在中午(12:00—14:00)和晚上(20:00—22:00)，而它们的峰值总比早、晚高峰小。这种类型多出现在工业区行驶的线路上，其主要乘客是三班制人员，高峰时间短，但是调度工作必须重视
平峰型	这种类型的客流动态在时间分布图上没有明显的高峰，客流量在一个昼夜时间内虽然有变化，但是升降幅度不大，一般出现在郊区农村行驶的线路上

任务操作

(课堂任务操作)针对出行任务，分组完成：请选择一个你熟悉的城市(或区域)，分组调查该地区居民的出行方式或选择一条线路，分析其客流变化规律，并撰写调研报告。

任务考核

本任务主要学习了城市公共交通的客流变化，请你思考以下几个问题，并作为自我检查：

1. 城市居民出行方式和目的分别有哪些？你和你的同学出行方式和目的主要有哪些？

2. 城市公共交通客流有哪些类型？

3. 如何分析城市公共交通客流的变化？选择一条你熟悉的线路，分析其客流变化规律，据此你会给公共交通运营部门提出什么建议？

任务1.3 城市公共交通客流调查与预测

知识目标

1. 掌握城市公共交通客流调查的方法。
2. 掌握城市公共交通客流预测的方法。

能力目标

能根据实际需要选择合适的客流调查方法，并能进行合理的预测。

任务引入

请从你学校所在地乘坐常规公交或地铁至某一目的地，对你所经行的线路进行客流调查。

任务分析

城市公共交通客流调查是指公共交通企业有目的地对客流在线路、方向、时间、地点、断面上的动态分布所进行的经常的或定期的，全面的或抽样的调查并进行分析的过程，是对城市居民乘车需求情况的分布资料的收集、记录和分析过程。通过调查，掌握客流变化的动态规律，为提高运营管理水平，改进调度措施，充分发挥车辆的运营效能，提供重要的信息和决策依据。

1.3.1 城市公共交通客流调查分类

1. 全面客流调查

全面客流调查是对全线客流的综合调查，通常也包含对乘客情况抽样调查。这种类型的客流调查时间长、工作量大，需要配备较多的调查人员。但通过调查及对调查资料进行整理和统计分析，能对客流现状及其变化规律有一个全面清晰的了解。

全面客流调查有随车调查和驻站调查两种调查方式。随车调查是指由专人乘坐在线路运营车辆上或者在地铁列车车门处对运营时间内所有上下车乘客进行实地调查。驻站调查是指派专人在站内或检票口对运营时间内所有进出站乘客进行实地调查。轨道交通全面客流调查基本上都是采用驻站调查。

2. 乘客构成抽样调查

抽样调查是用样本来近似地代替总体，这样做有利于减少客流调查的人力、物力和时间。乘客构成抽样调查通常采用问卷方式进行，调查内容主要包括乘客构成情况和乘客乘车情况两方面，具体包括年龄、性别、职业、家庭住址和出行目的等，一般在车站进行。该项调查的时间可选择在客流比较正常的运营时间段进行。

乘客乘车情况调查的安排视调查对象及调查内容的不同而不同。调查内容除年龄、性别和职业外，还可包括家庭住址和家庭收入、日均乘车次数、上车站和下车站、到达车站的方式和所需的时间、下车后到达目的地的方式和所需时间、乘坐轨道交通列车后节省的出行时间及对现行票价的认同度等。

3. 断面客流调查

断面客流调查是一种经常性的客流抽样调查，根据需要，可选择一个或几个断面进行调查，一般是对最大客流断面进行调查。调查人员可采用直接观察法调查车辆内的乘客人数。

4. 节假日客流调查

节假日客流调查是一种专题性客流调查，重点对春节、元旦、国庆节、双休日和其他民间节日期间的客流进行调查。调查的内容包括机关、学校、企事业等单位的休假安排，城市旅游业、娱乐业的发展程度，市民生活方式的变化等。

节假日的客流调查可以分为节前、节日期间的调查。节前调查的目的是为安排节日的运行调度提供预测，节日期间的调查是为了反映节日期间的实际情况，为今后的节日调度积累资料。

小案例

哈尔滨大规模综合调查交通情况

为给城市轨道交通规划及政策制定提供科学的分析依据，2009 年 4 月 20—26 日，哈尔滨市投入 7 000 名调查人员，采取公共随机调查和抽取 3 万余户市民入户调查等方式，开展哈尔滨市有史以来规模最大的综合交通调查。

此次调查的组织单位是上海交通研究所，调查对象为哈尔滨市 8 个区的所有街道办和镇的居民，调查时间是 4 月 20—26 日。7 000 名调查员通过开展居民出行及外来人口调查、公交汽车客流及问询调查、公交客运交通流量调查、交通吸引点流量及问询调查、出租汽车客流调查等，为有关部门提供哈尔滨市不同地点在不同时间内的交通流量、城市居民及外来人口出行的基本交通特征和流动规律等，为研究制定城市轨道交通规划及政策，改善城市道路交通提供科学的分析依据。

调查的具体内容和方法如下。

(1) 居民出行及外来人口调查。通过科学合理的抽样，调查 3 万多户家庭约 8 万人，平均抽样率为 2%，采用入户家访方式调查并记录家庭中 6 周岁以上的每个成员 24 小时的出行目的、出行路径、出行时间、交通方式等，包括上班上学、购物买菜、休闲活动等一切与交通有关的日常活动，通过调查全面了解城市居民的总体出行特征和规律。

(2) 公交汽车客运交通流量调查。调查时间为 4 月 21 日早 5 时—22 时，调查范围为全市 131 条公交线路 2 350 辆车，采用随车观测统计各站(断面)的上下客人数，以此掌握全市公交客流的构成，运线网密度，平均到站、到线时距，线路站点的分布和线路在营运时间段内各断面通过量和各线路运客量。

(3) 公交乘客出行特征问卷调查。选取主要道路上的公交线路及主要公交集散点(25～30 个)，分 3 个时段(上午、下午和晚上)，对 4 000 位乘客采用跟车和驻站问询调查，调查的主要内容为乘客的出行线路、公交出行满意度、出行要求等信息。

(4) 交通吸引点流量及问询调查。对选中的 15 个吸引点开门起至关门为止进、出人流和车流进行调查；对昼夜营业的调查点则进行 24 小时的全天调查。同时，了解调查单位基本情况、从业人员个人情况、出行特征、来访者的出行特征。通过调查获得不同地点在不同时间内对交通出行、人流的吸引资料，为全市交通规划研究提供翔实的基础数据。

(5) 出租汽车客流调查。调查出租汽车一天运营基本情况和每车次的基本情况，掌握出租汽车出行的数量、时间、空间分布、载客情况等基本特征。

有关负责人表示，此次调查旨在更好地组织哈尔滨市的城市交通，并制定相关规划，为市民出行服务。

(资料来源：刘华．哈市将大规模综合调查交通情况[OL]．黑龙江省政府网，2010. http://www.hlj.gov.cn/xxbs/system/2009/04/15/000069269.shtml. 有删改)

1.3.2 城市公共交通客流调查方法的选择

客流调查一般都需要积累比较长期的资料进行分析，选择何种调查方法，需要在熟悉各种方法的基础上，结合分析的要求来决定。

选择调查方法时应注意以下两点：一是要尽可能以最少的劳动消耗和时间，取得能够满足需要精度的资料；二是尽可能以最简便的方法，得到被调查者的配合，以保证所需资料的及时性、可靠性和实用性。

问询调查法和观测法是城市公共交通企业经常采用的两类调查方法。

1. 问询调查法

问询调查法按照调查地点的不同，有驻站问询法和随车问询法。

1）驻站问询法

驻站问询法是指派专人在调查站点内通过询问来调查乘客在线路上的起讫点及客流其他情况的方法。驻站问询调查表见表1-5。这种方法适用于了解线路某个区间或某几个站点客流资料的情况。

表1-5 驻站问询调查表

路别： 行向： 驻站站名： 日期： 调查员：

到(或下)站名		××站	××站	……	漏查人数	备注
时分	车号					

2）随车问询法

随车问询法是指派专人在车上，沿线询问乘客在线路上的起讫点及客流其他情况的方法，也称跟车问询法。随车问询调查表见表1-6。这种方法适用于了解全线路客流去向的情况。

表1-6 随车问询调查表

路别： 车号： 行向： 日期： 调查员：

时间段	上车站名	下车站名	备注

3）问询调查数据的汇总

将驻站或随车问询调查得到的资料按分组时间汇总后，填入乘客方向人数汇总表(表1-7)中。每组时间一张表，以站点对角线(从左上角至右下角方向)作为基准，上行方面沿线各站的资料列入左下方的直角三角形表内，下行方向各站的资料列入右上方直角三角形表内，这样，上下行两个方向的两个三角形表就构成了一个方形的乘客方向人数汇总表，又称乘客方向人数三角检验表。

在三角检验表内格子中的每个数值为乘客方向数量，即客向量，其含意是指乘客从一站上车运行到另一站下车数量，计量单位为人次。客向量不仅能表示客流的数量，同时也反映出客流的流动地段，故又可称为流向量。客向量是个重要的度量标准，从拟定线路到规划、组织线路运行、现场行车调度等，都需要有足够的客向量资料，才能使调度工作达到应有的效果。

表 1－7 乘客方向人数汇总表

R←	A上← / A下→		10	60	60	40	210	630	280	1 290	5 730
		①	0	20	20	10	80	320	70	530	
140											530
	5	5	②	40	20	10	60	160	60	350	
450											870
	15	10	5	③	20	10	40	80	50	200	
540											1 010
	30	15	10	5	④	10	20	40	40	110	
530											1 060
	55	20	20	10	5	⑤	10	20	30	60	
505											1 080
	100	25	40	20	5	10	⑥	10	20	30	
435											900
	175	30	80	30	5	10	20	⑦	10	10	
265											280
	165	35	60	40	5	10	10	5	⑧		
2 865	545	140	215	105	20	30	30	5		A上← / A下→	R←

(1) 各站上车量的计算。把三角形表的客向量按纵向相加即得到相应停靠站的上车量，其计算公式为

$$A_{上i}=\sum_{j=1}^{n}Q_{ij}$$

式中，$A_{上i}$——i 站的单向上车量，单位为人次；

Q_{ij}——从 i 站到 j 站的客向量，单位为人次。

(2) 各站下车量的计算。按横向相加得到下车量，其计算公式为

$$A_{下j}=\sum_{i=1}^{n}Q_{ij}$$

式中，$A_{下j}$——j 站的单向所有下车量，单位为人次。

各站的上车量和下车量应该相等。如果不等，就有可能是计算错误，也有可能是由调查误差引起，需要修正。不管是上车量还是下车量，其数值为乘客运量，或者说是乘客乘车的总次数。乘客运量是运营部门制定线路网规划及远景规划和编制运营计划的重要数据之一。

(3) 通过量的计算。根据通过量的定义，计算旅客的通过量，其计算公式为

$$R_n=R_{n-1}+R_{上n}-R_{下n}$$

式中，R_n——本站段的乘客通过量(人次)

R_{n-1}——前一站段的乘客通过量，单位为人次；

$R_{上n}$——相应停靠站的上车量，单位为人次；

$R_{下n}$——相应停靠站的下车量，单位为人次。

乘客通过量表示某站段的乘客流动程度，在运营组织中有较大的实用意义，是设计行车组织方案，解决行车现场问题不可缺少的依据之一。

由此可知，问询调查法提供了基于分析线路客流的乘客分布情况，是调查线路运营实际情况的实用方法，为确定线路的行车组织形式、车辆调度方法及车辆配备等汇集了乘客数量和方向的定量依据。

2. 观测调查法

观测调查法包括以下 3 种方法。

1）高断面观测法

高断面观测法是指派专人在乘客客流量比较多的路段，选取一个合适断面，观测通过该断面的车辆的车内人数，以得到该路段的乘客通过量等客流情况（调查表见表 1－8）。通过高断面观测，可以了解全日各段时间客流量变化的程度，评价高低峰时间配车是否合理，以作为配车或增减车辆的依据。

表 1－8　高断面观测调查表

断面位置：　　　　线路：　　　　行向：　　　　日期：　　　　调查员：

车号	到达时间	车内人数	留站人数	备注

运用高断面观测法要注意以下 3 点。

（1）断面的选择。要根据日常的观测和工作要求确定恰当的断面地点，应以熟悉线路情况的人员来正确估计流量的密度。一般可以将高断面设在靠近停靠站点的地方。

（2）调查日期的确定。可以根据客流规律来决定，因为一周里的平时与假日不同，而平时又因为企业交替公休，乘客多少也不同，所以调查日期应确定得当，既要有代表性，又要保持准确性。

（3）资料的统计分析。可以把原始记录以半小时作为组距，计算出通过班次、通过量、平均车容量等数据。见表 1－9。根据高峰和平峰的客流量，按照车型定员来检查载运人数的多少。如果高峰期太拥挤并有留站人数，就要采取有效的调度方法以增加运输班次；而在平峰期，如果客流量少，就要减少班次。

表 1－9　高断面观测汇总表

时间	通过车次	通过量	留站人数	平均车容量	满载率	上次调查			比较	
						车次	通过量	满载率	客流情况	满载情况
6:00—6:30										
合计										

半小时班次与行车间隔的计算公式为

$$\text{半小时内班次(车次)}=\frac{\text{每 30 分钟通过人数}+\text{同时段留站人数}}{\text{计划车容量}}$$

$$\text{半小时内行车间隔(min)}=\frac{30}{\text{半小时内班次}}$$

这种方法的特点是处理简单，资料整理容易且快速，可以比较准确地反映客流变化情况。还可以利用调查资料及时修改行车时间表，虽然资料的正确性与实际情况略有出入，但是一般相差不大，完全可以作为运力和运量的平衡依据。

2）随车观测法

随车观测法是派专人在运行线路的车辆上记录沿途各站上下车乘客的数量及留站人数。(调查表见表 1-10)。随车观测调查车辆数量，可以每车调查，也可以抽取其中部分车辆来进行调查。

表 1-10 随车观测调查表

线路： 行向： 发车时间： 车号： 日期： 调查员：

站名	到站时间	上车人数	下车人数	留站人数	备注
××站					
……					

根据调查得到资料按以下步骤进行汇总：

(1) 按分组时间段，将观测记录原始表格中的数据汇总后，填入表 1-11 中。

表 1-11 汇总表一

路别： 行向： 分组时间： 车型： 车次： 平均车容量：

站名	上车人数	下车人数	旅客通过量
××站			
……			

(2) 按单向的各分组时间段，将各站上下车量分别填入表 1-12 中。

表 1-12 汇总表二

时间分组	通过车次	×车站		××站		……	合计	
		上车人数	下车人数	上车人数	下车人数	……	上车人数	下车人数
						……		
						……		

(3) 最后，按单向的各组时间段，分别计算各站段的乘客通过量，填入表 1-13 中。

表 1-13　各站段乘客通过量

分组时间	车次	车容量	××站	××站	××站	……	合计

3）驻站观测法

驻站观测是在规定时间内派人分驻各个调查点记录上下车人数、留车人数和留站人数的调查方法(调查表见表 1-14)。按清点留车人数的观测方法的不同，一般又可以分为两种：一种是直接点录乘客实数；另一种是估计车厢内载客的满载率程度。这两种方法在实际中部分可以采用。具体操作办法：①直接清点车厢内的载客人数，在不易点清时可按车厢内站立人数的均衡程度以每平方米站立人数来估计；②事先制定出车厢满载的标准，调查按满载标准来估计车厢内的载客数。

表 1-14　驻站观测调查表

驻站站名：　　　　　线路：　　　　　行向：　　　　　日期：　　　　　调查员：

车号	达到时间	离站时车内人数	上车人数	下车人数	留站人数	备注
合计						

经过观测后得到的调查资料，按行车方向分别汇总在表 1-15 中。

表 1-15　驻站观测数据汇总表

观测站 / 分组时间	××车站						……
	车次数	上车人数	下车人数	平均车容量	旅客通过量(站后)	满载率	……

在一条线路上，选择哪一个停靠站作为观测点，是要根据平时掌握的资料和实际工作中的具体问题来决定的。假如研究一条大线路上是否需要增加一段较短的辅助线路，就应该选择可作终点站的观测点，这个点既是沿线的主要站点又有流转量较大的特点。如要研究停靠站是否增加、撤销，是否开辟临时站，或者确定大站车、区间车是否需要分站必停，就可以根据观测的数据资料来分析决定。

想一想

以上各种客流调查方法各有何优缺点？在具体运用时如何选择这些调查方法？

1.3.3 城市公共交通客流预测

1. 四阶段客流预测模式

客运量预测作为城市公共交通需求预测的主要内容，通常沿用四阶段客流预测模型方法获得，即土地使用决定出行生成，功能布局决定出行分布，使用成本决定出行方式划分，设施条件决定网络客流密度。运用四阶段法进行预测，首先对研究对象(城市)划分交通小区，进行城市人口、就业、土地利用资料的调查和居民出行调查，在此基础上进行居民出行生成预测、出行分布预测、交通方式划分和交通分配。

四阶段客流预测模式是以城市居民出行OD调查为基础的。OD表即起讫点表，是一种表示起讫点调查成果的表格，采用一个二维矩阵表示。OD取自两个英文单词origin和destination的第一个字母，其中，起点是指一次出行的出发地点，讫点是指一次出行的目的地点，出行是指人、车、货从出发点到目的地移动的全过程，分别称个人出行、车辆出行和货物出行，即通常所说的客流调查、车流调查和货流调查。表1-16是一个5站间的OD表，表中每行之和为上车人数，每列之和为下车人数，右下角为全线5个站的客流总量。

表1-16 站间客流量OD表

O \ D	1	2	3	4	5	合计
1	—	3 000	19 500	2 000	2 100	26 600
2	1 200	—	18 200	2 500	5 870	27 770
3	3 500	4 250	—	2 970	5 032	15 752
4	3 820	4 032	3 520	—	4 860	16 232
5	1 210	4 350	6 580	3 825	—	15 965
合计	9 730	15 632	47 800	11 295	17 862	102 319

四阶段客流预测的一般流程如图1.9所示。

1）出行生成

出行生成阶段预测每一交通小区的出行生成量和出行吸引量。出行生成预测的基础资料是城市的远景人口和就业岗位数等预测数据，而这些数据又需根据远景土地利用规划得出。土地利用规划规定的土地的居住、工业和商业等用途，决定了各种用地上发生的社会经济活动的强度。根据土地利用规划，可以把交通规划的区域分成许多交通小区。在已知交通小区的居住人口数、就业岗位数，以及家庭人口、收入和私人交通工具拥有量特征等数据的基础上，来预测各个交通小区的出行生成量和出行吸引量。

2）出行分布

出行分布阶段预测各交通小区出行生成量的去向和出行吸引量的来源，即各交通小区间的出行生成与吸引分布。出行分布可用OD表来表示。

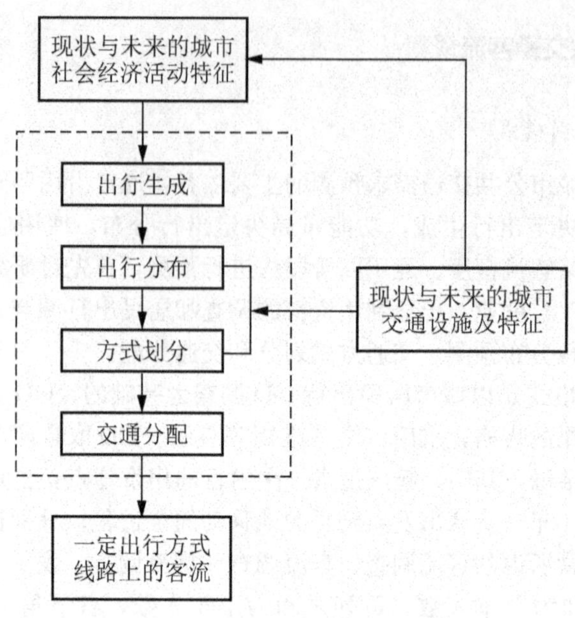

图 1.9　四阶段客流预测的一般模式

3）方式划分

方式划分阶段确定轨道交通、常规公交、自行车、步行、出租汽车和私人汽车等各种出行方式承担的交通小区间 OD 出行量的比例。方式划分预测的基本思路为：预测出行者对各种出行方式的选择率，用选择率乘以交通小区的出行生成量、吸引量或者交通小区间的 OD 出行量，得到各种出行方式的运量分担比例。影响出行方式选择的因素主要有：①出行者的特性，如年龄、职业、收入水平、居住位置、私人交通工具拥有状况等；②出行的特性，如出行目的、出行距离、出行时间限制、出行时段、对舒适与安全的考虑等；③交通系统的特性，如票价、运送时间、运输能力、停车设施、服务水平(准时、安全、舒适、便利)等。

4）交通分配

交通分配阶段将 OD 出行量按一定的规划分配到交通网中的各条线路上。城市交通网中的某个 OD 对间通常会有若干条线路，并且各个 OD 对间的线路存在总分路段重叠的情形，在 OD 出行量较小时，按最短路径进行出行分配通常是可行的，但在 OD 出行量较大时，仍按最短路径分配则会出现因部分线路或路段的能力限制而导致交通拥挤的现象。

2. 客流预测的方法选择

客流预测的方法很多，各有特点和适用条件。实际上为了准确预测客流，往往是多种方法综合运用。这里仅介绍几种简单的预测方法。

1）指数平滑法

指数平滑法是一种重视近期的预测法，计算简单、方便，只要具备本期实际客流量、本期客流预测值和平滑系数就可以运用了。其预测公式为

$$x_{n+1}=x_n+a(x_n-x)$$

式中，x_{n+1}——下一期的客流预测值；

x——本期的客流实际量；

x_n——前一期对本期的客流预测值；

a——平滑系数(需要根据客流情况进行标定，一般 $0<a<1$)。

平滑系数 a 的标定需要根据过去的预测值与实际值来比较而且不断修正。如果发现预测与实际差别较大，则应该对平滑系数 a 值进行调整。一般 a 值越大则近期的倾向性变动越大，反之越小。在一般应用中，开始时 a 值采用较小值，通常取 0.1，个别情况也可取 0.2～0.3。

2）移动平均法

移动平均法就是利用靠近预测期的最近 n 期(规定一定时间为一期，如一个月、一个季度或一年)的历史客流量，取其平均值，作为预测预测期的客流预测值。同时，随着时间的推移而计算预测期的客流预测期所采用的各期(取 n 期)历史客流量也向后推移。这种方法适用于客流变化基本稳定的情况。其预测公式为

$$x_{n+1}=\frac{1}{n}\sum_{i=1}^{n}x_i$$

式中，x_{n+1}——预测期的客流预测值；

x_i——预测期前第 i 期的历史实际客流量；

n——历史期数。

3）加权移动平均法

由于历史时间的远近会造成历史近期和远期的客流对预测期的客流影响程度不一样，一般近期的客流会对预测期的客流影响较大，而远期的客流对预测期的客流影响较小，因此为了区分近期和远期的影响程度，需要给予历史各期不同的影响系数，这个系数就称为权数。

加权移动平均法就是对以往不同时期的历史实际客流量给予不同的影响权数，一般近期的权数较大，而远期的权数较小，然后再加以平均，就可求得预测期的客流预测值。加权移动平均法的预测公式为

$$x_{n+1}=\frac{1}{\sum_{i=1}^{n}a_i}\sum_{i=1}^{n}(a_i x_i)$$

式中，x_{n+1}——预测期的客流预测值；

x_i——历史第 i 期的客流实际值；

a_i——历史第 i 期的权数，$i=1$，2，3，…，n。

4）经验判断法

经验判断法是依靠参加预测人员的时间经验和综合判断能力，根据已经掌握的资料，将主观认识的意见转化为所需要的客流预测数据，从而对未来的客流状况作出判断和估计。在没有比较准确而可靠的客流数据或者客流出现某种不可用数量提示的偶然性波动时，经验判断法是一种经常采用的预测方法。根据经验意见的来源，经验判断法的主要依据有 3 种：一是领导人的经验意见，这是由企业领导召集有关部门主管人员，根据提供信

息资料，广泛地交换意见，然后领导人作出结论性的判断；二是专业部门的经验意见，这是由与预测客流有着密切相关的一些部门，如计划部门、统计部门和运营部门等的专业人员进行分析，提出预测意见；三是现场工作人员的经验意见，这是由专业部门就客流预测从基层有关人员中听取的参考意见，基层现场工作人员有着丰富的直观资料和时间经验，所以，他们的意见是客流预测过程中很重要的参考资料和调整依据。

3. 城市公共交通客流分析

客流分析就是在客流调查与预测的基础上，对客流在线路、方向、时间、地段上的动态分布规律和特点进行分析的过程，以便找出各线路之间的互相影响程度，以及有效地安排调度计划，调整行车班次和运力。

对于大型的客流调查，还需要将全线上、下行逐站的数据进行整理，最后整理出每个时间段的上车量、下车量、留站量、通过量等，作出各种客流数量的图表，为配备运力、编制及修改运营计划、选择调度形式提供基础数据资料，同时也积累了客流分析的历史资料。

经过客流分析，在充分考虑乘客乘车需要的基础上，采用合适的措施吸引客流，主要的措施有合理安排换乘地点、适当地在就近路口设站、靠近商业区域设站、靠近大型交通枢纽、靠近居民区、靠近大型文娱场所及风景点设站等。

任务拓展

2011年度上海市公交客流大调查暨公共交通服务供应情况通报

公共交通是城市交通的重要组成部分，是事关国计民生的重要公益行业。为及时准确掌握上海市公共交通出行基本特征，全面客观反映公共交通总体状况、服务水平和供应能力，深入实施公交优先发展战略，加快交通行业服务升级，上海城市交通设计院通过市政府采购平台中标组织实施了上海市首次大规模系统性公交客流调查。调查情况及结果将作为公共交通发展下一步相关规划编制、设施建设、线网调整、资源配置、效率评估及政策制定的强有力数据支撑，为扎实推进“十二五”规划落地，实现第十次党代会提出的“中心城区公交出行比重和轨道交通客运量占公交客运量比重均达到50%以上，市民出行更加便捷”的目标提供科学依据。现将此次公交客流大调查及情况通报如下。

1. 调查取样基本情况

此次客流大调查从2011年5月正式启动方案制订，至2012年5月形成调查报告，历时整整一年。

(1) 调查范围。覆盖上海市17个区县的公共交通设施、线网、运营和客流多个层面，重点聚焦轨道交通、公共汽(电)车，并适当延伸出租汽车和轮渡整个公共交通行业。

(2) 调查内容。调查分公共交通服务供应、客流特征、出行特征和公交相关信息等4个部分，通过点面结合、数据校核、模型分析等方式，总结评价公共交通整体运行服务水平和公交优先实施成效。

(3) 调查方法。一是既有数据调查。涉及市、区县两级主管部门和轨道交通、公共汽(电)车、出租汽车和轮渡等多个行业的几十家企业，调查线路1 200多条次、车辆7万多

辆次、站点近2万个。仅企业报表数据调查，就历时3个月，出动录入人员千余人次。二是信息技术调查。充分发挥公交站点和线网地理信息数据、交通卡数据、轨道AFC(automatic fare collection，自动售检票)数据的科技信息优势，耗时4个多月建立了完整的公共交通基础设施、路网和线网数据模型，并以此为基础研发了客流数据分析模型。三是传统人工调查。对中心城重点线路和全市所有骨干线路进行跟车调查和驻站调查，调查线路110条、11 299个班次，对各运营企业进行了问询调查，发放调查问卷2万余份。四是出行特征调查。对外环以内区域的黄浦、徐汇、长宁、静安、普陀、闸北、虹口、杨浦、闵行、宝山和浦东等11个区，按照第六次人口普查人口结构比例，选取了1万个有效样本，进行了入户面访和电话访问调查。多种调查方式的综合运用确保了调查数据的真实、准确、完整。

2. 公共交通服务供应基本评价

调查结果显示，"十一五"期间，特别是公交优先3年行动计划实施以来，上海公共交通优先发展战略成效持续显现，轨道交通网络化运营格局基本形成，公交线网更趋合理，公共交通在市民出行中的主导地位进一步突出，客运结构进一步优化，整体效率进一步提升，政策优惠受益面进一步扩大，低碳出行理念获社会普遍认同。

1) 基础设施供应能力显著提升

(1) 轨道交通。从2005年到2011年年底，上海轨道交通固定资产投资累计达1 601.4亿元。至2011年年底，全市共有12条轨道交通线路(含磁浮)投入运营，运营线路长度454.1千米。运营车站280座，换乘车站37座，其中，四线换乘站1座，三线换乘站8座，二线换乘站28座。线路实际运力供应量达466列编组、2 899辆车，比2005年分别增长了282%、317%。线路资源主要集中在外环以内的中心城区，外环外以单线延伸形式为主，内环以内轨道交通线网密度已达每平方千米1.14千米，平均站距1.2千米，站点600米半径服务覆盖率68%，基本形成了轨道交通网络化运营格局，换乘便捷性和可达性大幅提高。

(2) 公共汽(电)车。截至2011年年底，上海市公共汽(电)车运营线路1 202条，运营线路长度22 906千米，配车总数16 589辆，与2005年相比运营线路数增加28%，运营线路长度增加5%，配车数减少8%。其中，区域公交发展迅速，郊区行政村除道路或桥梁不具备通车条件的外，公交线路通达率100%。全市已建公交站点19 590个，其中公交枢纽站(三线及以上)226个，首末站1 008个，中途站18 356个，已建公交停车保养场135座，设计停车能力11 957辆，以"枢纽站、首末站、中途站"为主体结构的三级公交站点体系逐步完善。公共汽(电)车全市站点内环内300米半径服务覆盖率94%，500米半径服务覆盖率100%，全市站点密度每平方千米3.1个。中心城已建161.8千米的公交专用道。

(3) 出租汽车。截至2011年年底，上海市已建包含对外交通枢纽和主要宾馆、饭店、办公等设施在内的出租汽车候客站共62处，可提供约5 550个候客/蓄车泊位，营运出租汽车50 438辆，车辆数比2005年增加6%。

(4) 轮渡。截至2011年年底，上海市黄浦江两岸轮渡共设38个轮渡站，开设航线18条，运营航线总长11.3千米，在册营运船舶58艘，船舶数比2005年增加9%。

2）公共交通吸引力明显增强

(1) 公共交通客运量持续增长。2011 年上海市公共交通客运总量约 60.9 亿乘次，日均客运量 1 668 万乘次，较 2005 年增长了 34%。2011 年公共交通客运量结构得到进一步优化，轨道交通保持快速增长，占比 34.5%；公共汽(电)车保持基本稳定，占比 46.2%；出租汽车占比 18%，轮渡占比 1.3%，已显现“轨道交通为骨干、公共汽(电)车为基础、出租汽车为补充”的客运结构特点。

(2) 公共交通出行比重稳步提高。中心城公共交通出行比重提高，使用公共交通工具出行的次数占出行总次数的 37.1%，占使用交通工具出行总次数比例 49.9%(已接近“十二五”提出的 50%目标)，占使用机动车出行总次数的 68.5%，各项比例较 2010 年均有 5%以上的增长。通勤交通中，使用公共交通出行比例更高，公共交通占出行总次数的 47%。

(3) 公共交通出行时耗逐步减少。2011 年上海市公共交通平均出行距离 8.5 千米，出行时耗 50.8 分钟/次，其中衔接交通 16.7 分钟/次，车内时耗 34.1 分钟，与 2004 年相比，总时耗减少了 7.2 分钟，下降 12%，公共交通整体效率进一步提升。

(4) 公共交通出行成本逐步降低。实行优惠乘车政策社会效果显著，惠及人数持续增长。2011 年优惠乘车日均达 306.1 万人次，比 2010 年增长 7.9%，占全市日均公交客运总量的 18.3%，其中，优惠换乘 248.6 万人次，增长 6.8%；70 岁以上老年人免费乘车 57.5 万人次，增长 13.1%。2011 年轨道交通每乘次花费 2.4 元，较 2005 年下降 14%；公共汽(电)车每乘次花费 1.8 元，较 2005 年下降 5%。

3）轨交公交两网融合效应初步显现

随着公共汽(电)车网络的不断优化，特别是“最后一公里”线路的快速发展，轨道交通站点周边公交服务得到加强，轨道交通、公共汽(电)车两网融合效应显现，轨道交通在公共交通中长距离运输优势得到进一步发挥，平均乘距达 8.6 千米，市区公共汽(电)车平均乘距 4.95 公里。全市 81%的轨道站点周边 100 米半径范围内有公交线路服务，其中，1～5 条线的占 31%，6～10 条线的占 24%，11～15 条线的占 14%，16 条线以上的占 12%。各种公共交通方式之间换乘便捷，轨道交通内部换乘客运量约 240 万乘次/日，公共汽(电)车内部换乘量为 200 万乘次/日，公共汽(电)车和轨道交通方式间换乘量约 120 万乘次/日。

4）公共交通能源使用效率不断提高

2011 年逾六成市民出行选择公共交通或步行等低碳方式，分别占出行总量的 37.1%和 25.7%，仅有一成市民选择私人小汽车出行。公共交通行业累计消费各种能源 181.02 万吨标煤，较 2010 年下降 2.1%，能源消耗总量呈下降态势。其中，轨道交通 44.81 万吨标煤，公共汽(电)车 49.89 万吨标煤，出租汽车 86.32 万吨标煤。2011 年上海市公共交通平均每消耗 1 吨标准煤运送乘客达 3 321 人次，较 2010 年增加 162 人次，能源使用效率提高了 5.1%。

(资料来源：上海市交通运输和港口管理局，2012. http：//www.jt.sh.cn/hyyw/xwfb/info_120720024315.html. 节选，有删改)

任务操作

1.(课堂任务操作)针对出行任务，分组完成：

(1) 所选择线路的客流调查。

(2) 对调查结果进行分析，据此提出改进建议。

2.(课后任务操作)选择一个你熟悉的区域或小区，运用四阶段客流预测模式进行客流预测与分析，据此对该区域或小区城市公共交通提出建设或改进建议。

任务考核

本任务主要学习了城市公共交通的客流调查与预测，请你思考以下几个问题，并作为自我检查：

1. 城市公共交通客流调查有哪些类型？
2. 客流调查的方法有哪些？
3. 描述四阶段客流预测模式的一般流程。

任务1.4 城市公共交通模式选择

知识目标

1. 掌握城市公共交通的常见模式。
2. 了解可持续发展的公共交通模式。

能力目标

能根据城市发展的实际情况选择适合城市发展的公共交通模式。

任务引入

请你从学校所在地到本地某景区，从你出行的角度分析，你所在城市主要采用了何种公共交通模式？

任务分析

城市公共交通模式是按照公共交通工具类型划分的各种公共交通客运形式，城市公共交通的发展需要在轨道交通、常规地面公交、快速公交等不同形式之间进行组合，研究每种形式对该城市的具体实用性，选择最适合城市发展的模式。

1.4.1 城市公共交通模式

1. 以常规公交为主导模式

“道路公交+出租汽车”模式，即以常规公共交通如公共汽车、无轨电车等为主，这是城市公共交通发展过程中比较普遍的一种起步模式。这种模式适用于规模相对较小的城市或大城市发展的某个阶段，是城市机动化程度不高的情况下经常采用的模式。该模式主要适用于团块状、单中心的城市结构，建成区面积小于100平方千米、人口规模小于100万的城市发展状态。

在这种模式中，常规公共汽车运行速度为16～25千米/时，在城市交通出行结构方式比例中达到40%以上，出租汽车成为主要补充的机动交通方式。一般的道路公交基本上就能满足当前的交通需求，再加上适量发展自用乘用车就能完全满足交通需求。

2. 以快速公交为主导模式

“道路公交＋快速公交＋出租汽车”模式，在道路公交系统之上增加了快速公交系统，是通过公交专用道上运行大运量、列车化公共汽车提高路面公交的运行速度和客运量。在城市交通结构中，公共交通受重视程度有所提高，公共交通路权得到一定保障，适用于一般的大城市。这种模式主要适用于建成区的人口超过100万人的大城市或面积超过100平方千米但不超过200平方千米的特大城市。

以道路公交为主体，在主要出行方向上设置公交专用道，制定并逐步实施“公交优先”的措施，提高公交的适应性，形成公交优先车道网络系统，具有较高的灵活性，投资少见效快，便于管理。从可持续发展的角度出发，比提早建设轨道交通要经济适用。

3. 以轨道交通为主导模式

“道路公交＋轨道交通＋枢纽＋出租汽车”模式，是一种比较高级的公共交通构成模式，也是目前我国许多特大城市正在努力建成的一种模式。这种模式适用于超级特大城市，主要适用于团块状、带状、多中心的城市建成区面积大于200平方千米的特级大城市，或带状城市建成区的面积大于150平方千米的特大城市。

以轨道交通为骨干，道路交通为主体，全面实施“公交优先”的发展战略，形成完善的城市轨道交通系统，并有节制地适量发展出租汽车，组成多元化的现代交通体系。城市轨道交通主要配置在主出行方向上，为中、远距离出行的居民服务，是城市交通网络系统的骨干。从承担城市客运总量的比例来看，道路公交远远大于轨道交通，道路公交仍然是主体，为出租汽车的发展留有一定空间，作为个体特殊交通需求服务的有效补充。

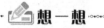

想一想

你认为你所在城市应该选择哪种城市公共交通模式？目前属于何种公共交通模式？

4. 一体化综合模式

“道路公交＋快速公交＋轨道交通网＋综合换乘枢纽”模式，是一种机动化和可达性程度很高的发展模式，适用于巨型特大城市，主要适用于团块状的建成区的面积大于400平方千米的或带状大于300平方千米的超级特大城市和巨型特大城市。

以多种类型的轨道交通、快速公交和综合换乘枢纽构成客运交通网络系统的主骨架，以各种形式的道路公交形成完善的城市公共交通系统；同时继续发挥出租汽车在个体出行和换乘中的作用，有效地调控自用乘用车的作用，共同形成大、中、小容量相结合，高速度、高密度的立体化现代交通体系。

1.4.2 可持续发展的公共交通模式

可持续发展的城市公共交通模式，不仅是一个以通达、有序、安全、快捷、宜人、低能耗、低污染为目标，达到高效、便捷、安全地输送客流的模式，还是一个从根本上改善人居环境质量，协调城市公共交通系统与自然系统的关系，实现城市公共交通效率、资源利用、生态环境保护"三位一体"可持续发展的模式，其表现是城市交通环境的不断改善和城市公共交通所需资源的合理开发利用。

1. 生态交通理论

生态交通是环保型、零污染的绿色交通模式。绿色交通模式要求城市公共交通采用无污染、低公害的运输工具，不断改进各种交通工具的性能，这要求运输工具从生产到其生命终结，整个运行过程对环境无污染，无排放污染物、无噪声。报废运输工具的材料可以回收及再生，不造成二次污染。

生态交通的发展目标是通达和有序、安全和舒适、低能耗和低污染3个方面的完整统一，以及公共交通系统的高效性和效率的持久性的协调。生态交通更深层上的含义是和谐的交通，包括公共交通与生态的和谐、公共交通与心理环境的和谐；公共交通与未来的和谐适宜于未来的发展；公共交通与社会的和谐安全、以人为本；公共交通与资源的和谐，以最小的代价或最小的资源维持公共交通的需求。

2. 智能交通理论

智能交通是未来发展的方向，它是指将先进的信息技术、计算机技术、数据通信技术、传感器技术、电子控制技术、自动控制理论、运筹学、人工智能等有效地综合运用于整个公共交通服务、管理与控制，从而建立起来的一种大范围、全方位发挥作用的实际、准确、高效的运输综合管理系统。包括出行和交通管理系统、出行需求管理系统、公共交通运营系统、商用车辆运营系统、电子收费系统、应急管理系统、先进的车辆控制和安全系统。可以大大节约公共交通的投资，最大限度地发挥既有道路系统的交通效率，降低交通因素对环境的影响。公共交通服务及道路交通管理，都将由信息化、网络化而形成一体化。无论是在家里、办公室、路上、车中，居民都将适时得到全方位的公共交通信息服务，从而选择最佳的交通方式、出行时间和路线。居民的出行质量将因此得到显著改善，各种公共交通设施也将大幅度提高其使用效率。由此可见，智能交通的最大优势在于它将信息与通信技术应用于城市公共交通系统，通过适时的公交服务信息、路线引导信息等，人们可随时了解整个城市的公共交通状态。

3. "以人为本"交通理论

"以人为本"的城市公共交通发展模式，要充分满足城市居民的必要的交通需求，从可持续的角度看城市公共交通设施在全社会成员之间的公平分配，以及公共交通设施应当是适合城市大多数居民的需要而设计的，为大多数所使用的，应适应不同收入水平市民的需要，为市民提供多层次、多选择的公共交通方式，不断满足人们随着时代发展而不断提高的对于公共交通服务质量的要求。

任务拓展

国际大都市城市客运交通模式可以分为三大类：一是以私人交通为主模式；二是以公共交通为主模式；三是私人与公共交通共同发展模式。在公共交通模式中又可以分为：地面公共汽电车为主；轨道交通为主，其他方式补充；轨道交通与公共汽车并重等模式。

私人交通为主模式的代表是美国城市，如洛杉矶；私人与公共交通共同发展模式的代表是韩国，如首尔。大多数国家的城市交通基本是以公共交通为主的模式，其中以公共汽车为主模式的代表为巴西的库里蒂巴；以轨道交通为主模式的代表为法国的巴黎、英国的伦敦、日本的东京，东京和巴黎的轨道交通骨干作用尤其突出；轨道交通与公共汽车并重模式的代表为新加坡。

国外城市交通的运营主要有3种模式。一是全面管制型，即所有权和经营权一体、管运一体，具体有私有私营、公有公营两种形式。日本轨道交通运营中两种方式都存在。伦敦地铁、巴黎市区公交、韩国轨道交通都是公有制企业运营。美国芝加哥更是由市政部门(交通管理局)直接运营。二是委托管理型，即所有权与经营权分离、管理机构与运营企业分开。这种模式使用得最普遍，一般通过招标将经营权转让出去，以合同为管理依据。方式有由属于市政部门的公有制企业进行招标和对运营进行管理，如库里蒂巴URBS公司、伦敦巴士公司；由行业主管部门进行招标和运营管理，如法国的AOTU。三是解除管制型。代表是英国伦敦大区以外的城市。其主要特征是政府废除线路管理体制，市场进出自由，公交服务以盈利为目的，政府不再对运营进行补贴。

(资料来源：上海客运交通适应世博可持续发展问题课题组．国际大都市客运交通模式比较[OL]．上海政协，2009. http://shszx.eastday.com/node2/node4810/node4851/node4865/userobject1ai37227.html．节选，有删改)

任务操作

1.(课堂任务操作)针对出行任务，分组完成：

(1) 分析你所在城市的公共交通模式。

(2) 各组之间进行比较，分析各自的优缺点。

2.(课后任务操作)请选择一个你熟悉的城市(或区域)，分析该城市的公共交通模式及未来的发展趋势，并撰写分析报告。

任务考核

本任务主要学习了城市公共交通的模式，请你思考以下几个问题，并作为自我检查：

1. 城市公共交通的模式有哪些?

2. 你认为一个城市选择何种发展模式的根据有哪些?

3. 举例说明可持续发展的公共交通模式。

项目 2　城市公共交通行业管理

任务 2.1　城市公共交通行业组织

知识目标

1. 了解行业管理的内涵。
2. 熟悉城市公共交通运营管理的内容。

能力目标

能根据行业管理职能区分城市公共交通运营管理的内容。

任务引入

乘坐某线路公交至当地城市客运交通管理部门(如南京市客运交通管理处)，咨询公交行业管理的内容。

任务分析

城市公共交通行业在城市客运中处于主导地位，是一个城市的重要基础设施之一，维系着城市功能的正常运转，也是城市社会和经济赖以生存和发展的基础，在国民经济发展中占有非常重要的地位。

城市公共交通行业的基本任务：以营运为中心，组织和经营城市公共交通运输业务，为乘客提供安全、便捷、舒适、准时的乘车服务。

2.1.1　行业管理内涵

行业是同类经营单位的集合体。按经济活动的种类来分，行业有农业、制造业、建筑业、交通运输业等主要大类。随着社会经济专业化程度的提高，每一大类又分离出许多小类，如交通运输行业分为道路、铁路、水路、航空、管道运输 5 种小类，而长途班线、城市公交、出租、旅游等汽车客运则是从属于道路客运业的子行业。

行业管理是指按照市场经济体制有效配置资源的要求对社会经济活动进行的专业化分类管理。2008 年，国务院机构改革方案将指导城市客运管理的职责交给交通运输部，从国家体制上实现了对城乡客运的统筹管理，这为构建现代综合运输体系提供了基础保障，为解决城乡客运二元体制的问题，实现城乡客运一体化提供了强大动力。目前，我国绝大部分地区已经明确由交通运输主管部门管理城市公共交通，并由道路运输管理(城市公共交通行业管理机构)具体实施，为推进城市公共交通优先发展和城乡道路客运公共服务均等化提供了重要的体制保障。

南京市客运交通管理处

南京市客运交通管理处成立于 1985 年，原隶属于南京市市政公用局。2010 年 4 月，在南京市政府机构改革中，南京市客运交通管理处转隶于南京市交通运输局。

根据相关法律法规，南京市客运交通管理处承担着公共汽车(含轮渡客运)、出租汽车行业安全、运营、服务的监管及轨道交通运营安全监管工作。

2.1.2 城市公共交通行业管理部门的职能

城市公共交通行业管理部门代表政府管理公交行业，对公交行业的发展、经济关系、经营活动行使规划、协调、指导、检查、监督的行政管理职能，完善法制建设，其主要职能如下。

(1) 负责对区域内公共汽车、轨道交通、客运出租汽车等行业实施行业管理和市场监督，维持市区公共交通秩序。

(2) 负责向所管辖的经营单位、业户和营运车辆统一核发《道路运输经营许可证》和《道路运输证》等营运证件，并实施年度审验。

(3) 制定公共汽车、轨道交通、客运出租汽车客运发展规划和相应的年度发展计划并组织实施；对公交线路、站点、班次、时间的调整实施管理；组织落实公交线路经营权招标工作，发放《线路经营权证》。

(4) 负责公共汽车场站和公交、客运出租汽车辆设置广告的统一监督管理。

(5) 对公共汽车场站建设、迁移、拆除或关闭等进行审核，对车站码头、市区主干道客运出租汽车的停车场地或站点的设置进行审核。

(6) 制定公共汽车、轨道交通、客运出租汽车等的经营管理、服务质量的行业标准并实行监督管理，接受乘客对公交车、轨道交通、客运出租汽车等的投诉，并对投诉处理情况进行定期核查。

(7) 对违反客运管理法律、法规、规章的单位和个人，根据《中华人民共和国行政处罚法》等法律、法规、规章的规定，进行调查取证，并依法予以处罚。

(8) 组织相关企业对公交、轨道交通、客运出租等从业人员进行教育培训。

2.1.3 城市公共交通运营管理的内容

城市公共交通运营管理就是对城市公共交通运营管理服务过程的计划、组织、实施和控制等各项管理工作的总称。城市公共交通运营过程由城市公共交通运输企业具体组织，根据城市公共交通行业管理机构对服务规范的要求和城市公共交通客流动态变化规律，对城市公共交通运营过程进行组织指挥和调节，形成有序的运营服务，最大限度地从站点设置、运营时间、线路运营形式、线路车辆配置等方面来满足市民出行需求。

城市公共交通行业管理机构是公共交通运营服务的监管主体。监管内容包括：一是企业市场准入与退出管理；二是运营服务规范执行情况与质量监管；三是运营企业经营成本监审。一套完善的政策法规是行业监管的基础，城市公共交通行业管理机构依据相关法规、规章和规定，依法行使行政和监管职权。通过规范化的监管，明确企业的责任和义务，维护各方面权益，规范运营服务，保障城市公共交通安全运营行。

1. 线路经营权管理

城市公共交通线路经营权管理是指城市公共交通行业管理机构依照法定程序授予符合资格的企业经营者在规定期限内经营指定的公共汽(电)车和轨道交通线路的权利。规范的线路经营权管理制度，是城市公共交通行业管理机构加强运营监管的重要抓手，可以促进企业不断提高服务水平。

1）线路经营权的准入管理

目前，我国城市公共交通运营企业取得线路经营权的方式主要有两种：一是政府直接审批授权；二是政府通过公开招标或邀标的方式授予。第一种方式对城市公共交通线路的所有权和经营权未作界定，排他性特征不明显；第二种方式明确了城市公共交通线路资源作为国有无形资产的属性。城市公共交通线路的所有权和经营权可以分离，市场化运作只改变线路的经营权实现形式，而不改变其产权属性。

运营企业取得线路经营权，需要具备相应的资质条件。主要包括：有企业法人资格；有符合国家有关标准的城市公共交通车辆、设施；有规定的运营资金；有符合从事城市公共交通运营服务要求的驾驶员；有与运营业务相适应的其他专业人员和管理人员；有健全的运营服务和安全管理制度。

为推动企业加强运营服务管理，提高运营服务质量，促进行业适度竞争，城市公共交通线路经营权需要设有一定的运营期限。对于城市公共交通线路运营期限届满需要延续的，城市公共交通企业应当在期限届满前向城市公共交通行业管理机构提出延续申请。例如，根据《上海市公共汽车和电车客运线路经营权管理规定》，上海市的公共汽(电)车线路经营权期限每期不得超过8年。

2）线路经营权的授予原则

线路经营权的授予，主要应以企业所具有的运营服务资质条件为依据，同时也应根据公共交通运营服务的特点和要求，体现以下原则。

一是有利于线路运营的稳定有序。对于线路经营权期限届满、运营服务良好的企业，应给予其新一期的线路优先经营权，以保证线路经营的连续性和稳定性。

二是有利于区域相对集中运营。应鼓励特定区域内经营业绩、运营服务优良且具有相对规模优势的企业通过重组兼并达到相对集中经营，并给予其区域内线路经营优先权。

三是有利于线网优化调整。应支持现有线路的经营者通过与其他线路经营者实行线路经营权置换等方式进行实现规划要求的线路优化调整。

3）线路经营权的考核评议

线路经营权的考核评议是线路经营权管理的主要内容。监督企业在运营中执行取得线路经营权时确定的客运服务、行车安全等方面制度的情况，加强线路经营权的考核，是健全线路经营权管理制度，提高运营服务质量的重要手段。

线路经营权考核标准的内容一般由运营基本条件和管理要求两个部分组成。运营基本条件包括对该线路车辆配置、服务设施、站点设施和人员素质等方面的规定；管理要求包括运营服务、安全行车、车辆设施、站容秩序、票务管理、投诉处理、遵章守纪、社会评议等方面的规定。城市公共交通行业管理机构可以根据客运市场的变化和运营服务的要求，适时修改考核标准。

4）线路经营权的退出管理

经考核评议，线路经营者达不到线路经营要求的，城市公共交通行业管理机构应责令其限期整改，整改期满，考核合格的可继续经营。整改期满仍不合要求的，应取消其线路经营权。

2. 日常运营服务监管

加强城市公共交通服务管理，完善运营服务标准，督促运营企业不断提高公共交通服务质量，为乘客提供安全、便捷、经济、可靠地客运服务，是促进城市公共交通发展的基础和保障。

1）主要内容

(1) 线网及线路管理。线路日常运营管理是指根据城市公共交通线网规划，编制和确定实施计划，包括线网优化调整、新建住宅区线路配套、复线控制、线路暂停与终止、线路长度控制、公交专用道管理等内容。

(2) 站点设置与管理。包括站点设置布局、首末站设施管理、首末站日常管理、站名规范管理、站牌服务信息管理等内容。

(3) 运营车辆、车载服务设施管理。包括车辆技术要求、车辆服务设施配置要求、车辆日常维护要求等。城市公共交通行业管理机构对运营车辆实行年度审检制度，未经年度审验或经年度审验不合格的运营车辆，不能用于线路运营。

(4) 票务管理。主要包括票价的制定、售票员售检票、票款回收、核算、统计等相关工作的要求。政府物价部门核定运价标准，城市公共交通行业管理机构据此对票价进行检查监督，对企业提出的票价调整申请进行审核，会同物价部门组织听证。

(5) 行车作业计划管理。城市公共交通行业管理机构对线路行车作业计划的编制和执行情况进行监督检查。在线路投入运营前，运营企业应按照运营要求和客流量编制线路行车作业计划。对行车路线、停靠站点、开收车时间、配车车辆数、车辆发车时间间隔等进

行规范，并报城市公共交通行业管理机构批准后组织实施。

(6) 从业人员服务操作规范管理。包括对驾驶员、售票员、调度员等运营企业的现场服务人员在规范着装、服务用语、操作规程等方面进行监督检查。

2) 建立服务督查评价机制

为加强公共交通日常运营服务规范管理，城市公共交通行业管理机构应根据各地的行业运行与管理实际，探究建立一套切实有效的日常运营监督管理机构。主要包括3个方面：一是要加强城市公共交通行业管理机构的行业稽查，特别是要通过加强现场监管执法力量、充分应用信息化技术手段等加大行业稽查力度，提高执法监督的有效性与权威性；二是要推动企业自我管理，促进行业自律，尤其要充分发挥行业和企业的自律意识，提高规范服务水平；三是要充分发挥社会监督的作用，可通过行风巡查团、乘客投诉、媒体监督等方式，形成全社会共同关心、关注公共交通规范服务的合力。

3. 运营成本监审

所谓运营成本监审，是指政府有关部门通过合理界定企业运营收入和成本范围，建立公共交通行业单位成本标准，科学测算、审核和评价企业经营状况，并将运营成本以适当的方式向社会公开，促进公共交通企业进行成本控制、规范营收。同时，为政府部门评价公共交通行业经营状况，完善扶持政策提供依据，也是建立公共交通合理补贴机制的需要。

任务拓展

香港公交经营管理模式是取得商业成功关键

全世界的公交服务机构大都是亏损的，但中国香港的公交系统不仅为市民提供了畅通便捷的服务，而且实现了盈利，这主要是因为特区政府建立了一套可行的交通管理体制，并且各公交机构找到了有效盈利模式。这颇为罕见。据悉，香港最大的巴士公司——九龙巴士公司年盈利超过7亿港元。除了客流支撑外，香港巴士的票价调整方式是保障其高收入的重要因素。据了解，香港巴士的票价根据通货膨胀率进行调整，不需要政府补贴。

公交行业全面盈利，也得益于政府的管理方式。特区政府对巴士采取了总量控制与价格监管的管理方式；充分发挥市场调节作用，让社会资金进入公交领域，使公交发展有充足的资金保障；发挥自由竞争的作用，让各公交机构按商业原则自主经营。

香港的公交服务全部由私营或公营机构经营，政府不直接介入，也不提供补贴等直接资助。特区政府实施宏观管理，发挥市场调节及自由竞争的作用，放手让各公交机构按审慎的商业原则自主经营，兼顾公交机构、市民及公共财政的利益，使香港公交事业得以持续健康地发展。

政府最重要的宏观管理是对公交工具实行总量控制与价格监管。政府通过对巴士运营线路、渡轮航线实现经营专利权许可，对公共小巴、出租汽车牌照实行定额拍卖发放，有效控制各类公交工具的总量。政府统一确定出租汽车等运营价格，审批巴士公司调价方案，通过官股代表对拥有自主定价权的地铁、九铁公司的定价决策实施实质影响，确保各类公交工具收费合理，保障市民根本利益。

任务操作

(课后任务操作)选择一个你熟悉的城市(如南京)，分组调查该城市公共交通行业的构成，并撰写调查报告。

任务考核

本任务主要学习了城市公共交通行业组织的内容，请你思考以下几个问题，并作为自我检查：

1. 城市公共交通行业管理的职能有哪些？
2. 城市公共交通运营管理的内容有哪些？
3. 结合你熟悉的城市，说明城市公共交通的管理机构及职能。

任务 2.2　城市公共交通企业管理

知识目标

1. 了解城市公交企业管理的职能。
2. 了解城市公共交通企业运营管理的内容。

能力目标

能绘制城市公共交通企业的组织结构，并说明其职能。

任务引入

如果你选择公交出行，你会选择当地哪家公交公司？通过走访等形式了解该公司的情况。

任务分析

在城市化进程中，公共交通成为大多数人必选的交通方式。而城市公共交通也成为城市交通不可缺少的部分，是保证城市生产、生活正常运转的动脉，是提高城市综合功能的重要基础设施之一。城市公共交通企业的运营是否正常，企业的管理是否科学，不仅仅影响到企业自身的经济盈亏，更直接影响到城市的形象和市民的出行。城市公交企业的运营管理水平的重要性也日益提高。

2.2.1　城市公共交通企业的运营组织

城市公共交通企业是指从事城市公共交通运营或直接为运营服务的企业，它是集经济性、社会公益性、服务性于一体的组织。城市公共交通企业的范围包括城市轨道交通、公共汽车、轮渡和出租汽车等领域的企业。以某公交公司为例，其组织结构及其职能如下。

(1) 总经办：负责公司的日常文秘工作，公司对外的联络与接待及对内的协调工作。

(2) 运营市场部：主要负责客运生产组织、服务管理工作。

(3) 安全保卫部：主要负责安全生产管理、消防保卫等相关工作。

(4) 机务部：主要负责车辆机务技术保障及零配件供应等相关工作。

(5) 企划质控部：主要负责企业对内外的宣传，质量体系及信息化管理工作等。

(6) 人力资源部：主要负责人力资源管理及劳动工资、社会统筹等相关工作。

(7) 财务部：公司的财务结算部门，并负责车辆广告的接洽。

(8) 行政后勤部：负责公司的行政后勤保障相关工作。

(9) 技术质检部：负责车辆技术与保修的验收等相关工作。

(10) 市场营销部：负责租车体系的营销与管理。

2.2.2 城市公共交通企业的运营管理

城市公共交通企业在营运中要严格执行取得经营权时确定的客运服务标准和行车安全等方面的营运管理制度。主要包括以下几个方面。

1. 行车作业计划的编制和实施

根据公共交通客流特征分析的结果，企业要制订符合市民需求和政府规划需求的公共交通企业年度运营计划，并将计划指标在时间上分解到季度、月度、每周和每日，在空间上落实到城区的每个片区，细化到每条运营线路。

企业根据运营计划编制场站建设、车辆配置、技术维修、人员配置、后勤供应等保障计划，各环节高效敏捷，以支撑运营计划指标的实现。

公司调度管理部门根据运营生产计划，编制车辆调度作业计划。在制订车辆调度作业计划的过程中，要把握好程序性、科学性、灵活性的原则。在实际工作中，根据客流、车辆和道路情况的变化，合理调配班次，保证整体的运营秩序。

2. 线路变动的管理方法

公交企业按照核定的线路营运，不能擅自改变或中断。营运过程中，要在规定的站点上下客。临时设置或调整营运线路或需要变更站点，要向行业主管部门提出书面申请，经行业主管部门会同公安、市政等行政管理部门审核批准后实施。

需要暂停或者终止线路营运、站点使用的，企业要向行业主管部门提出书面申请，经审核批准后方可实施。对于调整或终止营运线路的情况，行业主管部门于实施前向社会公布。

经营者因解散、破产等原因在线路经营权期限内需要终止营运的，要提前书面告知行业主管部门，主管部门需在经营者终止营运前确定新的经营者。

如遇到线网规划调整，或者道路、地下管线等城市基础设施施工或者道路状况影响营运安全，配合公安、市政等行政管理部门提出的意见，行业主管部门可以要求经营者实施营运调整，经营者要配合执行。实施营运调整的线路，由经营者于实施前在线路各站点公开告示。如果涉及多条线路同时实施营运调整，行业主管部门还需要通过新闻媒体公开告示。

此外，逢重大社会活动，或主要客运集散点运力严重不足，抢险救灾，以及政府发出应急用车的指令等，公交经营者都要按照行业管理部门的统一调度，及时组织车辆、人员进行疏散。

小案例

公交“湖南路”站临时调整

马台街上由北向南方向的公交“湖南路”站，站点周边正在进行建筑和围墙拆除施工，为保证公交车辆和候车乘客安全，自2013年5月10日至5月25日，该站点临时向北迁移70米，涉及47路、95路、303路、318路。敬请广大市民注意。

南京市客运交通管理处

2013年5月7日

（资料来源：丁克关．公交湖南路站临时调整[N]．金陵晚报，2013-5-9(B02).）

3．票价的管理

我国长期以来对于城市公共交通系统实行低票价政策，票价结构的政策含量较大，价值含量小，这对稳定社会经济、抑制私人交通、改善出行结构、缓解道路交通拥挤状况有积极的作用，但对公共交通行业的发展和提高不利，并且巨额补贴给政府造成了很大的压力。目前我国正在推进城市公共事业的改革，逐步理顺公用事业价格。其价格确定依据可概括为成本基准、指数调节、鼓励竞争、合理补贴。

城市公交的经营者要按照政府核定的运价标准收费，并要向乘客提供经行业主管部门和税务部门共同核准的统一票据。如需要调整票价，须报行业主管部门批准后才可实施。

4．车辆管理

公共交通企业投入营运的车辆，须持有行业主管部门统一印制的营运证。该营运证，实行年度审验制度。未经年度审验或经年度审验不合格的营运车辆，不能用于线路营运。

企业要加强对营运车辆的检查、保养和维修工作，营运车辆要整洁、设施完好；车辆性能和尾气排放要符合国家的相关标准；在规定的位置，标明营运收费标准、线路名称、经营者名称；张贴乘车规则、线路走向示意图及乘客投诉号码等。

5．服务质量管理

1）服务质量管理内涵

城市公共交通的服务质量管理是公共交通企业的管理者为满足乘客出行基本需求，提供安全、便捷、环保、舒适、经济的服务进行全面管理的过程。广义的公共交通服务是为社会提供具有特殊使用价值的服务成果，这种服务是由乘务人员、调度人员、驾驶人员、检查人员的直接劳动和维修人员、后勤人员、管理员的间接劳动相结合，通过运营车辆和站务设施表现出来的综合性服务。而狭义的公共交通服务是通过交通工具来实现的，这种直接面对乘客的服务是由驾驶员、乘务员的直接劳动和管理人员的间接劳动相结合，并通过公共交通车厢表现的，可以概括为在运营车厢内直接为乘客提供的乘车条件的总和。通常公共交通企业所指的服务质量管理工作包括对公共交通车厢服务质量的管理、对车辆卫生的管理、对站台秩序的管理、对从业人员的管理等。

2）服务质量管理的内容

（1）根据企业的性质与价值观对车厢服务的全过程进行管理、监控，向乘客提供优质的服务。

（2）确定服务管理的目标，制订服务管理计划并组织贯彻落实。

（3）组织服务管理机构，指导专业管理人员履行职责。

（4）制定并不断完善一整套检查、监督、控制、考核服务质量的方法和管理制度。

（5）管理驾驶人员和乘务员，经常开展有关车厢服务及职业道德的培训、教育，培养和树立先进典型，奖优罚劣，充分调动服务人员的积极性。

（6）坚持调查研究，不断总结服务管理经验，接受社会监督，努力探索提高服务管理水平和整体运营水平的途径。

小案例

北京市公共交通控股(集团)有限公司服务承诺

为进一步加强企业行风建设，提高公交整体运营服务水平，更好地服务于首都发展建设和人民群众的出行。公交集团结合企业实际，以满足群众需求为出发点，公开了“六项服务承诺”。

(1) 在公交站牌公布首末班车时间，做到准点发车。

(2) 根据线路开调延计划，按规定提前在相关媒体及公交网站向公众公示调整方案。

(3) 回复乘客来电不超过7个工作日。

(4) 在车厢内规定位置张贴“线路站名表”、“服务监督电话”和“禁止与驾驶员谈话”、“禁止危险品上车”、“禁止吸烟”、“当心夹手”等提示标志。

(5) 在运营车内设置老、幼、病、残、孕座椅，不低于座椅总数的10%。

(6) 按规定使用报站机，报站机外扩音使用时间为7点至19点。

公交集团欢迎社会各界对以上承诺进行监督。北京交通服务热线“96166”将24小时受理违反服务承诺的投诉。同时，您也可以登录公交网站 www.bjbus.com，将各类意见反馈至“公交信箱”。

北京公共交通控股(集团)有限公司

2013年6月1日

（资料来源：北京公交网，2013. 有改动）

3）服务质量监督

各地公共交通企业在推行标准化、规范化公共交通服务，持续提升公共交通服务水平的同时，也十分注重对公共交通服务质量的监督工作，不断拓宽公共交通服务质量监督渠道，推动企业与社会、乘客的良性沟通。具体包含以下几个方面的措施。

（1）在公共交通车辆、公共交通首末站公布服务监督电话及意见箱(簿)。

（2）在客流量大的首末站及集散点设置乘客意见咨询服务台。

（3）推行“民意车厢”进社区活动。

（4）聘请社会义务监督员，实地监督公共交通服务。

（5）设置公共交通服务投诉处理机构、热线及网络化平台。

（6）成立新闻办公室，设立新闻发言人，主动与媒体沟通。

（7）成立“巴士之友”，搭建企业与公共交通乘客的活动平台。

6. 安全管理

安全管理是企业管理的一个重要组成部分，从城市公共交通企业的行业特征和生产实践来看，公共交通企业安全管理主要包含运营安全管理、生产安全管理、治安保卫管理和消防安全管理4个方面。考虑到城市公共交通企业的特点，须着重说明运营安全管理方面的内容。

运营安全管理工作的主要任务是：遵规守法，坚持“安全第一、预防管理、综合治理”的方针，坚持以人为本的科学发展观，建立全面完善的运营安全管理责任制；以预防为主，贯彻科学有效的管理和切实有效的措施，消除各类运营安全隐患，确保乘客生命和财产安全。主要包含以下内容。

(1) 根据安全生产相关法律法规，建立、健全以运营安全管理责任制为核心内容的各项管理制度和规定，研究制定运营安全管理工作标准和安全操作规程。

(2) 建立培训制度，研究制订安全管理人员及驾驶员、乘务员安全培训计划，努力提高相关人员的业务素质和管理水平。

(3) 坚持预防为主的方针，抓好各类行车责任事故的预防工作。掌握安全行车规律，制定预防措施，定期组织安全教育及岗位练兵活动，关心运营驾驶员的生活，维护其切身利益。

(4) 严格做好安全管理督查工作，定期或不定期对影响运营安全的薄弱环节及隐患进行全方位排查，开展经常性的专项整治工作，确保各类安全管理制度能够有效落实。

(5) 通过运营安全责任体系建立运营安全管理考核评价制度，层层签订运营安全管理目标责任书，将运营安全管理的各项指标与各级责任人员及管理人员的待遇相挂钩，做到有奖有罚，激发全员运营安全管理意识。

(6) 按照事故“四不放过”制度要求，做好事故的善后处理工作，最大限度地降低各类运营安全事故的影响。

特别提示

“四不放过”制度：事故原因未查清不放过，责任人员未处理不放过，整改措施未落实不放过，有关人员未受到教育不放过。

(7) 认真组织好运营安全各类情况的统计和上报工作，建立和完善运营安全基础管理台账和驾驶员(事故)档案管理制度，保障运营安全管理的制度化、规范化和科学化。

7. 城市公交从业队伍的管理

城市公共交通行业是劳动密集型行业，公共交通服务具有人多、面广、点散的特点。近年来，各地公共交通企业本着以人为本的理念，以合同和企业规章制度为基础，建立了完善的选人、用人、育人、留人的机制。

1) 做好基于企业战略的人力资源规划

人力资源规划要围绕公司发展目标进行，以人为本，保障生产，关爱员工，促进员工成长，保持企业协调发展，形成适应公司发展战略需要、专业结构配套、层次结构科学、

素质优良、团队氛围和谐的员工队伍。城市公共交通企业人力资源规划的指导原则主要体现在：确保公司业务持续发展、巩固行业人才竞争优势、确保公司整体效益与人员规模经济。

2）建立公开规范的招聘录用体系

由于公共交通运营生产具有分散性的特点，驾乘人员的素质和服务水平直接决定了乘客对于公共交通企业服务品牌的认知程度。为此，各地公共交通企业专门成立相应部门，在遵循相应法律法规的基础上，制定了完备的员工招聘、考评及培训制度和流程，确保员工招聘工作能够按照公开、公平、公正、客观、廉洁和择优录取的原则开展，为员工招聘工作提供了严密的制度保障。

3）加强员工的岗位培训

岗位培训是指从业人员上岗前进行法规知识、业务知识、基本职能和职业道德的短期培训，经考核合格，发给上岗证。岗位培训的主要内容有基础培训、业务培训和技能培训3个方面。

(1) 基础培训。主要包括职业道德、法规知识、服务行为、运输质量的教育。

法规知识的培训内容：交通法律、法规；经营规章、行车安全、社会治安、车辆技术等方面的规则、规定。通过培训，不断提高经营者的法制观念，使公交从业人员做到懂法、守法。

服务行为的培训内容：客运服务标准、规范，服务工作忌语，文明用语规定，岗位职责等。通过培训，将文明礼貌和优质服务贯穿到员工的实际行为中，达到树立行业良好形象的目的。

运输质量的培训内容：服务质量、乘客运输质量、安全质量教育等。通过运输质量的培训，培养运输业从业人员的质量意识，让从业人员充分认识到运输质量不仅影响企业的市场竞争能力、经济效益及生存，还影响客运业有序、健康的发展。

(2) 业务培训。业务培新内容主要包括安全行车知识、心理学基础知识，普通话及基本外语对话，交通、地理、旅游知识、票据、运价的基本知识等。

(3) 技能培训。技能培训包括汽车驾驶员的技能培训、服务人员的技能培训和管理人员的技能培训。

汽车驾驶员的技能培训：熟练驾驶相应车辆的能力，具有判断和排除车辆一般故障的能力；具有对运行线路安全行车、紧急处理、伤员急救的能力；具有对旅客的各种要求应变处理能力和熟练的语言表达能力；掌握并能正确运用有关的运输知识和法规。

服务人员的技能培训：熟练操作相关业务，一定的应变处理能力，熟练的语言文字表达能力及组织能力。

管理人员技能培训按管理职责分层次进行，如调度工作，制定班次、处理运行情况、组织车辆、救急应变等本行业业务知识；此外，岗位有特殊要求的，还要取得相应的从业资格证书。

想一想

你平时出行乘坐公交车时，感觉哪家公交企业的服务较好？你认为这家公交企业对从业人员还应该进行哪些培训？

4）上岗证的发放与管理

上岗证是公交行业管理部门对从业人员的业务技能、基本素质的认可凭证，通过对上岗证的管理，可以规范运输行为，提高从业人员的素质和服务质量，促进公交客运市场健康、有序发展。

上岗证的发放依照行业主管部门规定的程序进行：参加岗前培训，凭合格成绩单到行业管理部门办证；实行年审制度，审验的内容为参加再培训的情况、违章记录等；获得上岗证的从业人员，要积极参加劳动部门组织的技术等级培训、考核；从业人员在流动时，应到发证机关办理迁移手续，迁入地区行业管理机关一般给予认可；从业人员无证上岗或持无效证件上岗，应按规定予以处罚。

此外，作为经营者也不能安排未取得上岗证件的人员从事公交客运经营服务。

任务拓展

深圳巴士集团安全管理内容见表2-1。

表2-1 深圳巴士集团安全管理内容

管理要素	管理内容	主要管理措施
人	入职把关	入职性格测试和资格审查
		岗前道路安全、服务、技术培训与实习
	安全培训	安全法规培训教育
		回炉培训制度
		应急预案演练实践操作
		员工安全手册
	情绪管理	心情晴雨表
		员工约谈制度
		人员不稳定因素排查制度
	综合管理	车辆技术状况自主“三检”
		路查路控
		安全文明示范队建设
车	车辆技术状况保障工作	车辆技术状况保养工作
		车辆技术可靠性保障工作
	技术安全隐患整改	新投放车型技术隐患整治
		旧运力技术隐患整治

续表

管理要素	管理内容	主要管理措施
路	道路安全风险识别和处理机制	道路隐患信息报告制度
		稽查队伍区域联防联控
		安全行车指引图
环境	环境隐患识别与防范	交通、综治安全生产监督流程
		财产安全管理流程
		安全隐患排查制度
		安全分级预警机制
其他要素	消防器材、油料安全管理	消防器材管理
		油料安全供应管理

（资料来源：交通运输部道路运输司．城市公共交通管理概论[M]．北京：人民交通出版社，2011.）

任务操作

（课堂任务操作）针对出行任务，分组完成：通过走访等形式了解该公交公司的情况，如组织结构、职能等，撰写调研报告。

任务考核

本任务主要学习了城市公共交通企业管理，请你思考以下几个问题，并作为自我检查：

1. 简要说明城市公共交通企业组织及其职能。
2. 城市公共交通企业运营管理包括哪些内容？
3. 你认为行业管理部门应如何提高公共交通企业的服务质量？

任务2.3　城市公共交通运营评价

知识目标

1. 了解城市公交运营评价的指标种类。
2. 了解城市公交运营评价实施的方法。

能力目标

能运用相关评价指标简要评价一个城市公共交通企业的服务水平。

任务引入

请你从所在学校出发乘坐公交到周边旅游，在出行途中调研所在城市或区域公交的服务情况。

任务分析

为广大公众提供快捷、安全、方便、舒适的城市公共交通服务是城市公共交通发展水平的直接体现，是提高城市公共交通吸引力的重要途径。城市公共交通服务评价是对城市公共交通服务水平的客观判别，是政府对公共交通行业实施监管的重要抓手，用以引导和促进城市公共交通服务水平的提升。

2.3.1 城市公共交通的网络技术性能评价

城市公共交通线网密度、万人公交车辆拥有率及公交站点覆盖率等，直接关系着公交乘客乘车便捷程度，因此这些指标常常作为评价公共交通网络技术性能的重要方面。

1. 公共交通线网密度(千米/千米^2)

城市公共交通线网密度有以下两种算法。

1）纯线网密度

公交纯线网密度是指有公交服务的每平方千米的城市用地面积上，有公交线路经过的道路中心线的长度，即

公交纯线网密度=有公交线路经过的道路中心线总长度/有公交服务的城市用地总面积

该指标的大小反映了居民接近公交线路的程度，从理论上分析全市以2.5～3.0千米/千米^{2}为好，在市中心区客流量大处可适当加密，市边缘地区客流密度低，则可减小。

2）运营线路网密度

公交运营线路网密度的计算方法是用各公交运营线路的实际长度除以所经地区的面积，即

公交运营线路网密度=公交运营线路总长度/有公交服务的城市用地面积

这一指标考虑到了公交复线、重叠系数的事实，但对于公交线路分布是否均匀、居民乘车是否方便，还不能反映出来，该指标与公交纯线网密度指标无法联系，也不能相互换算，不过这项指标比较容易计算。

2. 万人公交车辆拥有率(标台/万人)

万人公交车辆拥有率是反映城市公交客运实际能力的另一个重要指标，就是在城市一定空间内每万人拥有的公交车辆标台数，即

公交车辆拥有率=公交车辆标台数(标台)/市区人口(万人)

其中，一辆标准车按80客位计。单纯公交车辆的绝对数不能反映城市公交设施的水平，而要用单位人口拥有公交车辆数作为标准，在全世界范围内基本上均可以每万人拥有公交车辆数作为标准。

纵观世界各国，在不同地域、不同规模、不同经济发展水平条件下，各城市的公交车辆拥有率状况也各不相同，一般是城市愈大，公交车辆拥有率水平愈高，这一方面是由于大城市对公交需求量大，另一方面也具备经济条件，此外与交通政策也密切相关。在中华人民共和国国家标准《城市道路交通规划设计规范》(GB 50220—1995)中，大城市的公共

汽车和电车的规划拥有量为每800～1 000人一辆标准车，即10～12标台/万人，中、小城市为每1 200～1 500人一辆标准车，即7～8标台/万人。

3. 公交站点覆盖率(%)

公交站点覆盖率，也称公交站点服务面积率，是公交站点服务面积占城市用地面积的百分比，是反映城市居民接近公交程度的又一重要指标。通常按300米半径和500米半径计算，《城市道路交通规划设计规范》规定的公交站点覆盖率，按300米半径计算，不小于50%，按500米半径计算，不小于90%。其计算公式为

公交站点覆盖率=(公交站点服务面积/城市用地面积)×100%

2.3.2 城市公共交通的服务水平评价

公交服务水平主要反映满足居民出行需要的程度，一般包括车辆运行的安全、方便、及时、准点、经济和舒适状况等。

1. 行车责任事故间隔里程

行车责任事故间隔里程是指评价行驶多少千米发生一次责任事故，反映车辆运行的安全状况。其计算公式为

行车责任事故间隔里程=总行程/行车责任事故数

2. 行车准点率

行车准点率指运营车辆在营业线路上准点行车次数与全部行车次数之比，即

行车准点率=准点行车次数/全部行车次数×100%

3. 乘客平均换乘系数或换乘率

乘客平均换乘系数或换乘率是衡量乘客直达程度，反映乘车方便程度的指标。乘客平均换乘系数的计算方法为乘车出行人次与换乘人次之和除以乘车出行人次，即

乘客平均换乘系数=(乘车出行人次+换乘人次)/乘车出行人次

换乘率是指统计期内乘客一次出行，必须通过换乘才能到达目的地的人数与乘客总人数之比，即

换乘率=(有换乘的乘客人数/乘客总人数)×100%

4. 乘客平均候车时间

乘客平均候车时间指乘客到达公交车站起至乘上车为止的时间消耗，是反映乘车方便程度的另一项重要指标。其计算公式为

乘客平均候车时间=行车间隔/2×(1+每次出行平均换乘次数)

5. 高峰满载率

高峰满载率是指客运高峰期间车辆在主要线路的高单向、高断面上载运乘客的平均满载程度，即

高峰满载率=主要线路高单向高断面通过量/车辆通过高断面的客位总和×100%

6. 全天线路满载率

全天线路满载率指营业车辆全天载运乘客的平均满载程度。其计算公式为

全天线路满载率＝乘客周转量(人・千米)/客位行程(客位・千米)

该指标与高峰满载率可用于评价乘用公交的舒适程度。

7. 零票交通费率

零票交通费率是指统计期内乘客平均每100千米乘距个人实际支付的乘车金额(以购买零票方式支付乘车费)与该地区职工平均工资之比。其计算公式为

零票交通费率＝乘客平均每100千米乘距个人实际支付的乘车费(元)/
公交企业服务地区职工平均工资(元)

8. 乘客满意度

乘客满意度是反映公共交通服务水平的重要指标。该项指标越高，反映公共交通服务越好。其计算公式为

乘客满意度＝对公共交通服务质量满意和比较满意的乘客数/被调查的乘客数×100％

2.3.3 城市公共交通的效益水平评价

1. 居民年乘公交车次数

居民年乘公交车次数反映公交利用程度，指公交企业服务区域内，平均每一位居民一年内乘坐公交车次数。其计算公式为

居民年乘公交车次数＝公交企业全年客运量(项・年)/市区人口(人)

2. 出行时间与制度工时之比

出行时间与制度工时之比指公交企业服务区域内，平均每一职工上下班在途时间占制度规定的工作时间(如一天8小时)之比，即

出行时间与制度工时之比＝(2×单程出行时间/制度工作时间)×100％

3. 完好车率

完好车率指完好车日数与营运车日数的比例，即

完好车率＝完好车日/运营车日×100％

4. 百车公里成本

百车公里成本指车辆平均每行驶100千米所耗用的营运成本。其计算公式为

百车公里成本＝总成本(元)/总行程(百千米)

5. 全员劳动生产率

全员劳动生产率指公交企业每一职工年内平均运营收入。其计算公式为

全员劳动生产率＝运营收入(元)/全部职工人数(人)

在以上指标中，第3～5项指标可用于评价公交企业的经济效益。此外，各项评价指标在实际工作中，可根据具体情况，做适当的取舍和修正。

2.3.4　城市公共交通服务评价的实施

城市公共交通服务评价的实施是推动城市公共交通服务评价工作、落实城市政府对公共交通服务监管的关键。一般来说，城市公共交通服务评价可分为对政府公共交通发展水平评价和对公共交通运营服务水平评价，两者的评价实施机制有所不同。

1. 政府公共交通发展水平评价

1）机构设置及职责

成立政府层面城市公共交通服务评价领导小组，组织开展对城市公共交通服务水平进行评价，并将考核结果向社会公告。

2）评价流程

城市公共交通发展水平评价由城市政府组织初评，组织力量实施相关数据核对、文档汇总和自评等工作，对初评结果进行总结并报上级政府，由上级政府组织复评，复评结果报告国家级评价小组。评价小组通过听取汇报、查阅资料、实地调查、征求群众意见等方法，对各城市的实施情况进行抽查核实。每个阶段都有严格的审查、审核的组织和技术保障。

3）评价考核结果的运用

城市公共交通服务水平评价结果可用于如下方面：一是了解城市公共交通发展的现状及存在问题；二是为城市公共交通行业管理机构制定行业标准、规范、法规等提供依据；三是为引导城市公共交通科学发展，提高城市公共交通整体形象和吸引力提供依据。

2. 公共交通企业运营服务水平评价

1）工作机构及职责

公共交通企业运营服务水平评价可通过建立多渠道服务质量评价反馈和监管来实施，如成立公共交通企业运营服务水平评价委员会，主要负责服务质量考核结果的审查和认定，以及对经营者提出的异议进行裁定。委员会可由城市公共交通行业管理机构人员、行业专家、媒体和市民代表等组成。委员会主任由委员选举产生，负责主持考核工作。考核委员会下设考核工作小组，主要负责完成考核资料的收集、资料审查及考核的初评工作。考核工作小组的人员主要由城市公共交通行业管理机构的相关人员组成。委员会的主要职责为起草考核评价流程及操作规范，定期开展质量调查和评价，对公共交通企业提出改进服务建议。

2）评价流程

公共交通企业运营服务水平评价流程主要经过初评和最终评议两个阶段，初评的主要责任主体是评价工作小组，最终评议的责任主体为评价委员会。由企业、第三方测评机构等报送的评价资料，经考核小组预审后，作为第三方机构出具调研报告的重要数据来源。第三方测评机构的调研报告经审查核实后，由评价工作小组形成初评结果并报送评价委员会，评价委员会对初评结果进行严格审查、认定后，其评价结果由城市公共交通行业管理机构向社会公布，并征询企业意见，若企业有异议提出申诉并经评价委员会认定，则须重新进行评价。

3）第三方测评

城市公共交通行业管理机构通过公开招标或竞争性谈判选定社会第三方中介机构，按照公平、公正原则，依据企业服务评价指标对各公共交通企业的服务质量进行定期测评，出具评优报告，并对提供报告的真实性、准确性负责。评价工作小组根据评估报告进行评分。

4）评价结果发布形式

评价委员会确定评价结果后报送城市公共交通行业管理机构，通过网络及相关媒体对评价结果予以公示。如经营者对评价结果有异议，可在规定的时间范围内向城市公共交通行业管理机构申请重新评价，评价委员会决定是否重新进行评价，并向经营者说明理由。

5）评价结果的应用

城市公共交通企业服务水平评价结果可运用到经济补贴、激励与约束中，发挥经济杠杆对企业的激励约束作用；可运用到公共交通经营企业的市场准入与退出机制中；也可运用到精神激励中，引导公共交通企业落实“公共交通优先、公共交通优秀”，同实现公共交通企业经营效益和价值结合起来，要把评价结果作为公共交通经营者评先创优的依据。

任务拓展

佛山市城市公交企业行风民主评议满意度调查

尊敬的各位市民：

您好！欢迎您参加本次满意度调查。

为了进一步强化城市公交行业从业人员的优质服务意识，规范经营服务行为，提高公交服务质量和服务水平，推进佛山市城市公交企业行风建设深入开展，从现在起至2012年10月20日止，开展对全市22家公交车企业和15家出租汽车企业的民意满意度调查。

本满意度调查分为公交车企业和出租汽车企业两个部分，各10题及群众意见和建议。请根据您所掌握了解的情况和亲历感受，在相应选项的满意度档次(A很满意，B较满意，C一般，D不太满意，E很不满意)处选择，所有选项均为单选。问卷中涉及的所有个人信息我们将予以严格保密。非常感谢您的支持和参与！

佛山市交通运输局

佛山市政府纠风办

2012年9月6日

公交车

请问您最经常乘坐的一条公交路线是________。

1. 请问您对该线路公交车宣传行风评议力度的评价：(　　)

2. 请问您对该线路公交车车厢内设置的监督投诉方式是否显眼的评价：(　　)

3. 请问您对该线路公交车的线路变更或服务时间调整告知群众的评价：(　　)

4. 请问您对该线路公交车的司机服务态度的评价：(　　)

5. 请问您对该线路公交车司机是否存在不系安全带、闯红灯、超速、乱停等危险行为的评价：(　　)

6. 请问您对该线路公交车规定运营时间的评价：(　　)

7. 请问您对该线路公交车的车容车貌和卫生环境的评价：(　　)

8. 请问您对该线路公交车的所需候车时长的评价：(　　)

9. 请问您对该线路公交车车厢内张贴乘车规则、线路走向图、线路票价表的评价：(　　)

10. 请问您对该线路公交车是否按收费标准进行收费的评价：(　　)

出租汽车

请问您最经常乘坐的出租汽车是________(公司名称/车辆编号/电召号码/车牌号码)。

1. 请问您对该公司出租汽车宣传行风评议力度的评价：(　　)

2. 请问您对该公司出租汽车设置的监督投诉方式是否显眼的评价：(　　)

3. 请问您对该公司出租汽车是否存在司机抽烟、使用手机、对讲机行为的评价：(　　)

4. 请问您对该公司出租汽车的司机服务态度的评价：(　　)

5. 请问您对该公司出租汽车司机是否存在不系安全带、闯红灯、超速、乱停等危险行为的评价：(　　)

6. 请问您对该公司出租汽车在运营服务时间内是否存在拒载的评价：(　　)

7. 请问您对该公司出租汽车的车容车貌和卫生环境的评价：(　　)

8. 请问您对电召该公司出租汽车所需候车时长的评价：(　　)

9. 请问您对该公司出租汽车是否存在故意绕道的评价：(　　)

10. 请问您对该公司出租汽车是否按规定使用计价器(含不打表、议价)的评价：(　　)

(资料来源：佛山交通运输网，2012. http：//www.fsjtw.gov.cn/qt/wjdc/.)

任务操作

(课堂任务操作)针对出行任务，分组完成：调研所在城市或区域公交的服务情况，撰写调研报告。

任务考核

本任务主要学习了城市公共交通运营评价的方法，请你思考以下几个问题，并作为自我检查：

1. 反映公交乘客乘车便利程度的指标有哪些?
2. 评价公交服务水平的指标有哪些?
3. 如何评价一家公交公司的效益水平?
4. 如何运用公共交通企业运营服务水平的评价结果?

第 2 篇

城市道路公共交通运营管理

- 项目 3　常规公共汽车运营管理
- 项目 4　快速公共汽车运营管理
- 项目 5　出租汽车运营管理

项目 3　常规公共汽车运营管理

任务 3.1　常规公共汽车系统组成

知识目标

1. 了解常规公共汽车系统的组成部分。
2. 了解常规公共汽车的类型。

能力目标

能识别常规公共汽车的组成，并能根据要求选用合适的公交车型。

任务引入

选择一个你熟悉的城市区域，调研其常规公共汽车系统的组成部分。

任务分析

常规公共汽车系统，具有固定的行车路线和车站，按班次运行，并由具备商业运营条件的适当类型公共汽车及其他辅助设施配置而成。

3.1.1　常规公交车辆

根据动力推进系统的不同，公共交通车辆(简称公交车)主要有柴油公交车、汽油公交车、环保型压缩天然气(compressed natural gas，CNG)公交车、无轨电车及新型混合动力(电动)公交车等。柴油公交车具有油料廉价、容易保养、动力强等优点，但会产生废气、噪声等。无轨电车由电力驱动，运行平稳、加减速快，但必须附带架空输电设备，初期投资和营运保养费用较柴油汽车高，运行区域仅限于设有架空线的地区。CNG 客车具有排放低、发动机使用寿命长、燃料费用低等一系列优点，但只有在专门设计的发动机上才能获得最佳使用效果。如图 3.1 所示。

图 3.1　南昌市压缩天然气空调公交车

公共汽车的划分，采用了国家标准《城市客车分等级技术要求与配置》(CJ/T 162—2002)的分类规定，具体见表 3-1。

表 3-1　常规公共汽车的分类

类型	主要指标及特征		
	车辆及线路条件	客运能力(*N*) 平均运行速度(*v*)	备注
小型公共汽车	车长：3.5～7 米 定员：≤40 人	*N*：≤1 200 人次/时 *v*：15～25 千米/时	适用于支路以上等级道路
中型公共汽车	车长：7～10 米 定员：≤80 人	*N*：≤2 400 人次/时 *v*：15～25 千米/时	
大型公共汽车	车长：10～12 米 定员：≤110 人	*N*：≤3 300 人次/时 *v*：15～25 千米/时	适用于次干路以上等级道路
特大型(铰接)公共汽车	车长：13～18 米 定员：135～180 人	*N*：≤5 400 人次/时 *v*：15～25 千米/时	适用于主干路以上等级道路
双层公共汽车	车长：10～12m 定员：≤120 人	*N*：≤3 600 人次/时 *v*：15～25 千米/时	

表 3-1 中，公共汽车定员包括座位和车厢内有效站立位，公共汽车线路的客运能力取决于车辆定员和发车频率，表中数值是按照最小发车间隔 2 分钟测算所得的每小时最大客运量，表中平均运行速度主要是指在市区的运行速度而不包括郊区。

3.1.2 常规公交线路与线网

1. 公交线路分类(表 3-2)

表 3-2 公交线路的类别

标准	类别	主要功能
按运营时间特征分类	全日线路	是公共交通主要线路类型，承担绝大部分客运任务
	夜宵线路	联系交通枢纽、医院、工厂和住宅区，保证城市昼夜延续的各类活动的正常进行
	高峰线路	主要为职工上下班出行服务，联系大型住宅区、中心商务区、工业区，营业时间在早、晚高峰数小时内
按计价方法分类	一票制线路	通常为市区行驶的路线，路线长度一般控制在 12km 以内
	分级计价线路	一般使用在郊区线路中
按车型车种分类	汽车线路	汽车可以在任何区域行驶，线路设置灵活、易于调整，可以达到较高的覆盖率，投资造价和运营成本低，设施用地的分布也比较灵活
	电车线路	电车具有良好的启动、加速、过载性能，无排放污染，且操作简单、噪声低、耗能少，适宜在交叉口间距小、红绿灯多的市区繁华地区行驶，但由于电车需要架空线和变电设备，线路开设投资较大，线路走向不容易调整，线路或车辆故障容易引起道路阻塞
按运营特征分类	普通线路	站距较短，运营车速一般为 12～16km/h
	快速线路	布置在公交客流走廊上，在专用车道上行驶，采用容量较大、动力性能较好的车辆，站距较大，运营车速可以达到 20km/h 以上

2. 线网结构形式

公交线网形态主要受城市形态和路网条件的制约，同时还决定于交通需求、场站条件、车辆条件及效率因素。常规公交线网通常有 6 种形式。

(1) 单中心放射型线网。这是公交线网的早期形式，适用于小城市和大城市卫星城镇，特点是乘客可直接往返市中心，换乘少，调度管理方便。

(2) 多中心放射型线网。这种线网同样具有单中心放射型线网的优点和缺点，但主要适用于中小规模城市，特别是有老城和新城两个中心的城市形态。中心成为公交换乘枢纽，并且在多个中心之间形成公交客运走廊。

(3) 带有环线或切线状线路的放射型线网。单中心线网随着城区扩大，会逐渐衍变为带有环线或切线的放射型网络，直达出行率高、便于换乘，但往往场站用地较难解决。

(4) 棋盘式线网。棋盘式线网通常只需换乘一次车就能到达目的地，线路调整便利。

由于分散了换乘点，用地布置也比较方便，但平均换乘次数偏高，并且可能出现某些道路线路密度过大，易受道路条件影响。

(5) 混合型线路。这种线网可以根据城市布局和路网条件灵活布置，并且容易组织交通。在未建成轨道交通的一般大中型城市，公交线网多采用中心区为棋盘式线网、外围是放射形线网的形式。

(6) 主干线和驳运线结合的主辅型线网。主干线和驳运线结合的主辅线网是由两类功能和服务水平水平不同的线路组成，这种形式的线网能提高客位利用率，主干线和驳运线可以通过发车间距调整到需要的运力和服务水平。一般适用于有大运量轨道交通线路的城市，地面公交线路作为驳运线，主干线也可以是布置在公共汽车专用道上的快速大站公交线路。

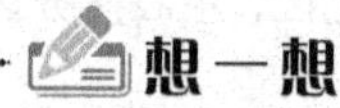想一想

通过调查，分析你所在的城市或区域属于哪一种形式的线网结构。

3. 常规公交场站

公交场站根据服务对象与服务功能，可分为中途停靠站、首末站(图 3.2)、枢纽站、停车场、维修保养场、培训场地和附属生活设施，一处场站往往同时具备多个功能而形成综合场站。

图 3.2　首末站(公交场站)

3.1.3　常规公交运营管理系统

城市公交系统应以运营服务为中心，努力为乘客提供安全、迅速、方便、准点、舒适的乘车条件，按乘客流动的实际需要，保证一定的行车时间和行车间隔，循环往复运行。为适应客流变化的需要，应机动灵活地调度车辆，对于不同季节、不同时间、不同区段、不同流向的客流变化情况，要积累资料，掌握客流变化规律，搞好运营服务。

任务拓展

缺少场站公交无家可归

公交先行，民心所向。相关政府部门不断推出各种政策措施，但公交供需矛盾仍然巨大，上下班高峰期乘公交难问题尤为凸显。运力不够、运速缓慢、场站缺乏，看似互不相连的3个因素都指向公交的配套硬件——场站。购买大巴投入运营，需要场站容纳进行停放及保养；造成大巴“列车化”运速缓慢的原因之一，也是场站不够。

目前深圳公交场站用地需求达240公顷，但实际只有118公顷，缺口高达51%。多个公交场站的规划用地，常被占用长达数年，场站建设成为严重制约公交发展的瓶颈。

“场站就好像公交车的家，现实的情况是，很多公交车无家可归。”深圳市交通场站建设发展有限公司领导无奈地说，讨论已久的公交乘车难问题众多声音中，大多将问题的焦点和出路放在增加运力上。而事实情况是，如果没有场站建设的相配套，目前就已经矛盾突出的场站问题，将更加雪上加霜。

作为深圳市唯一专门的公交场站管理机构，深圳市交通场站建设发展有限公司主要任务是加强公交场站的管理，促进公交一体化及整个公共交通服务水准的提升和物流事业的发展。这个机构只是政府购买服务的体现，并不直接参与公交场站的建设。但作为一个涉及公共交通的重要机构，有必要向市民解释场站建设的重要性。

场站具有旅客运输组织、车辆运行组织、旅客集散、中转换乘、多式联运、通信信息和综合服务等功能，在整个道路旅客运输过程中发挥着枢纽作用。其中与市民最直接密切相关的，便是场站的首末站疏导客流作用。“在市民比较集中的居住区或者是岗位密集区设置场站，这样首末班车就能疏导大量的客流，缓解这些区域的高峰期出行难问题。”例如，2009年6月接收使用的民治场站占地10 000平方米，可提供100余辆公交车的停车位，停放4条线路，大力缓解了民治片区运营公交车辆停车难问题。

（资料来源：郭启明，丰雷．公交场站之困[N]．南方都市报，2010-3-23(SA29)．节选，有删改）

任务操作

（课堂任务操作）针对出行任务，以你熟悉的一条公交线路为例，通过调研分析常规公交的组成部分，撰写调研报告。

任务考核

本任务主要学习了常规公共汽车系统组成，请你思考以下几个问题，并作为自我检查：

1. 常规公共汽车系统组成有哪些因素？
2. 分析你所在的城市或区域公交线网属于哪种类型。
3. 举例说明公交场站建设的重要性。

任务3.2 常规公共汽车系统规划

知识目标

1. 了解常规公交线网规划的方法。
2. 了解常规公交场站规划的方法。

能力目标

能根据实际要求简单设计常规公交线路及场站。

任务引入

选择一个你熟悉的城市或区域，分析其常规公共汽车线网及公交场站的优缺点。

任务分析

3.2.1 常规公交线网规划

1. 常规公交线网规划的影响因素

影响城市公共交通规划的因素是多方面的，一般情况下，在进行城市公共交通线网规划时应主要考虑以下几个方面的因素。

1）城市客运交通需求

城市客运交通需求包括数量、分布和出行路径的选择，是影响公共交通线网规划的首要因素。在一定的服务水平要求下，客运需求量大的区域，要求布置的公共交通线网客运能力较大。理想的公共交通线网布局应满足大多数交通需求的要求，具有服务范围广、非直线系数小、出行时间短、直达率高(换乘率低)、可达性高(步行距离短)等特点。

2）道路条件

对于常规公共交通线网来说，道路网是公共交通网络的基础，但并非所有的道路都适合公共交通车辆行驶，要考虑道路几何线形、路面条件和容量限制因素。若道路条件较差，如转弯半径过小、坡度陡长、路宽不足时，就不适合公共交通车辆行驶。可以将所有适合公共交通车辆行驶的道路定义为公共交通线网规划的“基础道路网”。当“基础道路网”中有较大空白区时，应对道路网络规划提出反馈意见，以保证“基础道路网”能满足公共交通网络布设的要求。

3）场站条件

首末站可以作为公共交通线网规划的约束条件，也可在线路优化后，根据路线配置的车辆确定首末站及其规模；一般的公共交通车站可以在线路确定后，根据最优站距和车站长度的限制等情况确定。

4）车辆条件

影响线网规划的车辆条件包括车辆物理特征(车长、宽、高、重等)、操作性能(车速、加速能力、转弯半径等)、载客指标(座位数、站位数、额定载客量等)和车辆数。考虑其中物理特性和操作性能与道路条件的协调，可以确定公共交通线网规划的“基础道路网”。

由车辆总数、车辆的载客能力和路线的配车数可决定路线总数。车辆总数可作为线网规划的限制条件，也可先规划线网，根据线路配置车辆，得到所需的总车辆数，再考虑数量的限制。

5）效率因素

效率因素指公共交通线网单位投入(如每公里、每班次等)获得服务效益，反应线路效益的指标有每月行驶数、每车公里载客人数、每车公里收入、运营成本效益比等。它不仅反应线路的运营状况，还反映路线经过地区的客运需求量和线路的服务吸引能力，因而在规划中，应特别考虑线路/线网效益因素。

6）政策因素

城市公共交通系统与交通管理政策(如车辆管制与优先、服务水平管理、票价管理等)、社会公平保障政策(如照顾边远地带居民出行)、土地发展政策(如通过开辟公共交通线路诱导出行，促进沿途地带发展)有关。

2. 常规公交线网规划的一般方法

1）现状调查

现状调查主要包括城市人口出行次数、出行方式等情况调查，还应进行城市居民出行OD调查、城市流动人口出行OD调查等工作。此外，还必须了解城市的总体发展规划及城市的综合交通规划。

2）公共交通客运OD分布预测

公共交通客运OD分布预测的主要内容如下。

(1) 出行发生和吸引量预测。一般采用以家庭为基础单元的出行生成率的预测，进而预测各交通小区的出行生成量。得到现状出行生成后，根据城市总体规划及人口的发展趋势，得到规划年的小区出行发生和吸引量。

(2) 交通出行的分布预测。根据居民出行现状的OD矩阵及规划年各交通小区的出行产生和吸引量，通过一定的数学方法，得到规划年的OD分布。

在交通分布预测方法的选择上，比较有代表性的有福莱特法(Fratar method)的双约束重力模型法。福莱特法是增长率法中的一种双约束增长系数法，该方法的主要特点是增长系数由小区的相对吸引力调整得到，并作为参数应用到交通分布模型中。双约束重力模型法是根据牛顿万有引力的原理研究区域间分布交通量的方法，是一种同时引进约束系数和列约束系数的双约束引力模型。

(3) 居民选择公共交通方式的出行量预测。进行公共交通方式的出行量即交通出行分担预测的交通方式选择模型可以分为两类：一类是以统计学为基础的集计方法，是将交通分区中的个人或家庭的调查数据进行统计处理，标定方式选择模型中的参数；另一类是以概论率为基础的非集计方法，是将个体的原始资料不加任何处理直接用来构造模型。

综合交通调查得到的居民现状出行方式选择，确定未来年居民出行方式的选择，由此得到公共交通客运OD分布。

知识链接

福莱特(Mary P. Follett，1868—1933)，在“科学管理”理论和行为科学理论之间起着桥梁作用的美国管理学家。她生于美国的波士顿城，在塞耶学院和哈佛大学的安内克斯(后称拉德克利夫学院)接受教育。她具有广泛的兴趣和知识，开始学的是哲学和政治学，后来对职业指导、成人教育和当时正在兴起的社会心理学产生兴趣。1924—1925年，她以纽约向一批企业经理人员作了一系列有关她的政治哲学在企业管理中应用情况的报告，通过这些报告，她对企业管理作了进一步的研究，提出许多有启发性的意见，受到当时和以后管理学者的重视和好评。

福莱特生活的年代是“科学管理”时期，她对泰罗的某些观点很赞赏，并作了进一步的概括；但她的政治哲学和管理哲学的基本倾向，则明显地具有“社会人”时代的特征。她既概括了泰罗的许多思想，又得出与后来的梅奥等人所作的“霍桑试验”的研究成果大致相同的结论，所以她成了这两个时代之间的一个联系环节。福莱特的主要著作：《新国家》(1918年)，《创造性的经验》(1924年)，《作为一种职业的管理》(1925年)等。

3. 公共交通线网规划布局方案的优化

根据城市公共交通需求OD矩阵，综合考虑各种影响因素，使用“逐条布设，优化成网”的方法进行。首先，进行各个线网片区内部的公共交通线网布局，重点放在主体片区；然后，进行各个线网片区之间的衔接线路规划，重点研究各个片区与主体片区的联系；最后，进行综合平衡、调整优化，形成整个城市的公共交通线网布局规划方案。

规划采用“逐层布设，逐步成网”的布设方法，将公共交通线网划分为3个层次：骨架线路、基本线路和补充线路，逐层逐步地完成线网的布设。

(1) 骨架线路。实现跨区域客流空间上快速、集中转移的公共交通线路，沟通城市大型对外客运枢纽，是土地集中利用的功能区之间的衔接纽带，是城市各级组团及组团内部的主要客流走廊，在公共交通线网体系中起支架作用。骨架线路亦被称为公共交通快线。

(2) 基本线路。对骨架线路的补充和完善，以满足城市各组团或各组团区域内部乘客中短程距离出行的交通需求，并承担与轨道交通、骨架线路、公路、铁路及客运港口等枢纽点的衔接换乘，应依据骨架线路和换乘枢纽布局设置。

(3) 补充线路。以填补空白或公共交通稀疏区域为主，满足城市边缘组团的出行交通要求。线路主要通过抽疏中心区重叠线路产生，或根据客流需求在公共交通空白区新开线路。补充线路对解决城区边缘组团居民乘车难问题将起到较大作用。

4. 常规公交线网规划的主要技术指标

(1) 线网密度。该指标的大小反映了居民接近公交线路的程度。在市中心区规划的公共交通线网密度应达到3～4千米/千米^2；在城市边远地区应达到2～2.5千米/千米^2。

(2) 公交线路重复系数。对全市或整个规划区而言，公交线路重复系数是指公共交通营业线路总长度与线路网长度(即有公交线路经过的道路中心线总长度)的比值，在公共交通发达的城市一般是1.25～2.5。对某一路段而言，公共交通线路重复系数是该路段上设置的公共交通线路条数，综合考虑公交线路的分布均匀性及站点停靠能力，一条道路上设

置的公交线路条数不宜超过5条。

(3) 公交线路非直线系数。线路非直线系数是指公共交通线路首末站之间实地距离与空间直线距离之比。环行线的非直线系数是指主要集散点之间的实地距离与空间直线距离之比。为保证公共交通的正常运营，提高公共交通服务水平，公共交通主要线路的非直线系数不宜过大，一般不应超过1.4。

(4) 乘客平均换乘系数或换乘率。乘客平均换乘系数或换乘率即统计期内乘客出行的人均换乘次数。大城市乘客平均换乘系数不应大于1.5，中小城市不应大于1.3。换乘率是统计期内乘客一次出行必须换乘才能到达目的地人数占总出行人数的比例。

(5) 公交线路网站点覆盖率。该指标是反映城市居民接近公交程度的重要指标。

3.2.2 常规公交场站规划

公交场站是城市公共交通的基础设施，是公交发展的重要保障。公共交通场站布局规划及设计，应根据城市公共交通系统的特点和居民出行的方便性要求，以及公共交通的车型、车辆数、服务半径和所在地区的用地条件进行设置。场站规划设计主要是场站选址和建设用地规模的确定。

1. 公交场站类型

城市公交场站有两类：一是担负公共交通线路分区、分类车辆维修的公交场站，通常设置为综合性管理、车辆保养和停放的中心停车场，或专为车辆保养设置保养场，专为车辆大修设置修理厂；另一类是负担公共交通线路运营调度和换乘的车站，包括公交枢纽站、首末站、中途停靠站。公交场站的分类及主要功能见表3-3。

表3-3 公交场站的分类与主要功能

<table>
<tr><th colspan="3">分类</th><th>主要功能</th></tr>
<tr><td rowspan="2">公交车场</td><td colspan="2">公交维修厂</td><td>主要为公交车辆大修服务</td></tr>
<tr><td colspan="2">停车保养场</td><td>综合车场，主要为公交车辆的停放、保养和维修服务，兼有管理指挥功能</td></tr>
<tr><td rowspan="8">公交车站</td><td rowspan="6">公交枢纽站</td><td>综合客运枢纽</td><td>集多种交通工具和多种服务于一体的综合性、多功能客运站，是多种交通方式相互衔接所形成的大型客流集散换乘点，尤其是多种对外交通方式与室内公交衔接点</td></tr>
<tr><td>大中型公交换乘枢纽</td><td>轨道交通线路间换乘；城市中心区客流集散；截流外围城镇、郊区、远郊区进入中心城区的小汽车、城乡公交车</td></tr>
<tr><td>一般公交换乘枢纽</td><td>地面公交之间、地面与轨道间的一般换乘</td></tr>
<tr><td>外围重点中心镇集散中心</td><td>主要是服务中心镇周围的乡村公交与城乡公交的换乘功能，满足城乡居民日益频繁的交流需求</td></tr>
<tr><td>特色枢纽——旅游交通集散中心</td><td>主要为游客提供公交旅游专线服务的大型枢纽</td></tr>
<tr><td colspan="2">首末站</td><td>公交始发站，为城市各主要客流集散点服务</td></tr>
<tr><td colspan="2">中途停靠站</td><td>为公共交通线路沿途经过的各主要客流集散点服务</td></tr>
</table>

2. 公交停车场

停车场的主要功能是为线路运营车辆下班后提供合理的停放空间、场地和必要设施，并按规定对车辆进行低级保养和重点小修作业。

停车场用地面积的确定依据是保证停放饱和时，公交车可自由出入而不受停放车辆的影响。经验表明，停车场的规模一般以停放 100 辆铰接式运营车辆或 200 辆标准车辆为宜，其规划用地按每辆标准车用地 150 平方米计算。

3. 公交保养场

保养场主要承担运营车辆的高级保养任务及相应的配件加工、材料和燃料的储存、分发等工作。保养场可分为小型保养场，年保养能力为 200 辆；中型保养场，年保养能力为 300～500 辆；大型保养场保养中心，年保养能力超过 500 辆以上。保养场的规划用地按所承担的保养车辆数计算，通常每辆标准车用地 200～250 平方米。

4. 公交枢纽站

3 条以上主要公交线路的首、末站，或与其他重要交通设施的交汇处，以及多条公交线路交汇处可建公交枢纽站，并停备一些车辆。公交枢纽站的用地规模应根据枢纽站的功能确定，通常每标准车用地 120 平方米，取值可参考表 3-4。

表 3-4　公交枢纽站用地规模

公交枢纽站类别	用地规模/米^2
综合客运枢纽	6 000～10 000
大中型公交换乘枢纽	4 000～7 000
一般公交换乘枢纽	3 000～4 000
外围重点中心镇集散中心	3 000～4 000

5. 公交首末站

首末站是行车调度人员运营、驾乘人员休息的地方，也是车辆夜间停放或者白天客运高峰过后车辆停放的场所。其规划包括起、终站点的位置选择、规模的确定及出入口道路的设置等。公交首末站的规划用地面积按每标准车用地 90～100 平方米计算，通常取 1 500～3 000 平方米；其位置选择除了满足用地要求外，要尽量使乘客处在以该站点为中心的服务半径范围内，最大距离不超过 700～800 米；其规模按该线路所配营运车辆总数来确定，一般配车总数(折算成标准车)大于 50 辆的为大型站；26～50 辆的为中型站；等于或小于 25 辆的为小型站。

6. 公交中途停靠站

作为最基础的城市公交设施，公交停靠站点是乘客和公交运输服务最基本的联系纽带，是公交系统实现其服务不可缺少的重要环节，公交车辆必须在此停靠实现其对乘客进行服务的目的，乘客也必须在此上下车实现其出行的目的。根据设置位置、设置方法和站

台形式，公交停靠站具有不同的分类方法。

1）根据设置位置分类

(1) 交叉口上游公交停靠站，也称近端公交停靠站，指在交叉口上游区域进口道设置的公交停靠站。公交车辆进出站点受交叉口信号灯和进口道机动车辆排队长度的影响与控制。

(2) 交叉口下游公交停靠站，也称远端公交停靠站，指在交叉口下游区域的出口道设置的公交停靠站。

(3) 路段公交停靠站，也称中端公交停靠站，指在两个交叉口之间，公交车辆运行、停靠不受交叉口影响的纯路段设置的公交停靠站。

2）根据设置方法分类

(1) 沿机非分隔带设置的公交停靠站，指对于三块板和四块板的道路，机非分隔带宽度满足条件时，站台设置在机非分隔带上的公交停靠站。

(2) 沿中央分隔带设置的公交停靠站，指对于两幅路和四幅路，中央分隔带宽度满足条件时，站台设置在中央分隔带上的公交停靠站。采用这类停靠站，需要在左侧车身上设置乘客门，存在技术与安全问题。如果没有设置专门的人行过街立交，乘客需要穿越机动车道才能到达和离开停靠站，不仅会影响乘客的安全，而且也会影响社会车辆的正常行驶。这种停靠站一般与公交专用道配合使用，适用于道路机动车流量和站点上下乘客量都较小的情况。

(3) 沿人行道设置的公交停靠站，指站台设置在人行道上的公交停靠站。公交停靠要占用和穿过非机动车道，容易与非机动车产生干扰，适用于无机非分隔带或机非分隔带不满足设站且非机动车流量不大的道路。

3）根据站台形式分类

(1) 直线式公交停靠站。这是传统的公交停靠站设置方式，它将公交停靠区域直接设置在机动车道上，如图3.3所示。对于此种形式的公交站点，公交车辆停靠时占用一条机动车道，形成了交通瓶颈路段，由此将会对社会车辆的正常行驶和公交车辆的超车产生很大影响，当路段机动车饱和度较大时甚至会造成交通阻塞。

图3.3 直线式公交停靠站

(2) 港湾式公交停靠站。这是指在公交停靠站处将道路适当拓宽，将公交车辆的停靠位置设置在正常行驶的机动车道之外，如图 3.4 所示，以减少公交车辆停靠时形成的交通"瓶颈"对社会车辆和后到先走的公交车辆超车的影响，保证路段车流的正常运行。

图 3.4　港湾式公交停靠站

公交车站的中途站点规划，是在公交车辆的起终点及线路走向确定以后进行的。中途停靠站应设置在公交线路沿途所经过的长途客运汽车站、火车站及客运码头等主要客流集散点上，距离其主要出入口 50 米范围内。在路段上，同向换乘距离不大于 50 米，异向换乘距离不大于 100 米，对置设站时迎面错开 30 米。在交叉口附近时，一般距离交叉口 50 米以外；在车辆较多的主干道上，宜设在 100 米以外；换乘距离不宜大于 150 米，最远不超过 200 米。快速路和主干路及郊区的双车道公路，停靠站应采用港湾式布置。

中途站点的站距要考虑乘客出行需求、公交车辆的运营管理、道路系统、交叉口间距和安全等多种因素，组团间公交线路平均站距在 800 米左右，一般公交线路平均站距为 500～800 米，市中心区站距应选择下限值，城市边缘地区和郊区的站距宜选择上限值。

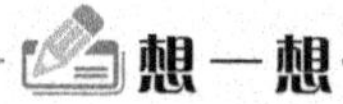

想一想

通过实地观察公交站台，比较直线式公交停靠站与港湾式公交停靠站的优缺点。

3.2.3　常规公交车辆的确定

公交车辆是承担城市公共交通运输任务的主体，城市公交车辆的规模及各条线路配车数的确定、各线路车型的选择和配备，直接关系到公交线网运能的发挥和线路的运输效率和经济效益，也是公交规划场、站及企业规模确定的依据。城市公共汽车和电车的规划拥有量，大城市可按每 800～1 000 人一辆标准车，中小城市可按每 1 200～1 500 人一辆标准车配置。《城市道路交通规划设计规范》规定：公共交通标准车以车身长度 7～10 米的 640 型单节公共汽车为标准车。其他各种型号的车辆，按其不同的车身长度，分别乘以相应的换算系数，折算成标准车数，换算系数见表 3 - 5。

表 3-5 公共交通标准车汽车换算系数

车种	车长范围/米	换算系数
微型汽车	≤3.5	0.3
出租小汽车	3.6～5.0	0.5
小公共汽车	5.1～7.0	0.6
640 型单节公共汽车	7.1～10.0	1.0(标准车)
650 型单节公共汽车	10.1～14.0	1.5
≥660 型铰接公共汽车	>14	2.0
双层公共汽车	10～12	1.8

注：无轨电车的换算系数与等长的公共汽车相同。

3.2.4 常规公交专用道设置

1. 公交专用道的内涵

公交专用道是指在城市道路路段上通过特定的交通标志、标线或隔离设施等手段，限定路段上的某一条或几条行车道(或整条道路)只允许公共汽车及部分特殊车辆在规定时段内使用，而其他车辆禁止通行，以此提供给公交车辆的道路优先通行权，如图 3.5 所示。当一条路段所有车辆均为公交专用时，该路段就成为公交专用路。

根据车道位置、行驶方向、行驶时间及专用程度等，公交专用道有多种类型和划分方法，具体见表 3-6。

图 3.5 公交专用道

表 3-6 公交专用道类型

分类标准	公交专用道类型	特征
车道位置	路缘式公交专用道	公交车行驶于车道最外侧，利用人行道上下客
	中间式公交专用道	公交车行驶于道路单向的中间车道
	中央式公交专用道	公交车行驶于道路中央，利用中央分隔带设置公交停靠站
	公交专用路	通常设置于市中心区的街道上，禁止其他车辆通行，专门划出车道供公交车行驶，其余路幅供行人通行

续表

分类标准	公交专用道类型	特征
行驶方向	顺向公交专用道	公交车行驶方向与其他车辆行驶方向相同
	逆向公交专用道	公交车行驶方向与其他车辆行驶方向相反
	可变方向公交专用道	配合高峰时间内交通流变换而改变公交专用道行车方向
行驶时间	单高峰时段公交专用道	在上午(或下午)高峰时段实施公交专用道，其他时间允许其他车辆行驶
	双高峰时段公交专用道	在上午和下午两个高峰时段实施公交专用道，其他时间允许其他车辆行驶
	全天候公交专用道	划分一条车道全天候专供公交车行驶
专用程度	绝对公交专用道	仅供公交车行驶，且除救护车、消防车外，禁止其他车辆进入公交专用道
	条件公交专用道	除救护车、消防外，尚允许满载的小汽车、计程车和大客车等车辆中的一种或几种驶入公交专用道

2. 公交专用道的设置

1）设置方式

公交专用道路段设置方式是指公交专用车道在道路断面上的位置及与其他车道道路使用主体的关系，以及专用车道的隔离方式、设施等。根据不同的道路等级、宽度、横断面布置和专用道运行要求，公交专用道有沿路侧设置、在中间车道设置、公交专用路等多种形式。

2）设置条件

考虑到我国公交客流密度大、道路空间资源有限等国情，公交专用道的最佳设置条件应以公交车客流量、公交车流量、道路饱和度及道路设施等指标作为公交专用道的设置条件。中华人民共和国安全行业标准《公交专用车道设置》(GA/T 507—2004)规定，公交专用道的设置包括应设置和宜设置以下两类。

(1) 城市主干道满足下列全部条件时应设置公交专用车道：

① 路段单向机动车道三车道以上(含三车道)，或单向机动车道路幅总宽不小于11米；

② 路段单向公交高峰客运量大于6 000人次/时，或公交车高峰流量大于150辆/时；

③ 路段平均每车道断面高峰流量大于500辆/时。

(2) 城市主干道满足下列条件之一时宜设置公交专用车道：

① 路段单向机动车道四车道以上(含四车道)，断面单向公交车高峰流量大于90辆/时；

② 路段单向机动车道三车道，单向公交高峰客运量大于4 000人次/时，且公交车高峰流量大于100辆/时；

③ 路段单向机动车道二车道，单向公交高峰客运量大于6 000人次/时，且公交车高峰流量大于150辆/时。

例如，上海市设置公交专用道的基本条件为：高峰期每小时公交车流量超过60辆；高峰每小时公交车单向载客数超过3 000人次；公交客流占道路断面客流比例达60%以上；高峰时段公交车运行速度低于15千米/时；双向车道数大于4，单向车道数大于3。

任务拓展

杭州试点公交专用道提升

杭州公交专用道提升示意图，如图3.6所示。

图3.6 杭州公交专用道

高峰时期，公交车首尾相连地驶出公交车站，正常的车道都被占了；一辆出站的公交车要从直行变左转，一下子得占用两三个车道……有没有可能让公交车和私家车互不干扰？

为此，杭州市启动天目山路—环城北路公交专用道提升工程。

要实施提升的是天目山路—环城北路(中山路古荡段)，这段路双向有8个车道，中间有4条车道，还有4条机动车道分别位于隔离带两侧。平时，这段路也是私家车、公交车互相干扰比较严重的一段。中间的4条车道，就有2条是BRT(快速公共汽车交通)。隔离带外的4条机动车道上，也设置了普通公交的停靠站。

这次调整进行了彻底的改变。中间的4条车道，全部用作公交车道，专供公交车行驶，连公交车的港湾车站也在这里设置，其他所有的小型客车，就在隔离带外的辅道中行驶，同时优化信号灯配时。这样，可实现公交车与私家车的互不干扰，提高公交的出行效率。

(资料来源：浙江在线新闻网，2011.有改动)

任务操作

(课堂任务操作)针对出行任务，分组完成：调研其常规公共汽车线网及公交场站的优缺点，并对一条城市道路进行公交专用道设置，并说明设置的好处，撰写调研报告。

任务考核

本任务主要学习了常规公共汽车系统规划，请你思考以下几个问题，并作为自我检查：

1. 以某个城市为例说明常规公共汽车线网规划的影响因素。
2. 常规公交线网规划的主要技术指标有哪些？
3. 举例说明公交场站的类型。
4. 举例说明公交停靠站的类型及其优缺点。
5. 举例说明公交专用道的类型及其优缺点。

任务 3.3 常规公共汽车调度形式选用

知识目标

1. 掌握常规公交车辆的调度形式。
2. 掌握常规公交车辆调度形式的选择方法。

能力目标

能根据实际情况运用恰当的方法选用常规公交车辆的调度形式。

任务引入

选择一个你熟悉的城市或区域，调研某条公交线路选用的调度形式。

任务分析

3.3.1 城市公交运营调度的内涵

城市公交运营调度是指城市公交企业根据客流的需要和城市公交的特点，通过制定运营车辆的行车作业计划和发布调度命令，协调运营生产的各环节、各部门的工作，合理安排、组织、指挥、控制和监督运营车辆的运行和有关人员的工作，为乘客提供安全、方便、迅速、准点和舒适的乘车服务，最大限度地节省人们的出行时间，同时为完成企业的营运计划和各项经济技术指标而开展生产。

运营调度的主要任务是按照车辆运行作业计划的要求，结合现场的实际情况，正确有效地指挥、控制和调节车辆运行，保证客运工作按时、按质、按量地完成。

3.3.2 城市公交运营调度及其职责

1. 运营调度的分类

(1) 按照调度内容和目标的不同划分，可分为静态调度和动态调度。

① 静态调度主要是确定线路人力、车辆及发车计划，其目标是在运能供应和满足客流需求的条件下，提高效益，尽量提高运行车公里和车速。

② 动态调度，根据道路交通情况、车辆运行状况、突发事件及其他实时信息，修改规定的车辆运行时刻表，以保证车辆准点率、行车间隔，维持设定的服务水平。

(2) 按照调度体制划分，可分为一级调度、二级调度和三级调度。

城市公交调度机构的设置可以根据城市规模的大小、公交企业的设备状况因地制宜建立二级或三级调度制，大城市由于公交线路较多，车辆、人员多，一般实行三级调度体制，中小城市则实行二级调度体制。

① 一级调度是公司总调度，由公司分管营运的副经理兼任主任，另设副主任若干名，负责全公司的营运调度管理工作。

② 二级调度是分公司(车场)调度，由副经理(场长)兼任主任，另设副主任若干名，负责场辖路线的营运调度管理工作。

③ 三级调度是车队(线路)调度，由车队副队长任组长，副组长一般由线站调度长兼任，负责现场调度指挥。

2. 运营调度的职责

1) 静态调度

静态调度的主要任务为在给定客流需求条件下，计算投放运营车辆；对驾乘人员、车辆进行调配；编制运行作业计划，根据客流在不同季节、时间段的变化要求，确定发车间隔，并保持车间隔均衡。

2) 动态调度

动态调度主要是进行实时调度，根据线路、车辆及客流等信息对已经确定的调度方案进行实时调整，包括线内调度或跨线调度；对车辆实施运行监控和电子站牌实时信息显示。

线路实时调度一般在终点站进行。枢纽站计算机辅助调度系统的目标是实现多线路实时自动调度和无纸化调度，提高调度的科学性和劳动效率，节省管理成本。

3) 一级调度

(1) 负责全市范围内客流调查的组织与调查资料的汇总分析，并进行预测，掌握全市区域性的客流动态及发展趋势，提出新辟、调整营运路线计划，以及改善停靠站服务设施的建议方案。

(2) 制定编制运行作业计划的规范与调度制度。

(3) 制定全市性大客流的专用方案，及时组织实施，并有权调度各场车辆。

(4) 协调场际跨线联运业务，制定两场两点出车等调度方案。

(5) 审核各车场的行车作业计划和调度措施，并督促执行。

(6) 随时了解和掌握各场、各条路线运营计划的执行情况，发现问题及时处理，并提出改进措施。

(7) 建立营运调度方面的信息系统，包括原始记录、台账、统计报表等，做到及时、迅速地反馈传递，检查全公司服务质量，并将营运调度方面的经济指标执行情况向计划部门提供准确的资料。

4）二级调度

（1）所辖营运区域内的客流调查与调查资料的整理分析，掌握区域内客流动态，特别是“三高”（高峰时间、高单向、高断面）客流量的资料，作为编制和调整行车作业计划的依据。

（2）编制所辖区域内的行车作业和调度措施，经上报总调度室审批后下达车队执行。

（3）制定管辖区域内的大客流调度方案和措施，并组织贯彻执行。

（4）调派所辖线路的执勤人员（驾驶员、售票员、线站调度员）和营运车辆，随时了解和掌握所辖线路的营运情况，发现问题及时处理，做出临时性的改道、线路延缩和迁站的决定。

（5）检查所辖区域的服务质量，定期综合上报行车作业计划及各项定额指标的执行情况。

5）三级调度

（1）所辖营运区域内的客流调查和资料的管理分析与汇总上报，随时了解所辖线路沿线主要单位职工上下班及“三高”动态。

（2）参与编制所辖线路的行车作业计划和调度措施，并切实贯彻执行。

（3）在客流发生变化时，按调度管理责任制规定，有权机动灵活地增加和减少行车班次，报停车辆应及时向车场调度室汇报。

（4）遇行车秩序不正常时，应积极采取措施，及时恢复行车秩序，保证车辆正常运行。

（5）具体处理所辖线路临时性的改道、路线延缩和迁站等事项。

（6）检查所辖线路的服务量，定期上报本队行车作业计划及各项定额指标的执行情况。

3.3.3 城市公交运营调度的形式

车辆的调度形式是依据客流的时间、方向、断面等要素的特征，所采用的运输组织形式。在城市公共交通运输中，采用合理的调度形式，有利于改善乘客拥挤，平衡车辆及路线负荷，提高运输生产率及路线负荷，提高运输生产率和运输服务质量，促进城市公交的发展。

1. 按照车辆工作时间的长短与类型划分

（1）正班车。是指车辆在正常运营时间内连续工作相当于两个工作班，是每条营运路线必须安排的一种车辆调度形式。实行双班制、连续工作，所以又称双班车、大班车。

（2）加班车。是一种辅助调度形式。主要是在客流高峰时上线营运的车辆，并且一日累计工作时间相当于一个工作班，也包括临时性的加车，又称单班车。

（3）夜班车。是指为满足夜间乘客的需要而开行的班车。一般只在夜间乘客较多的某些干线上营运，班次较疏，定时运行，是衔接正班车的一种辅助调度方式。

城市公交企业为了方便按照时间组织运营车辆运行，可以将运营车辆的工作时间划分为4节。

小案例

某市某一条线路的正常运营时间划分为如下4节。

第一节：(早出场)6:00—9:00；

第二节：9:00—13:30；

第三节：13:30—18:00；

第四节：18:00—22:30(晚收场)。

按照以上节数划分，每两节记为一个工作班，即一个工作班跨越两个节时间。对于正班车来说，其工作时间需要连续跨越3个及以上的节工作时间；而加班车一天的在线工作时间则为2节以内。

2. 按照车辆运行与停站方式划分

(1) 全程车。是一种基本调度形式。全程车是车辆从线路起点发车直到终点站止，必须在沿线各固定停车站点依次停靠，按规定时间到达各站点，全程双向行驶，又称慢车。

(2) 区间车。是一种辅助调度形式。车辆只在某一客流量的高区段行驶。

(3) 快车。是指为了适应沿线长乘距乘车的需要，采取的一种越站快速运行的调度形式，包括大站车(图3.7)和直达车两种。大站车是指车辆仅在沿线乘客集散量较大的站点停靠并在其间直接运行的调度形式。直达车是快车的一种特殊形式，车辆仅在线路的起讫点停靠和运行的调度形式。

(4) 跨线车。是客运高峰时间带有联运性质的一种调度形式。跨线车是不受原来行驶线路的限制，根据当时客流集散点的具体情况确定起讫点，以平衡相邻线路之间客流负荷，减少乘客转乘而组织的一种车辆跨线运行的调度形式。

(5) 定班车。是为接送有关单位职工上下班或学生上下学等情况而组织的一种专线调度形式。车辆按路线定班次、定时间和定站点运行。

图3.7 城市公交大站车

3.3.4 城市公交车辆调度形式的选择

城市公交车辆的各种调度形式，均有其适用的线路、客流等条件的要求。调度人员必须合理选择，才能有效调度车辆和人员，提高公交服务质量。

1. 全程车、正班车的选定方法

所有的营运线路均需以全程车、正班车作为基本调度形式，并根据线路客流分布与客运需求的特殊性辅以其他调度形式。

2. 高峰加班车的选定方法

一昼夜的某段营运时间内出现客流高峰时，采用加班车调度形式。

客流高峰时段，通过计算客流时间不均衡系数确定，时间单位可取小时。时间不均匀系数是在营运时间内，某一小时的客运量与平均每小时客运量之比，表示客流在营运时间内各小时分布的不均匀程度，其计算公式为

$$k_{时}=\frac{某单位时间的客流量}{各单位时间的平均客流量}$$

通常，将 $k_{时}\geqslant 1.8$ 称为客流高峰小时；$k_{时}<1$ 称为客流低峰小时；$1\leqslant k_{时}<1.8$ 时，称客流平峰小时。$k_{时}$ 大于采用加班车调度形式的界限值(2.2)时，就有开行加班车的必要。

3. 区间车的选定方法

当线路出现连续的高客流量路段时，可开区间车；不连续的则可开设大站车。

路段客流高峰的判断，可通过路段不均匀系数法或差值法确定。

1）路段不均匀系数法

路段不均匀系数是指单位时间内，营运线路某路段的客流量与该线路平均客流量之比。其计算公式为

$$k_{路}=\frac{某一路段的客流量}{全路段平均客流量}$$

通常 $k_{路}>1$，称为客流高峰路段；若 $k_{路}$ 为 1.2～1.5 时，属于正常调节范围，不一定开设区间车；若 $k_{路}$ 大于开行区间车调度形式的界限值(1.5)时，可采取开行区间车调度措施，改善客流高峰路段的运输服务工作。

2）差值法

路段客流量差是指单位时间内某路段客流量与各路段平均客流量之差。

当路段客流量差大于 2～4 倍的车辆额定载客量时，在该路段可以采取开行区间车的方式予以解决。区间车调度形式的采用，还要考虑线路站距、车辆掉头的道路条件等因素。

4. 快车的选定方法

客流动态沿运输方向的分布具有较大的不平衡性，长期看是均衡的，一般有去有回；而从短期看，客流存在着方向上的不平衡性，用方向不均匀系数表示。方向不均匀系数是

营运线路的两个方向中的高单向客流量与平均单向客流量之比。其计算公式为

$$k_{方向}=\frac{某一路段单向客流}{全路段双向平均客流量}$$

$k_{方向}$大于界限值(1.4)时，可考虑部分车辆在客流较小的方向开行大站车；若始末站的乘客集散量都很大，全程正班车、加班车、大站车及区间车均不能满足需要，可开行直达车。

由于城市公交受多因素影响，调度形式的选用除根据线路客流情况进行有关计算外，尚需考虑道路与交通条件、企业自身的组织与技术条件及有关运输服务质量要求等因素。在同一条线路上，调度形式不宜过多，一般不超过两种。

任务拓展

厦门率先试运行岛外公交区间车

自2010年8月19日起，厦门先后试运行了4个方向共5路区间车，如图3.8所示，区间车运行已近半个月。区间车运行情况如何呢？

图3.8　公交区间车

“到江头吗?”在鑫星河站，一个小伙子问。“不到，不到，这车是区间车。”808路区间车驾驶员连忙表示。一路上，每到一站，驾驶员都要向欲乘车的乘客提醒本车是区间车。“好多乘客都不懂什么是区间车，所以我们都要提醒一下，喉咙都说痛了。”驾驶员小刘师傅笑着说。即便是已经多次乘坐808路区间车上下班的林小姐，在称赞“很近，不用绕生活区，直接从沧虹路上海沧大桥”的同时，也对区间车的概念不甚清楚。

何谓区间车？简单地说，就是一条公交线路中，只在特定时间段运行整条线路中部分路段的车辆。以808路为例，常态的808路由海沧车站出发到终点站SM城市广场，全程30多站。而808区间车则只在上下班高峰期运营，并且只走海沧车站到东渡站这一段客流量较大的路程，上行7站，下行9站。“看到车头LED提示牌上写‘区间’二字的，就是区间车了。”海沧公交片区负责人为大家支了一招。

“开通区间车的目的就是分流客人。”海沧公交公司负责人坦率地表示。他以808路为例，分析了区间车的好处：“从海沧乘坐808路公交车进岛的乘客，有1/4～3/4的人会在岳阳小区站下车、中转。如果这部分的乘客在高峰期乘坐终点设在人才中心的808路区间车，那么就能缓解常态808路车的运营压力。此外，区间车全程只要1元，对于那些车程跨越两个跨段收费点的乘客来说，车费就很划算。”

概括来说，区间车好处主要有3个：在上下班高峰期时，有效缩短乘客的等候时间；道路拥堵时，多数公交车都被堵在路上，很难及时回到车队，可能造成车队无车可发，区间车可有效解决这一问题；公交车出现故障时，区间车可弥补故障车造成的“大间隔”

（资料来源：阮美玲，林玉奎．海沧区率先运行岛外公交区间车，方便乘客出行[N]．厦门日报，2010. 节选，有删改）

任务操作

（课堂任务操作）针对出行任务，以你熟悉的一条公交线路为例，通过调研，分析该条线路应该选用的调度形式，撰写调研报告。

任务考核

本任务主要学习了常规公共汽车调度形式的选用，请你思考以下几个问题，并作为自我检查：

1. 说明城市公交运营调度的内涵。
2. 举例说明城市公交运营调度的职责。
3. 举例说明城市公交运营调度的形式。
4. 举例说明城市公交运营调度的选定方法。

任务3.4　常规公共汽车行车作业计划编制

知识目标

1. 熟悉行车作业计划编制的程序。
2. 掌握行车作业计划编制的方法。

能力目标

能根据实际情况编制常规公交行车作业计划。

任务引入

选择一条你熟悉的公交线路，编制其行车作业计划。

任务分析

3.4.1　行车作业计划的内涵

行车作业计划是指城市公交企业在已定线网布局的基础上，根据客流的基本变化规律和运输生产的要求，编制的生产作业性质的计划。行车作业计划是常规公交企业营运计划的具体形式，它具体规定了公共汽车运输企业各基层单位在计划期内应完成的一系列工作指标。

行车作业计划是常规公交企业合理组织车辆运行、组织驾乘人员的劳动、提高服务质量的重要手段，行车作业计划编制的质量直接影响到企业的经济效益和社会效益。

行车作业计划根据客流动态在不同时期的规律性变化，可分为季节、月度、平日(周一至周五)、节日及假日行车作业计划。

3.4.2　行车作业计划编制的原则

目前，我国城市公交企业行车作业计划的编制主要有两种形式：一种是采用传统的调度方式，主要依靠管理人员，根据公交线路客流规律，凭借经验确定发车间隔和发车形式；另一种是智能交通调度，根据实时客流信息和交通状态，在无人参与的情况下自动给出发车间隔的调度形式。在编制行车作业计划时，无论采用什么方式，所遵循的原则和一般程序基本是相同的。

调度部门在编制行车作业计划时，要求尽可能做到以下6点。

(1) 依据客流动态变化规律，以最大限度的方便和最少的乘行时间与等待时间，安全地将乘客送达目的地。

(2) 车辆在线路上有计划、有节奏地均衡运行。

(3) 合理配置车辆，使线路的主要运行参数符合规范和标准。

(4) 与其他线路的公共汽电车合理配合，与其他客运方式之间相互衔接。

(5) 在不影响营运服务质量的前提下，合理安排行车人员的作息时间。

(6) 根据季节性客流量变化来适时调整计划，并根据每周、每日的不同客流量，制定并执行不同的计划安排。

3.4.3　行车作业计划编制的一般程序

编制常规公交行车作业计划的基本程序可分8个步骤，如图3.9所示。

1. 线路客流调查与预测

在编制、修订行车作业计划前，必须选择合适、有效的调查方法，进行线路的客流调查，以确定客流预测的基本数据。

传统的人工调查方法主要有随车调查法、驻站调查法和问询调查法等，可以得到比较全面的数据，但是要耗费大量的人力和财力，不适合经常性的动态客流数据调查。

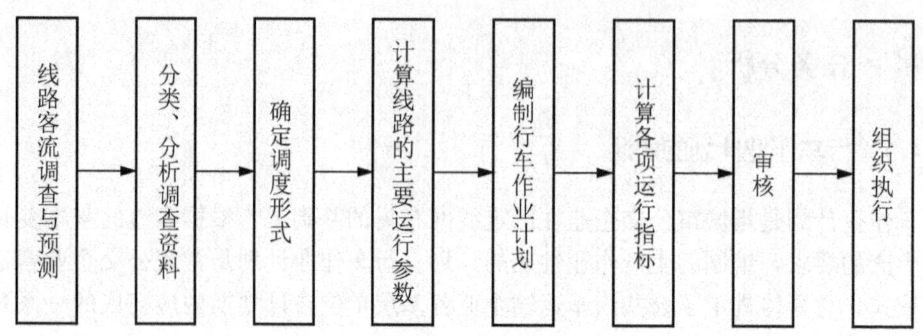

图 3.9　行车作业计划编制的基本流程

随着现代科技的发展，自动数据采集方法逐渐得到发展和应用，如 IC 卡数据采集、红外线自动乘客计数系统。踏板式自动乘客计数系统及激光感应器采集系统等，可以进行全线路全日的综合调查，也可以根据实际需要进行部分路段、站点和峰别的重点调查。

2. 分类、分析调查资料

对取得的资料，进行认真细致的分析研究，找出营业时间内客流分布变化的规律，作为确定调度方式、计算运行参数的依据。

3. 确定调度形式

依据客流的时间、路段、方向及站点等分布情况，在采用全程车、正班车调度形式的同时，选择其他辅助的调度形式。

4. 计算线路的主要运行参数

运行参数的计算包括初值计算、数值调整及确定参数终值等环节。

5. 编制行车作业计划

依据编制原则，安排和确定行车班次与发车时刻，排列行车人员休息时间等。行车时刻表是计划调度的基本形式，行车时刻表的编制质量和执行中的准确程度，直接反映调度工作的能力，反映企业管理水平的高低和社会效益、经济效益的优劣。

6. 计算各项运行指标

行车作业计划编制完成以后，通过计算车辆的日行驶里程、运营速度、车辆的满载率及平均车班工时等各项运行指标，反映和评价该计划的可行性。

7. 审核

行车作业计划编制完成以后，必须进行审核，在线路上试运行，发现问题及时修正，直到适应线路的实际情况，实施前要报公司总调度室审核、备案。经公司总调度室核准后，方可组织实施。

8. 组织执行

行车作业计划经批准后，要制定详细的办法组织营运，不得擅自变更或者停止营运。

行车作业计划具有一定的稳定性，一般每季调整一次，有的城市只在冬、夏两季调整

一次。调度人员、行车人员及企业其他工作人员必须严格按照行车作业计划规定的线路、班次和时间按时出车、正点运行，保证运输服务的质量。

3.4.4 常规公交车辆运行定额及主要运行参数的确定

车辆运行定额与运行参数是行车作业计划编制的重要依据，是国家(行业)和企业为达到社会服务效果和企业的经济效益而制定的规范、标准，是线路行车组织的规范性数据，主要包括单程运行时间、始末站停靠时间、车辆周转时间和周围系数、计划车容量、线路车辆数、行车间隔、行车频率及车班数等。

1. 单程运行时间

单程运行时间是车辆沿线路完成一个单程的运输工作，由始发站发车开始到终点站结束为止所耗用的时间，包括单程的行驶时间和各中间站停站时间，即

单程时间＝单程行驶时间＋中间站停站时间

该指标受影响的主要因素有车辆的技术速度、道路交通情况及上下车乘客的数量等。

2. 始末站停靠时间

始末站停靠时间即车辆在起始站和终点站的停靠时间，包括调动车辆、车辆清洁及日常维护、行车人员休息与交接班、乘客上下车及停站调整行车间隔等必需的停歇时间。

在客流高峰时，适当减少始末站停站时间，以加速车辆周转，原则上始末站停站时间不应大于行车间隔的 2 倍。

车辆在始末站停站时间各地有所不同，一般为车辆单程运送时间的 15％左右。

3. 车辆周转时间和周转系数

车辆周转时间是车辆经线路上往返一周所需时间，等于单程耗用时间与平均始末站停站时间之和的 2 倍。周转系数是单位时间内(如 1 小时)车辆完成的周转次数，它与周转时间成倒数关系，时间单位为分钟，其计算公式为

周转时间＝起点和终点停站时间＋上下行单程时间

周转系数＝60/周转时间

车辆沿线路往返运行所需时间要受客流量大小、道路交通状况、驾驶员的驾驶水平等多种因素的影响，因此车辆周转时间的确定，通常是按不同的客运峰期分别规定一个区间值，允许车辆的周转时间在一定范围内变化，不同客运峰期内的周转时间尽可能与该峰期延续时间相匹配，或不同峰别的相邻时间段周转时间与相应时间段总延续时间相协调。

4. 计划车容量

计划车容量是指行车作业计划限定的车辆载客量，又称计划载客量。这是根据计划期内线路的客流情况、行车经济型要求、运输服务质量要求规定的计划完成的载客量。其计算公式为

计划车容量＝车辆额定载客量×车厢满载率定额

车辆的额定载客量取决于车辆自身的结构与性能，包括由座位数确定的乘客人数和有

效站立面积确定的乘客人数两部分。中华人民共和国国家标准《客车装载质量计算方法》(GB/T 12428—2005)规定，每平方米有效站立面积的乘客站位数最高限定为 8 人。一般规定高峰期满载率定额取 0.8～1.1，非高峰期取 0.5～0.6。

城市公交车辆额定载客量计算公式为

车辆额定载客量＝固定座位数＋站位面积×每平方米站位定额

5. 线路车辆数

线路车辆数是线路所需配备的最高的车辆数量，包括线路车辆总数、分时间段车辆数。在编制行车作业计划时，该指标表示行驶的车次数，在计算时要取整。

线路总车辆数的确定一般以高峰小时客流所需车辆数为准，其计算公式为

$$A=\frac{\text{最高客流量}\times\text{高峰时段周转时间}}{60\times\text{车辆额定载客量}\times\text{高峰小时满载率定额}}$$

线路车辆数也可以计算为

线路车辆数＝最高路段单向通过量/(计划车容量×周转系数)

各时间段所需车辆数则根据该时间内最高路段客流量、该时段车辆的周转时间及其满载率定额确定。周转时段所需车辆数为各分时段所需车辆数之和。跨小时段所需车辆数的计算公式为

$$\text{跨小时段所需车辆数}=\frac{\text{小时段行车频率}}{60}\times\text{经过小时段的时间}$$

当有多种车辆调度形式时，线路车辆数为各种调度形式所有车辆数的总和，即

$$A_{\text{线}}=A_{\text{正}}+A_{\text{加}}+A_{\text{区}}$$

6. 行车间隔

行车间隔是指正点行车时前后两辆车到达同一停车站的时间间隔，又称行车间距。在全部营业时间内，由于不同时间段投入的车辆数及周转时间不同，因此行车间隔应分别予以确定。

行车间隔的大小是反映城市公交服务质量的一个重要指标，行车间隔时间短，乘客的等待时间少，社会效益好，但车辆的满载率可能会受影响；反之，则会增加乘客的等待时间，影响公交企业的服务质量。

在编制行车作业计划时，行车间隔的确定一般要经过计算、调整和排列 3 个步骤。

1) 行车间隔的计算

行车间隔等于周转时间与车辆总数之比。由于大部分车辆的周转时间不能被投入的车辆数整除，而行车间隔一般以整数表示，可计算为

$$t_{\text{间}}=\frac{\text{周转时间}}{\text{线路车辆数}}=\sum_{i=t}^{n}t_{\text{间}}=(t_{\text{间}1}\times n_1,t_{\text{间}2}\times n_2,t_{\text{间}3}\times n_3,\cdots,t_{\text{间}n}\times n_i)$$

式中，n_i——某种行车间隔车辆数，单位为辆；

$t_{\text{间}n}$——某种行车间隔的时间，单位为分钟。

或

行车间隔＝某时间段/该时间段内发车的次数

2) 行车的间隔的调整

车辆周转时间与车辆总数之比为整数或半数时，按计算值等间隔排列；否则取整，通常取两个接近原计算值的整数，二者之差为1。

3）行车间隔的排列

（1）由小到大顺序排列。主要用于客流量逐渐减少的场合，如高峰向平峰或平峰向低峰的过渡时间段。

（2）由大到小的顺序排列。主要用于客流量逐渐增加的场合，如低峰或平峰向高峰的过渡时间段。

（3）大小相间顺序排列。主要用于客流量较稳定的时间段，在同一时间段(或周转时间)内，应尽可能使各种行车间隔镶嵌均匀。

小案例

行车间隔计算案例

某路段在客流低峰时的周转时间为55分钟，车辆总数为12辆，试确定其行车间隔，要求为整数。

（1）行车间隔时间的计算值为55÷12=4.58。

（2）调整：取两个接近原计算的行车间隔时间，即4分钟和5分钟。

（3）对车辆数进行分配，必须满足以下条件：

① 调整后的各种行车间隔拟分配的车辆数之和为车辆总数。

② 调整后的行车间隔与拟分配的车辆数相乘并求和，等于车辆的周转时间。

设行车间隔为4分钟有x辆车，行车间隔为5分钟有y辆车，则有

$$\begin{cases} x+y=12 \\ 4x+5y=55 \end{cases}$$

【解】 $x=5$，$y=7$

按行车间隔由小到大的顺序排列，得

$$t_{间}=55/12=(4\times5,\ 5\times7)$$

即在该线路客流量低峰时，行车间隔为4分钟的应有5辆车，行车间隔为5分钟的应有7辆车。

7. 行车频率

行车频率是单位时间内，通过线路某一断面或停车站的车辆数。其计算公式为

$$行车频率=\frac{最高路段单向通过量}{计划车容量}=线路车辆数\times周转系数$$

或

$$行车频率=\frac{60}{平均行车间隔(分钟)}$$

特别提示

行车频率计算值需取整数，作为发出车次的实际值。

例如，行车频率的计算值为11.6车次/时、11.2车次/时，均调整为11车次/时。

8. 车班数

车班数包括车班总数及按不同车班工作制度运行的车班数。

1）确定车班总数

$$\sum B=\frac{\sum T_d+\sum T_c}{t_B}$$

式中，$\sum B$——车班总数，单位为车班；

$\sum T_d$——线路工作总时间，单位为小时；

$\sum T_c$——全部车辆收发车调控时间之和，单位为小时；

t_B——车班工作时间定额，单位为小时。

车辆的线路工作总时间即全部车辆在线路上的工作时间之和，其计算方法可分别按周转时间或营业时间段来计算。

2）确定车班数

通过计算车班数（ΔA），选定车班工作制度，从而确定按车班工作制度运行的车班数（B_i），其计算公式为

$$\Delta A=\sum B_i-2A_0$$

式中，A_0——线路车辆数。

(1) 如果 $\Delta A>0$，则车班工作制度为三班工作制。其中，第一、第二工作班的车班数均为 A_0，即 $B_1=B_2=A_0$；而第三工作班车数 $B_3=\Delta A$。

(2) 如果 $\Delta A=0$，则全部车辆双班制，每工作班车班数均为 A_0，即 $B_1=B_2=A_0$。

(3) 如果 $\Delta A<0$，且 $|\Delta A|<A_0$，则为单班和双班兼有的车班工作制。其中，按单班工作的车班数 $B_1=|\Delta A|$，按双班工作的车班数 $B_2=B_3=A_0-|\Delta A|$。

(4) 如果 $\Delta A<0$，且 $|\Delta A|=A_0$，则为单班工作制，车班数 $B_1=A_0$。

3.4.5 常规公交行车作业计划编制内容的确定

编制行车作业计划的目的是编制行车时刻表。

1. 行车时刻表的类型

(1) 线路行车时刻表。是按行车班次制定的车辆在线路上的运行时刻，分线路编制。表内主要列有该线路所有班次的出场时间、从始末站开出时间等。

(2) 车站行车时刻表。是指线路始末站及重点中间站点的行车时刻表同，分站点编制。表中规定了在该线路行驶的各班次公共汽车每周转一次的到达、开出该站的时间，行车间隔及换班或休息时间等。

(3) 车辆行车时刻表。是按行车班次制定的车辆沿线路运行时刻表，分路牌编制。表内列有该班次车辆出场(库)时间，每周转时间内到达、开出沿线各站时间，在一个车班内(或一日营业时间内)需完成的周转次数及回场时间等。

2. 行车作业计划编排的主要内容

行车作业计划编排的主要内容就是根据运行参数，排列各时段车次的行车时刻。应注

意的是，在具体编制过程中，若发现有些参数的初算值不符合要求应予以修正，直到符合要求为止。

1）安排和确定行车班次(路牌)

行车路牌是车辆在线路运行的次序或秩序，车辆的路牌号也称车辆运行的次序号。

起排的方法有两种：一种是从头班车的时间排起，自上而下，从左向右顺序地填写每一次的发车时刻直到末班车；二是从早高峰配足车辆的一栏排起，然后向前推算到头班车，这种方法能较好地安排每辆车的出车顺序，也能较经济地安排运行时间，待全表排好后，再定车辆的次序号，并填进车辆进、出场时间，这样比先定序号后排时间的方法要简便一些。

2）行车间隔的排列

行车间隔必须按车辆周转时间除以行驶车辆数的计算方法确定，不得随意变动，避免车辆周转不及时或行车间隔不均匀，可以通过适当压缩或增加车辆在始末站时间来调节。

3）增减车辆的排列

线路上运行的车辆是按时间分组，随着客流量的变化有增有减。车辆不论加入或抽出，均要考虑前后行车间距的均衡，要注意做到既不损失时间，又不产生车辆周转时间不均的矛盾，并做到车辆均匀的加入和抽出，这样就能做到配车数量、行车间距虽有变化，但行车仍保持其均匀性。

4）全程车与区间车的排列

在编制行车作业计划时，由于全程车与区间车的周转时间不等，混合行驶时，不仅要注意区间断面上的行车间隔均衡，而且要求区间车与全程车合理相间，充分发挥区间车的效能，以方便乘客。如果区间断面上的发车班次与全程车无法对等，不能相间行驶时，也要注意配合协调，间隔均匀。

5）行车人员用餐时间的排列

安排行车人员用餐时间，一般有3种方法：增加劳动力代班用餐；增车增人填档，替代行驶的车辆参加运行；不增车不增人，用拉大行车间距的方法，让出用餐所需要的时间。

特别提示

选用任何一种方法均应考虑线路用餐时运能与运量要保持供需平衡。同时应避开客运高峰时间，一般以15～20分钟为宜。

3.4.6 常规公交行车作业计划编制举例

AK线全线长度为4.5千米，停车站数为8个，中间站平均停站时间为0.5分钟，收、发车的地点为A站，首班车从A站发车时间为5:00，H站的发车时间为5:20，末班车时间A站为22:49，H站为23:10，每次收发车里程合计0.6千米，A站在客流高、中、低峰时的停站时间规定分别为5分钟，9分钟，14分钟，K站则均为3分钟，单程运送时间规定均为21分钟，线路营业时间内客流分布与定额见表3-7，高峰小时客流数据见表3-8。编制AK线的行车作业计划。

表3-7 线路营业时间内客流分布与定额

序号	起止时间	人次	时间不均匀系数	峰型	最高路段客流量/人次	车辆额定载客量/人	周转时间/分钟	小时行车频率/分钟	满载率定额
1	5:00—6:00	1 346	0.64	低	392	72	50(41)	9.1	60%
2	6:00—7:00	3 806	1.81	高	988	72	41	14.4	95%
3	7:00—8:00	4 386	2.09	高	1 140	72	41	16.7	95%
4	8:00—9:00	2 155	1.03	平	624	72	45	12.4	70%
5	9:00—10:00	1 654	0.79	低	496	72	50	11.5	60%
6	10:00—11:00	1 432	0.68	低	430	72	50	10.0	60%
7	11:00—12:00	1 489	0.71	低	417	72	50	9.7	60%
8	12:00—13:00	1 929	0.92	低	521	72	50	12.1	60%
9	13:00—14:00	2 090	1.00	平	688	72	45	13.3	70%
10	14:00—15:00	2 224	1.06	平	644	72	45	12.8	70%
11	15:00—16:00	2 793	1.33	平	810	72	45	14.1	80%
12	16:00—17:00	4 011	1.91	高	1 043	72	41	15.2	95%
13	17:00—18:00	3 154	1.50	平	852	72	45	14.8	80%
14	18:00—19:00	1 611	0.77	低	483	72	50	11.2	60%
15	19:00—20:00	1 025	0.49	低	318	72	50	7.4	60%
16	20:00—21:00	1 104	0.53	低	309	72	50	7.2	60%
17	21:00—22:00	871	0.41	低	253	72	50	5.9	60%
18	22:00—23:00	725	0.35	低	182	72	50	4.2	60%
合计		37 805			10 566				
平均		2 100			587				

1. 确定调度形式

(1) 根据表3-7和表3-8，客流高峰时，只有DE段的路段不均匀系数(1.35)大于开行区间车调度形式的界限值(1.2～1.5)，而且D、E两站的方向不均匀系数均为1.45，仅比界限值(1.2～1.4)大0.05，所以不考虑开行区间车。

(2) 始末站的客流量都很大，全程正班车、加班车、大站车及区间车均不能满足需要时，可开行直达车。

表 3-8 线路最高峰小时客流数据

站名		A	B	C	D	E	F	G	H	合计	平均
上车人数	上行	514	408	354	462	336	165	42		2 281	326
	下行		39	154	472	426	327	376	473	2 105	301
下车人数	上行		43	165	387	472	346	383	485	2 281	
	下行	448	353	318	434	358	154	40		2 105	
站点客流	人数	962	843	991	1 592	1 592	992	841	958	8 772	1 097
	$K_{站}$	0.88	0.77	0.90	1.45	1.45	0.90	0.77	0.87		
路段客流	人数 上行	514	879	1 068	1 143	1 007	826	485		5 922	846
	人数 下行	448	762	926	1 050	982	809	473		5 450	779
	$K_{路}$ 上行	0.61	1.04	1.26	1.35	1.91	0.98	0.57			
	$K_{路}$ 下行	0.58	0.98	1.19	1.35	1.26	1.04	0.61			
站距/千米		0.60	0.64	0.68	0.72	0.70	0.60	0.56		4.5	0.64
备注	$K_{站}$表示站点不均匀系数=通过某站点的客流量/各站点平均客流量； $K_{路}$表示路段不均匀系数=通过某路段的客流量/各路段平均客流量； 上行路段客流人数=车辆上行到站时的车上实际人数+上行上车人数-上行下车人数； 下行路段客流人数=车辆下行到站时的车上实际人数+下行上车人数-下行下车人数										

（注：路段客流各值印于相邻两站之间，依次对应A—B、B—C、…、G—H路段。）

2. 计算运行参数

调度方式确定以后，根据表 3-8 线路原始数据及定额标准，计算线路运行参数。结果见表 3-9。

表 3-9 周转时段运行参数汇总表

序号	起止时间	周转时间/分钟	跨小时段行车频率计算值	线路车辆数		行车间隔	
				计算值	调整值	计算值	分配与排列方案
1	5:00—5:41	41	9.1	6.22	6	6.83	7(分钟)×5，6(分钟)×1
2	5:41—6:22	41	9.1，14.4	8.16	8	5.13	6(分钟)×1，5(分钟)×7
3	6:22—7:03	41	14.4，16.7	9.96	10	4.10	5(分钟)×1，4(分钟)×9
4	7:03—7:44	41	16.7	11.41	11	3.73	4(分钟)×8，3(分钟)×3
5	7:44—8:29	45	16.7，12.4	10.45	10	4.50	4(分钟)×10，5(分钟)×1
6	8:29—9:19	50	12.4，11.5	10.05	10	5.00	5(分钟)×1
7	9:19—10:09	50	11.5，10.0	9.36	9	5.56	5(分钟)×4，6(分钟)×5
8	10:09—10:59	50	10.0	8.33	8	6.25	6(分钟)×6，7(分钟)×2

续表

序号	起止时间	周转时间/分钟	跨小时段行车频率计算值	线路车辆数		行车间隔	
				计算值	调整值	计算值	分配与排列方案
9	10:59—11:49	50	10.0，9.7	8.09	8	6.25	6(分钟)×6，7(分钟)×2
10	11:49—12:39	50	9.7，12.1	9.64	10	5.00	5(分钟)×10
11	12:39—13:24	45	12.1，13.3	9.56	10	4.50	5(分钟)×1，4(分钟)×10
12	13:24—14:09	45	13.3，12.8	9.78	10	4.50	5(分钟)×1，4(分钟)×10
13	14:09—14:59	45	12.8	9.60	10	4.50	5(分钟)×1，4(分钟)×10
14	14:59—15:35	41	12.8，14.1	9.51	10	4.10	4(分钟)×9，5(分钟)×1
15	15:35—16:16	41	14.1，15.2	7.58	8	5.13	6(分钟)×1，5(分钟)×7
16	16:16—16:57	41	15.2	10.39	10	4.10	4(分钟)×9，5(分钟)×1
17	16:57—17:42	45	15.2，14.8	11.12	11	4.09	4(分钟)×10，5(分钟)×1
18	17:42—18:32	50	14.8，11.2	9.48	9	5.56	5(分钟)×4，6(分钟)×5
19	18:32—19:22	50	11.2，7.4	8.26	8	6.25	6(分钟)×6，7(分钟)×2
20	19:22—20:12	50	7.4，7.2	6.14	6	8.33	8(分钟)×4，9(分钟)×2
21	20:12—21:02	50	7.2，5.9	6.00	6	8.33	8(分钟)×4，9(分钟)×2
22	21:02—21:52	50	5.9	4.98	5	10.00	10(分钟)×5
23	21:52—22:42	50	5.9，4.2	3.87	4	12.50	12(分钟)×2，13(分钟)×2
24	22:42—23:32	50	4.2	1.26	1	18.00	18(分钟)×1

1）确定周转时间

周转时间确定方法：先推算出车辆返回发车站的到达时间，按到达时间所在小时段的周转时间确定。

例如，7:44—8:29时间段，车辆到达时间8:29所在的时间段为8:00—9:00，据表3-7，该小时间段的周转时间为45分钟，则7:44—8:29时间段的周转时间为45分钟。

2）确定周转时段所需车辆数

车辆数确定方法：不跨时间段的，直接用公式计算；跨时间段的，先计算各分段所需车辆数，各分段所需车辆数之和，即为周转时间段所车辆数。

例如，表3-9中序号2时段的起止时间为5:41和6:22，跨两个时间段(5:00—6:00，6:00—7:00)。经过两个时间段的时间分别是19分钟和22分钟，据表3-8计算，这两个时间段行车频率分别为9.1和14.4，则：

经过5:00—6:00时间段所需车辆数＝9.1÷60×19＝2.88(辆)

经过6:00—7:00时间段所需车辆数＝14.4÷60×22＝5.28(辆)

5:41—6:22周转时间内所需车辆数＝2.88＋5.28＝8.16(辆)

其他跨小时段所需车辆数和周转时段所需车辆数均照此方法换算。

3）安排行车间隔

行车间隔的计算值不为整数时，进行调整，并据时间段客流变化情况进行排列。

例如，7:30—7:44 时间段，行车间隔值＝周转时间/线路车辆数＝41/11＝4.10，取4、5两个行车间隔。7:03—7:44 时间段为客流高峰路时段，8:00—9:00 为平峰，采用由小到大的行车间隔排列方式。因此，7:03—7:44 时间段的行车间隔的排列方案为3分钟×3，4分钟×8。

根据运行参数，即可编制行车作业计划。

3. 编制运行时刻表

以线路行车时刻的编制为例，说明行车作业计划的编制的步骤。

(1) 先确定第一行 A、K 站发车时刻。在行车时刻表中第一行也称标线。在标线中同一站名中后与前的运转时刻之差，即为周转时间。

采用从早高峰起排的方法即从配足车辆的第四周转排起，确定车辆在 A 站的发车时刻为 7:03，由于规定单程运行时间为21分钟，所以到达 K 站的时间为 7:24，整个周转的时间为41分钟，则第五周转在 A 站的发车时刻为 7:44，到达 K 站的时间为 8:05，依次向后推算到末班车；然后向前推算到头班车。

(2) 确定每一列的发车时刻。按照已经设计好的行车间隔分配与排列方案(表3-9)，从该时间段开始的时刻(即第一行)，从上到下依次列出各发车时刻。

例如，7:03—7.44 时段的行车间隔的排列方案为3(分钟)×3，4(分钟)×8，则该时段 A 站各车次的具体发车时刻依次为 7:03，7:06，7:09，7:13，7:17，7:21，7:25，7:29，7:33，7:37，7:41。

将行、列的发车时刻确定以后，依次填入表中，即为线路的行车次序排列表，见表3-10。为了方便表示，在行车时刻表中，时间 7:03 和 18:20 等，表示为 703 和 1820 (表3-13同)。

在表3-10中，分配给各路牌的班次数相差悬殊，没有分清各班次的出入场时间，必须进行调整。

(3) 确定正班车和加班车。在一天营运时间内，哪个时段是加班车，哪个时段是正班车。用时区划分方法，确定车辆的运行方式比较简单。

根据排列组合，车辆的运行方式有21种，但有意义的约为14种，经常应用的仅5～10种。将车辆的运行方式以 A 来表示，则有 A_{11}，A_{15}，A_{14}，A_{34}，A_{44}，A_{45}，A_{35}…其中 A_{11}、A_{44}分别表示车辆在第一或第四时区结束营运，依次类推。

① 时区划分与线路车辆数。公交行业习惯上把每个作业班行车人员工作8小时称为一档劳动力，工作4小时称为半档劳动力。将线路全日营运服务时间以4小时计，可分为6个时区，见表3-11。

表 3-10 线路行车次序排列表

周转号	1		2		3		4		5		6		7		8		9		10		11		12		…	第 23 周转		第 24 周转	
周转时间	500～541 41 分钟		541～622 41 分钟		622～703 41 分钟		703～744 41 分钟		744～829 45 分钟		829～919 50 分钟		919～1009 50 分钟		1009～1059 50 分钟		1059～1149 50 分钟		1149～1239 50 分钟		1239～1324 45 分钟		1324～1409 45 分钟		…	2152～2242 50 分钟		2242～2332 50 分钟	
发车站点	A	K	A	K	A	K	A	K	A	K	A	K	A	K	A	K	A	K	A	K	A	K	A	K	…	A	K	A	K
1	500	521	541	602	622	643	703	724	744	805	829	850	919	940	1009	1030	1059	1120	1149	1210	1239	1300	1324	1354	…	2152	2113	2242	2302
2	507	528	547	608	626	637	706	727	748	809	855	855	924	945	1016	1037	1106	1127	1154	1215	1244	1305	1329	1350	…	2204	2208		
3	514	535	552	613	630	651	709	730	752	813	839	900	929	950	1022	1043	1112	1133	1159	1220	1248	1309	1333	1354	…	2216	2220		
4	521	642	657	618	634	655	713	734	756	817	844	905	934	955	1028	1049	1118	1139	1204	1225	1252	1313	1337	1358	…	2229	2233		
5	528	649	602	623	638	659	717	738	800	821	849	910	940	1001	1034	1055	1124	1145	1209	1230	1256	1317	1341	1402	…				
6	535	656	607	628	642	703	721	742	804	825	854	915	946	1007	1040	1101	1130	1151	1214	1235	1300	1321	1345	1406	…				
7			612	633	646	707	725	746	808	829	859	920	952	1013	1046	1107	1136	1157	1219	1240	1304	1325	1349	1410	…				
8			617	638	650	711	729	750	812	833	904	925	958	1019	1053	1114	1143	1204	1224	1245	1308	1329	1353	1414	…				
9					654	715	733	754	816	937	909	930	1004	1025					1229	1250	1312	1333	1357	1418	…				
10					659	729	737	758	820	841	914	935							1234	1255	1216	1337	1401	1422	…				
11							741	802	825	846															…				
合计	6	6	8	8	10	10	11	11	11	11	10	10	9	9	8	8	8	8	10	10	10	10	10	10	…	4	4	1	1

表 3-11　时区划分与线路车辆数

时区代号	一	二	三	四	五	六
时间	4:00—8:00	8:00—12:00	12:00—16:00	16:00—20:00	20:00—24:00	0:00—4:00
俗称	早高峰	低谷	低谷	夜高峰	小夜	夜宵
线路车辆数	11	9	10	11	4	

线路车辆数分布在各个时区内，总有一个线路车辆数代表时区的特种，这个线路车辆数就是时区配车数。

时区线路车辆数确定的原则：在各时区线路车辆数中，一、四时区取最大值；二时区由一时区减去加车数；三时区由二时区加上中午加车数；五时区由时区配车数减去四时区的加车数，再减去二档劳动力配备的正班车数。从表 3-9 中的“线路车辆数”一列中选出具有代表特征的各时区线路车辆数，填入表 3-11 中，以便清楚地安排各时区的线路车辆数。

② 确定车辆的运行方式。就是要确定在时区各班次的出入场情况。

根据工作班制，一般一个工作班的时间不超过 8 小时，正班车在运营时间内连续在线路上运行的时间超过一个工作班，加班车只在营运时间某时段才进线营运。

根据表 3-11 中的各时区线路车辆数，用车辆运行方式表(表 3-12)采用长短法的形式求各车式的数量。

在表 3-12 中，先取 5 个时区中最小车辆的五时区 4 辆为 A_{15}，其次将二时区的 9 辆减去 4 辆后还剩 5 辆为 A_{14}，再次 A_{34} 为 1 辆，A_{11} 为 2 辆，A_{44} 为 1 辆。

根据表 3-12，在第二时区有两辆车要抽出，在第三、第四时区，其中的一辆车又加入营运，另一辆车在第五时区晚高峰时段加入营运。故加班班次共 3 个，即 A_{34}、A_{11}、A_{44}，其余为正班班次。

表 3-12　AK 线车辆运行方式表

时区代号	一	二	三	四	五
线路车辆数/辆	11	9	10	11	4
A_{15}	4	4	4	4	4
A_{14}	5	5	5	5	
A_{34}			1	1	
A_{11}	2				
A_{44}				1	

(4) 编制线路发车时刻表。以表 3-10 为依据，合理分配正、加班车辆，要注意：

① 以正班为主要形式，但每一路牌的连班时间应等于或接近工时定额或一半。

② 加班或分段运行的时间间隔一般不少于 3 小时。

调整后的行车时刻表见表 3-13。

表 3-13　AK 线行车时刻表

班次序号		1	2	3	4	5	6	7	8	9	10	11	12	13	14	15	16	17	18	19	20	21	22	23	…	45	46	47	48	合计班次
路牌		A	K	A	K	A	K	A	K	A	K	A	K	A	K	A	K	A	K	A	K	A	K	A	…	A	K	A	K	
正 1	入场	500	521	541	602	622	643	703	724	744	805	829	850	919	940	1009	1030	1059	1120	1149	1210	1239	1300	1324	…	2152	2113	2242	2300	40
正 2	入场	507	528	547	608	626	637	706	727	748	809	834	855	924	945	1016	1037	1106	1127	1154	1215	1244	1305	1329	…	2204	2208			30
加 1	入场	514	535	552	613	630	651	709	730	752	813	出场							入场	1159	1220	1248	1309	1333	…	2216	2220			40
正 3	入场	521	642	657	628	634	655	713	734	756	817	839	900	929	950	1022	1043	1112	1133	1204	1225	1252	1313	1337	…	2229	2233			28
加 2	入场	528	649	602	623	638	659	717	738	800	821	844	905	出场					入场	1209	1230	1256	1317	1341	…					38
正 4	入场	535	656	607	628	642	703	721	742	804	825	849	910	934	955	1028	1049	1118	1139	1214	1235	1300	1321	1345	…					28
正 5			入场	612	633	646	707	725	746	808	829	854	915	940	1001	1034	1055	1124	1145	1219	1240	1304	1325	1349	…					40
加 3			入场	617	638	650	711	729	750	812	833	859	920	946	1007	出场					入场	1308	1329	1353	…					30
正 6					入场	654	715	733	754	816	837	904	925	952	1013	1040	1101	1130	1151	1224	1245	1312	1333	1357	…					42
正 7					入场	659	720	737	758	820	841	909	930	958	1019	1046	1107	1136	1157	1229	1250	1316	1337	1401	…			…		40
正 8							入场	741	802	825	846	914	935	1004	1025	1053	1114	1143	1204	1243	1255	出场			…					40
合计班次		6	6	8	8	10	10	11	11	11	11	10	10	9	9	8	8	8	8	10	10	10	10	10	…	4	4	1	1	
进出场车次	6		2		2		1					1		1		1			2		1	1								

在编制车辆的行车时刻表(表 3-14)时，应分路牌编制，各停车站的到开时间按线路发车时刻表计算填列；车站的行车时刻表(表 3-15)应分站编制。

表 3-14 某路公共汽车行车时刻表

始末站：A 站—H 站　　　　出场时间：4 点 55 分

行车班次：1　　　　　　　回场时间：

序号	方向	停车站	A	B	C	D	E	F	G	H
		站距/千米		0.60	0.64	0.68	0.72	0.70	0.60	0.56
1	上行	到	4:55	5:02	5:04	5:07	5:10	5:13	5:16	5:18
		开	5:00	5:025	5:045	5:075	5:105	5:135	5:165	
	下行	到							5:225	
		开							5:23	5:21
2	上行	到								
		开								
	下行	到								
		开								
3	上行	到								
		开								
	下行	到								
		开								

表 3-15 某路某站公共汽车行车时刻表

班次＼周转	1		2		3		4		…	23		24	
时间	到	开	到	开	到	开	到	开	…	到	开	到	开
1		5:00	5:21	5:41	6:02	6:22	6:43	7:03	…				
2		5:07	5:28	5:47	6:08	6:26	6:37	7:06	…				
3		5:14	5:35	5:52	6:13	6:30	6:51	7:09	…				
4		5:21	6:42	6:57	6:18	6:34	6:55	7:13	…				
5		5:28	6:49	6:02	6:23	6:38	6:59	7:17	…				
6		5:35	6:56	6:07	6:28	6:42	7:03	7:21	…				
7				6:12	6:33	6:46	7:07	7:25	…				
8				6:17	6:38	6:50	7:11	7:29	…				

任务拓展

山东公交定行车计划缓解车辆集中到站

按照《山东省城市公共汽电车客运服务规范(试行)》(以下简称《规范》),为缓解同一线路公交车辆集中到站情况,山东省公共交通运营者应编制行车作业计划,公交优先通行措施也将进一步落实。

山东省交通运输厅副厅长、新闻发言人高洪涛在回答记者问题时说,等公交很久不来车、一来车同一线路就来好几辆的现象时常发生。针对这种情况,《规范》规定,城市公共汽电车客运经营者应根据营运要求、客流量和客流规律,按照核准的车辆数、车型,编制线路行车作业计划;驾驶员要按核定的线路、走向、班次和站点行车,不擅自越站甩客、改道行驶。

“其实,要避免这种情况的发生,不仅经营者要合理制订行车计划、驾驶员要严格遵章行驶,很大程度上还要受到道路交通状况,尤其是早晚高峰期拥堵的影响。”高洪涛说,随着城市交通状况的改善,公交优先通行措施的落实,相信这种情况会得到解决。

此外,《规范》中还要求,公交进站停靠时,多辆车同时到站停靠,第三辆及以后车辆需要执行二次停站;不在站点滞留、妨碍营运秩序。为防止意外发生,还要求停站车辆安全间隔保持安全距离等。

(资料来源:姜洋,等. 山东公交将编制行车计划,缓解车辆集中到站[OL]. 大众网,2012. 有删改)

任务操作

(课堂任务操作)针对出行任务,以你熟悉的一条公交线路为例,通过调研,编制该条线路的行车作业计划,撰写调研报告。

任务考核

本任务主要学习了常规公共汽车行车作业计划编制,请你思考以下几个问题,并作为自我检查:

1. 简要说明常规公共汽车行车作业计划编制的程序。

2. 简要说明常规公共汽车车辆运行的主要参数。

3. 某公交运营线路某路段在客流低峰时的周转时间为48分钟,车辆总数为11车辆,试确定其行车间隔。

任务3.5 常规公共汽车站务作业

知识目标

1. 了解常规公共汽车站务作业的主要内容。
2. 掌握常规公共汽车现场调度的方法。

能力目标

能根据实际情况选择合适的方法进行常规公交现场调度。

任务引入

选择一条你熟悉的城市公交线路，分析可能影响该条线路正常运营的因素，并说明可以采取的调度方法。

任务分析

3.5.1 常规公共汽车站务工作内容

常规公共汽车客运站务作业主要是在首末站点组织车辆运行，负责公交场站的服务和站场设施的维护与管理、预防处理突发事件等工作。在车辆每日运行的不同阶段，站务工作的内容重点也不同。

1. 出场阶段

车辆准点出场是一天营运秩序好坏的首要环节，必须加强对行车人员上班到岗时间的考核，督促行车人员做好出场前的准备工作，包括车辆、票证及车上用品等；掌握行车人员的动态，发现脱班人员及时派预备人员顶岗或者将后车调整行车次序，保证准点出场运行。

2. 早晚高峰阶段

市民上下班和学生上下学的时间相对集中，线路在周一至周五的早晚各会出现2小时左右的客流高峰时段。线路早晚高峰4小时的乘客人次要占到全日乘客人次的40%。这是经营者提高服务质量和获取经济效益的关键时刻。必须掌握高峰时客流动态、道路交通及行车人员工作等情况，在现场指挥调度车辆，及时修正行车作业计划，确保良好的行车秩序。

3. 交接班阶段

交接班是一天的中间管理环节。管理人员要注意接班人员准时到岗的情况，如人员脱班时要及时派预备人员顶岗。如一时无预备人员，下班人员应继续行驶，一般以一个往返为限。交接班最佳地点的位置在线路1/3左右处，这是最充分利用线路劳动力的地方。

4. 进场阶段

行车人员对营运车辆，要做好维护工作，发现故障、损伤等及时向修理部门报修。修理部门要加强对进场车的检修，确保第二天车辆准时投入营运。配备公交运营智能化系统的车辆，在车辆进场时，读取IC卡的信息，将车辆一天的营运基本信息读入数据库，如路牌、车型简称、车号等。人工收费的车辆，行车人员需核对票款和有关物品的齐全情况，解交票款；结算好车辆的日运行里程和时间，整理好有关记录。

3.5.2 现场调度的基本方法

行车作业计划编制以后，由于道路通行、运营秩序等因素的影响，要调整行车时刻表，使行车频率、行车调度方法符合客流规律，使各时段、各断面运力和运量平衡。现场调度就是调度人员依据行车组织实施方案的要求，在营运路线的行车现场，结合客流变化和车辆运行情况直接对行车人员下达行车调度指令的工作。其基本任务是确保行车间距，及时恢复行车秩序，灵活调度车辆行驶路线，及时增减车辆与调整运能。

现场调度方法就是按照行车作业计划控制车辆运行，合理分布车辆行车间距，尽快恢复营运秩序，保证车辆均衡载客营运的方法。

现场调度可分为常规调度和异常调度两大类。

1. 常规调度

当全线行车情况基本符合行车作业计划方案，车辆处于正常运行时的调度工作称为常规调度。基本内容有以下4点。

(1) 督促行车人员提前上车，按时发布开车指令。

(2) 注意车辆到站状况，调节车辆停车时间，准点发车。

(3) 安排好行车人员用餐与交接班事宜，关心车辆整洁情况。

(4) 调度日志等原始报表记录及时、正确。

2. 异常调度

当线路因各种原因造成行车秩序紊乱，车辆运行偏离行车作业计划时的调度工作称为异常调度。车辆运行不正常的情况，有时比较单一，有时比较复杂，为尽快恢复行车秩序，提高运输服务质量，常用的基本调度方法有以下几种。

(1) 调频法(调整行车频率)。是指调整行车间距的调度方法。当线路上客流某段时间内客流增减不是太多，在不增减车辆的情况下，使用压缩或放宽行车间距或两者同时采取的调度方法。客流量减少，增大行车间距，减少行车班次；客流量增大，缩短行车间隔，增加行车班次。

当车辆误点到站且误点时间不超过规定的停站调节时间时，则减少计划的停站时间，提前发车，按原计划准点发车；若误点时间超过停站时间不多，除了提前发车外，还可延后前几个车次的发车时刻，以便使行车间隔均匀。

(2) 调站法(调整车辆沿途停站数)。是指调整车辆沿途停靠站数，增加或减少停靠站点的方法，以加快车辆周转，减少乘客等待时间，解决沿途乘客待运问题的调度方法，即全程车少停站，大站车多停站，直达车重点停站。

(3) 调程法(调整车辆行驶里程)。是指车辆改变原行驶线路的行程，利用缩短或增加行驶里程的方法，即全程车缩短行程，在中途某个站点返回，或区间车增大行驶里程，以弥补高段面运能的不足。

车辆到达始末站误点时间较长，超过全程周转时间的1/3左右时，可采用调程法补偿已经损失的周转时间。有时为了增加某些站点的运能，也可采用调程法。

(4) 调能法(调整线路运输能力)。主要有增加车辆和减少车辆两种方式。

增加车辆法主要用于线路的客流突然增高；线路因故需延长周转时间，但又要保持原有车距的情况。减少车辆法主要用于线路客流突然下降；线路发生车辆故障、肇事、纠纷；因客流需要支援其他线路时等情况。

为使加入(抽出)车辆后的车距均匀分布，首先应确定加(减)车的数量、时间和所需影响的范围，然后对原有的车距进行计算调整。

小案例

加车时刻修正表

某线路估计7:15—8:00客流量增加很多，现需加车增发3个车次，试修正加车后的行车时刻。

确定加车影响的时间范围：7:15—8:00，共45分钟，7:15之前和8:00之后的行车间隔不受影响。

计算新行车间隔：45÷(7+3)=4.5(分钟)。

新行车间隔的分配与排列结果：5×5+4×5=45(分钟)。

新行车间隔的排列方案：45(分钟)=5×2+4×5+5×3。

根据上面的排列方案，得到新的发车时刻见表3-16。运用增加车辆法、减少车辆法时，如果有多辆车加入，应尽量交叉分散加入。否则如果增加的车辆减少时，会造成大间隔的产生。

表3-16　加车时刻修正表

原计划		加车后修正	
路牌号	发车时刻	路牌号	发车时刻
原1	7:00	原1	7:00
原2	7:06	原2	7:06
原3	7:12	原3	7:12
原4	7:18	加1	7:17
原5	7:24	原4	7:22
原6	7:30	原5	7:26
原7	7:36	原6	7:30
原8	7:42	加2	7:34
原9	7:48	原7	7:38
原10	7:54	原8	7:42
		加3	7:47
		原9	7:52
		原10	7:57

(5) 缩时法。即缩短周转时间的调度方法。

采用缩时法的情况：在营运现场，道路交通条件有明显的改善，道路通行能力提高，车速加快；实际客流比计划下降较多，造成车辆中途上下客时间减少，车辆普遍提前到站；交通中断，临时缩短路线行驶等。

(6) 延时法。即延长车辆周转时间的调度方法。

采用延时法的情况：在营运现场，车辆运行过程中遇严重的交通堵塞和行车事故；客流增加，乘客上下车时间增多，在营运主高峰时，出现乘客滞站现象；遇冰、雪、雾及暴雨等恶劣气候，车辆通行缓慢。延长车辆周转时间的限度，以该线驾驶水平较低的驾驶员为准。

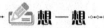

想一想

结合平时观察，举例说明上面所述的现场调度方法，并分析其优缺点。

(7) 调线法(变更行驶路线)。车辆运行中由于某些原因，如交通事故、火警、道路施工等造成车辆不能全线通行，为了最大限度方便乘客，保证线路的继续营运，采用绕道行驶、分段行驶及缩线行驶等方法进行临时处理。当线路运力有余，为支援其他线路，也可采用跨线行驶方法。

绕道行驶即临时改变行驶线路，绕过阻塞路段继续行驶。

分段行驶以阻塞地点或路段为界，分成两条行车路线，并重新安排两段线路的临时行车计划，多余车辆抽调在适当地点停放待命。

缩短行程即当受阻路段在线路中的某一端，无其他道路可以绕行时，则可缩短行程，其行车计划需要重作安排。

跨线法用于相邻线路客流高峰时段出现的时间有较大差异，或本线全程与区间、大站之间的运能需要互补时。跨线法能对运能、工时起到充分利用的作用，既解决客流需求，又降低营运成本。

特别提示

使用跨线法时要注意跨入的时间要与客流相吻合，车辆的路别标识与行驶的路线要相一致。驾驶员对跨线路段要熟悉，行车人员下班时间不能相差太大。

(8) 调档法。即将车辆的车序号临时重新组织调整的一种调度方法。

调档法主要用于线路车辆故障抛锚、肇事、纠纷、换班及行车人员用餐时。

车辆在出场或首末站发生故障，如能很快修复行驶的，可与后车调换次序营运。高峰时，因营运需要将车辆的车序号临时调整的，一般先控制车距，在高峰之后再恢复行车次序。利用车辆调档完成行车人员用餐的方法，是有效利用时间，提高工作效率的较好措施。

现场调度需要灵敏的信息反馈，随时准确地掌握现场变化情况，处理问题要机敏果断，采取的调度措施要及时适当，只有根据不同线路的客流特点和现场情况机动灵活地运用调度方法，才能不断提高业务水平。

小案例

公交现场调度员：披星戴月的基层指挥官

有这样一句话形容公交驾驶员的辛苦："起不完的三点半，吃不完的半截饭。"可在每条公交线路背后，还有一种职业，要求到岗的时间比驾驶员还要早，结束工作的时间比驾驶员更要晚。这就是被驾驶员亲切地称作"公交车背后的指挥官"的公交现场调度员。

济南公交总公司恒生公司一队K52路车现场调度员一大早准时走进现场调度室。她先打开空调、热水器，以便让驾驶员到岗之后，能感觉到室内的温暖，喝上热开水。接下来，她打开智能调度系统，使驾驶员能够按时考勤、准时发车；然后，把站房卫生做了彻底打扫，为驾驶员提供干净舒适的休息环境。

发车前的准备工作就绪，随着智能调度系统的第一次语音播报，一天的营运调度工作正式开始。"开车时要平稳心态，安全行驶；对乘客要进行微笑服务。"这是她每天要重复百余次的话语，这是对驾驶员出车前的叮嘱，是对岗位职能的负责，更是为乘客提供安全、舒适服务的承诺。

智能调度系统就是指挥官们的"千里眼"。调度员通过车辆运行图看到有两辆车运行间隔稍大，立刻利用智能调度系统消息发送功能向前车驾驶员发送信息："与后车间隔较大，请减速慢行，注意调整"；她通过车载视频监控系统查看各路段车厢满载情况，以适时调整发车间隔，合理安排运力；通过监控及上报信息查看驾驶员规范操作情况，监督驾驶员遵章驾驶，规范服务。

公交现场调度员除了要做好公交线路日常调度工作之外，还需要处理一些突发事件。有一次，公交现场调度员接到一个电话，电话一接起来，就听见一位乘客气冲冲地说："你们公交公司是怎么回事？怎么发的车！这么长时间都没来车了，这么冷的天，在外边站着谁受得了！"接下来还有一些不堪入耳的话。听他说完，公交现场调度员先向乘客道歉，又耐心地向他解释："目前济南市道路情况复杂，拥堵严重，尤其是通过个别路口要等十几分钟甚至二十几分钟，到了发车点车辆无法到达场站。"

作为现场调度员，遇到交通难题，他们心里比谁都着急，面对乘客的质问与埋怨，心里再有委屈也得忍着，坚持微笑服务。

（资料来源：王君，等. 公交调度员：披星戴月的基层指挥官[N]. 山东工人报，2011. 有删改）

3.5.3 智能公交调度

在城市公交调度中，为实现对车辆的实时监控和调度，保证公交线路正常营运，很多城市已经开始运用公共交通智能调度系统，动态地获取实时的交通信息(车辆线路信息、GIS信息、GPS信息、时间信息、客流信息、安全行车规定信息及路况信息)，根据线路客流情况进行实时调度，降低了运营成本，提高了乘客公众的满意度。

智能化调度方法是相对于传统调度方法而言的，二者的区别在于智能化调度方法是根据实时客流信息和交通状态，在无人参与的情况下自动给出发车间隔和调度形式的一种全新的调度方法，二者在调度形式上没有太大的区别。

智能公交调度系统是将先进的GPS技术、数据通信传输技术、电子信息技术等有效地集成运用于地面运输车辆管理体系中，建立一个在大范围内全方位发挥作用的，实时、准确、高效的车辆运行和管理系统，是公共交通实现科学化、现在代化和智能化管理的重要标志。

智能公共交通调度系统的功能有以下4个。

(1) 具有公共运行基础数据的采集能力和手段，保证系统的数据源基础。包括以公交站点上、下车乘客人数为主的交通需求量、公交车辆运行车速及站点停靠时间、车辆驾驶状态数据等。这些数据的采集主要由公交车辆车载设备承担。

(2) 有效的数据管理和分析能力。包括操作型数据管理和分析型数据管理，可以保障日常运营的高效管理、规划和调度的科学决策分析，以及对公众提供高质量的信息咨询服务。

(3) 对用户友好、高效的信息发布能力。包括为公众提供公交信息服务(如车辆到站的时间预测，车辆满载状态情况通报，根据起讫位置和服务要求的出行路线查询等)，对管理者提供实时系统状态查询、历史数据分析服务，支持决策者制定交通发展政策及规划的宏观信息分析等。

(4) 具有为支持科学管理和决策所必需的系统仿真分析和系统状态预测能力。智能调度，可以提高企业基础生产信息记录的实时性，改变落后运营管理和调度模式，实现车辆、人员及站场等生产资源最优化配置，实现企业管理现代化。

任务拓展

现场调度的基本原则

现场调度对充分利用车辆的运载能力，适应乘客的服务需求，保证运营活动的正常进行起到至关重要的作用，因此，现场调度必须遵循下列原则。

(1) 计划性原则。行车作业计划是公交营运计划的具体实施，现场调度人员指挥、调度车辆的依据。严格按照行车作业计划组织车辆运行，使各车次均衡、有序地运行，是完成行车作业计划、向社会提供优良服务的重要保证。

(2) 纪律性原则。调度工作一定要高度集中统一，听从指挥。要上下一条线，全局一盘棋，下级服从上级，局部服从全局。

(3) 预防性原则。为预防行车过程中公交企业、相关路线、运能与运量之间出现的各种矛盾，现场调度人员应熟悉有关条例与法规，深入现场进行客流调研、分析，积累经验，掌握规律。做到思想有预见，工作有预防，善于采取必要措施，消除薄弱环节，争取工作主动权，避免中断营运过程。

(4) 及时性原则。行车作业计划综合地考虑了不同时间段的客流、道路等诸多因素的变化，但不可能完全反映线路当时的客流变化及道路临时发生的情况。所有调度人员在严格执行行车作业计划的基础上，还需根据当时的情况，机动灵活、迅速及时地调度车辆，尽快恢复营运秩序。调度不及时会造成不良的社会影响，严重的会造成经济损失。

任务操作

(课堂任务操作)针对出行任务，以你熟悉的一条公交线路为例，通过调研分析其影响因素，并举例说明针对一些突发状况可以采取的调度方法。

任务考核

本任务主要学习了常规公共汽车站务作业，请你思考以下几个问题，并作为自我检查：

1. 常规公共汽车站务作业的内容有哪些?

2. 现场调度的基本方法有哪些?

3. 请分别说明城市公交出现车辆抢点、车辆误点、发生故障、交通堵塞等情况时应该如何进行现场调度。

任务3.6　常规公共汽车票务管理

知识目标

1. 了解常规公共汽车票证的类型。
2. 掌握常规公共汽车票款收解方法及票制类型。

能力目标

能识别常规公共汽车的票证，并根据城市实际情况分析票制类型。

任务引入

选择一个你熟悉的城市，了解其常规公共汽车票价。

任务分析

3.6.1　常规公共汽车票证

客运票证是乘客乘车的凭证，按照公共交通票证的使用范围和期限划分，各地普遍使用的公交票证种类有普通票和储值票。

1. 普通票

普通票是乘客乘车时付现金购买的车票。通常为单程票，一次性使用，每票一人，凭票乘车，一次完成行程。

普通票的发售工作由随车售票员在车上完成，以纸制车票作为介质，通过售票员当面向乘客点交客票张数和找零现金，严格执行票制规定；通过人工方式对车票进行查验和各项数据的统计工作。目前我国城市公共交通绝大多数都采用无人售票的形式，由乘客自行投币，不找零，以降低公交的运营成本。

2. 储值票

储值票是乘客预购的乘车凭证，可以多次使用。按介质的不同，有纸制的普通月票及磁性介质的车票。目前，我国城市公共交通领域普遍采用了IC卡管理系统，以公交IC卡代替普通月票，持卡乘车者享有优惠。

IC卡是集成电路卡(integrated circuit card)的简称，有些国家和地区称之为微芯片卡、微电路卡、灵巧卡或智能卡。城市公共交通一卡通所使用的卡片是非接触式IC卡，用户持卡接近车载读卡机指示的感应区时即可完成付费，采用绿色环保材料制成，内置天线，非接触式读写，反应时间约为0.4秒，因此使用简单、快捷、可靠性高，同时还具有很多优势：可反复充值使用；可以减少运营单位收取假币等所造成的经济损失，降低准备、清点、押运、配送零钞等人力、物力的投入，节约资源，降低运营成本；简化售票手续，提高运营单位的服务效率和质量；方便收集、统计公共交通数据信息，为实时调度提供依据。

小案例

淮安通IC卡和16城互通 可在上海刷卡乘公交坐地铁

2013年7月25日，上海、淮安、江阴、昆山正式实现跨市域公共交通“一卡通”互联互通。这就意味着，淮安和上海实现了公共交通互通刷卡。淮安市民凭借在淮安办理的“淮安通”IC卡，在上海按照当地的基准票价，刷卡乘坐公交、地铁和轮渡。至此，“淮安通”已实现和16个城市互通刷卡乘车。

2013年年初，《国务院关于城市优先发展公共交通的指导意见》正式发布，特别指出：“进一步完善城市公共交通移动支付体系建设，推广普及城市公共交通‘一卡通’……逐步实现跨市域公共交通‘一卡通’的互联互通。”

据淮安公交公司信息中心负责人介绍，意见出台后，淮安公交公司随即便加入到由住建部主导的全国城市“一卡通”互联互通大平台中来，并耗资数百万对IC卡系统进行改造升级。2013年4月18日，正式开通了“一卡通”平台，推出了“淮安通”IC卡。从4月18日起，“淮安通”实现了与宁波、绍兴、台州、湖州、常熟、江阴、昆山、兰州、白银、江油、抚顺、葫芦岛、南昌、永州、锦州等15个城市的互联互通。这也就意味着，淮安市民可在这15个城市刷卡乘坐公交，在常熟、葫芦岛，还可以刷卡乘坐出租汽车。

2013年7月25日，“淮安通”实现了与上海的互通刷卡，目前持“淮安通”在上海可以乘坐公交、地铁和轮渡。另悉，同属长三角地区的杭州、无锡、南通、泰州、嘉兴、舟山等城市也在积极进行系统改造、升级等工作，在这些城市使用互联互通的“淮安通”已指日可待。

目前淮安市除加入全国“一卡通”系统的“淮安通”之外，还有与南京、扬州等城市实现互联互通的“广惠卡”。自2008年起，淮安市民凭借“广惠卡”可在南京、扬州刷卡乘坐公交车。

据介绍，使用“淮安通”，在上海乘坐公交、地铁、轮渡是按照当地基准票价收取费用，而在另外的15个城市，则享受当地市民待遇，在当地基准票价的基础上，有一定的折扣：宁波公交6折，绍兴公交8折，台州公交8折，湖州公交9折，常熟公交8折、出租汽车为基准票价，江阴公交9.5折，昆山公交6折，兰州公交8.5折，白银公交8.5折，江油公交8折，抚顺公交9折，葫芦岛公交9折、出租汽车为基准票价，南昌公交9折，永州公交8.5折，锦州公交9折。

(资料来源：何剑峰，等．淮安通IC卡和16城互通，可在上海刷卡乘公交坐地铁[OL]．中国江苏网，2013．有删改)

3.6.2 常规公共汽车票款收解

1. 票款的收取

公交票款收入是企业的主要资金来源，企业需加强营运收入的管理，保证票款准确收取。收取的方式主要是工人收取和银行划转两种方式。工人收取包括人工售票方式和投币方式，银行划转即刷卡。

(1) 人工售票方式。人工售检票车辆，由随车乘务人员向乘客发售客票并收取票款。目前一般实行多级票价的线路上实行“有人售票”，以方便乘客乘车。这种售票方式易发生票款的漏收、错收及收钱不给票等行为。

为了加强票款管理，许多企业改革领票制度，实行售票员买用车票一次性结算、统计，售票员每天上班前领票，改为售票员自己出钱向票务部门购买出售需用的车票，车票售完，售票员再以售出的票款向票务部门买票，此循环作业。这一改革使票务管理环节和车票流程化繁为简。

(2) 投币方式。乘客上车前准备好零钱，上车后按规定票价主动将票款投入投币箱(图3.10)，多投不退，投币方式购票可以节省投资，但由公交公司承担假币、伪币所造成经济损失的风险较大，投币方式适用单一票价的线路。在车辆运行途中，由驾乘人员负责对投币箱管理，下班后按规定及时由专门人员将票款取出上交。

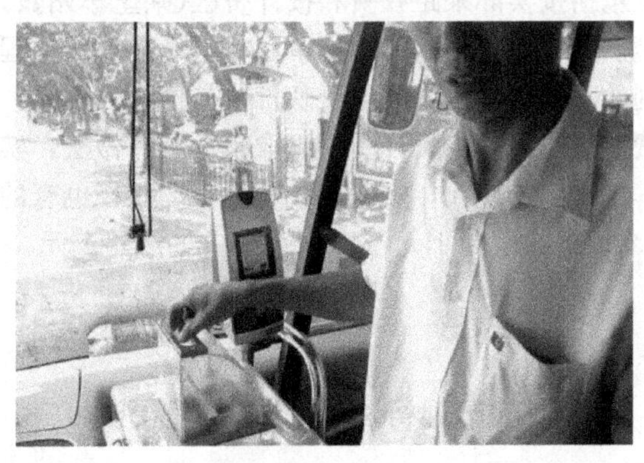

图3.10 公交投币

(3) 刷卡方式。采用非接触式IC卡储值票，完成一次收费过程仅需一秒钟时间，收费及统计全面自动化管理，有效堵塞漏洞，杜绝可能发生的管理人员贪污及假币现象。

2. 票款的解交

售票员下班后，应及时结算发售车票数和收入票款，缺款自己补足，多款上交，遗失客票按票面金额赔偿，并在当天向票务部门交清票款。

票务管理部门应严格执行票证领发制度和票款交收的各项规定，要建立分类分户账，对售票员每天交回的票款，要当面点清签收；对未按时交款的售票员，应及时追交，做到钱账两清。汇总票款如有缺款，可先用备用金如数垫足，封扎入库，不得外放。汇总缺款经查明原因，仍无下落，应如数赔偿。全部票款应于次日解交银行，不得移作他用。

刷卡方式下，营运收入的管理，由银行划转。收费站或路段收费管理分中心将收费交易数据传送至收费结算中心，按照协定规则，各参与结算的单位在结算银行开设账户，由清算中心完成费用的结算和划转。

3.6.3 常规公共汽车票制与票价

1. 票制的内涵

票制是票价制式的简称，是票价水平和比价关系的表现形式和调节手段，是票价整体结构的安排。票制应当与城市空间形态和规模、城市市民的消费水平、出行方式及城乡客运一体化发展水平相适应。

2. 票制的分类

目前国内外公共交通实行的票制基本上是单一票价制和计程票价制两种形式。

(1) 单一票价制。无论乘车距离远近，都支付相同的票价。单一票价制具有票价单一、操作简单、所需要的人工及设备少等优点，因而至今仍被众多城市公共交通企业使用，如公共汽车的无人售票模式。它的缺点是过高的单一票价，对短途乘客缺乏吸引力；过低的单一票价，对长途乘客的收费又低于其相应的成本，带来的收益损失已超过所节省的设备费用及管理费用。

(2) 计程票价制。包括按实际乘距收费和按计费区(乘坐车站数)收费两种形式，是以规定里程或计费区(乘坐车站数)作为基本计价单位，累计加价的计程票制。计程票价制有效地弥补了单一票价制的不足，基本上能够反映价值与价格的关系，兼顾长短途乘客的需求；同时，设置的收费等级相对较少，计费易于取整。具体做法：实行单一票制的，多数以车型分类，如普通车单一票价1元，豪华车或空调车2元；也有的城市以线路长度划分区段，如太原市18千米以下的线路1元，18千米以上的线路2元。

小案例

北京市现行城市公共交通票制

北京市现行城市公共交通票制见表3-17。

表3-17 北京市现行城市公共交通票制

类型	单一票价制	计程票价制
常规公共汽车	1元/次	12千米为1元，以后每增加5千米加价0.5元
	优惠政策： ① 刷卡优惠，普通卡享受4折优惠，学生卡享受2折优惠； ② 时间卡优惠，3日卡票价10元，限3日内使用18次；7日卡票价20元，限7日内使用42次；15日卡票价40元，限15日内使用90次，可以乘坐除“9”字头以外的市区公交线路车辆	
轨道交通	2元制	—

3. 票价

票价是乘客获取公共交通服务的支付。科学合理的公共交通票价是保障企业正常运营、调节不同交通方式客流需求、促进公共交通行业可持续发展的重要条件。

1）公交票价制定的原则及影响因素

公交票价制定的原则是成本、税费及合理利润，并随市场适时调整。即以成本为运价的基础，使成本得到有效的补偿；适时放宽运价管制，鼓励竞争；对亏损的公益性交通服务给予合理补偿；按社会物价的一定比例调整票价。

票价的制定要体现公共交通的公用服务性，兼顾政府、企业和乘客三方面的利益。公交票价直接关系到公交的吸引力和公交事业的发展，必须合理定价。政府财政负担、企业效益及乘客接受度是影响公交票价最重要的三大因素。

(1) 政府财政负担。实行公交优先政策，政府应该在财政及交通政策上向公交倾斜，优先发展公共交通，提高公交的服务质量，以低于或等于运输成本的票价，向乘客提供主要以社会效益为目标的客运服务。

(2) 企业效益。公共交通成本可分为运营成本和政策性成本，以运营成本作为定价成本，符合我国经济发展现状和乘客的支付能力。在给定的成本水平上，提供尽可能优质、充足的产品和服务，或在满足居民基本需要的基础上，使公共交通的经营成本尽可能低，使居民的整体福利水平尽可能最大满足。

(3) 乘客接受度。乘客在选择是否公交出行及何种公交方式出行一般考虑收入水平、服务质量及比价是否合理。在制定价格和安排比价时，要兼顾居民收入水平，保证居民出行的基本要求。

票价要体现运输服务的质量，不同的公交方式、不同的车型配置，所提供的服务档次不同；公交的可达性、换乘便利性、车厢的拥挤程度与舒适性都是乘客关心的对象，体现了运输服务的质量。

城市公共交通内部合理的比价主要是指质量比价和乘距比价。质量比价主要是空调车与非空调车、高档车与普通车之间的比价，它体现了交通工具服务质量之间的比较关系；乘距比价则体现了公共交通与提供的服务数量之间的比较关系。比价合理，在乘客可接受的范围内，乘客按自己的需求及承受能力进行选择。

城市公交票价的制定与调整必须从城市交通政策和城市环境的宏观利益考虑，从绝大多数中低收入者的利益出发，保持适度的票价水平。同时，逐步以法律、法规的形式建立公共交通价格的调整机制，逐步形成依据成本、市场物价变化级进式调整票价的制定。

2）票价类型

票价的分类方式主要包括以下3种：单一价格，适用于某一条线路或某一乘次；基价(起步价)加里程价；起步价加换乘次数。票价的优惠在表现方式上分为两种：一种为“递远递减”计价——乘坐距离越长，对乘客来说相对乘距的花费就减少一些；另一种为在规定时间内换乘价格优惠。

任务拓展

10月10日起镇江坐空调公交车只需5角钱

从2012年10月10日起，江苏镇江全面下调公交票价，具体措施为：15千米以内线路的城市公交，投币一律1元、刷卡0.5元，开空调不再收“空调费”，并配套实施其他优惠政策，镇江城市公交价格将达到全省最低水平。2012年，镇江将至少购买150辆新车，届时市区公交车总数将超过1 000辆。此外，年底前还会新辟16条线路。

根据镇江市现行政策，市民持卡分为B、C、D、F四种，B卡为市区成人卡，C卡为市郊成人卡，D卡为市区学生卡，F卡为市郊学生卡，市区与郊区之间不通用，不同线路、不同票价的车辆之间也不能通用。乘坐普通公交车至少投币1元、刷公交卡(老人卡、学生卡等除外)9折，乘坐空调车时，至少投币2元、刷卡1.8元，有人售票车最低票价也在1元以上。有人售票线路大部分全程在30千米以上，最高票价4元，其中60路公交车的里程达到37.3千米。

现在实行“一卡通”，而且刷卡减半，其中学生卡降低至2折，60～69岁老年卡降至2.5折；记卡使用1 200次以上，年内再乘车全免。刷卡后半小时内换乘其他车辆，可享受上次刷卡实际支出等额免费，理论上5毛钱在市区可以坐一天公交车。

镇江将确保到2015年公交出行分担率达26%以上，建成区500米范围公交站点覆盖率达90%，逐步使公交成为城乡居民出行的首选方式。有关负责人表示，下一步他们将在优化线路、增加车次，提高公交车运行速度等问题上做改进。

15千米以内：投币1元刷卡5毛；15千米以上：将采用分段计费，收费模式将效仿北京的做法，采取分段计费的模式，“这样就要在所有车辆上装GPS，安装智能调度系统，测定乘客乘坐区间的距离。”届时，采用分段计费的公交车将在前后门各安装一个刷卡机，乘客上下车都要刷卡，前后门都可上下车，前门刷卡上车要到后门刷卡下车，后门刷卡上车则要到前门刷卡下车，但这有赖于公交卡的普及。

“现在镇江市民刷卡乘车的比例为30%，2012年年底有望达到50%，到2015年将达到70%。”鼓励市民办公交卡，有关部门也将在市区多设公交卡办理服务点。

镇江市交通局综合运输处负责人表示，降价第一年，财政补贴将达到1.85亿元，“1个亿购车，其他钱为各项优惠和亏损补贴”。

镇江市公交总公司将结合此次大调整，在年底全部将有人售票线路改为无人售票。届时，公交售票员将分流为站务人员、驾驶员、车上服务员(如导乘)等。

江苏其他城市的公交票价见表3-18。

表3-18 江苏其他城市公交票价

城市	票价
南京	普通车1元，空调车2元，刷卡乘车打8折
无锡	市区普通车1元，空调车2元，刷卡6折，1小时内转乘享5折优惠
徐州	市区普通公交车1元，空调车2元。刷卡享7折优惠

续表

城市	票价
常州	市区无人售票车分1元和2元两种。持公交卡可享6折优惠
苏州	市区大部分空调车为2元或3元，市区所有公交刷卡享6折优惠
南通	一票制线路最低1元，最高3元，刷卡乘车可享受7折优惠
连云港	除少数线路外，空调车2元，普通车1元。普通市民卡8.5折
淮安	市区公交车最高2元，最低1元，刷公交钱包卡可享受8折优惠
盐城	市区内公交车1元，开往周边乡镇最高3.5元，刷卡有9折优惠
扬州	市区公交车最高票价2元，最低票价1元，刷卡享8折优惠
泰州	市区空调车2元，普通公交1元。普通公交卡有7折优惠，刷学生卡、老年卡享5折优惠
宿迁	市区普通车和空调车都是1元，刷普通卡一次0.8元，学生卡一次0.7元

(资料来源：林清智.10月10日起镇江坐空调公交车只需5角钱，政府补贴[N].现代快报，2012.有删改)

任务操作

(课堂任务操作)针对出行任务，选择一个你熟悉的城市，调研其常规公共汽车票证及票制类型，撰写调研报告。

任务考核

本任务主要学习了常规公共汽车票务管理，请你思考以下几个问题，并作为自我检查：

1. 现今常规公共汽车最常用的票证是什么？有哪些优点？
2. 现今常规公共汽车票款收取有哪些形式？各有哪些优缺点？
3. 举例说明常规公共汽车的票制。

项目 4 快速公共汽车运营管理

任务 4.1 快速公共汽车系统组成

知识目标

1. 了解快速公共汽车交通的内涵。
2. 掌握快速公共汽车系统的组成及其优缺点。

能力目标

能识别与分析一个快速公共汽车系统的组成，并能与其他公交方式进行比较。

任务引入

选择你熟悉的城市，调研其快速公共汽车系统的组成，并绘制简图说明。

任务分析

4.1.1 快速公共汽车交通的内涵

快速公共汽车交通(bus rapid transit，BRT)是一种介于快速轨道交通与常规公交之间的新型公共交通客运模式，是以大容量、高性能公共汽电车沿专用车道按班次运行，由智能调度系统和优先通行信号系统控制的中运量快速客运方式，简称快速公交。

自从 1974 年巴西库里蒂巴市建成第一条快速公交线路以来，在世界范围内各种类型的快速公交系统得到广泛的应用。目前，我国 BRT 的建设正处于蓬勃发展阶段，国内一些城市，如北京、广州、杭州、济南、常州、盐城、厦门等地，已经建成 BRT 并投入运营，更多的城市正在规划设计和积极推进 BRT 的建设。

BRT 实质上是传统地面公共汽车在车辆技术、基础设施和运营组织方面的系统改进和提升。具有以下特征：专用路权的车道或道路；车外售检票、水平乘降、服务设施齐全

的车站；便于乘降、节能、环保、多门、大容量的公交车辆；智能调度、信号优先；运送速度快、客运能力强、正点率高；完善的乘客信息服务。

小案例

北京和昆明市 BRT 建设现状

北京市：2005 年 12 月 30 日，北京市建成我国第一条 BRT 线，全长 16 千米，为两侧有物理隔离设施的全封闭式专用道，配备车长 18 米，发动机后置的低入口铰接式公共汽车 90 辆，线路日客运量为 13 余万人次，最高时突破 22 万人次，2006 年共运送乘客 3 313.8 万人次，实现了相当 260 辆公交车的客流量，降低了运营成本，减少汽车排放与燃油消耗，缓解了交通拥堵。

昆明市：在 1999 年开通了国内第一条公交专用道的基础上，于 2006 年、2007 年相继建成两条快速公交线，全长 22.7 千米，全封闭式专用道，当时备配 4 辆车长 12 米和 18 米的车辆运行。

（资料来源：李金．我国 BRT 建设现状与发展趋势[OL]．中国城市车辆网，2007. http：//www.cuauto.com.cn/News/News_Content.asp? Id=6036.）

4.1.2 快速公共汽车交通系统的组成

BRT 系统主要由专用道或专用路、车站、车辆、调度与控制系统、运营组织及运营设备、停车场等组成，如图 4.1 所示。

图 4.1 北京南中轴路的 BRT 系统

1. BRT 专用道

BRT 系统采用专有路权，在主要交通走廊上使用公交专用线或专用车道，使得 BRT 系统与其他车辆从空间上分离，体现了道路使用权的优先分配，从而确保了 BRT 实现快速、省时的目的。BRT 专用道是 BRT 系统构成的最基本要素，也是整个 BRT 系统的核心部分。BRT 专用道按照道路运行形式的不同分为 3 类，即公交专用路(bus way)(图 4.2)、公交专用道(bus lane)(图 4.3)和与合乘车共用道路。公交专用路是指在特定的城市道路上，公交车享有全部的、排他的绝对使用权；公交专用道是指在特定路段上，通过标志、标线等画出一条或几条车道给公交车专用，同时，公交车享有在其他车道行驶的权利；与合乘车共用道路是指在特定道路上画出公交车与合乘车共同使用的道路。

BRT 使用道路空间的形式依据 BRT 车辆与其他车辆的分隔程度及车道位置确定。BRT 车辆的道路专用权限可分为 4 个等级，见表 4-1。

图 4.2　厦门 BRT 高架公交专用路

图 4.3　银川 BRT 公交专用道

表 4-1　BRT 系统专用车道形式

专用级别		优点	缺点
一级	混行车道	实现容易	易受干扰
二级	路外侧专用车道	便于公交站点布设；符合乘客使用习惯	受右转车辆和出租汽车上下客干扰；不利公交车辆左转
三级	路中央专用车道	免受出租汽车、右转车及行人、非机动车辆的影响；运行车速高	对左转车辆通行有影响；车站用地不易保证；乘客到站不便；需配置左开门车辆
四级	路面快速公交专用路	运行环境良好且容易得到保障	受路网条件的限制，实施困难
	高架道路或地下隧道	保证 BRT 系统运行不受任何外界影响	造价(改造)成本高

2. BRT 专用站

BRT 专用站是 BRT 系统为乘客提供服务的窗口，它具有售检票、候车、上下乘客及行车信息发布等功能，能够为乘客提供安全、舒适的候车环境及快速上下车的服务，如图 4.4 所示。

图 4.4　BRT 车辆及乘客上车

1）BRT 站点分类

（1）按功能划分，BRT 站点可分为中途停靠站、换乘站和首末站。中途停靠站规模较小，只提供乘客上下服务，较少考虑与其他公交线路和交通方式的换乘问题。换乘站规模较大，除提供本站附近乘客上下车的服务外，还需要重点考虑与其他公交线路和交通方式的换乘问题。首末站规模很大，应具有足够的场地提供车辆停放、调度和维修，同时须配备停车场和必需的生活服务设施以方便与其他交通方式的换乘和乘客候车。

（2）按售验票方式划分，BRT 站点可分为开放式车站和封闭式车站。开放式车站站内不设售验票系统，功能相对简单，易于维护，一般用于车上售票的收费方式，车站的造价较低，要求配备电子地图、公交电子查询设备、实时车辆到达信息系统、自动售票机等。封闭式车站设有收费区和不收费区的隔离措施，车站须设置售验票系统，并需要工作人员值守，封闭式车站用于车下售验票的收费方式，车站的造价较高。

（3）按车站位置，BRT 站点可划分为路中型车站和路侧型车站。路中型车站适用于路中型专用道形式，具体又可分为岛式车站和侧式车站，车站的规划与设计必须慎重考虑行人通道问题，避免造成对其他具体方式的干扰，车站造价较高。路侧型车站适用于路侧专用道形式，其设计可简单化，交通组织类似于常规公交车站，只是为配合 BRT 车辆的构造使其设计有所不同。

（4）依据道路断面特征、道路隔离带的布置形式及专用道的位置，BRT 站点分为港湾式、侧式(岛侧式)、岛式。当车道位于道路中央时，通常采用的是具有轨道交通车站特性的岛式站台或侧式站台，当专用道位于道路两侧时，尽量采用港湾式。

2）合理站距选择

BRT 站点受到乘客出行需求、车辆的运营管理、道路系统、交叉口间距和安全等多种因素的影响，应合理选址。一般而言，较长的车站间距可提高车辆的平均运营速度，但乘客从出行起点(终点)到上(下)车站的步行距离增大，给换乘出行带来不便；站间距缩短则反之。当站间距很小或很大时，总出行时间都会较大，而在这之间存在着某个最优站间距即为快速公交的合理站点间距。BRT 站距主要影响因素如下。

（1）客流需求强度及客流沿线分布状况。客流需求强度影响着 BRT 站点的布局，车站应设在大量客流汇集的地点。同时，客流沿线分布情况影响乘客到达车站的平均时间从而影响 BRT 的站间距。

（2）线路运行时间。线路运行时间与运行速度有关，运行速度越大，则线路运行时间越小。要减少线路运行时间就要求增加站间距以提高运行速度。

（3）乘客到、离站时间。从乘客的角度来说，他们希望减小站间距，这样他们的到离站时间就越短，出行方便。过长的站间距会造成乘客到、离站的时间加长，并可能超过在线行程部分所节省的时间，从而导致总出行时间很大。因此，乘客到离站时间影响 BRT 最优站距的确定。

（4）投资费用。为了确保项目建设不会超出预算，通常各子项目(如专用道、站点、车辆等)亦有成本限额。与站距相关的成本包括 BRT 站点建设成本和公交运营投资成本(主要是 BRT 车辆购置成本)，BRT 站点的建设成本包括站点建筑的建设成本和站点配置设备(如信息发布、查询系统，售票、检票设备等)成本。

一般而言，BRT专用道的独立性越高，站间距要求越长；道路沿线土地开发强度越大、客流需求越高，站间距要求越小；BRT专用道越靠近市中心区站距越小，越远离市中心区站距越大。从BRT专用道的使用特性来讲，其站点间距与轻轨站距相近，通常不同的城市区域BRT站点的平均间距分别为中心区800～1 000米，中心区外围900～1 200米，城市郊区1 000～1 500米。

3）站点的规模

BRT站点设置受城市用地条件的限制较大，当线路周围用地紧张，可用用地面积不能满足站点用地要求时，需要调整站点位置，有时甚至影响实施方案的选择。

(1) 站台长度。由于BRT的线路有限，同一条道路上设置的线路不会太多，因此一个中间站点最多需要3个泊位数，公交车长度取18米，一个泊位长度可按20.5米计算。通常普通站台一般可容纳两三辆公交车停留，枢纽站点的站台需要容纳四五辆。

(2) 站台宽度。考虑到乘客上下通道、检票设施和各种辅助设施及站台边缘的安全带宽度，一般站台宽度不宜小于2.5米。

(3) 站台高度。BRT为了方便所有乘客上下车，减少乘客上下车时间，BRT站台高度设计时力求使BRT乘客能够水平登车，如图4.5所示。

图4.5 BRT站台与车辆底板水平衔接

BRT车站是对于常规公交车站的改进，最主要的改进内容见表4-2。

表4-2 BRT车站特点及改进

序号	改进内容	主要特点	目的
1	增加车站停车位	满足多辆公交同时进站上下服务	提高通行能力
2	增加车站超车道	满足车辆的跳站运行	提高运行速度和运量
3	建设独立车站	为乘客提供更舒适的候车空间；为更高级的车站设施布设提供平台	提高舒适性
4	提高站台高度	实现乘客水平上下车	提高运营速度
5	整合智能技术	乘客实时出行信息和车辆运行信息	保证运行可靠度
6	整合检票系统	实行车外售票	提高运营速度
7	车站综合开发	结合交通、商业、居住等实现整合式的土地发展	实现可持续发展

3. BRT 专用车辆

BRT 系统多采用标准的或铰链式改良设计的车辆，具有铰接式、大容量、多车门、两侧开门、低底板、乘坐舒适和智能型等特点。BRT 专用车辆将占到 BRT 系统费用的 50%以上。

(1) 容量更大。采用铰接式大客车(图 4.6)，可载乘客 180～270 人，较普通公交车大为增加。

图 4.6 厦门 18 米长 BRT 车辆

(2) 舒适性更高。采用大开窗，通风采光良好；内置空调，环境舒适(图 4.7)；车体悬挂式设计，减震效果良好。

图 4.7 BRT 车辆舒适的内部环境

(3) 上下车更方便。采用大开门、多车门及与站台等高设计的低底板，使得所有乘客都能够安全、快捷地上下车，大大提高了方便性。

(4) 低污染。BRT 车辆多采用清洁燃料和低能耗的动力装置，这样就有效地控制了尾气排放，降低了污染。

(5) 乘客信息更丰富。BRT 车辆多备有动、静态信息显示和视频、声讯播报系统，乘客信息更丰富。

(6) 外形美观。BRT 车辆多采用流线形设计，色彩艳丽，不仅便于识别，还可以体现 BRT 系统品牌效应。

BRT 车辆是影响系统运行速度、运输能力及综合服务水平的重要因素。与传统公交车辆相比，BRT 系统对于车辆的改进见表 4-3。

表 4-3 BRT 车辆特点及改进

序号	改进内容	主要特点	目的
1	普通公交车辆	与常规公交采用车辆相同，一般为单铰普通型	降低成本
2	加长公交车辆	采用单铰或双铰车辆	提高车辆载客能力
3	增加车门	配合车辆加长，增长上下车辆通道	减少停站时间
4	车辆车内设计	车辆底板平面化设计，增加舒适座椅、优化空间布局	提高乘客使用舒适性
5	车辆外观改进	独特标志性外观形状设计	加强系统形象塑造
6	增加先进辅助驾驶技术	结合智能交通技术实现车辆精确定位和自动导航	提高运行速度
7	采用新型环保推动系统	选择清洁燃料(电力、天然气等)	提高运行速度、降低环境污染

4. 智能交通系统

BRT 系统对智能交通技术的应用包括以下几个方面。

(1) 动态调度。通过车辆自动定位技术实现车辆的动态调度，应用收费系统实现客流出行数据的统计。

(2) 辅助车辆驾驶技术。自动导向技术帮助车辆在路段运行期间保持平稳快速。精准靠站技术提高车站内的停靠精准度，缩短车站延误时间。安全保障技术保证车辆行驶过程中不受冲撞。

(3) 信号优先技术。基于智能控制技术和车辆自动定位技术，在交叉口使 BRT 车辆优先通行。

(4) 乘客出行信息服务。在车站提供线路信息、车辆到站信息、换乘信息。车内提供实时运行信息，通过互联网、电话或客源集散点的查询终端提供 BRT 系统服务信息。

(5) 服务方式。服务方式根据不同公交道路形式和不同的公交车辆有所不同。通过在 BRT 车站设置自动售检票系统、精确车辆停靠装置、显示到站公交车辆载客量及与车辆地板平齐的高站台使乘客快速上下车。

5. 线路运行组织与管理

BRT 系统的运营管理改进包括利用先进技术的中央调度中心、系统内车辆实现统一调度，以及对 BRT、客运通道上的常规公交线路进行整合。

(1) 配套地面公交线网调整。对原有道路上的常规公交线路进行调整，包括对一些平行线路的撤销和转移，建立于BRT、客运通道上的常规公交线路进行整合。

(2) 中央动态调度。在BRT系统中利用先进的智能监控系统，针对需求和道路交通条件来控制车辆的预先状况，实现车辆运行严格按照计划时刻执行，确保系统的运营可靠性，避免乘客等候时间过长，减少车站车辆到站不均衡而引起的运行时间增加。

(3) 跳站式运营。根据客流出行需求的特点，设计区间车和大站车运营模式，提高线路的运营效率和客运量。

(4) 控制专用车道的运营车辆数。为提高BRT车道的使用效率，在系统运行初期，可以考虑常规公交车辆也在BRT专用道上行驶，限制专用车道上的公交车辆数，确保BRT系统运营车速在25千米/时以上。

(5) 售票方式，为保障其快速运营，采用车外售票方式，将售票系统置于候车站台内，在公交车辆进站前完成收费，从而实现快速简单的售票。

想一想

你所在城市的BRT有何特点？选择另外一个城市的BRT进行比较。

4.1.3 BRT系统的优缺点

1. BRT系统的优点

BRT系统通过新型大容量的交通工具、专用路权、交叉口信号优先、智能交通系统等交通运营管理方式，与其他交通方式相比具有以下优点。

(1) 容量大。BRT的车厢座位容量为40～120人，为普通公交车厢的2～3倍。BRT系统独特的大容量公交车辆使得单车载客率上升，单方向小时断面流量将有较大提高，可达到与轻轨系统大致相当的运力。

(2) 投资低。投资一般是轨道交通的1/20～1/5，运营成本是轻轨的1/4。

(3) 灵活性好。BRT系统线网可分阶段实施，交叉口信号优先、乘客信息系统等技术也可以逐步引入。路面行驶方式保证了线路可以比较方便地修正或更改，当所吸引的交通流量达到系统上限时，可利用专用道建设容量更高的轨道交通系统。

(4) 充分考虑乘客需求。新型的公交车辆车内宽敞、噪声振动减少，乘坐更为舒适。水平上车系统的采用，使公交乘客能够方便地乘车。乘客信息系统的采用，使乘客能了解公交系统乃至整个交通系统的情况，减少了不确定性，增加了乘客对公交方式的信任度。

(5) 速度快，准时性高。BRT运营速度普遍高于常规公交，甚至可以接近轻轨和地铁的水平。BRT系统受其他交通方式干扰较小，易于和计划时间表保持一致。

(6) 安全性高。专用道和交叉口优先使BRT系统与其他交通方式完全分离，降低了拥堵时可能发生的追尾、碰撞等事故的可能性。同时，车辆追踪系统和交通事故管理系统的采用，使得在事故发生时能够及时迅速地救援，增加了对乘客人身安全的保护。

2. BRT系统的缺点

BRT系统的缺点主要有以下4个方面。

(1) 占用独立的道路空间，制约其他车辆使用。BRT系统一般都要占据专用的车道，使本就稀缺的道路资源变得更加紧张。BRT高效能的发挥在一定程度上也是以限制其他车辆对道路的使用为代价的。由于受发车频率和线路组织方式的影响，专用道的利用率较低。

(2) 交叉口优先通行，增加其他车辆的路口延误。BRT系统普遍采用的交叉口信号优先通行措施，必将给其他方向车道的车辆带来影响，增加其路口的延误时间。

(3) 可能会增加乘客出行的换乘次数。目前国外BRT发展多采用干线和支线相结合的线路组织形式，在降低专用道占地率、增加站点覆盖率、减少运营车辆、降低运营成本的同时有可能会增加乘客出行的换乘次数，增加出行时间。

(4) 系统稳定性不高。BRT专用道多采用物理隔离措施，但仍属于半封闭系统，尤其是交叉口为平交方式时就很容易受到其他交通流的影响。在车流高峰期，BRT专用道为非物理隔离时，受其他车辆抢占车道、行人过街等横向干扰会明显增加。

4.1.4 BRT系统与其他公交系统的比较

目前，常见的公交方式主要有4种：常规公交(normal bus transit，NBT)、BRT、轻轨(light rail transit，LRT)、地铁(mass rapid transit，MRT)，分析和掌握这些公交方式的不同特性，对于充分发挥它们在城市公共交通中的作用非常重要。现从系统组成、系统运营和系统效能3个方面，对4种常见的公交方式的特征进行比较，分别见表4-4～表4-6。

表4-4 常见公交方式的系统组成比较

交通方式	支撑和导引	推进动力	控制
NBT	道路、人为驾驶	内燃机、电力	视觉
BRT	道路、人为驾驶	内燃机、电力	视觉
LRT	轨道、轨轮作用	电力	视觉、信号
MRT	轨道	电力	信号

表4-5 常见公交方式的系统运营比较

交通方式		NBT	BRT	LRT	MRT
每千米投资额/亿元人民币		—	0.2～0.5	1.5～3	4～6
立项到完工时间		<1年	1～2年	4～6年	8～10年
运营技术指标	线路数	多	较少	较少	少
	线网密度	高	较低	低	很低
	站间距	小	较大	大	很大
	换乘站	少	较多	较多	多

表 4-6　常见公交方式的系统效能比较

交通方式	NBT	BRT	LRT	MRT
运输能力/(万人/时)	0.6～0.8	1.0～2.0	1.0～2.5	3.0～6.0
平均运速/(千米/时)	10～20	20～30	20～40	30～50
乘客舒适性	差	较好	好	好
服务覆盖强度	大	较大	小	小
系统灵活性	高	高	低	低
吸收新技术的能力	高	高	中	低
系统形象	差	较好	好	好
对土地利用和城市发展的影响	小	较大	大	大
环境污染	大	较大	小	小

综上所述，从常规公交到大运量的地铁方式，系统的安全性、可靠性、运送能力和运行速度等效能指标逐步提高，但相应的成本投资也逐渐增大，BRT 和轻轨等中运量公交系统的系统效能和成本则介于常规公交与地铁之间。

任务拓展

BRT、轻轨和地铁等大型交通工具的技术经济比较情况见表 4-7。

表 4-7　BRT、轻轨和地铁交通的技术经济比较

指标	BRT 交通	轻轨交通	地铁交通
路面特征	专用车道或混合流车道	专用车道或混合流车道	专用车道
站距/米	350～800	350～800	500～2 000
车厢座位容量/人	40～120	110～250	140～280
正常行驶速度/(千米/时)	20～40	20～45	25～60
安全性能	高	高	极高
平均每千米造价	600～1 500 万美元	1 200～3 400 万美元	1.2～1.8 亿美元
最低城市人口/万	75	100	200
最低市中心人口/万	40	50	70

(资料来源：[美]Cray G E，[美]Hoel L A. Public Transportation[M]. Englewood Cliffs, New Jersey：Prentice Hall，1992.)

任务操作

(课堂任务操作)针对出行任务，选择你熟悉的城市，调研其快速公共汽车系统组成，并能绘制简图说明。

任务考核

本任务主要学习了BRT系统的组成，请你思考以下几个问题，并作为自我检查：

1. 说明BRT交通的内涵。
2. BRT系统包括哪些组成部分?
3. 举例说明BRT系统的优缺点。
4. 列表比较BRT与其他公交方式的特性。
5. 选择一个建有BRT的城市，通过实地乘坐，写一篇乘坐体会。

任务4.2 快速公共汽车专用道设置

知识目标

1. 了解BRT专用道设置需要考虑的因素。
2. 掌握BRT专用道的类型与设置方法。

能力目标

能根据城市道路实际情况选择合适的BRT专用道形式。

任务引入

选择一个建有BRT的城市，调研其专用道形式。

任务分析

4.2.1 BRT专用道设置需考虑的因素

为了保障BRT专用道的设置效果与功能发挥，通常需要考虑如下因素。

(1) 运输效率。BRT专用道必须是高效率的，即应具有严格的专用路权和尽量少的交通横向干扰，应确保BRT车辆运行快速，站点和交叉点的交通延误少。

(2) 服务水平。BRT专用道的设置要充分体现“以人为本”的服务理念，要充分考虑为乘客提供良好的乘、候车环境，保证乘客整体交通行为的连续性和舒适性，提供良好的乘客信息服务，实行方便、公平的票制系统及人文关怀与尊重。

(3) 网络系统。要注重提高整体公交网络的服务效能，促进公交网络形成良好的空间和等级结构，促进线路之间形成方便、高效的换乘关系，包括换乘时间、空间距离和换乘费用等。

(4) 环境保护。促进环境质量改善是BRT建设项目追求的重要目标，具体体现在两个方面：一是通过实施公交优先，逐步限制其他机动交通工具的使用，进而减少噪声和尾气排放总量，形成高效的和对环境友善的交通系统结构；二是公交车辆自身的环保性能改善也是不容忽视的因素。

4.2.2　BRT专用道的类型与设置方法

BRT专用道的类型决定了BRT系统的运行速度与运营能力。全封闭式的BRT专用路可以提供大容量和快速的公交服务，与一般轨道交通的服务水平接近或相当。一般BRT专用道则由于受到交叉口信号的制约，其运送速度及能力都会下降，因此通常在交叉口设置公交优先信号控制，必要时还可对道路功能进行适当调整。

BRT专用道的类型与设置方法主要有以下几种。

1. **路中式BRT专用道**

路中式BRT专用道是指设置在道路中央分隔带两侧或分隔线相邻车道上的BRT车道。此时，BRT车辆行驶在整条道路的内侧车道上，即靠近道路中央行驶，通常采取物理方法或路面标线进行隔离。根据道路横断面形式不同可以分为有中央分隔带的BRT专用道和无中央分隔带的BRT专用道两种形式，如图4.8所示。没有中央分隔带的道路，专用道布设于路中线两侧，停靠站空间通过对道路局部进行渠化或拓宽获得；有中央分隔带的道路，专用道布设于分隔带两侧，利用分隔带来布置公交停靠站。

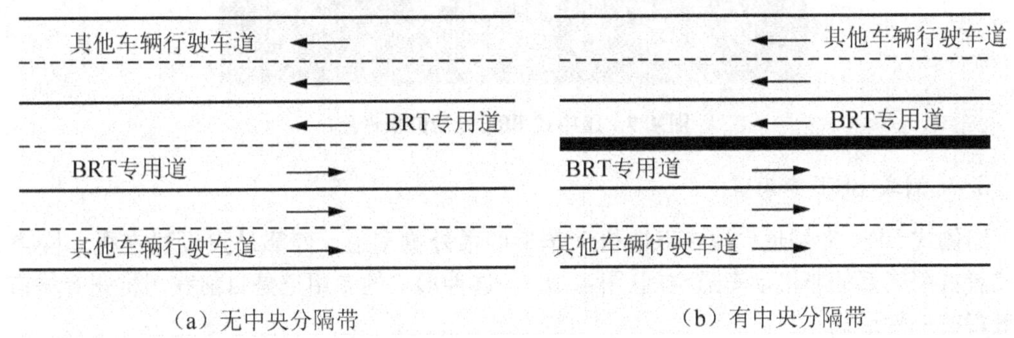

（a）无中央分隔带　　（b）有中央分隔带

图4.8　路中式BRT专用道

路中式BRT专用道的最大优势就是车辆行驶不受外界因素干扰。对于不设中央分隔带的道路，还可以把双向专用道集中在一起进行物理隔离，这样做既保证了BRT专用道的专用性，又可以使公交车辆利用对向车道进行超车。而对于设有中央分隔带的道路，可以根据实际需要对其进行灵活处理，必要的时候也可以将分隔带改建为BRT专用道的一部分与专用道一起进行隔离。车辆沿中央分隔带行驶并停靠，乘客上下车就要穿越道路，与路侧式BRT专用道相比(乘客完成往返出行只需要穿越一次，如果不是往返出行还有可能不需要穿越道路)，这种专用道会使乘客穿越道路的次数增多，乘客每乘一次公交车都要穿越两次道路，安全性大大降低。由于一般道路中央分隔带宽度有限，不方便设置人行天桥或地道，增设行人过街信号又将给正常的车流造成延误。

由于我国的交通规则是车辆靠右侧行驶，因此公交车辆的车门也都是开在右边，这种专用道不方便乘客上下车。如果要利用中央分隔带作停靠站，则车门就应该设计在左侧，但必须整条公交线路都设有这种类型的BRT专用道，或者说停靠站都在路的左侧，否则有某些站在路右侧，公交车同样不方便上下客。另外，从车辆调度的角度来看，如果城市中这种左侧车门的公交车和普通公交车同时使用运营，则左侧车门的公交车只能行驶在固定线路上，不能随时调用到其他线路上，同时公交线路也不宜做变动。

总体来说，路中式 BRT 专用道由于受干扰比较少，对路幅的要求不高，投资少，实施方便，在合适的路段设置可以更好地体现公交优先，使公交系统高速、准时地运行，但其缺点是对社会车辆的行驶造成一定的阻隔，使其不能随意变换车道，同时专用道也容易被社会车辆占用(图 4.9)，且公交车停靠不方便。目前大部分的 BRT 系统都采用这种 BRT 专用道，我国的北京、济南、常州、盐城等城市都采用这种形式的 BRT 专用道。

图 4.9　路中式 BRT 专用道被占用

2. 路侧式 BRT 专用道

路侧式 BRT 专用道设置在双向机动车道的最外侧车道，停靠站点设置在机非隔离带上或者占用局部的非机动车道空间(图 4.10)。这种形式的专用道是目前我国杭州等城市采用最多的一种形式。

路侧式 BRT 专用道最突出的优点是乘客进出站台和上下车很方便，同时道路改造少，可以使用现有的公交设施。BRT 专用道设置在路侧，更有条件设置成港湾式停靠站，从而减少 BRT 车辆的停车对社会车辆的干扰，并方便其他 BRT 车辆超车。

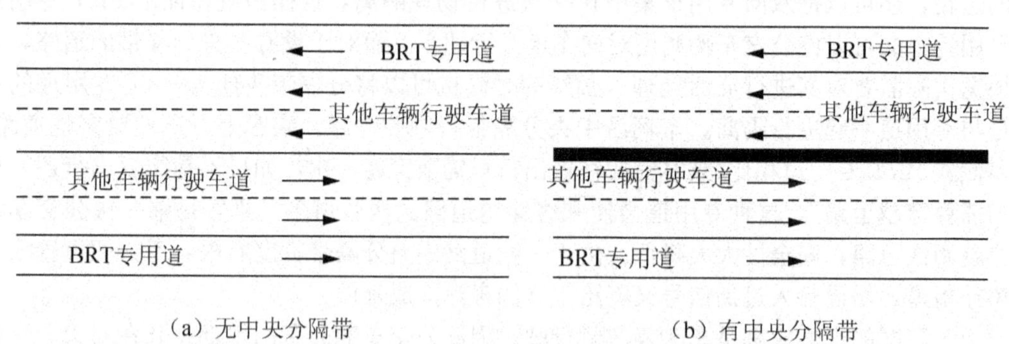

(a) 无中央分隔带　　(b) 有中央分隔带

图 4.10　路侧式 BRT 专用道

然而，这种形式的 BRT 专用道在路段上阻断了所有到达性车流，断绝了车流“右进右出”道路的可能性，对于道路沿线开口比较多、土地开发强度比较大、交通发生和吸引比较强的路段，这种形式的专用道就会面临一个两难选择：若禁止这种“右进右出”交通，则会使这部分车辆进出道路很不方便，从而产生很大的负面效应；若不禁止这种交通，专用道的“专业性”和“通畅性”又不能得到保障。这种不可调和的矛盾决定了路侧式BRT专用道适应性不强，仅适合道路沿线土地开发强度低、交通发生和吸引不高的地段。而且与路中式BRT专用道相比，车辆容易受到路侧非机动车辆和行人等横向因素的干扰，影响BRT车辆行驶速度。

路侧BRT专用道的停靠站一般设置在人行道或机非分隔带上，对乘客等候、上下车及出行都比较方便，不需要穿越马路，保障了乘客的出行安全，符合人们的出行心理，且对路幅要求低，实施方便易行，投资少。但是这种形式的BRT专用道如果不采用物理隔离，往往会受到社会车辆的干扰，特别是出租汽车辆的任意停靠，有时甚至还会因一些车辆的违章停车阻塞了车道，影响专用道的正常运营，同时这种BRT专用道的设置也限制了其他社会车辆的路侧活动。

3. *次路侧式BRT专用道*

次路侧式BRT专用道是路侧式BRT专用道的一种改进形式，一般是利用路段非机动车道在原来路侧式BRT专用道的右侧再开设一条辅助机动车道，供沿街车辆和相交小路上车辆右进右出、出租汽车上下客，以及那些不允许使用BRT专用道的常规公交行驶使用，如图4.11所示。

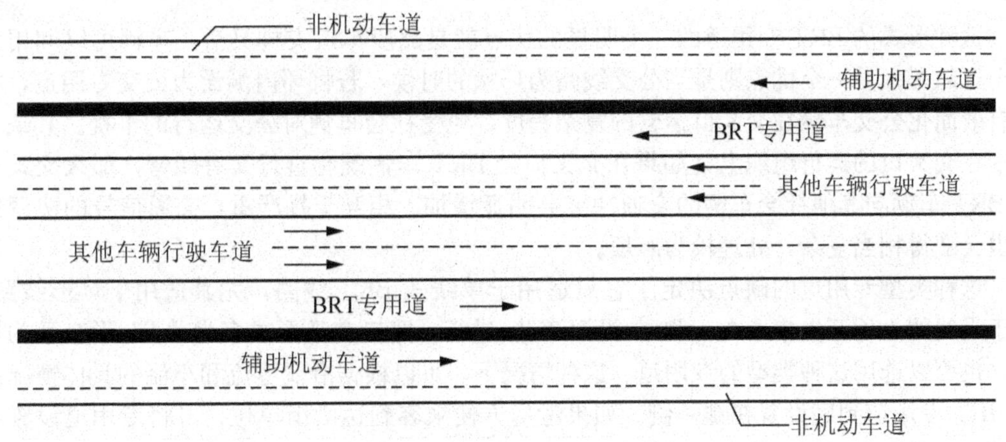

图4.11 次路侧式BRT专用道

它的优点是克服了路侧式BRT专用道的缺点，从而有了较高的适应性。但它仍具有一个明显的缺陷，即对于非物理措施隔离的专用道，辅助车道上需要左转的车流在进入交叉口之前需转入专用道左侧车道，与BRT车流相互交织，从而影响专用道上车辆的行驶，尤其当左转车流量比较大时这种影响会使专用道的设置失去意义。

这种类型的BRT专用道由于车辆行驶时不受路边因素干扰，因此可以高速行驶，且BRT专用道可以一直延伸到交叉口，减少公交车与社会车辆的交织，也便于为公交车辆提供优先通行信号。但公交车在停靠时要到路边，需变换车道，对社会车辆的正常行驶将产生干扰，因此这种形式的BRT专用道最好设置在无停靠站的路段，如交叉口间距较短的路段或大站快车的情况。此外，路侧式 BRT 专用道允许道路沿线土地有一定开发，但是强度不能太大以避免产生太多的进出车辆。

4. 单侧双向式 BRT 专用道

单侧双向式 BRT 专用道是指将专用道集中布设于道路一侧，其他车辆行驶于另一侧的情况，如图 4.12 所示。

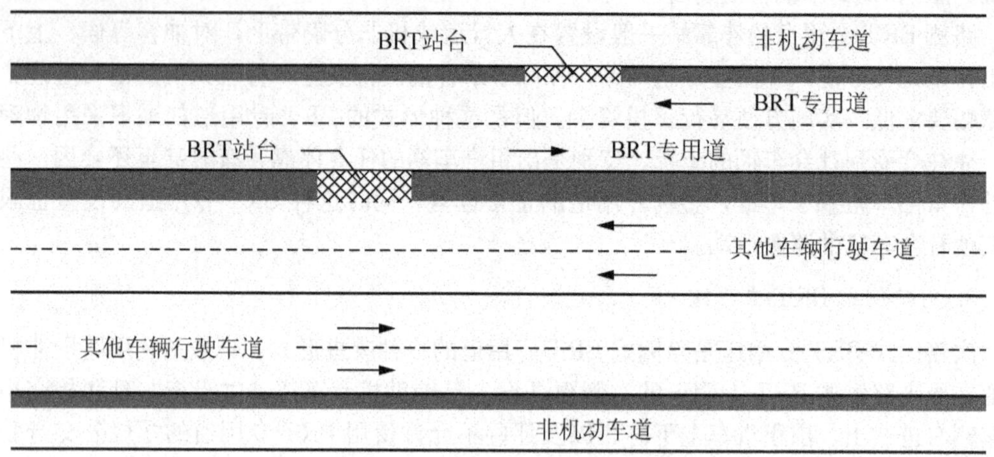

图 4.12　单侧双向式 BRT 专用道

这种形式的 BRT 专用道的一个明显的优点就是路段车道安排灵活，车辆可以利用对向车道超车；另一个优点则是当公交线路为环状的时候，若将环内侧设为公交专用道，将会有效简化公交车辆在交叉口运营的复杂程度，免受社会车辆对公交运行的干扰。其缺点表现在交叉口的运行组织上，如果在交叉口处 BRT 车辆既有直行又有转弯，那么交叉口处 BRT 车辆与其他社会车辆的交通冲突会明显增加，相互干扰严重，交通信号的协调组织也会变得相当复杂，处理较为麻烦。

这种类型专用道的缺点决定了它只适用于单线式 BRT 线路，尤其适用于环形线路。对于沿线的土地开发集中在一侧(如沿河道路)进行，路口交叉形式多为“T”形交叉的情况，也可以选用这种类型的专用道。这种情况下，可以根据沿线客流和车流的具体情况决定 BRT 专用道到底设置在哪一侧。如果考虑方便乘客到达沿街单位，可将专用道设置在靠近用地开发的一侧，若考虑沿线单位车辆进出道路方便，可将专用道设置在另一侧。

5. 单侧单向式 BRT 专用道

单侧单向式 BRT 专用道是指专用道设置在道路某一侧并且只沿一个方向行驶的专用道，如图 4.13 所示。这种形式的专用道多出现在单行道路上。在这种情况下，公交线路双向分两条道路行驶，并要求这两条道路互相平行并且间距不大。

这种形式的专用道对道路路网的密度有较高要求，基本类似于单向交通的设置标准，一般适用于道路狭窄、路网密集的老城区。

6. 逆向式 BRT 专用道

逆向式 BRT 专用道是指 BRT 车辆行驶方向与其他车辆行驶方向相反的专用道，一般

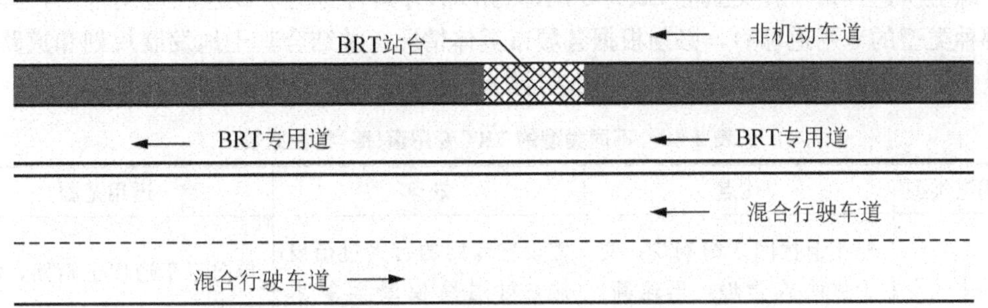

图 4.13　单侧单向式 BRT 专用道

也多用于单行道路上，如图 4.14 所示。这种形式的专用道优点是 BRT 车道不易被其他车辆占用，布设在单行道上时，反向乘客乘车方便。其缺点是不符合我国规定的行车习惯，与对向左转车流有冲突。交叉口处由于专用道车流与其他车辆没有统一的行驶特性，为 BRT 车辆安排的信号优先措施会给其他车辆造成更多延误。

BRT专用道
其他车辆行驶车道
其他车辆行驶车道
其他车辆行驶车道
其他车辆行驶车道

图 4.14　逆向式 BRT 专用道

7. BRT 专用路

BRT 专用路(地下、高架、专用街道、高速公路)是指整条道路都为 BRT 车辆所用的道路。单从 BRT 的运营效果上考虑，这种形式的专用道采用全封闭式管理，具有独立性好、速度快、运量高等显著特点，无疑是最理想的专用道形式，但其占用道路资源也最大。若综合考虑我国城市的土地开发模式和布局、城市道路空间容量、成本效益、社会效益和建设周期等限制条件，国内大多数城市都不宜采用这种专用道，其适宜范围十分有限。目前我国厦门的 BRT 系统采用的是高架式 BRT 专用路，如图 4.15 所示。

图 4.15　厦门高架式 BRT 专用路

综上所述，每一种类型的BRT专用道(路)都有其自身的优缺点和适用范围，具体采用哪种类型的专用道(路)，必须根据各城市具体情况，并结合其土地发展规划和道路交通条件等因地制宜。各种类型BRT专用道(路)的优缺点和适用范围见表4-8。

表4-8　不同类型的BRT专用道(路)特性比较

专用道类型	优点	缺点	适用范围
路中式	外界干扰因素影响少，便于封闭式管理，车速高，通畅性好	需设置专门的行人过街设施，对道路横断面要求较高	单向三车道以上道路，使用范围广
路侧式	乘客上下车方便，道路改造少，可利用现有公交设施	易受外界干扰因素影响，车速低，通畅性较差，社会车辆右进右出受阻	沿线土地开发强度低，客流产生和吸引不高的单向三车道及以上道路，适用范围窄
次路侧式	乘客上下车方便，道路改造少，与路侧式专用道相比外界干扰因素影响有所降低	与左转社会车流存在交织，车速较低	沿线土地开发强度不高，进出车辆尤其是左转车辆少的单向三车道及以上道路
单侧双向式	车道安排灵活、可利用对向车道超车	交叉口干扰多，运行组织复杂，沿街对面乘客乘坐不便	仅适用于沿线土地开发集中于一侧或公交线路为环状的道路，使用范围不高
单侧单向式	对路幅宽度要求不高	对路网密度要求高，双向分不同道路设置，不便换乘	适用于道路狭窄，路网密集的老城区
逆向式	专用道不易被其他车辆侵占，反向乘客乘车方便	不符合行车习惯，与对向左转车流有冲突，交叉口处与其他车流行驶特性不统一，BRT信号优先措施会明显增加社会车辆的路口延误	适用范围较广，但实际运用中可操作性不高
BRT专用路	独立性好，速度快，运量大，效率高	道路资源占用多，建设成本高，周期长	仅适用于道路资源丰富的城市郊区，适用范围十分有限

想一想

通过调查，分析你所在的城市适合哪一种BRT专用道形式，有何优缺点。

任务拓展

路中式BRT专用道各种设站方法的优缺点与适用情况见表4-9。

表 4-9 路中式 BRT 专用道各种设站方法的优缺点和适用情况

设站形式		优点	缺点	适用范围
有中央分隔带	左侧式站台	双向停靠站在一起，站台总长度的减少可降低“瓶颈”作用对道路的影响范围	对分隔带宽度要求较高，站台区超车一般需要局部加宽车道	适用于分隔带宽度 3 米以上的道路
	右侧式站台	不受分隔带宽度限制、车辆行驶和乘客上下车符合常规习惯，分隔带宽度充裕时间实现站台区超车	分隔带宽度较小时，双向站台总长增加，“瓶颈”作用对道路影响范围较大	适用范围广
	拆分隔离带设置站台	车辆行驶和乘客上下车符合常规习惯、路段上可利用对向车道超车、受外界干扰因素影响小、车速高	对分隔带宽度要求高	适用于分隔带宽度 6 米以上的道路
无中央分隔带	路侧式站台	右侧开门，乘客上下车符合常规习惯、可利用对向车道超车、可以实现封闭式运行管理	当沿线用地紧张时，需占用两侧其他车辆行驶车道	适用于沿线用地条件较为充裕地区
	岛式站台（左侧开门）	因为对沿线用地条件要求较低，因而适应性较高	站台区不能超车、产生“瓶颈”路段、影响其他车道	适用于沿线用地条件紧张区域
	岛式站台（右侧开门）	右侧开门，乘客上下车符合常规习惯、对沿线用地条件要求较低	与左侧开门岛式站台相比，站台两侧会产生两个冲突点	适用于沿线用地条件紧张区域
	占道站台	不需要拓宽车道	站台区“瓶颈”影响严重、双向车流相互干扰严重、车辆延误增加	适用于沿线用地十分紧张而 BRT 双向流量很小的路段

任务操作

（课堂任务操作）针对出行任务，选择你熟悉的建有 BRT 的城市，调研其专用道形式，并分析其优缺点，撰写调研报告。

任务考核

本任务主要学习了 BRT 专用道设置，请你思考以下几个问题，并作为自我检查：

1. BRT 专用道设置需考虑的因素有哪些？

2. 举例说明 BRT 专用道的类型，并说明其设置方法。

3. 通过调研，说明国内典型城市的 BRT 应用情况，并能写一篇调研报告。

任务 4.3　快速公共汽车运营组织

知识目标

1. 掌握 BRT 运营调度方法。
2. 了解 BRT 在平面交叉口的优先通行方法。

能力目标

能根据客流情况选用恰当的 BRT 调度形式。

任务引入

选择一个你熟悉的建有 BRT 的城市，分析其运营组织形式。

任务分析

4.3.1　BRT 营运调度

1. BRT 车辆调度形式的确定

BRT 车辆调度形式是指营运调度措施计划中所采取的运输组织形式。BRT 车辆调度基本可以分为两类：一类按车辆工作时间的长短与类型，划分为正班车、加班车与夜班车；另一类按照线路运行与停驶方式，划分为全程车、区间车、快车、定班车、跨线车等。

BRT 车辆调度形式选择的原则：凡属有相对固定线路走向的公共交通方式均须以全程车、正班车为基本调度形式，并根据线路客流分布特征辅以其他调度形式。

BRT 车辆调度选择形式，通常可通过计算时间不均匀系数、方向不均匀系数、路段不均匀系数、站点不均匀系数等指标来确定。例如，区间车调度可以通过计算路段(断面)客流量或路段不均匀系数的方法确定；快车调度形式可通过计算方向不均匀系数或通过客流调查计算站点不均匀系数的方法确定；高峰加班调度形式可通过计算时间不均匀系数的方法确定。

2. BRT 线路运营模式

BRT 线路通过停站设计实现不同的运营模式，一般分为每站必停、大站快线和点对点 3 类。这 3 种运营方式可在 BRT 系统内局部或全段使用，主要根据客流需求的时间变化、根据站点 OD 的空间变化进行具体设计，具体如图 4.16 所示。

不同道路类型的 BRT 服务的模式和营运时间也不尽相同，见表 4 - 10。

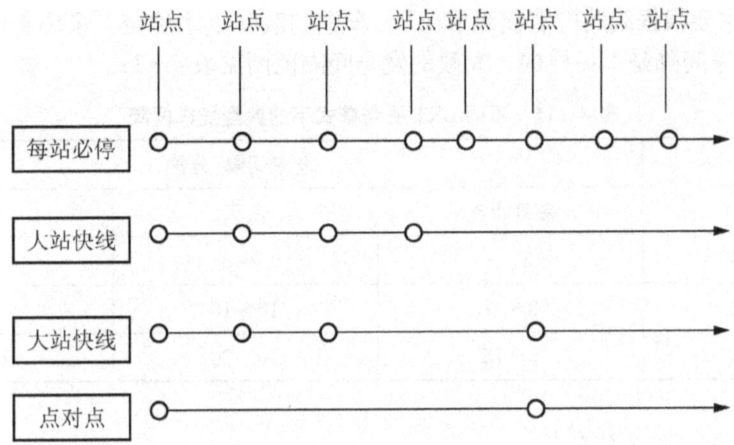

图 4.16 BRT 线路运营模式

表 4-10 不同道路类型的 BRT 服务模式和营运时间

道路类型	服务模式	营运时间	
		工作日	休息日
运行于主干道的 BRT 专用道	每站必停	全天	全天
快速路或高速公路	点对点	全天	全天
BRT 专用道	大站快线	高峰小时	—
BRT 专用路	每站必停+大站快线	全天或高峰小时	全天

对于运行于主干道上的 BRT 线路，其走廊上的客流分布比较均匀，且穿越性的客流较少，因此基本考虑采用每站必停的方式。对于设置在快速路或高速公路上的 BRT 线路，为了尽可能减少对道路交通造成影响，一般采用点对点或大站快线的方式。对于营运于 BRT 专用路的线路，当其在站点处设置超车道时，可以考虑采用全天每站必停方式，而在高峰小时加开大站快线方式。每站必停与大站快线两种方式结合，既提供了快速性，又能充分考虑走廊沿线乘客的出行要求。

3. 营运时段

营运时段由客流分布时段决定，营运机构应根据客流需求、其他换乘衔接系统的营运时段确定首末班车时间。作为城市公交主干线，BRT 营运时段至少是 6：00—22：00，工作日和周末的营运时段尽可能保持一致，但班次密度可以做出调整。

基于交通安全考虑，局部同向 BRT 车道可以实施部分时段专用，逆向 BRT 车道应当全天专用，接驳线路也可实施高峰时段营运。

4. 发车方式

发车间隔和发车方式直接影响乘客候车时间和客运能力。为降低发生车辆等候进站的概率，如果有平交路口，则 BRT 线路高峰发车间隔一般不宜小于 2 分钟。如果客流量增加，根据 BRT 专用道通行能力、路口信号优先控制条件，推荐采用编组发车方式，即在起点站同时排队发车以提高客运能力，有利于发挥站台停靠泊位的使用效率。

发车间隔主要根据线路的客流量和BRT车辆的载客量来确定。采用不同服务模式的BRT线路其发车间隔是不一样的，大致的发车间隔范围见表4-11。

表4-11　不同BRT服务模式下的典型发车间隔

服务模式	发车间隔/分钟		
	高峰小时	白天	晚上
每站必停	3～5	5～8	8～15
大站快线	8～12	10～15	—
接运线路	5～15	10～20	10～30

5. BRT营运调度方法分析

按照调度技术特点，BRT车辆调度可分为静态调度和动态调度两种形式。

(1) 静态调度。是基于人工经验的一种调度方法，指合理地编制车辆的运行作业计划，按“按流开车”和“先到先开”的原则安排全程车、大站车、区间车的组合调度时刻表。影响静态调度的因素主要有最小车辆数、同时运行的最大车辆数、最少车次数的下界、发车时间间隔及每日各种峰值时段。

(2) 动态调度。是借助先进的计算机技术、通信技术和车辆定位技术，通过对车辆、客流和道路信息的采集、传输和处理，实现对运营车辆的实时监控和调度，再利用调度人员的经验进行分析和判断，确定线路上车辆的实际运行情况与静态调度(行车计划)的偏差，动态调整行车时间间隔或行车类型，建立起有效的交互调度。这种调度方法有利于调整车辆的运营状况，提高运营车辆的效率，使公交部门实现资源最佳使用和分配，达到运营的高效化。

随着智能交通技术的日渐成熟和广泛应用，传统的调度方式从人工、静态调度管理到智能、动态管理发生了转变。智能调度是BRT的典型特征之一，是BRT的神经和大脑，是BRT系统平稳有序运营不可或缺的部分。智能管理系统如图4.17所示。

图4.17　智能管理系统

想一想

你所在的城市或熟悉的城市BRT营运模式是什么？分析其优缺点。

4.3.2 BRT在平面交叉口的优先通行

交叉路口信号优先通行技术(图4.18)是实现BRT系统功能的关键技术之一，该技术实施效果将直接影响到BRT系统功能的发挥。BRT系统要实现快速和高服务水平的运营目标，仅仅靠BRT专用道来保障车辆在路段上的运行速度是不够的，还需要通过对交叉口交通流的有效控制，实现BRT系统在线路上乃至整个城市线网上的优先。

BRT在平面交叉口的优先处理方式上有立体交叉方式和平面交叉口方式两种形式。

图4.18 BRT车辆优先专用智能设备与信号灯

1. 立体交叉方式

立体交叉方式是在交叉口处采用高架桥或隧道方式使BRT车辆与其他车辆在空间上分流。该方式与其他车辆之间不产生任何互相干扰，基本上可实现无延误地通过交叉口，然而这种方式的占地空间大，造价高，因此比较适用于交通流量繁重、已接近或达到饱和流量的交叉口，但对于资源紧缺的城市交叉路口不便使用。

2. 平面交叉方式

平面交叉口的BRT优先控制方式分为空间优先和时间优先两种形式。

(1) 空间优先，是指通过设置各类BRT专用进口道的方式，使得BRT车辆在独立的、与其他车辆无干扰的专用车道上排队进入平面交叉口。

(2) 时间优先(信号优先控制)，是指BRT车辆在交通信号上的优先政策，主要体现在交叉口处BRT优先通行的信号控制上。

BRT在交叉口的时间优先技术主要通过调整信号周期来减少或消除红灯时间对BRT车辆的延误，其方法大体可以分为3类：被动优先、主动优先和实时优先。

(1) 被动优先是根据交叉口历史交通流数据，预先进行公交优先信号配时，其主要方法包括调整信号周期、增设公交专用相位、增加公交通行次数和预信号优先控制等。

(2) 主动优先则是利用数学模型算法进行交通状况数据预测，通过检测BRT车辆位置、车辆延误及交通流量等交通参数，采取提前、延长、增加或减少相位等信号调整方法来适应BRT车辆的到达。

(3) 实时优先的控制机理最为复杂，所需软硬件设施也很苛刻，它通过采集路段和交叉口的实时交通信息，如公交与社会车辆的流量、BRT车上乘客数和BRT车辆是否晚点等运行状况，进行分析、加工和处理，从而实现对交叉口信号配时方案的不断调整与优化。实时优先策略对技术要求较高，且算法复杂。该策略在减少公交车延误和缩短公交乘客出行时间的同时，将对其他交通方式的影响降为最低。

由此可见，采用平面交叉口信号优先控制技术可以提高 BRT 的运营速度，增强乘客乘坐 BRT 的吸引力，然而由于城市道路交叉口的形式多样，BRT 受到过街行人、违章行车等诸多因素的影响，这项技术的实施一直是 BRT 系统关键技术的难点问题。

任务拓展

BRT 二号线东西段实施“绿波”控制

“绿波”控制，是“信号灯多点控制技术”的形象化说法，即在一个区域或一条道路上将信号灯全部纳入计算机控制，根据车流量科学合理地指挥交通。

此次常州市实施“绿波”协调控制的路段有两个：①BRT 二号线东段，东方西路/横塘河东路口向东至东首末站(共 11 个信号灯路口)；②BRT 二号线西段，怀德中路/勤业路口向西至西首末站(共 17 个信号灯路口)。交巡警支队科研人员根据目前 BRT 二号线东西两段的道路通行状况并通过分析研究，提出了“3+1”的信号协调控制模式：东段义乌小商品城交叉口—湾城路、大明路—东城路、常青路—BRT 东首末站 3 个基本协调段和横塘河东路交叉口单点运行；西段勤业路—木梳路、云祥路—龙江路、西林路—BRT 西首末站为 3 个基本协调段，长江路交叉口单点运行的信号灯控制方案。

测试效果显示，东段单向等候绿灯次数由原来平均 5 次降低到目前的 2 次，单向行程时间缩短 20%，车速平均保持在高峰时段 50 千米/时；西段单向等候绿灯次数由原来的平均 7 次降低到目前的 3 次，单向行程时间缩短 22%，车速平均保持在 45～50 千米/时。

(资料来源：焦瑾，等.BRT 二号线东西段完成“绿波”控制，红灯“少”了[OL]. 中国常州网，2010. http：//news. cz001. com. cn/2010－05/27/content_1350021. htm. 有删改)

任务操作

(课堂任务操作)针对出行任务，分组完成：调研城市 BRT 的运营组织形式及 BRT 交叉口优先通行情况，撰写调研报告。

任务考核

本任务主要学习了 BRT 运营组织，请你思考以下几个问题，并作为自我检查：

1. BRT 线路运营模式与发车方式有哪些?
2. 举例说明 BRT 的营运调度方法。
3. 举例说明 BRT 在平面交叉口的优先通行方法。

项目 5　出租汽车运营管理

任务 5.1　出租汽车客运企业管理

知识目标

1. 熟悉出租汽车的内涵及其经营模式。
2. 掌握出租汽车企业岗位职责及其管理的内容。

能力目标

能绘制出租汽车企业组织结构，并明确相应职责。

任务引入

了解你所在城市出租汽车企业的组织结构及相应的岗位职责。

任务分析

5.1.1　出租汽车的内涵

出租汽车(taxi)是指充分满足乘客意愿而被雇用并按行驶里程、时间计费的营业汽车，是一种不定线路、不定车站、以计程或计时方式营业、为乘用者提供门到门服务的较高层次的公共交通工具。出租汽车作为城市定线公共交通系统的补充，具有快捷、方便、舒适的特点和优势。出租汽车的发达程度，反映了城市的经济发展水平和市民生活质量水平，也反映了城市的现代化总体水平。随着人民生活水平的不断提高，对出行的要求也逐步提高，出租汽车受到越来越多的短途(市内)出行者的青睐。

小资料

的士的由来

1907 年初春的一个夜晚，富家子弟亚伦同他的女友到纽约百老汇看歌剧。散场时，他去叫马车。虽然离剧场只有半里路远，车夫竟然漫天要价。亚伦感到很离谱，就与车夫争执起来，结果被车夫打倒在地。亚伦伤好后，为报复马车夫，就设想利用汽车来挤垮马车。后来他请了一个修理钟表的朋友设计了一个计程仪表，并且给出租汽车起名“taxi-car”，这就是现在全世界通用的“taxi”的来历。1907 年 10 月 1 日，“的士”首次出现在纽约的街头。

“打的”这个词语并不是现代汉语中本来就有的词语，而是源自粤方言，出租汽车在经济比较发达的中国香港和广东地区较早出现，于是粤方言中也就相应地有了“搭的士”的说法。随着经济的发展，出租汽车这一新事物也成为内地社会生活的需要，“搭的士”的说法就传到了内地。不过“搭的士”的说法传到内地却成为“打的”，那么，这“搭”和“打”的一字之差又是怎么产生的呢？这可能与“搭”、“打”的发音相似有关。

5.1.2 出租汽车的经营模式

从企业的经济属性上分，出租汽车企业包括国营、集体、私营、股份制及合伙等多种经济形式。但由于出租汽车企业特殊的经营方式，车辆经营性的易主或更新，产权关系在不断地转换，企业内部产权关系复杂，经营模式多样和多变，就目前市场现存状况，出租汽车经营模式主要有承包经营、挂靠经营、个体经营和公车公营 4 种，具体见表 5-1。

表 5-1 出租汽车经营模式一览表

经营模式	内涵	特点	适应性
承包经营	出租汽车经营权属出租汽车公司，承租人通过承包租赁方式开展经营，并向出租汽车公司上缴承包费、经营使用费等费用	出租汽车经营公司的存在，增加了出租汽车的经营成本与压力。在出租汽车司机与出租汽车公司的博弈中，出租汽车司机处于劣势	不适合我国城市出租汽车行业的发展状况，种种事实表明这种模式已经落伍
挂靠经营	车辆产权、经营权均归车主个人持有，但挂靠在出租汽车公司名下展开运营，公司有管理权	挂靠人负担较重，出租客运企业的自主经营和管理能力减弱，而且谈不上规模经营。司机疲劳驾驶，劳动权益得不到保护，更谈不上服务质量的提高	“挂靠”形式的产权问题会成为很大的不稳定因素，使得出租汽车司机往往凌驾在公司和主管部门的管理权之上
个体经营	“所有者、经营者、司机三者一体”，自主经营，自负盈亏	取消出租汽车公司这一中间层，可以直接降低出租汽车的经营成本	适用于任何一个城市、任何一个发展阶段的出租汽车行业
公车公营	出租汽车由公司统一经营，司机只是出租汽车公司的员工，享有相应的权利和义务	这种模式所带来的是出租汽车现代企业制度的建立和市场的规范化。出租汽车驾驶员的负担得以降低，品牌出租汽车可以推出，管理更合理	这种模式的社会形象较好，被舆论广泛推崇，不少城市也在逐渐推行这种经营模式

5.1.3 出租汽车客运企业岗位设置

出租汽车客运企业组织结构设置如图 5.1 所示。各部门工作职责见表 5-2。

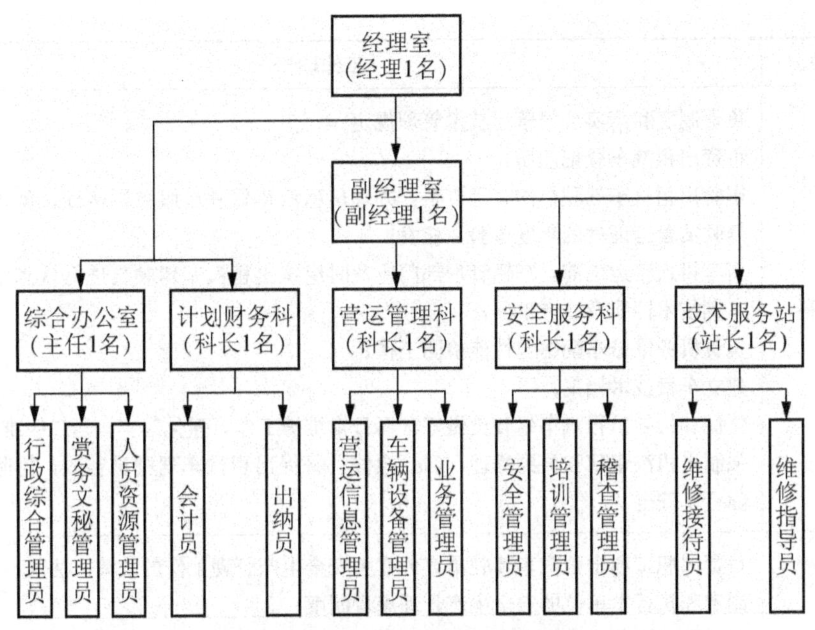

图 5.1　出租汽车客运企业组织结构

表 5－2　出租汽车客运企业各部门工作职责

部门(岗位)	工作职责
综合办公室	起草公司总结、计划、报告、请示等各类文稿； 负责公文的收发传递、管理及档案工作； 做好公司的日常办公事务和后勤服务工作，管理办公设备； 负责公司的定期会议和专题会议的通知、资料组织准备和记录工作； 负责出租汽车承包经营合同的签订与管理，建立健全出租汽车驾驶员的信息库； 负责职工及出租汽车驾驶员的社保收缴工作； 负责公司印章的管理及公务车的管理工作； 搞好各职能科室的协调和督办工作； 负责对外接待工作； 负责党、工、团的工作； 负责精神文明建设工作； 协助领导完成各项工作任务
计划财务科	根据公司相关财务制度，做好会计核算和年度会计决算； 负责制定职工薪酬方案并执行落实； 按时报送各类财务报表，负责资产的账目管理； 负责各种承包金等现金的收讫管理工作； 进行财务分析、财务预测、投资项目经济论证与可行性研究、编制财务预算； 负责会计档案的管理

续表

部门(岗位)	工作职责
营运管理科	负责制定和落实公司营运技术管理规定； 负责出租汽车登记注册； 审验出租汽车驾驶员的客运资料，办理出租汽车驾驶员服务资格证，负责出租汽车驾驶员营运证件的年度审验、核发； 新车投入营运之前，车辆管理部门应及时组织出租汽车驾驶员进行认真学习，掌握车辆技术性能及注意事项； 负责机务维修车辆综合性能检测工作； 建立车辆技术档案； 督促和指导出租汽车驾驶员做好车辆日常维护工作，强化落实车辆二级维护制度； 强制出租汽车驾驶员到修理厂(站)报修，督促出租汽车驾驶员整改，排除故障、保障行车安全
安全服务科	负责向职工和出租汽车驾驶员宣传有关安全生产管理工作的政策、法规； 制定和执行本单位的安全生产管理规章制度； 组织和开展各项安全生产及安全教育、考核工作； 处理日常安全生产、安全行车事故； 参与安全事故和突发事件的应急救援和调查处理； 根据《出租汽车客运管理条例》对出租汽车驾驶员进行规范服务宣传教育； 车辆年检和驾驶员执照的年审工作； 负责督促服务质量管理办公室处理乘客投诉，提出对违规出租汽车驾驶员的处罚意见； 负责乘客失物登记招领工作，并负责服务质量考核； 负责稽查组的指导工作； 负责消防安全工作，定期检查和完备消防器材，完成上级部门交给的各项消防安全生产防范任务，消除消防隐患
技术服务站	负责出租汽车的日常维修服务工作； 负责出租汽车的强制二级维护工作； 负责出租汽车的保洁工作； 负责车辆维修、保洁等设备、材料的管理工作

5.1.4 出租汽车客运企业的管理

出租汽车企业对出租汽车管理的水平高低，直接影响着行业的整体形象，决定和制约着整个出租汽车客运市场的健康发展。出租汽车企业对出租汽车进行科学、系统、规范、有效的管理，是繁荣出租汽车客运市场的根本途径。出租汽车企业对出租汽车管理的主要内容包括服务管理、安全管理、培训管理及监督管理 4 个方面。

1. 服务管理

为出租汽车驾驶员提供完善的服务是出租汽车企业的工作重点，对出租汽车实行组织

化管理不但是社会的要求，同时也是方便出租汽车驾驶员经营的需要。因此，企业应该准确、及时地为出租汽车驾驶员提供如下服务。

(1) 代办车辆更新、购车审批、购置附加费、保险、旧车转出及新车入户等各项营运手续；安装营运设备和营运标志；代理出租汽车专用发票购领发放；协助驾驶员做好车辆年检、驾驶员年审及各种证照丢失补办。

(2) 代收代缴运管费、客运附加费、保险费、养路费、车船使用税、营运税等，确保国家税费按时上缴。做到收取标准公开，手续代理、证件发放及时。

(3) 协助出租汽车驾驶员处理交通事故，代理保险索赔。出租汽车驾驶员发生交通事故或治安案件除及时向公安部门报案外，应及时通知公司(车队)，在接到驾驶员通知后，企业应及时派人赶赴现场，对有把握的车辆(经济损失较小且参加保险)应提供担保，使其尽快恢复营运，把出租汽车驾驶员的经济损失降到最低。交通事故及治安案件处理结束，企业应及时代办保险理赔。

(4) 协助出租汽车驾驶员处理经济纠纷。当出租汽车驾驶员之间或出租汽车驾驶员与乘客之间发生纠纷时，要本着公平、合理的原则，积极为出租汽车驾驶员协调解决。

(5) 建立企业内部互助保障体系。有条件的企业可尝试建立企业内部互助金或代收代缴社会养老保险金，以提高本企业及出租汽车驾驶员个人抗拒风险的能力，解除出租汽车驾驶员的后顾之忧。

(6) 提供车辆救援服务，协助出租汽车驾驶员进行车辆维修。拥有50辆以上的出租汽车客运企业，应设救援车一部。企业的出租汽车在营运中抛锚后，可向公司求助，公司应尽快派出救援车，帮助驾驶员解决实际困难。关于车辆维修，有条件的企业应设立快速维修车或联系定点维修厂家，提供低价位、高质量的维修服务。

(7) 代理民事诉讼。随着社会的发展及人们法制观念的增强，出租汽车驾驶员在经营中遇到的民事纠纷会越来越多，如事故纠纷、乘客意外伤害纠纷等。出租汽车驾驶员的法律知识有限、经验不足，且时间少，企业可少量收取费用，聘用专业人员提供代理民事诉讼，减少出租汽车驾驶员的经济损失，保护当事人的合法权益。

(8) 出租汽车企业应不断提高企业自身的社会声誉，主动为社会承担责任，对乘客查找的或出租汽车驾驶员捡到的乘客遗失物品，应尽快登记，积极查找线索，尽快帮助失主寻找物品或把遗失物品送还失主。

2. 安全管理

出租汽车的营运安全，是优质服务的主要标志之一，也是营运生产活动的基础。出租汽车企业要贯彻“安全第一”的经营宗旨，把安全管理作为各项工作的重中之重来抓。

(1) 健全安全管理组织。出租汽车企业应设有专职安全管理机构，配备经验丰富的专业安全管理人员，真正把安全管理工作落到实处，做到常抓不懈。

(2) 建立例会制度，加强安全教育。出租汽车驾驶员单车营运，人员分散，集中组织学习教育的时间很少，出租汽车企业要建立安全例会制度，每月固定时间，分批对出租汽车驾驶员进行安全教育，学习操作规程和交通法规，分析排查影响安全的各种苗头，防患于未然，做到警钟长鸣。

(3) 提高安全防护意识，完善安全防护设备。出租汽车行业是一个流动性强、风险性大的行业，因此，增强每个驾驶员安全防范的意识很有必要。出租汽车企业的安全管理人员要经常检查出租汽车的安全防护设备，如防护隔离网、灭火器等；经常提醒驾驶员提高安全防护意识。

(4) 落实出租汽车强制二级维护和第三责任险强制投保制度。出租汽车强制二级维护是确保车辆技术性能符合要求的有力措施，而第三责任险强制投保能够降低事故损失，保护当事人的合法权益。因此，出租汽车企业有责任监督驾驶员落实车辆定期二级维护及投保第三责任险。

(5) 开展安全竞赛活动。出租汽车安全竞赛活动(图 5.2)是加强安全管理的有效载体，既能把安全教育贯穿到日常工作中去，又能树立先进典型激励大家。出租汽车企业应经常性地、有步骤地开展安全竞赛活动，形成人人讲安全的氛围。

图 5.2　出租汽车驾驶员驾驶技能竞赛

3. 培训管理

出租汽车驾驶员来自社会各个层面，思想素质和业务能力有高有低，加强岗前和岗位培训是提高驾驶员综合素质的主要途径，也是保证行业稳定发展和整体服务质量的基础。

(1) 岗前培训。出租汽车驾驶员上岗前必须经过岗前培训，出租汽车企业应组织驾驶员学习服务规范及职业道德等出租汽车客运所必备的专业知识，并参加管理部门组织的岗前培训和考核，取得上岗证后持证上岗。

(2) 以会代训。对于在岗的出租汽车驾驶员，经常集中系统地进行培训有一定的困难，出租汽车企业可以利用每月例会时间传达上级文件精神，推广先进的业务技术，加强职业道德教育等，以达到提高出租汽车驾驶员队伍整体素质的目的。

(3) 轮岗培训。出租汽车行业发展迅速，社会对行业的要求也越来越高，新的管理办法、规章制度、服务规范及道德规范的不断出台，新车型、新技术也不断涌现。因此，出租汽车企业要利用市场淡季及维修保养车辆的间隙，对出租汽车驾驶员进行轮岗培训。系统地学习有关法律法规、服务规范，掌握新车型和技术性能，了解新技术的发展趋势，以适应高速发展的市场需求。

(4) 违规违章培训。对违规违章驾驶员，必须通过教育，让其从思想上认识到违规违章的严重性，从根本上解决问题。因此，出租汽车企业对于违规违章驾驶员应责令下岗参加培训，通过培训，解决驾驶员思想上、技术上存在的不足，达到提高自我、教育别人的目的。

想一想

根据你乘坐出租汽车的体会，你认为出租汽车行业还应该进行哪些培训？

4. 监督管理

出租汽车客运经营行为的服务质量，一方面靠管理部门的监督检查，一方面也有赖于出租汽车企业日常的监督管理。

(1) 监督依法营运。各种运营证件齐全有效，违规费用交纳及时，运营标志齐全醒目。

(2) 监督规范服务。使用规范的行业文明用语，严格按规定使用计价收费，不拒载、不绕行，主动照顾老弱病残，乘客离车时提醒携带随身物品。

(3) 监督营运过程。不参与犯罪活动，不给犯罪分子提供运输工具，不聚众闹事，见义勇为，勇于跟犯罪分子作斗争。

(4) 监督经营行为。严格按照有关规定经营，文明经营，合理收费，减少各类投诉举报，维护行业声誉。

(5) 接受群众举报，对违章经营行为进行调查落实，对违反企业内部管理制度的行为进行处理。

小案例

出租汽车未开费先计 乘客司机闹纠纷

2009 年 6 月 29 日 15:00，家住莱山区的冯先生因要搬家，便从小区门口招呼一辆出租汽车到自家楼下等待自己，当冯先生从楼上搬下东西上车一看，傻了眼——出租汽车的计价器已经显示“16 元”。冯先生十分费解，自己还没开始坐车，怎么现在就该付 16 元钱了。出租汽车司机表示，出租汽车等候乘客应收取等候费。冯先生当即表示难以接受。双方争执不下，产生激烈的争吵。

民警赶到现场后对双方进行了调解，最终双方达成协议，由冯先生付给出租汽车司机 10 元的车费。民警提示广大乘客：按照出租汽车管理的有关办法，出租汽车等候乘客，在基价公里内免费等待 5 分钟，超过基价公里部分，每 5 公里再免费等候 1 分钟，超过免费时间，每等候 3 分钟收取 1 公里租价的等候费，不足 3 分钟的按 3 分钟计。出租汽车司机应提前告知乘客，广大乘客也应对出租汽车的计费方式理解。

(资料来源：赵妍，等．出租汽车未开费先计，乘客司机闹纠纷[OL]．胶东在线，2009. http://www.jiaodong.net/ytgaw/system/2009/07/01/010568179.shtml. 有删改)

任务拓展

出租汽车份子钱，是指出租汽车司机按月交给出租汽车管理公司的运营管理费、税费等众多费用，也就是出租汽车司机上缴给出租汽车公司的承包费用，既是前者的主要运营成本，又是后者的主要收入来源。北京目前(2013年)共有6.6万辆出租汽车，由双班车和单班车组成。其中单班车每月的份子钱为5 175元，双班车为8 280元。按照单、双班车6∶4的比例，全市出租汽车每月上缴的份子钱为4亿余元。

出租汽车公司因为种种原因得到了极为稀缺的牌照资源(即“出租汽车专营权”)之后，就对承租司机收取高价份子钱。尽管市场上有众多的承租人看起来构成充分竞争市场，但因为源头的扭曲未得到纠正，使得承租人实际上陷于穷困的境地。一个“的哥”如果要获得平均收入，一天需要工作10～12个小时，还不能发生任何事故，其本质就是“的哥”收入低于人均水准。而出租汽车公司收的份子钱，也是“的哥”们身上最沉重的担子。

企业利润率：出租汽车公司收入的98%来自份子钱，计算时，将其暂视为全部收入。

北京共有6.6万辆出租汽车，单、双班比例为6∶4。

单班车数量：66 000×0.6＝39 600(辆)；双班车数量：66 000×0.4＝26 400(辆)。

公司总收入：单班车份子钱(5 175×39 600)＋双班车份子钱(8 280×26 400)＝42 352(万元)。

平均每辆车收入：42 352÷66 000＝6 417(元)。

绝大多数的出租汽车营运执照都是管理部门分配的，能够拿到执照的都是与管理部门关系好的公司。拿到执照之后，这些出租汽车公司剩下来要做的，主要就是等着收份子钱了。一辆车份子钱每月六七千元，再寻常不过了。

2012年2月27日，交通运输部、人力资源和社会保障部、全国总工会召开电视电话会议，联合宣布从2012年3月起开展为期两年的“出租汽车行业和谐劳动关系创建活动”。全国各地逐步推行出租汽车企业员工制经营模式，代替承包挂靠制；同时开展以车辆承包费用(即份子钱)、社会保险、劳动收入、休息休假等为主要内容的工资集体协商。

其他城市出租汽车的份子钱如下。

上海，6年间累计下调了5次份子钱，从10 200元降到了现在的8 200元，起步价14元，每千米2.4元(据CCTV《经济信息联播》2012年10月报道)。

南京，各家出租汽车公司交的份子钱不完全相同，但基本每月都在7 000元左右，起步价9元，每千米2.4元(据龙虎网2012年2月报道)。

武汉，每月份子钱5 000元，起步价8元，每千米1.6元(据中广网2012年12月报道)；

兰州，在原每月4 125元的基础上降低180元，从2012年7月1日起执行，承租金每月3 945元，起步价7元，每千米1.4元(据中国甘肃网2012年6月报道)。

深圳，红色出租汽车的份子钱为每月11 743元；绿色出租汽车为每月8 530元。红色出租汽车在关内运营，而绿色出租汽车是在关外运营。红色出租汽车起步价是12.5元，下车要缴纳3元的燃油费。绿色出租汽车起步价是10元，下车要缴纳2元的燃油费(据《南方日报》2012年3月报道)。

任务操作

(课堂任务操作)针对出行任务，分组调研你所在城市出租汽车企业的组织结构及相应岗位职责、经营模式，并撰写调研报告。

任务考核

本任务主要学习了出租汽车客运企业管理，请你思考以下几个问题，并作为自我检查：

1. 出租汽车的内涵是什么？
2. 出租汽车经营模式有哪些？你所在的城市出租汽车属于何种经营模式？
3. 出租汽车客运企业有哪些岗位？职责是什么？
4. 举例说明出租汽车客运企业管理的内容。

任务5.2 出租汽车客运行业管理

知识目标

1. 了解出租汽车需求预测的方法、数量管制的原因及行业指导监督的内容。
2. 掌握出租汽车车型结构及运价管理。

能力目标

能根据城市发展的实际情况选择适合的出租汽车车型及确定合理的运价。

任务引入

选择一个你熟悉的城市，乘坐出租汽车前往某景点，调研该城市出租汽车的车型及运价。

任务分析

出租汽车行业管理，是根据国家政策、有关法规，对出租汽车行业经济活动进行政策指导、计划调节、法规保障及行政指令等各项工作的统称。出租汽车行业管理的目的是执行国家和地方政府对出租汽车业的法律和政策，通过行业管理保护合法经营，保护乘客的正当权益，维护运输秩序，提高社会效益，建立统一、开放、竞争和有序的出租汽车客运市场，促进出租汽车业的健康发展。

5.2.1 出租汽车需求量预测

1. 影响城市出租汽车总量的因素

1) 宏观影响因素

(1) 城市经济发展水平。经济的发展促使旅客时间价值相对提高，人们更加愿意选择快捷的出行方式，出租汽车自然成为公共交通中的首选。可见，经济发展水平通过影响人们生产性出行和生活性出行总量及出行质量影响着城市出租汽车容量。

(2) 收入与消费水平。出租汽车出行需求受收入和消费水平的直接影响，人均收入与消费水平高，选择出租汽车出行的概率大，反之则较小。

(3) 人口数量和结构。人口密集的城市，出租汽车运输需求水平高；人口稀疏的城市，出租汽车运输需求就低，出租汽车需求的变化影响着城市出租汽车的合理容量。同样数量的人口形成的对出租汽车的需求量不同，人口结构对出租汽车运输需求也产生影响。

(4) 城市布局。城市规模的扩大改变着居民的出行距离，使中长距离的出行在城市居民总体出行中所占的比重越来越大，一定程度上影响着居民出行方式的选择。而出租汽车就是为解决中长距离出行的居民服务的，若一个城市的布局促使中长距离的出行比例较大，则有利于出租汽车的发展。

(5) 自然旅游资源。城市旅游需求的增长将促进出租汽车需求量的增长，大多数旅游者对当地的地理、住宿、景点、公交线路等许多情况并不熟悉，在经济条件允许的情况下，不可避免地把出租汽车列为自己首选的出行方式。

(6) 政府对出租汽车的政策。政府是限制还是鼓励出租汽车的发展，对城市出租汽车容量有直接的影响。大部分城市倡导以公共交通为主导的交通模式，政策应该鼓励出租汽车发展。

(7) 道路交通基础设施。城市道路交通基础设施的完备程度对出租汽车需求有着直接的影响，城市道路网密度越高，越有利于提高出租汽车运行速度。如果各种运输枢纽总量不够或布局不合理，将给居民出行换乘带来不便，从而使出租汽车成为出行换乘的首选。

2) 城市其他客运交通方式

(1) 私人小汽车。出租汽车提供了高端的公共交通服务，出租汽车容量从近期来看不会受到私人小汽车的影响；从远期来看，城市大容量公共系统建成，出租汽车将成为这一系统的驳运工具，受私人小汽车的影响也不会太大。

(2) 公务车。出租汽车的乘客有一部分是公务出行者，因此公务车的发展在一定程度上影响着出租汽车交通的发展。公务车的缩减，有助于城市出租汽车容量的增加。

(3) 租赁汽车。汽车租赁业务中平时企业租车占据了较大的比重，而节假日则以私人租车为主。出租汽车主要满足的是城市居民和流动人口的短时出行，而且出行目的多为应急、公务、旅游等。这两者满足的是不同时段和不同目的的出行需求，因此汽车租赁市场的发展基本上不会对城市出租汽车的发展造成太大影响。

(4) 公共交通。作为大运量公共交通的一种有益补充，出租汽车的发展水平必然会受到城市公共交通方式的影响，公交服务质量提高，公交优先通行得到较好的体现，对出租汽车容量具有一定影响。但出租汽车是为高收入人群出行和应急出行服务的，这部分出行不太可能被常规公交所替代。

(5) 摩托车。许多大城市正在或将要采取一系列的措施来控制和逐步取缔摩托车交通，必将导致一部分既有购买摩托车能力又有购买摩托车需求的市民采取出租汽车的交通方式。对摩托车的控制有利于促进出租汽车客运市场的繁荣。

(6) 非机动车辆。随着城市化的发展、城市规模的扩大和交通需求的上升，城市居民的上下班客流分布将更为广泛，单程出行的距离明显增长，采用非机动车作为日常出行方式的居民，考虑到出租汽车的价格和自身收入水平，大部分将转移到价格相对便宜的大运量公共交通方式上来，非机动车辆的发展应该不会对出租汽车交通有太大的影响。

3) 城市出租汽车自身

(1) 运价。尽管出租汽车主要服务的是高收入人群和应急出行的人群，运价的弹性相对较低，但运价提高时，出租汽车运输需求同样会减少，也就影响了出租汽车的容量。

(2) 服务质量。出租汽车的服务质量降低，乘客的不满意程度就大，一部分原来乘坐出租汽车的乘客有时候转向其他交通方式出行，这也就影响了城市出租汽车的容量。

2. 出租汽车需求量供需平衡预测法

出租汽车的运输需求与供给是一对相互联系、不可分割的概念，若供大于求，则空驶率增大，造成道路资源浪费，给出租汽车行业带来不稳定因素；若供小于求，则会产生乘坐困难的情况，违背了出租汽车方便乘客的宗旨。因此，需考虑根据实际的出租汽车运输需求来确定出租汽车总量供给。供需平衡模型以城市人口选择出租汽车出行的日出行人次为需求，并考虑空驶率，以出租汽车需求量为供给建立模型，其计算公式为

$$n \cdot r \cdot g(1-\eta)=Q$$

式中，n——出租汽车的需求量；

r——出租汽车单车日载客量，单位为人次/日车；

g——出租汽车工作车率(有些出租汽车闲置状态未运行)；

η——出租汽车的空驶率，一般取25%～35%；

Q——城市人口选择出租汽车出行的出行量，单位为人次/月。

由于出租汽车客源在白天和夜间存在明显的差异，夜间需求量比较小，而白天需求量大，80%客流量和里程发生在5:00—21:00，只需要满足白天16个小时的客流量就一定能满足夜间需求，因此采用一个系数ε表示白天16小时占全天需求量的比重。由此可知出租汽车的需求量为

$$n=Q\varepsilon/[rg(1-\eta)]$$

出租汽车单车日载客量的计算公式为

$$r=\mu\theta$$

式中，μ——出租汽车单车日载客平均次数，单位为次/日；

θ——出租汽车日平均每车次载客人次，单位为人次/车次。

由此得到城市出租汽车需求为

$$n=Q\varepsilon/[\mu\theta g(1-\eta)]$$

供需平均预测法从一个城市的实际客运需求出发，所用参数均为最新调查结果，符合实际，但需要大量调查数据。参数的确定对预测产生较大影响，当参数的选定符合实际时，预测结果相当准确。

5.2.2 出租汽车数量的管制

出租汽车的数量管制是指管理机构根据消费者需求及城市公共交通发展状况，对经营出租汽车业务的机动车数量加以控制，如图 5.3 所示。

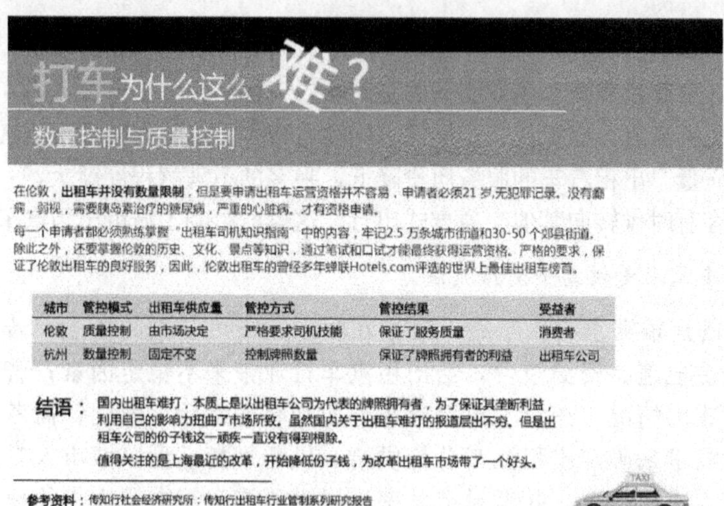

图 5.3 打车难与数量控制

（资料来源：http：//business. sohu. com/s2012/chuzuche/.）

1. 出租汽车数量管制的合理性

1）缓解城市交通拥挤状况

出租汽车为了乘客而在城市道路中巡游，而没有特定目的的行驶行为占用了有限的城市道路空间。出租汽车和私人小汽车是道路空间最浪费的使用者。据测算，一般运送相同客运总量，采用出租汽车所需道路面积大约是大公共汽车的 20 倍。基于此，政府在管理各类公共交通工具时，必须限制出租汽车的数量。

2）保证服务质量和安全水平

出租汽车市场的进入与退出成本较低决定了大量就业人员易于进退市场，如果解除数量管制，在出租汽车供给增加而消费者需求并没有显著上升的条件下，司机为了获得收入所采取的主要方式是降低价格以争取更多的乘客，或者延长工作时间以尽量获取同过去一样的收入，可以预计其提供的服务质量也将相应下降。

3）鼓励投资网络呼叫中心

出租汽车行业的发展趋势是以电话呼叫类、站点候车(图 5.4)类代替巡游类服务方式，这两种服务方式除了投资购置车辆外，还需要投入大量资金建立无线网络呼叫中心，同时在出租汽车内安装呼叫终端。从技术分析，这两种服务方式减少了消费者等车时间及出租汽车的空驶率，从而极大地提高了出租汽车运能，而且有利于缓解城市交通拥堵状况。限制出租汽车数量，可以鼓励经营者建设网络呼叫中心以获取最大的利益。

图 5.4 出租汽车临时停放

知识链接

交通部长：总体支持鼓励打车软件

2014 年 3 月 4 日，交通运输部党组书记、部长杨传堂在接受中央人民广播电台两会特别节目专访时，专门对近期热议的打车软件问题作出回应，在总体“肯定”之余，作出进一步规范服务的指示。对此，进入烧钱“第三季”的两大打车软件公司不约而同表示将更关注由软件引发的社会问题，并都打出了关爱老人的“温情牌”。

杨传堂表示，电召服务是国外发达国家出租汽车行业普遍采用的服务方式，现在的“嘀嘀打车”和“快的打车”软件是出租汽车电召服务的模式之一，通过手机叫车更加便捷，效率也更高，但是在应用中存在一些问题，比如司机有时候忙着抢单影响行车安全，高峰时挑活、议价等。

杨传堂明确表示，对手机打车软件总体上支持和鼓励发展，但对存在的一些问题要逐步调整和规范。下一步，交通运输部将会同有关部门加快研究制定规范手机叫车软件发展的指导性意见，制定出租汽车电召服务规范化技术标准，支持和引导地级以上的城市建立出租汽车服务管理的信息系统，方便群众乘车，减少空驶。

“嘀嘀打车”相关负责人表示，公司一直希望在政府监管下逐步调整和规范，并且率先参与交通运输部相关研究部门的市场调研，积极推广打车软件的“北京模式”：政府监管、企业运营，由市场的规则去配置资源，达到三方共赢。下一步，“嘀嘀打车”会积极参与和配合政府规范手机打车软件发展指导性意见的制订，让手机叫车软件更好地融合到地方政府的相关政策中。“嘀嘀打车”在不改变返现优惠的同时，联系了“雷锋车队”，双方确认由“嘀嘀”出资，“雷锋车队”在全国 30 多个城市执行“雷锋计划”，促使出租汽车司机优先接送老人孩子和孕妇。

“快的打车”在官微贴出致用户的一封信，称打车软件的诞生初衷是为了帮助人们解决打车难问题，如今却引发老人打不到车的新问题。于是公司决定承担应有的社会责任而将竞争暂放一边，在北京试点老年人免费打车的公益活动，试点顺利后将推广到其他城市。

（资料来源：邵丽蓉．交通部长：总体支持鼓励打车软件“老人”打车成新竞争点[OL]．东方网，2014. http：//roll. eastday. com/c1/2014/0306/4002617516. html. 节选，有删改）

2. 出租汽车数量管制的评估方法

1）每千人拥有出租汽车数量

按照城市中每千人拥有出租汽车数量来评估供需均衡状况，出租汽车拥有量的下限，即大城市不少于2辆/千人，小城市不少于0.5辆/千人，中等城市可在其间取值，如图5.5所示。这是最早用于衡量出租汽车供需的数量管制方式，能够直接显现一座城市的出租汽车数量与人口规模的关系。但是在实际操作中存在严重缺陷：一是无法提供可供参考的标准，不同城市的公共交通工具配置结构不同导致难以确定一个不同城市参考的标准，一些城市优先发展大容量公共交通工具，则人均出租汽车量较少，反之则相反；二是没有考虑不同城市人均收入与人均消费支出的差异，对于城市人口规模大致相同的城市，由于所处的地理区域、经济发展水平不同而导致人均收入差别很大，因此对出租汽车的需求显著不同。

2）等车时间

所谓等车时间，是指从消费者为了乘坐出租汽车站在街道边等车到乘坐一辆出租汽车的时间。随着城市交通拥堵问题日益严重，等车时间长不仅仅是供给量少于需求量所致，还由于道路拥堵，客观上造成出租汽车无法正常运营，延长了等车时间，从而使得通过等车时间这一指标无法准确、客观地判断出租汽车供求信息，必须综合其他指标。

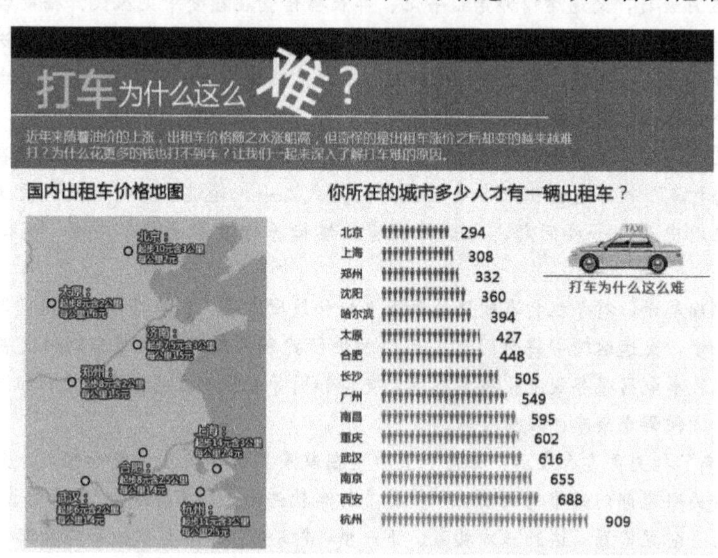

图5.5 不同城市出租汽车价格与数量对比

（资料来源：http：//business.sohu.com/s2012/chuzuche/.）

3）有效载客率

有效载客率又称有效里程利用率，是指每辆出租汽车平均在每天运营时间内，载客里程占总运营里程的比例。各国公认的平均有效载客率标准为70%，即如果一座城市中平均每辆出租汽车的有效载客里程约为70%，空驶里程约为30%，则说明市场供求基本平衡。由于该指标直观、较准确、易于获取信息，已成为目前世界各国衡量供需的重要指标之一。但由于运营时段不同、城市交通拥堵状况的加剧等因素，使得这一指标也不能提供出租汽车需求的客观信息。

4）呼叫回应时间

出租汽车在收到通信网络中心叫车信息时间到指定地点接到消费者为止的时间长度，称之为回应时间。市场内供需均衡的基本标准是，电话叫车中回应时间不到10分钟的服务车次约占88%，回应时间不到15分钟的服务车次约占98%，而在高峰时段，回应时间在18分钟的约占97%，如果达到这3项主要指标则认为一座城市中出租汽车供求基本均衡。因为电话呼叫类服务模式极大地减少了出租汽车空驶里程，有力地缓解了城市交通拥堵状况，因此成为世界各国出租汽车服务发展的主要方式，这一衡量出租汽车供给的评估模式提供了较好的参考标准。

5.2.3 出租汽车车型结构的确定

在确定城市出租汽车的车型结构时，必须综合考虑以下几个影响因素。

1. 城市经济发展水平

由于不同的出租汽车车型必然采用不同的出租汽车租价，经济发展水平和居民收入水平的高低决定着乘客支付能力，进而决定了乘客选择何种车型的出租汽车，从而影响出租汽车的车型结构。

2. 城市性质和发展定位

城市的性质和发展定位对出租汽车车型结构有一定的影响，旅游性、工业性或其他性质的城市对各档次出租汽车需求比例会有差异，因此，应尽可能使车型、功能多样化。

3. 城市政策因素

城市为了出租汽车行业的发展或城市容貌等一系列原因制定的政策，会对出租汽车车型结构产生影响。

4. 环保需求

随着居民对城市交通环境及生活环境的要求，低污染的出租汽车应成为一个城市车型结构的重要考虑因素之一。

出租汽车车型发展的主流方向应是车辆外形美观、绿色能源、车厢宽敞、乘坐舒适、经久耐用。同时应尽可能选择专为出租汽车行业量身定制的车型，不仅经久耐用、方便残疾人乘坐，并增加安全和通信等方面的功能，提高科技含量，也能体现一个城市的特点。

想一想

你所在城市的出租汽车主要车型是什么？选择几个城市的出租汽车车型进行比较。

5.2.4 出租汽车运价管理

1. 影响出租汽车价格的因素

(1) 运输成本。出租汽车行业在进行运输生产过程中发生的各种耗费总和是运输成本，确定城市出租汽车价格水平时必须考虑出租汽车行业的运输成本的变化，并兼顾与城市居民收入水平相适应的出租汽车行业的盈利水平。

(2) 供求关系。出租汽车市场供给和需求往往可以通过合理的出租汽车价格进行调节而达到平衡，如出租汽车市场供过于求，出租汽车运输价值通常不能够全部实现，对应提高市场需求的措施之一就是降低出租汽车的价格。

(3) 经济发展水平。城市经济发展水平越高，居民的生活水平越高，居民出行次数就会增加，同时也会提高对出行快捷性、方便性的要求，出租汽车的出行比例也会相应地有所提高。因此，在确定出租汽车的服务价格时，既要考虑出租汽车经营者的利益，也要考虑城市广大乘客的利益和承受能力。

(4) 政策因素。由于我国城市出租汽车租价采取的是由国家定价形式，因此在一定时期内，国家相关政策及城市的发展政策也是出租汽车价格形成和变化的重要因素。

(5) 外部成本的影响。在出租汽车行业发展过程中，不可避免地会给社会带来一些负面影响，如噪声和废气有损居民生活质量，出租汽车大量占用城市面积，增加了交通基础设施的负荷，加大了整个社会成本等。由于出租汽车行业的生产行为所引起的整个社会利益的损失就是其外部成本，出租汽车行业的外部成本增加就会造成社会成本的增加。

2. 出租汽车价格确定方法

在出租汽车总量控制的原则下确定出租汽车价格，关键在于考察需求和价格之间的敏感变动，在运输成本可调节的范围内，运用价格杠杆，通过价格有效调节出租汽车市场需求。

根据出租汽车行业的平均利润率可以推算在一定的需求状况下出租汽车的合理定价，继而在保证一定的行业利润率的前提下得出可调节成本的大小，以确定相关的收费政策。合理的出租汽车价格公式为

$$C=Dx/[(1+r)N]$$

式中，C——合理的出租汽车价格；

D——平均日需求总量；

r——行业利润率；

x——平均价格；

N——出租汽车总量。

出租汽车价格的制定，一方面，应与城市经济发展水平和人均可支配收入相适应，保证行业一定的利润率；另一方面，根据不同时期出租汽车的功能定位适时调整运价，通过价格机制的作用实现运力结构的调整和供求平衡。

3. 起租基价和起租里程的合理性分析

我国城市出租汽车运价多采用运程运价，即

$$\begin{aligned}\text{总租费}=&\text{起步价}+(\text{行程里程}-\text{基价公里})\times\text{车公里租价}+\text{空驶费}\\&+\text{低速行驶与等候费}+\text{夜间行驶费}+\text{过桥过路费}\end{aligned}$$

运费高低主要取决于乘客搭乘距离的远近。一般来说，单车单趟司机收入为

$$\text{价格}=\text{起步价}+(\text{行程里程}-\text{基价公里})\times\text{车公里租价}$$

如果不设置起租基价和起租里程，则单车单趟司机收入为

$$价格=行程里程\times 车公里租价$$

两式相减得

$$\Delta =起步价-基价公里\times 车公里租价$$

这个差值对乘客而言是多付的车费，对司机而言是额外的收入。这笔额外的收入，实际上是激励司机尽快按最短路将乘客送到，降低其绕远路的可能性。只要这个额外收入大于寻找下一位乘客之前因空驶带来的损失，司机就有动力尽可能地获取这笔额外收入。这可以理解为司机利用其对交通情况的熟悉，为乘客选择最短路径获取的报酬。因此，起租基价和起租里程的设置，对司机和乘客双方都是有利的。

想一想

你所在城市的出租汽车价格是多少？选择几个城市的出租汽车价格进行比较。

5.2.5　出租汽车行业的指导监督

出租汽车行业的规划和法规的实施主要体现在行业管理的指导与监督，这也是行业管理的主要日常工作。出租汽车行业指导监督的主要内容是保证出租汽车的"六个统一"。

1. 统一出租汽车的车辆要求

由于出租汽车在服务上具有方便、舒适、迅捷和安全等特点，因此必须对投入营运服务的出租汽车的要求做出统一规定，包括车辆的技术性能，车辆上的空调、音响、计费器及报警器等设施的要求，还要对用车品牌、车型及排量等做出规定。

2. 统一出租汽车的服务标志

为方便乘客租车和监督服务质量，出租汽车必须有统一的服务标志，包括顶灯、经营者名称、专用牌照、驾驶员服务卡、营运证及租价标准等，都要有统一的规定。有条件的城市还可以统一车身颜色。

3. 统一证件

为了提高出租汽车行业的经济效益和社会服务效益，必须对经营者、驾驶员、调度员及车辆加强管理和监督，以提高行业素质。对经营者，应就开业、临时停业、歇业、车辆增减及经营方式等方面，根据实际情况制定统一规定；对驾驶员、调度员应在技术业务水平和职业道德等方面提出要求，并对培训工作做出规定；对车辆是否符合统一规定的要求也应定期检验。要保证这些规定的实施，现在通常采用的手段是颁发各类合格证件，如对合格的经营者发经营许可证；对合格的驾驶员发准驾证；对符合规定要求的车辆发营运证。统一证件是行业统一管理的重要手段。

4. 统一运价

要贯彻"多家经营，统一管理"的方针，必须统一行业运价。根据优质优价的原则，对不同车辆车型、不同使用时间、不同驶经地点、舒适条件及车辆新旧程度等因素考虑，制定出行业统一运价，促进行业内公平竞争。

5. 统一发票管理

发票是乘客监督投诉的依据，必须对发票的式样、使用和管理做统一规定。

6. 统一监督、处罚规定

统一监督、处罚规定具体包括：建立专职稽查队伍进行监督检查；定期或不定期地与工商、税务、公安及物价等管理部门开展联合大检查，组织经营单位的检查人员统一行动联合检查；设立义务和特约监督员，帮助客运管理部门随机检查；做好投诉处理工作，鼓励社会监督。

任务拓展

国外出租汽车管理制度

1. 英国伦敦：对从业人员进行严格的资质审查

英国是世界上最早对出租汽车行业施行政府管制的国家。早在1635年，由于伦敦和威斯敏斯特的出租马车堵塞城市交通，这两个城市开始限制出租马车数量以缓解交通拥堵问题。今天，政府对出租汽车行业的管理主要是通过对从业人员进行严格的考试和审查进行。在伦敦申请做一名出租汽车司机，必须通过严格的“伦敦知识”考试。再经过严格的体检和个人经历审查，才能获得营业执照。伦敦的出租汽车司机都是个体经营者。伦敦出租汽车的管理部门是出租汽车司机协会。考试合格的司机，除得到驾驶证外，还有一枚徽章。徽章分为绿、黄两种颜色。伦敦交通管理当局把伦敦划分为16个区域，持绿徽章者可以到伦敦城内的任何地点拉客，持黄徽章者只能在某一个固定区域内载客。严格的考核制度和科学的管理方式，使伦敦出租汽车司机被公认为是世界上最有礼貌的司机，出租汽车服务堪称世界一流，成为游客观察伦敦文明的窗口。

2. 美国纽约：被利益集团扭曲的政府管制

纽约市政府对出租汽车业的管制不仅表现在运营价格、时间和方式的管理等方面，对出租汽车的数量也有着精确地控制。20世纪20年代末大萧条时期，失业工人大量涌入出租汽车行业并导致过度竞争，出租汽车司机收入减少，服务质量下降。1937年纽约市政府为了控制出租汽车数量，开始实施出租汽车“牌照制”。到1938年共发出12 187张牌照，至今这一数量也没有改变。当时，一张出租汽车牌照只要10美元，现在每张牌照的价格已高达30多万美元。普通司机购买不起，只能租用牌照，受制于出租汽车公司，并向公司每月交纳2 500美元的份子钱，占其营运收入的一半以上，自己还要负担汽油费。

目前，纽约共有大型出租汽车公司10余家，这些公司实力雄厚，拥有几百甚至上千辆出租汽车。纽约有关研究机构曾建议实行一套全新的出租汽车管理制度，以降低出租汽车的运营成本和资费标准。这套新制度规定，纽约市政府将按市场价格从出租汽车公司那里买下所有的牌照，然后直接向出租汽车司机出租牌照，按年度收费。出租汽车司机停运后不能将这一牌照转让或出租给他人，必须交回纽约市政府。

3. 法国巴黎：出租汽车运营方式多元化

法国巴黎出租汽车运营方式分为个体司机、薪酬司机、公司司机和股份司机4类。个

体司机拥有独立的出租汽车运营权。但个体司机运营证非常昂贵，一般需要几十万欧元。个体司机还需要自行交纳社会保险和养老保险等。薪酬司机受雇于某家出租汽车公司，每天运营完后，都要把车辆交还给公司，同时上交全部的运营收入，由公司再从运营收入中提取一定比例费用作为他们的工资。这类司机同时享有社会保险等一系列福利。公司司机运营所需要的运营证和车辆产权都是属于公司的，他们需要定期向出租汽车公司交纳较高的份子钱，这其中包括运营证和车辆租金、车辆保险、维修保养及所耗汽油等各种费用。股份司机也从属于出租汽车公司，但在公司里他们有出租汽车的全部产权，只不过车辆运营证和行驶证都属于公司。这些司机由于拥有产权，因此向公司所交的份子钱较少，而且由于他们已向公司交费，因此享受各类社会保险。他们类似于挂靠在公司名下，独自承包车辆。

任务操作

(课堂任务操作)针对出行任务，分组完成：城市出租汽车的车型及运价的调研，并撰写调研报告。

任务考核

本任务主要学习了出租汽车客运行业管理，请你思考以下几个问题，并作为自我检查：

1. 影响城市出租汽车总量的因素有哪些?
2. 结合你所在的城市，分析出租汽车数量管制的合理性。
3. 结合你所在的城市，确定出租汽车的车型结构应该考虑哪些因素。
4. 结合你所在的城市，分析出租汽车起租基价和起租里程的合理性。
5. 举例说明出租汽车行业指导监督的内容。

任务5.3 出租汽车运营组织

知识目标

1. 掌握出租汽车的营运方式、调度形式及服务评价方法。
2. 熟悉出租汽车客运服务规范。

能力目标

能分析城市出租汽车的营运方式，并对其服务进行评价。

任务引入

在你熟悉的城市乘坐出租汽车前往某景区，调研其营运方式。

任务分析

出租汽车实行单车作业，一人一车，流动服务，驾驶员不但要驾驶车辆运载乘客，还要独立招揽业务、结算租费和保管现金。因此，在一定程度上讲，驾驶员是一个独立的生产经营者。一辆出租汽车服务质量的好坏和营运效率的高低，主要依靠驾驶员的素质、职业道德和生产积极性。

5.3.1 出租汽车服务的基本要求与管理

服务组织(service organization)是指提供出租汽车客运服务的组织。服务组织在向乘客提供服务时必须符合一定的要求。

1. 基本要求

(1) 服务组织应为乘客提供安全、快捷、舒适、文明和持续改进的服务。

(2) 服务组织应贯彻执行国家制定的各项方针政策，接受主管部门的监督检查和指导。

(3) 服务组织应为乘客提供符合服务规范要求的车辆和服务设施。

(4) 服务组织应为乘客提供满足需要的饭店、机场、火车站的公共调度服务。

(5) 服务组织应建立安全行车和治安防范制度，应为乘客提供安全和乘车指导信息。

(6) 服务组织应向乘客公布其服务承诺。

2. 服务管理

(1) 服务组织应具备安全、营运、车辆、劳动等管理体系，服务规范等规章制度，建立服务质量管理体系。

(2) 服务人员上岗前应经过法制、职业道德、业务的岗位培训，并取得上岗资格，在岗人员应掌握本岗位业务技能，胜任本职工作。

(3) 服务组织应对驾驶员身体健康进行定期检查。

(4) 服务组织应定期进行服务质量自我考核评价，也可以通过第三方独立进行服务质量评价，根据评价结论不断改进服务。

5.3.2 出租汽车营运方式

城市客流具有的流量大、流向分散、运距短、上下车频繁及流时分布复杂等特点，决定了出租汽车营运方式的多样性和不固定性。目前，根据各城市出租汽车的营运情况，出租汽车基本的营运方式有以下几种。

1. 扬手招车服务

处于待租状态的出租汽车在允许停靠的路段上，应停车满足扬手招车乘客租车需求，这是出租汽车营运的主要方式，尤其是在出租汽车业务量大、车辆多的大城市可以此作为主要经营方式。采用扬手招车必须具备以下条件：①城市中出租汽车辆供求关系应处于供求平衡

或供大于求的状况；②交通管理部门允许出租汽车在一定条件下随时随地停车，上下客；③在车上配备顶灯标志和空车标志，并严格执行使用规定，使乘客便于识别，扬手招车。

2. 预约租车服务

城市出租汽车应能满足乘客通过电信、网络等途径提出的预约租车要求，并准时提供的服务。在出租汽车业务密集性小、车辆不多的中小城市，或城市道路资源比较紧张及节能环保要求的情况下，预约租车服务应作为主要的经营方式。这种营运服务方式的优点有3个：①可以减少出租汽车在路面上空车行驶时间，提高里程利用率，节约道路资源和降低能源消耗；②能减轻驾驶员的劳动强度，提升服务质量；③可以根据乘客的用车时间和地点，就近派车，节省时间，提升营运效率。

3. 站点租车服务

在设有出租汽车营运站点的地方，应按乘客要求，提供出租汽车服务。乘客步行到就近的机场、码头、火车站及其他出租汽车营业站租车，营业站点设专职调度人员，顺序候车，依次发车，尽力缩短乘客候车时间。

4. 包车服务

在协议时间内，应为乘客提供满足其对出租汽车特定的需求服务。这种营运服务方式既方便了用户用车，又有利于稳定客源。

小案例

苏州试水电调出租汽车

与出租汽车的传统运营模式不同，电调出租汽车不再满街跑兜生意，也不再接受乘客的扬手召车，而是采用了“电子信息化调度＋固定泊位”这样的模式。出租汽车在固定泊位上等候调度。当附近有乘客通过热线、网络等手段发出打车要约时，调度中心通过GPS定位查找距离乘客最近的出租汽车，并向出租汽车发出调度指令。接到指令后，出租汽车随即前往乘客的候车点接载乘客。客管部门表示，这种全新的出租汽车调度模式，可以减少出租汽车在路面上空车行驶时间，提高里程利用率，节约道路资源和降低能源消耗，同时还能减轻驾驶员的劳动强度，提升营运效率。

据介绍，为和其他出租汽车区别，电调出租汽车为黑色车身，并标有“电调专用”字样。车载智能顶灯为银灰色，可显示“电调”、“待调”、“暂停”、“有客”4种状态；电调专用出租汽车与普通出租汽车相比更显庄重、大方。为配合电调出租汽车上路，苏州市已建成一期82个点共计207个固定泊位。按照规划，未来固定泊位数将增加到1 500～2 000个，以满足更多市民的需求。

有别于传统出租汽车，电调出租汽车的顶灯不显示“空车”状态，因为电调出租汽车不会在马路上游车，也不会接受乘客的扬手招车。而如果要判断停在固定泊位上的这辆出租汽车是否可以乘坐，只要看其顶灯是否为“待调”状态即可。

市民使用泊位乘车服务时，前往就近的电调专用出租汽车停车泊位乘车即可。电调专用出租汽车上报调度中心后为乘客提供服务，车辆服务完毕后到就近泊位停靠等待电调中心的后续指令。

另外还有一种规定值得注意：电调专用出租汽车不接受路面扬手招车，但市民遇见正在下客的电调专用出租汽车，在不影响安全的情况下即可上前乘坐，这种情况下驾驶员按“一键报备”即可为乘客服务。既然出租汽车就在跟前，不仅要拒绝乘客上车，还让驾驶员空跑回古城区，未免太不人性化。因此这一规定，也显得非常贴心。

（资料来源：张衡．苏州率先试水电调出租汽车[N]．姑苏晚报，2012．节选，有删改）

5.3.3 出租汽车调度工作

出租汽车的营运任务最终是以落实车辆供应、满足旅客运输需求来完成的。因此，及时、有效地提供车辆是出租汽车组织的核心工作。而提供车辆的工作是通过两条渠道实现的：一是空车运行过程中旅客扬手招车；二是通过调度工作实现。

1．调度方式

调度方式是在长期的营运生产实践中形成和发展的，它受制约于社会发展、城市建设、科学水平和通信设备等条件。

调度方式是在调度原则确定后，根据通信设备、运能配置变化情况，以及承接的业务数量、类别和乘客要求而逐步发展形成的，主要有4种：①人工或电脑编排预约业务订单；②通过车队选派符合要求的驾驶员完成出市境、包车等特定业务；③实时调派不能进入编排计划的预约业务和临时要车业务；④妥善处理预约调度与上门业务，合理安排成串业务。

2．调度形式

调度形式是调度方法的外部表现形态，主要有以下几种。

(1) 电话接派。包括电话和网络等，调度室通过电话或网络直接或间接承接业务并直接或间接下达至驾驶员出车。

(2) 站点接派。由站务人员与上站乘客成交业务，并直接或间接下达至驾驶员出车。

(3) 现场调度。在大型活动、会议包车服务或大客流现场，调度室派人在现场直接调派车辆。

想一想

你所在的城市出租汽车主要采用何种调度形式？有何优缺点？

5.3.4 出租汽车客运服务

1．出租汽车服务规范

出租汽车服务时必须遵守一定的规范，具体见表5－3。

2．出租汽车服务设施

出租汽车必须提供符合要求的服务设施，以更好地为乘客服务。服务设施要求见表5－4。

表5-3 出租汽车服务规范

服务项目	服务标准
服务仪容	① 服务人员应做到精神饱满、端庄大方、举止文明、礼貌待客。 ② 服务人员应按规定着装，正确佩带服务标志，配饰得体、衣着整洁无破损。 ③ 服务人员上岗前，面部应修饰洁净，卫生、自然，需化妆时要淡雅适度，不应在服务时化妆。 ④ 服务人员发型应梳理整齐，修饰大方，风格庄重，并应及时按需清洗。 ⑤ 服务人员手、脚应保持洁净，指甲修剪得体，不得光脚、赤足。 ⑥ 服务人员应勤洗澡更衣，做到身体无异味。 ⑦ 服务人员不得在车内吸烟，不得向车外抛物、吐痰
服务用语	① 服务语言宜采用普通话。 ② 服务用语应规范准确，文明礼貌。 ③ 服务人员在对外服务时，宜能够使用简单常用英语
营运服务	① 服务人员应持证上岗，证照齐全。服务证件放置在行业管理部门规定的位置。运营前应检查车辆燃油，备好发票。 ② 乘客提带行李时，服务人员应协助乘客将行李放入行李箱内。行李箱应由服务人员开启和闭锁，到达目的地时，协助取出行李，经乘客确认无误后关闭行李箱。 ③ 乘客上车时，在条件允许的情况下，应主动为乘客打开车门，目视乘客，主动问候，问清到达地点，确认乘客指定路线，起步行车，压下空车标志灯。 ④ 车辆行驶应选择合理路线，不得绕道，停车时，应在允许停车路段按乘客目的地就近停车。 ⑤ 营运途中，如乘客改变目的地，应按乘客意愿重新选择合理路线。遇有道路交通堵塞或临时封闭，需改变原行驶路线时，应按乘客意愿改道行驶。 ⑥ 运营中应尊重不同国家、地区、民族的风俗习惯。按乘客提问，介绍当地旅游景点和风土人情。 ⑦ 行驶途中，应按乘客意愿使用音响和空调。 ⑧ 必须按规定使用计价器，到达目的地按下暂停键停止计费；应按计价器的显示金额，报清当次业务费用，打印的发票应完整、字迹清楚，交予乘客。装刷卡设备的，应接受乘客的刷卡付费要求，当遇过高速路、隧道、桥梁及其他加收费用时，向乘客说明并交付票据。 ⑨ 乘客下车时，应提醒乘客开车门时注意行人、车辆安全，在条件允许的情况下，协助提拿大行李及物品，巡视车厢，提醒乘客带好随身物品，向乘客道别。 ⑩ 发现乘客遗留物品，应设法及时归还，告知服务组织或上缴服务组织和相关单位
电信服务	① 服务组织应通过电信网络提供24小时租车服务和供车信息。调度员在电话铃声响起5次内接听电话并回复。解释问题时做到内容准确、耐心。 ② 驾驶员接受调度电话任务后，应准时到达乘客候车地点，超出预约时间乘客未出现时，应与调度员联系，经同意后方可离去。 ③ 驾驶员直接收到乘客求租电话时，应按约定的时间、地点及时提供服务
特殊服务	① 对老、弱、病、残、孕等乘客应提供拿行李的服务，协助需要帮助的乘客顺利乘车。 ② 遇到乘客不适时，应提供必要的帮助或拨打救助电话。 ③ 应耐心解答乘客提出的问题

续表

服务项目	服务标准
服务禁忌	① 运营中的出租汽车不应拒载、议价、绕道、甩客、私揽。 ② 乘客之间交谈时忌插话。 ③ 严禁将车辆交给无出租汽车从业资质的人员驾驶营运，不应驾驶无营运资质的营运车辆。 ④ 劝阻乘客不在车内吸烟

表 5-4　出租汽车服务设施标准

服务设施项目		标准
基本要求		应满足安全、舒适、环保、节约能源、计量准确的要求
车辆	车容车貌	① 车身内外应整洁完好，漆皮完整无损，不能个性化装饰。 ② 车辆牌照字号清晰，固定端正，无遮挡物、反光物。 ③ 车前后内外照明灯齐全，干净明亮，功能完备。 ④ 轮胎盖齐全，完好整洁，车内外饰条完好无脱落、缺损。 ⑤ 车窗玻璃齐全，洁净明亮、无破损、无遮蔽物，升降滑动功能有效。 ⑥ 仪表完好、整洁，仪表台不放置与营运无关的物品。 ⑦ 遮阳板、化妆镜、顶棚、后风档窗台齐全完好洁净。 ⑧ 车厢内整洁、卫生，无杂物、异味；座套、头枕套齐全，洁净平整。 ⑨ 座椅牢固无塌陷，前排座椅可前后移动，倾度可调；脚垫整洁、平整无破损。 ⑩ 行李厢整洁，照明有效，开启装置完好，行李厢内可供乘客放置行李物品的空间不少于行李厢的 2/3
	技术要求	① 必须取得当地公安部门核发的有效机动车牌照和行驶证。 ② 运营车辆的各项技术指标应达到相应的国家标准。 ③ 应保持运营车辆技术状况良好，车辆的维护、检测、诊断应符合相关规定
	服务标志	① 车身颜色应采用当地管理部门规定的标志色。 ② 车顶应安装标志顶灯并与空车待租标志联动，夜间应有照明，标志灯一面标有企业简称，个体经营户宜有“个体”字样，另一面应有“TAXI”和当地行政主管部门监制字样。 ③ 空车待租标志灯应大小适宜，显示明亮，字迹清楚。 ④ 车身两侧前门标示应有企业名称。字迹清楚、端正。 ⑤ 车辆年检审验合格证、车船使用缴讫证、环保标志、经营权证、营运证，按行政管理部门要求摆放粘贴
	计量和电信设施	① 必须安装计价器，显示位置应方便乘客查看，数字显示清楚，发票打印准确，铅封有效，并应定期检查。计价器、打印机等应符合有关规定。 ② 宜安装车载定位系统、无线电通信设施和车辆运行动态信息收集系统
调度设施		服务组织宜建立车辆调度中心、采用网络调度电话进行调度。配置的电话线路接听席位应满足乘客及时要车的需要

续表

服务设施项目	标准
服务站点	① 应设有文字标志、导向标志，标志设置应明显清晰，宜有中英文。标志应符合相关规定。 ② 服务站点宜有少量停车位。 ③ 应能有效隔离乘客与车辆，区分车辆停靠区、载客区、候车区。 ④ 宜在客流量大的交通集散地、公共场所服务地设置出租汽车候车站。在商业、医院、活动中心和密集的居民社区内宜设有直列式、港湾式、岛式的乘客候车站台。 ⑤ 停车点应设置统一式图文颜色的站牌，车辆在停车点即停即走

3. 出租汽车的服务安全

出租汽车必须加强服务安全，具体见表5-5。

表5-5 出租汽车服务安全标准

服务安全项目	标准
行车安全	① 驾驶员应保证身体健康，并定期体检。 ② 管理部门、服务组织，应定期对驾驶员进行安全规范、规章制度、安全操作规程、职业道德的教育。 ③ 驾驶员严禁酒后驾车、疲劳驾车、带病驾车，行车途中不应接打手机。应劝阻乘客提出的不利于安全行车的要求。 ④ 出省、市、县境或夜间去偏远、冷僻地区时，应向本单位和有关部门报告并办理相关手续。 ⑤ 载客时不应超过核定的载客人数，不应装载可燃、易爆等危险物品
车辆安全	① 驾驶员应对车辆进行出车前、行车中、收车后的日常维护检查，保持车况良好。 ② 车辆应配备适用的消防器材，应定期检查消防器材的有效日期。 ③ 车辆应安装防劫防盗装置。 ④ 应定期检查车况，车辆安全、车辆内饰材料应符合相关规定
乘客安全	① 一切问题的处置以乘客安全第一为原则，行驶中提醒乘客系好安全带，提醒乘客不要将头、手伸出车外。 ② 乘客上下车时，车辆应与人行道平行停靠，并在右侧下车。在交通法规禁止上下乘客的地方，驾驶员应劝拒乘客上下车。 ③ 车内发生治安、刑事案件，应及时报警。 ④ 车辆发生火灾时，应立即停车，首先帮助乘客下车至安全区域，然后进行灭火。 ⑤ 乘客因交通事故受伤时，服务组织应启动应急处理预案
乘客财产安全	① 服务组织应建立乘客报失管理制度，设立报失途径，公布接待电话，遗失物进行登记、保管，尽力寻找失主。 ② 服务组织应在接到乘客遗失物查询电话后，及时与乘客对遗失物的查询进行沟通，在72小时内，将遗失物查询情况答复乘客。 ③ 对涉嫌恶意侵占乘客财物的员工应依法处理

4. 出租汽车服务评价

1）出租汽车服务评价基本要求

(1) 服务组织应建立内部服务监督制度，将服务评价纳入日常工作的评价、考核体系。

(2) 服务组织应接受社会对服务的监督，设置服务监督机构，公布服务监督电话、通信地址，对乘客的投诉，48 小时内调查处理，百分之百地回复。

(3) 服务组织应定期进行自我服务评价，每年自我评价次数不应少于一次，评价结果宜向社会公示。

(4) 服务组织或监督机构，宜定期委托第三方进行乘客满意度测评。

(5) 服务组织应有专人负责服务质量相关数据的统计，并保证原始记录真实、准确可靠。

2）服务评价指标及计算方法

(1) 服务人员仪容合格率，是指服务人员仪容检查合格率人数与被检查总人数之比。该指标要求大于或等于 95%。计算公式如下：

服务人员仪容合格率＝服务人员仪容检查合格人数/被检查总人数×100%

(2) 服务人员违章率，是指检查违反规章人次数与实际检查总人数之比。该指标要求小于或等于 5%。计算公式如下：

服务人员违章率＝检查违反规章人次数/实际检查总人次数×100%

(3) 行车责任事故间隔里程，是指实际发生行车责任事故间隔里程。该指标要求大于或等于 3×10^5 千米。计算公式如下：

行车责任事故间隔里程＝运行里程/行车责任事故次数

(4) 车辆整洁合格率，是指车辆车容车貌检查合格车次与检查总车次之比。该指标要求大于或等于 95%。计算公式如下：

车辆整洁合格率＝检查合格次数/检查总车次×100%

(5) 计价器合格率，是指计价器检查合格车数与检查总车数之比。该指标要求合格率为 100%。计算公式如下：

计价器合格率＝检查合格车数/检查总车数×100%

(6) 乘客表扬率，是指乘客表扬次数与运营车次数之比。该指标要求大于或等于 16%。计算公式如下：

乘客表扬率＝乘客表扬车次数/运营车次数×100%

(7) 有责乘客投诉率，是指有责乘客投诉次数与运营车次数之比。该指标要求小于或等于 20%。计算公式如下：

有责乘客投诉率＝有责乘客投诉次数/运营车次数×100%

(8) 乘客投诉回复率，是指已经回复的有责乘客投诉次数与有责乘客投诉次数之比。该指标要求 100%。计算公式如下：

乘客投诉回复率=已回复的有责乘客投诉次数/有责乘客投诉次数×100%

(9) 乘客满意度，是指按服务组织委托的第三方设计的乘客满意度调查问卷，答复满意人数与被调查总人数之比。该指标要求大于或等于80%。计算公式如下：

乘客满意度=答复满意人数/被调查总人数×100%

任务拓展

出租汽车服务评价器的意义

从2012年10月开始，昆明市出租汽车司机刷卡上班后，一种叫服务评价器的新设备开始同步启用，记录司机的服务质量。

昆明市出租汽车管理处介绍，虽然出租汽车评价器只是在乘客下车之前发出语音，提示大家可以对司机服务进行评价，并非强制性的要求，但仍希望乘客能尽可能地参与评价，并做出客观评价。因为乘客的评价能为这辆出租汽车“打分”，给其他乘客乘坐时提供参考，主管部门也能通过服务评价器收集情况。

提及出租汽车，总会遭人诟病，例如，服务不好、车容不整、绕道、拒载、甩客……市民也常遇到抢车坐、没车可打的情况。上述很多情况是无法通过评价器体现的，从这个问题上讲，安装出租汽车服务评价器就毫无意义。再者，让乘客在出租汽车司机的面前按服务评价器，这样很难对出租汽车做出公正、客观的评价。

其实，要考评出租汽车的服务质量，不必拘泥于出租汽车服务评价器。2009年，国家质检总局和国家标准化管理委员会出台了新版的出租汽车服务国家标准，经过主管部门的政策梳理和解读，要把国标正式落地昆明。对出租汽车驾驶员服务质量的考核，可以实行基准分值计分制，计分周期为12个月。出租汽车驾驶员有见义勇为、救死扶伤、拾金不昧等先进事迹的，道路运输管理机构应给予相应加分奖励，对近3年服务质量信誉考核等级连续被评为优秀的出租汽车企业，在申请新增出租汽车经营权指标时，可优先考虑，或在出租汽车经营权服务质量招投标时予以加分。

那么，对出租汽车的服务质量该如何考评呢？从外地成功的做法上可以看出，一是要有切实可行的考评办法，建立稳定的考评队伍。聘请行风监督员，其中有人大代表、政协委员、媒体记者、社会代表，掌握考评工作的内容、考评程序、注意事项，然后对出租汽车驾驶员进行考评。二是要有奖惩制度。根据车容车貌的检查情况，结合市民投诉和出租汽车义务监督员的反馈信息，以及行业主管部门的明察暗访，每季度对出租汽车服务质量进行考评。考评工作结束后，对优秀的出租汽车司机每月给予不等的现金奖励，同时对优秀的出租汽车公司也给予相应的奖励。

(资料来源：佚名，出租汽车服务评价器有何意义[N]. 都市时报，2012. 有删改)

任务操作

（课堂任务操作）针对出行任务，调研某城市出租汽车的营运方式及服务规范，并对其做出评价，撰写调研报告。

任务考核

本任务主要学习了出租汽车运营组织，请你思考以下几个问题，并作为自我检查：

1. 结合你所在的城市，说明出租汽车营运方式有哪些。
2. 出租汽车的调度方法与形式有哪些？
3. 举例说明出租汽车客运服务规范。
4. 简要说明出租汽车服务评价指标。

第 3 篇

城市轨道交通运营管理

项目 6　城市轨道交通认知

任务 6.1　城市轨道交通系统组成

知识目标

1. 了解城市轨道交通的内涵与类型。
2. 掌握城市轨道交通的组成。

能力目标

能识别与分析城市轨道交通的组成部分。

任务引入

选择一个你熟悉的建有地铁的城市，乘坐该城市的地铁，了解轨道交通的组成部分。

任务分析

6.1.1　城市轨道交通的内涵及类型

城市轨道交通(urban rail transit)是指采用专用轨道导向运行的城市公共客运交通系统，包括有轨电车、地铁系统、轻轨系统、单轨系统、磁浮系统、自动导向轨道系统、市域快速轨道系统。轨道交通由于具有快捷、安全、准时、容量大、能耗低、污染少的特点，在城市公共交通体系中的地位不断提升，特别是在长距离出行或在道路交通始终处于比较拥挤的城市中心区具有明显的优势。其主要技术参数如下。

1. 有轨电车

有轨电车是最便宜的轨道交通运输工具，它在混行车道上运行，速度低，载客量也较少，每节车载客量在 100～200 人，乘客客票由车上的司机或售票员负责出售，车辆和轨道维修较为简单。地面有轨电车不具有完全独立路权，发车间隔一般为 5～6 分钟，高峰时段可提高到2～3分钟。我国上海浦东于2009年年底采用法国劳尔公司开发的新型有轨电车投入运营，如图6.1所示。

图6.1　上海浦东张江有轨电车

2. 地铁系统

一般来说，通常所说的地铁是指大运量行驶在地下的钢轮钢轨系统，但这种说法也不是绝对的。由于地下隧道的建设造价比较昂贵，许多城市的地铁系统在城市外围区域或在适当的位置也采用地面或高架线路方式。国际隧道协会对地铁的定义是，轴重相对较重，单方向高峰输送能力在3万人次/时以上的城市轨道交通系统。地铁系统在市区间提供客运服务，但有些线路也可延伸到市郊的运输线，它的车站间距较紧密，所有系统均为电力驱动，一般线路全封闭，实现信号自动化控制，具有运量大、速度快、安全、准时、舒适、节约城市土地资源等特点，是发达国家主要城市中公共交通的骨干力量(图6.2)。其主要技术参数见表6-1。

表6-1　地铁主要技术参数

序号	项目	技术参数	序号	项目	技术参数
1	高峰小时单向运送能力/人	30 000～70 000	9	安全性和可靠性	较好
2	列车编组/节	6～8	10	最小曲线半径/米	300
3	列车容量/人	3 000	11	最小竖曲线半径/米	3000
4	车辆构造速度/(千米/时)	89～100	12	舒适性	较好
5	平均运行速度/(千米/时)	30～40	13	城市景观	无大影响
6	车站平均站距/米	600～2 000	14	空气污染、噪声污染	小
7	最大通过能力/(对/时)	30	15	站台调度	一般为高站台，乘降方便
8	与地面交通隔离率	100%	—	—	—

图 6.2 南京地铁 1 号线

3. 轻轨系统

轻轨交通是由早期有轨电车发展而来，一般具有完全独立的行驶空间，如图 6.3 所示。轻轨交通线路形式灵活，可以是地面、地下、高架，根据行驶空间使用情况，可以与其他机动车辆共享路面，也可采用相对固定的行驶空间形式，还可以采用全隔离的轨道交通系统形式。其输送能力介于地铁与有轨电车之间，单向高峰小时客运量为 15 000～30 000 人次，是地铁的 1/3～1/2，其运载在轨道上的负荷相对于市郊铁路和地铁更轻，因而称为轻轨。

图 6.3 武汉轻轨

特别提示

在我国，根据《城市快速轨道交通工程项目建设标准(试行本)》，用轻轨来命名中运量的地铁(包括地面和高架铁路)，而欧洲所说的“轻轨”，一般是特指现代有轨电车交通。

想一想

地铁与轻轨有哪些区别?

4. 单轨系统

单轨系统也称单轨轨道，简称单轨，是指车辆以一根轨道梁运行、车辆与特制轨道梁组合成一体运行的中运量轨道运输系统，轨道梁不仅是车辆的承重结构，同时也是车辆运行的导向轨道。单轨系统的类型主要有两种：一种是车辆跨骑在单片梁上运行的方式，称为跨座式单轨系统(图 6.4)；另一种是车辆悬挂在单根梁上运行的方式，称为悬挂式单轨系统(图 6.5)。

图 6.4　重庆跨坐式单轨交通

图 6.5　悬挂式单轨交通

单轨系统适用于单向高峰小时最大断面客流量 1.0～3.0 万人次的交通走廊。因其占地面积很少，与其他交通方式完全隔离，运行安全可靠，建设适应性较强。单轨系统比较适合在以下情况下使用：城市道路高差较大、道路半径小、线路地形条件较差的地区；旧城改造已基本完成，而该地区的城市道路又比较窄；大量客流集散点的接驳线路；市郊居民区与市区之间的联络线；旅游区域内景点之间的联络线、旅游观光线路等。

5. 磁浮系统

磁浮系统在常温条件下，利用电导磁力悬浮技术使列车上浮，车辆不需要车轮、车轴、齿轮传动机构和架空输电线网，列车运行方式为悬浮状态，采用直线电动机驱动行驶，主要在高架桥上运行(图 6.6)，特殊地段也可以在地面或地下隧道中运行。磁浮系统

图 6.6　上海磁悬浮列车

具有铁轨与车辆不接触，运行速度快，运行平稳、舒适，易于实现自动控制，无噪声、不排出有害废气、有利于环境保护、可节省建设经费，运营、维护和耗能费用低等优点。磁浮系统按照运行速度，可分为高速磁悬浮列车与中低速磁悬浮列车两种。高速磁悬浮列车最高速度可达500千米/时，采用5～10辆编组；中低速磁悬浮列车最高速度可达100千米/时，采用4～6辆编组。

6. 自动导向轨道系统

自动导向轨道系统也称自动化导向交通，是指利用导轨导向，自动控制运行的中运量旅客轨道交通系统。车辆采用橡胶轮胎，通过非驱动的专用轨道引导列车运行。其列车沿着特制的导向装置行驶，车辆运行和车站管理采用计算机控制，可实现全自动化和无人驾驶，通常在繁华市区线路可采用地下隧道，市区边缘或郊外宜采用高架结构。

自动导向轨道交通是一种由驾驶员控制并接受外界导向的行驶系统。常见的导向轨道交通利用导轮进行引导，是胶轮轨道系统与无轨电车的结合，特点是使用胶轮、半接受或完全接受外界的导向与限制，运营路线可以部分利用专用道路段，也可以与其他汽车共用普通城市道路，在车道、导引、驱动、操作方面均具有轨道公共交通和常规公共交通的双重特性，噪声低，转弯半径小，爬坡能力强，建设运营成本低，节能环保。主要适用于城市机场专用线或城市中客流相对集中的点对点运送乘客，必要时，中间可设少量停车站。自动导向轨道系统的车辆比地铁和轻轨车辆小，一般列车编组2～6节，适用于单向每小时1万人次的客运量，属中运量的城市轨道交通系统。目前，世界上营运的自动导向轨道系统有20多条，总长超过200千米，其中以日本居多。

7. 市域快速轨道系统

市域快速轨道也称市郊轨道，指联系城区与郊区，以及连接城市周转卫星城镇或者都市圈的城市轨道交通系统，因其服务对象以短途、通勤的旅客为主，也被称为通勤列车。市域快速轨道系统往往又是连接大中城市干线铁路的一部分，因此还具有干线轨道的技术特征，通常是市郊旅客列车与干线客车和货车混合运行。站距一般为1千米(市区)、3～5千米(郊区)，比传统铁路10千米以上的站距小得多，从而适应市郊客流需求特点。市域快速轨道系统客运量可达20万～45万人次/天。

6.1.2 城市轨道交通系统的构成

1. 线路

城市轨道交通系统的线路有不同类型，以地铁系统为例，按其在运营中的作用，轨道交通线路分为正线、折返线、渡线、停车线、检修线、试验线、出入线和联络线等。

(1) 正线。正线是指供载客列车运行的线路，是独立运行的线路。一般按双线设计(上、下行双线)，采用右侧行车制。大多数线路为全封闭式，与其他交通线路相交时一般采用立体交叉。例如，上海地铁规定，南北走向向北的为上行(正向)；东西走向向东的为上行，环线内圈为上行。

(2) 折返线。折返线是在终点站或中间站以方便列车掉头、转线及存车等的线路。包括3种方式：①环形(灯泡线)，实际上已消除了折返过程，保证了线路的最大通过能力，节约了有关设备，但占面积大、轮轨磨耗大、无法停放和检修列车，难以延长线路等，如图6.7所示；②尽端式，折返线数量由检修作业量、代发车存车数量决定，需要检修的折返线上设有检修坑，如图6.8所示；③渡线折返，在车站前或后设置渡线完成折返，分为站前、站后、区间站渡线3种，如图6.9所示。

(3) 渡线。渡线是指在上、下行正线之间(或其他平行线路之间)设置的连接线。

(4) 停车线。停车线是指场内作业停放列车的线路。

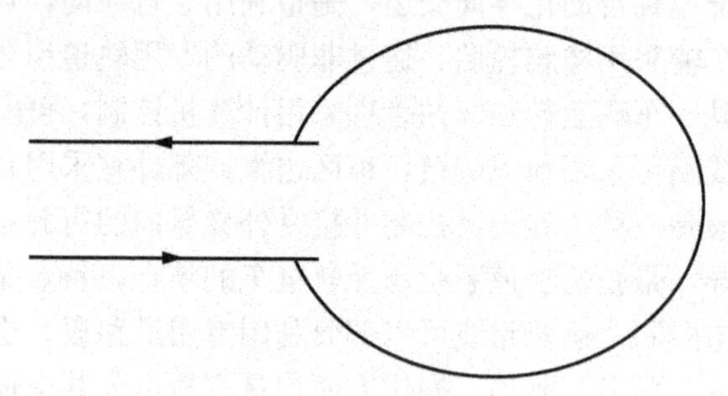

图6.7 环形折返方式

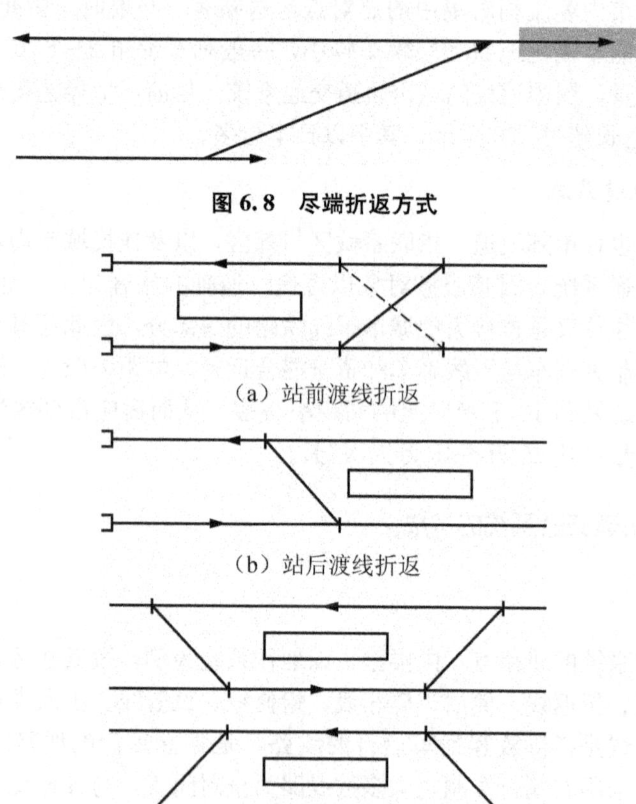

图6.8 尽端折返方式

(a) 站前渡线折返

(b) 站后渡线折返

(c) 区段站渡线折返

图6.9 渡线折返

(5) 检修线。检修线是设在车辆其地检修库内，专门用于检修列车的线路，设有地沟，配有架车设备、检修设备。

(6) 试验线。试验线是设在车辆基地，用于对检修完毕的列车进行状态检测的线路。

(7) 出入线。出入线是连接车站和正线的线路。根据地铁列车运营及检修的需要，地铁列车出入车场的走行线一般为双行线。

(8) 联络线。联络线是轨道交通线路之间为调动列车等作业而设置的连接线路，如图 6.10 所示。上海地铁 1 号线与 2 号线在人民广场之间就设置有联络线。

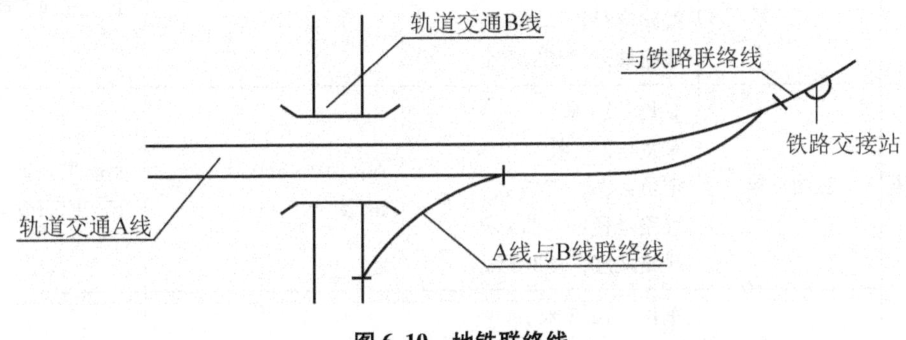

图 6.10　地铁联络线

另外，轨道交通线路主要有地面线、高架线、地下线 3 种敷设方式。

(1) 地面线。地面线适用于非城市中心区、城市绿化隔离带和地质条件差的地区。地面线的特点就是可以节省大量的土建费用，但会占用一定的土地，并给沿线两侧居民带来一定的不便。

轨道交通地面线是造价最低的一种敷设方式，一般敷设在有条件的城市道路或郊区野外。为保证轨道交通车辆的快速运行，地面线一般为专用道形式，与城市道路相交时，一般应设置为立交。

(2) 高架线。高架线适用于非城市中心区，具有全封闭、全立交、占地少、造价低、工期短等特点。但高架线除了噪声、振动等对环境的影响之外，还对城市景观、沿线日照等有一定的影响。高架线是介于地面与地下之间的一种线路，既保持了专用道的形式，占地较少，又对城市交通干扰较小。高架线是城市轨道交通中一种重要的线路敷设方式。

(3) 地下线。地下线适用于旧城市中心区、建筑密集度高的地区、规划的重点地区及对环境要求高的地段和区域。地下线路多处于城市中心及街道较窄、车辆和客流较多的地段，能较好地解决立交问题和城市景观问题，可节省土地，使土地资源得到合理的利用。

轨道交通线路采用不同的敷设方式，其用地规划控制条件是截然不同的，而且对城市用地、环境及轨道交通系统自身的工程造价也会产生重大的影响。

2. 车辆

车辆是直接为乘客提供服务的设备，车辆一般按有无动力分为动车、拖车两类，也可按有无驾驶室分为带司机室和不带司机室两类。为提高效率，现在车辆大多按动车组设计。在一组动车组内，动车、拖车与驾驶室的分布是一个有机整体，不能随意拆卸。车辆的构成包括车体、转向架、牵引缓冲装置、制动装置、受流装置、车辆内部设备和车辆电气系统等。按照其适用范围和车体基本宽度进行的分类见表6-2。

表6-2　城市轨道交通车辆的分类

系统	分类	车辆和线路条件	客运能力 *N*(人次/时) 运营速度 *v*(千米/时)	备注
地铁系统	A型车辆	车长：22.0米 车宽：3.0米 定员：310人 线路半径：≥300米 线路坡度：≤3.5%	*N*：4.0～7.5万 *v*：≥35	高运量，适用于地下、地面或高架
	B型车辆	车长：19米 车宽：2.8米 定员：230～245人 线路半径：≥250米 线路坡度：≤3.5%	*N*：3.0～5.0万 *v*：≥35	大运量，适用于地下、地面或高架
	直线电机B型车辆(L_B)	车长：16.8米 车宽：2.8米 定员：215～240人 线路半径：≥100米 线路坡度：≤6%	*N*：2.5～4.0万 *v*：≥35	大运量，适用于地面高架或地下
轻轨系统	C型车辆	车长：18.9～30.4米 车宽：2.6米 定员：200～315人 线路半径：≥50米 线路坡度：≤6%	*N*：1.0～3.0万 *v*：25～35	中运量，适用于地下、地面或高架
	直线电机C型车辆(L_C)	车长：16.5米 车宽：2.5～2.6米 定员：150人 线路半径：≥60米 线路坡度：≤6%	*N*：1.0～3.0万 *v*：25～35	中运量，适用于地面高架或地下
单轨系统	跨座式单轨车辆	车长：15米 车宽：3.0米 定员：150～170人 线路半径：≥50米 线路坡度：≤6%	*N*：1.0～3.0万 *v*：30～35	中运量，主要适用于高架
	悬挂式单轨车辆	车长：15米 车宽：2.6米 定员：80～100人 线路半径：≥50米 线路坡度：≤6%	*N*：0.8～1.25万 *v*：≥20	中运量，主要适用于高架

续表

系统	分类	车辆和线路条件	客运能力 N(人次/时) 运营速度 v(千米/时)	备注
有轨电车	单厢或铰接车式有轨电车	车长：12.5～28 米 车宽：≤2.6 米 定员：110～260 人 线路半径：≥30 米 线路坡度：≤6%	N：0.6～1.0 万 v：15～25	低运量，适用于地面(独立路权)、街面混行或高架
磁浮系统	中低速磁浮车辆	车长：12～15 米 车宽：2.6～3.0 米 定员：80～120 人 线路半径：≥50 米 线路坡度：≤7%	N：1.5～3.0 万 最高运行速度：100	中运量，主要适用于高架
	高速磁浮车辆	车长：端车 27 米，中车 24.8 米 车宽：3.7 米 定员：端车 120 人，中车 144 人 线路半径：≥350 米 线路坡度：≤10%	N：1.0～2.5 万 最高运行速度：500	中运量，主要适用于郊区高架
自动导向轨道系统	胶轮特制车辆	车长：7.6～8.6 米 车宽：≤3 米 定员：70～90 人 线路半径：≥30 米 线路坡度：≤6%	N：1.0～3.0 万 v：≥25	中运量，主要适用于高架或地下
市域快速轨道系统	地铁车辆或专用车辆	线路半径：≥500 米 线路坡度：≤3%	v：120～160	适用于市域内中、长距离客运交通

3. 车辆段

车辆段是轨道交通系统中对车辆进行运营管理、停放及维修保养的场所，是列车运营的起始与终止场所(图 6.11)。一般地，1 条线路可设一个车辆段；线路长度超过 20 千米时，可以考虑设 1 个车辆段、1 个停车场。

4. 限界

限界是指列车沿固定轨道安全运行时所需要的空间尺寸，为保证列车运行安全，各种建筑物及设备均不得侵入限界范围。轨道交通地下隧道的断面尺寸及高架桥梁的宽度的设计都是根据限界确定的，限界越大，安全度越高。但工程量及工程投资也随之增加。因此，合理限界的确定既要考虑保证列车运行的安全，又要考虑系统建设成本。

图 6.11　地铁车辆段

5. 轨道

轨道是列车运行的基础，它直接承受列车荷载，并引导列车运行，标准轨距为 1 435 毫米。一般由钢轨、扣件、轨枕、道床、道岔及其他附属设备组成，为保证列车运行的安全，轨道结构应具有足够的强度和稳定性、耐久性、绝缘性及适量弹性，且养护维修量小，以确保列车安全运行和乘客舒适。

我国铁路的钢轨主要有 43 千克/米、50 千克/米、与 60 千克/米 3 种类型。城市轨道交通在经济条件允许下，无论地面线、地下线或高架线，运营正线均宜选用重型钢轨。对车场线来说，由于主要是供空车运行，速度又低，考虑到经济性，可选用 50 千克/米或 43 千克/米钢轨。

6. 车站

城市轨道交通车站是旅客乘降的场所，一般应设置在客流量大的集散点，以及与其他线路交会的地方，车站间的距离要根据实际需要确定。一般地，市区车站间距应在 1 千米左右，郊区的车站间距不宜大于 2 千米。

1）车站分类

（1）按网络功能分类，城市轨道交通车站可分为枢纽站、换乘站和一般车站。枢纽站一般位于城市大型客流集散点、区域商业活动中心或对外交通枢纽处，枢纽站至少有两条轨道交通线路相交，并集地面公交、出租汽车、小汽车、自行车等多种交通方式于一身，实现城市客运交通系统的一体化换乘，并与城市交通和对外交通有良好衔接；换乘站一般是两条轨道交通线路交汇点，其主要功能是实现两条轨道交通线路间的相互换乘；一般车站是单条轨道交通的站点，实现乘客上下车的基本功能。

（2）按建设形式分类，城市轨道交通车站可分为地下站、地面站和高架站。轨道交通地下站位于城市中心区，这里人口密度高，是城市商业办公中心，地下车站与周边商业开发、周边主要建筑应统一规划建设。地面站和高架站一般位于城市外围区和郊区，这里开发密度较低，轨道交通车站与主要居住区、大型购物超市、地区活动中心相结合，构成地区性的交通枢纽和公共活动中心。

(3) 按运营组织功能分类，城市轨道交通车站可分为中间站、折返站和终点站。中间站(即一般站)是指仅供乘客上、下车之用，功能单一，地铁路网中数量最多的车站；折返站除供乘客乘降之用外，还供列车折返作业，一般位于轨道交通线路客流变化区段分界点；终点站是线路两端的车站，除供乘客上、下车外，还能供列车折返、停留和临时检修。为便于列车运营组织安排，终点站除布设折返路线外，一般还有存车线，以备列车暂时存放。

2) 车站站台形式

大型轨道交通系统的车站一般由4个部分组成：①车站大厅及广场，通常是乘客、游客和商人聚集的地方；②售票大厅，为乘客出售列车客票；③站台，直接供乘客乘降车使用；④旅客不能到达的地方，如车站办公室、仓库、维修设施等。

车站按站台形式可分为岛式站台、侧式站台和岛、侧混合式站台3种形式。

(1) 岛式站台。站台位于上、下行线路之间，可供上、下行线路同时使用。站台两端有供乘客上、下的楼梯通至地面。具有岛式站台的车站称为岛式车站。岛式车站具有站台面积利用率高、能灵活调剂客流、乘客中途改变乘车方向方便、车站管理管理集中、站台空间宽阔等优点，因此，一般常用于客流量较大的车站，如图6.12所示。

(2) 侧式站台。站台位于上、下行行车线路的两侧，这种站台布置形式称为侧式站台。具有侧式站台的车站称为侧式车站。侧式站台上、下行乘客可避免相互干扰，正线和站线间不设喇叭口，造价低，改建容易，但是站台面积利用率低，不可调剂客流，中途改变乘车方向须经地道或天桥，车站管理分散，站台空间不及岛式宽阔，因此，侧式站台多用于两个方向客流量较均匀(或流量不大)的车站及高架车站，如图6.13所示。

图6.12　地铁岛式站台

图6.13　地铁侧式站台

(3) 岛、侧混合式站台。这是将岛式站台及侧式站台同设在一个车站内，具有这种站台形式的车站称为岛、侧混合式车站。岛、侧混合式车站主要用于两侧站台换乘或列车折返。该种形式站台可设置为一岛一侧式或一岛两侧式。

**想一想**

你所在城市的地铁有哪些类型的站台？并概括其优缺点。

7. 供电系统

轨道交通供电系统是城市轨道交通系统中最为重要的基础能源设施，其功能是为轨道交通系统中的各种用电设备提供动力电源，确保轨道交通列车和各种用电设备系统的正常运行。供电系统主要组成部分有主变电站、高压/中压供电网络、牵引供电设备、降压供电设备、电力监控系统、接触网系统、杂散电流防护设施、防雷设施和接地系统等。

8. 通信系统

为保证城市轨道交通系统列车运行的安全、可靠、准点、高密度和高效率，实现运输集中统一指挥、行车调度自动化和列车运行自动化，城市轨道交通系统必须配备专用的、完整的、独立的通信系统，供构成城市轨道交通系统的各职能部门之间的有机联系和行车的调度指挥。该系统是一个既能传输语言信号，又能传输文字、数据和图像等各种信号的综合业务数字通信网。城市轨道交通专用通信系统，按其功能来分，大致可分为：供一般公务联系用的自动电话通信子系统；直接指挥列车运行的专用通信子系统；向乘客报告列车运行信息的广播子系统；用以监视车站各部位、客流情况及列车停靠、车门开闭和起动状况的闭路电视子系统；用以传送文件和数据的传真及数据通信子系统等。在控制中心与各车站间，通过电缆、光缆及电磁波等传输媒体将上述各子系统联成一个整体，从而构成一个完整的通信系统，为城市轨道交通系统提供综合通信的能力。

9. 信号系统

信号系统是用于控制列车安全可靠地在轨道上运行，以达到安全高效地输送乘客的目的的系统。目前世界各国的城市轨道交通系统的信号系统大多采用列车自动控制系统(automatic train control，ATC)，它包括 3 个子系统。

(1) 列车自动防护系统(automatic train protection，ATP)主要用于对列车驾驶进行防护，对与安全有关的设备或系统实行监控，主要功能包括：一是自动检测列车的位置和实现列车行驶间隔控制，二是连续监视列车的速度，实现超速防护。

(2) 列车自动操纵系统(automatic train operation，ATO)主要用地面信息控制列车驱动和制动，使列车处于最佳运行状态，避免列车不必要的、过于剧烈的加速或减速，以保证旅客乘车的舒适度。功能主要包括：控制列车在允许速度下运行，并自动调整列车的速度，列车在区间或站外停车后，一旦信号开放，即可自动启动，系统控制列车到达站台后的最佳制动点，使列车停于预定目标点，停站结束后，保证车门关闭，列车能自动启动；当列车到达折返站时，自动准备折返。

(3) 列车自动监督系统(automatic train supervision，ATS)主要实现对列车运行的监督，辅助行车高度人员对全线列车运行进行管理，功能主要包括：自动显示列车车次、运行位置和信号设备工作状态，自动或人工办理进路；编制和管理列车运行图，自动调整运行计划，自动描绘或复制列车运行实际轨迹，列车运行模拟仿真；车辆维修周期管理，向旅客导向系统提供信息，对运行数据自动统计和制表。

10. 通风空调系统

轨道交通系统的通风空调系统一般由隧道通风系统(包括区间隧道和车站隧道)、车站公共区通风空调和防排烟系统、车站管理及设备用房通风空调和防排烟系统组成。正常运行时，为乘客提供舒适环境，为设备工作提供必需的运行环境和为运营管理人员提供舒适

的工作环境。

11. 给排水系统

轨道交通给排水系统由给水系统和排水系统组成。其中给水系统是用来保证车站内的生产生活及消防用水，直接利用市政自来水作为水源。排水系统是用来保证车站、车辆段的生活、生产污废水、结构漏水、洞口雨水等能就近排入市政排水管网。

12. 自动售检票系统

自动售检票系统一般由中央计算机、车站计算机、车票的编码/分拣机、车站自动售检票现场设备(包括进/出站闸机、双向闸机、自动售票机、票房售票机和自动加值机)及车票组成。系统能定时从各车站计算机收集全线的客流、票务、交通情况和设备状况，用于进行运营票务管理、收益管理、设备管理和数据分析等，能根据制定的票务管理模式，对各种类型的车票进行管理，既能快速地处理客流信息，为运营管理提供有关数据，又具有严密的制票、售票和验票程序，以防止作弊行为。

13. 屏蔽门系统

屏蔽门系统主要设置于地下车站站台层，主要由门体、门机、电源与控制等 4 个部分组成。一般分为封闭式、开式和半高式，其中开式和半高式通常被叫做“安全门”，只起到安全和美观的作用。封闭式的通常才被人们叫做“屏蔽门”，也是最常用的一种。主要功能包括：一是避免乘客跌落轨道造成事故，保证乘客安全候车；二是避免区间与车站的冷热气流相互交换，降低运营能耗；三是能够降低列车的噪声对车站的影响，提高乘客候车环境的舒适程度。地铁屏蔽门如图 6.14 所示。

图 6.14　地铁屏蔽门

14. 机电设备监控系统

机电设备监控系统主要用于自动监视和控制车站内相关机电设备的运行状态，如通风空调系统设备、给排水设备、电梯、车站正常照明和事故照明设备、乘客导向系统等。根据检测到的车站内环境条件参数的变化，自动调节通风空调系统设备，达到节能的目的，并及时发现相关设备运行故障，保障设备正常运行和及时得到维护。在发生火灾或列车阻塞情况下，协调站内各种机电设备根据预先设定的要求运行，最大限度地确保站内乘客的安全和设备的安全。

15. 火灾自动报警系统

在所有地铁车站和车辆段等与地铁运营有关的建筑物内均应设置火灾自动报警系统。该系统主要用于探测火灾及进行火灾报警，通过火灾探测器、感温电缆、警铃等现场设备探测火灾情况，将火灾信息发送至控制中心，发出声响报警。另外还要监视和控制防火阀、防火卷帘、消火栓泵的运行状态，在确认火灾发生后，联动相应的消防救灾设备，如防排烟设备、防火卷帘等，达到救灾的目的。

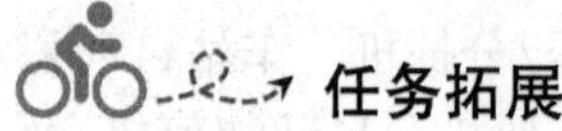

任务拓展

南京地铁列车

南京地铁一号线列车共120辆，分为A、B、C三种型号，A车为带司机室的无动力拖车，B车为带受电弓的动车，C车为不带受电弓的动车，每一列地铁列车由两组A、B、C车组成，共编组成20列车。列车全长不超过140米，最大载客量为1 860人(按每平方米9人计算)，最大时速>80千米，旅行时速>35千米，采用直流1 500V供电(隧道内为刚性接触网，高架和地面为柔性架空接触网)。列车由南京浦镇车辆厂和法国阿尔斯通公司联合生产(第一列在法国生产，其余十九辆在南京生产)。

南京地铁二号线列车每列整车由两辆带驾驶室的拖车、4辆动车组成，单节车厢的额定载客量为310人，整列车额定载客量1 860人。南京地铁二号线列车在保持一号线列车原有性能的基础上，进行了一系列性能优化，在整车的可靠性、可维护性和美观度上实现了七大升级：一是升级了列车牵引系统，提高了故障牵引能力；二是升级了列车的控制系统，解决故障能力更迅速；三是升级了制动系统，能大大提高制动性能；四是列车内部增加了电子闪光地图，方便乘客目的地识别；五是提高了列车故障数据实时传输动能；六是增加了CCTV车载图像监控系统；七是列车内、外色彩设计更为美观、漂亮。

任务操作

(课堂任务操作)针对出行任务，分组完成：调研轨道交通系统组成，重点调研轨道交通线路、车站类型、站台形式、车辆类型、屏蔽门设置等内容，并撰写调研报告。

任务考核

本任务主要学习了轨道交通系统组成，请你思考以下几个问题，并作为自我检查：

1. 城市轨道交通有哪些类型？你所在城市有哪些类型？
2. 简要说明城市轨道交通系统的构成。
3. 举例说明轨道交通线路的形式。
4. 举例说明轨道交通车站的类型。
5. 举例说明轨道交通站台的类型，并说明其优缺点。

任务6.2 城市轨道交通客运岗位认知

知识目标

1. 了解城市轨道交通运营管理岗位类型。
2. 掌握运营控制中心与车站岗位及职责。

能力目标

能根据岗位职责要求履行运营控制中心和车站的岗位职能。

任务引入

通过调研，了解你熟悉的城市的轨道交通运营管理岗位及其工作职责。

任务分析

6.2.1 城市轨道交通企业组织结构及职责

城市轨道交通系统按功能分为两个子系统进行管理：一是体现城市轨道交通基本功能的客运服务系统，主要任务是组织列车运行和进行客运服务；另一个是运营保障系统，主要是运营设备维护修理体系，主要任务是确保线路、供电系统、车辆、通信信号设备、机电设备等系统状态良好。使城市轨道交通系统安全、可靠、高效地运行。

轨道交通企业组织结构如图 6.15 所示，由此可知，客运部主要负责乘务、站务、票务及控制中心的管理等工作，其工作职责主要有以下 12 项：

(1) 在公司决策层领导下，对站务室、票务室、乘务室、控制中心实行归口管理，行使领导职能。

(2) 组织拟订客运部发展规划和年度生产经营计划，对归口管理的各室进行检查、督促、考核，促进计划落实，保证安全服务。

(3) 组织拟订、完善安全行车、文明服务、规范票务等相关规章制度、技术文体，督促归口管理各室严格执行。

(4) 根据批准的运营生产计划，编制列车运行图及运输方案；组织客流调查分析，提出优化行车措施；制定运营方案、行车规定、节假日运营补充方案和特殊任务的运营方案。

(5) 负责组织制定和发布运作命令、施工计划、年度和月度设备检修计划，并检查、监督各项相关命令、计划的执行；牵头召开施工管理例会，汇总、审核、编制施工作业计划并跟踪施工作业完成情况。

(6) 代表总经理，对运营、行车进行高度指挥，执行安全规范、指令，确保运营安全；负责组织、协调处理在地铁运营生产过程中发生的各种故障、紧急事件；统一管理行

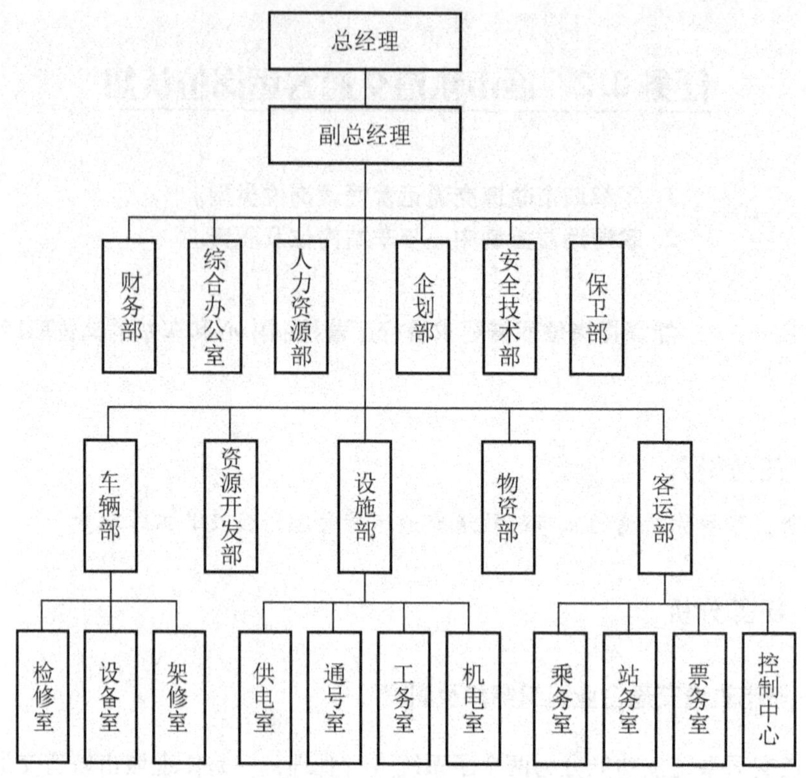

图 6.15　轨道交通企业组织结构

车高度、电力高度、环控高度、维修高度、客运高度；牵头召开公司生产例会，对运营生产进行情况分析，协调矛盾，解决问题。

(7) 负责服务热线管理，受理乘客咨询、建议、表扬、投诉，按照规定进行处置。

(8) 牵头组织归口管理各室的经济活动分析，负责服务、票务等有关事故、事件的调查处理，参与行车事故、人为事件的调查处理。

(9) 组织客运委外项目工作的监督、考核工作和日常协调工作。

(10) 制订归口管理各室故障演练工作计划，并负责对各项演练进行整理、总结和评估，以此作为综合考评和事故处理的根据。

(11) 参与新线建设，提出积极建议。

(12) 负责客运部员工的培训、考核、分配等管理工作；提出各室的人员配置建设，协助人力资源部负责人员的合理配置和利用工作。

地铁企业基本都成立专门的地铁运营分公司或子公司负责地铁运营管理。例如，天津地下铁道集团有限公司成立于 2000 年 8 月，是天津市政府批准设立的大型国有企业，承担轨道交通规划、投融资、建设管理、运营管理和经营开发职能，公司下设天津地铁建设发展有限公司、天津地下铁道运营有限公司、天津地铁资源投资有限公司等 14 家全资、控制子公司。其中天津地下铁道运营有限公司的组织结构如图 6.16 所示。

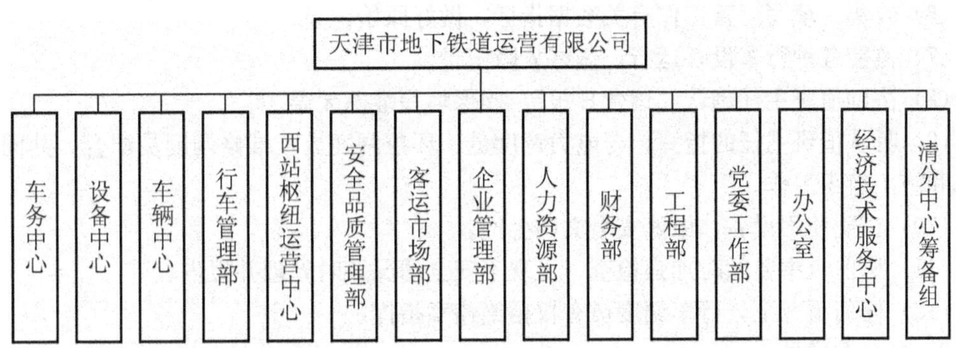

图 6.16　天津市地下铁道运营有限公司的组织结构

6.2.2　城市轨道交通客运岗位认知

1. 运营控制中心组织结构及职责

运营控制中心(operation control center，OCC)是城市轨道交通系统的核心，负责全线路的高度指挥工作，客运组织及设施保障部门的运营组织生产工作必须以高度指挥机构的组织计划与组织命令为依据而进行。城市轨道交通系统由运营控制中心统一指挥，各个部门协调运作，保证列车安全、正点运行。运营控制中心的组织结构如图 6.17 所示。

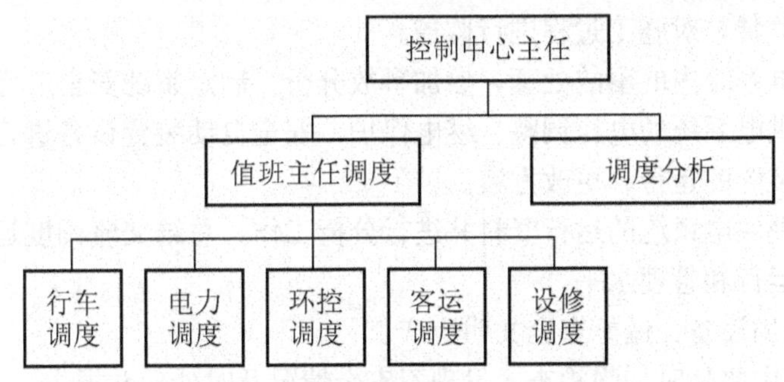

图 6.17　运营控制中心组织结构

调度部门主要工作职责如下。

1）行车调度员

(1) 按照公司的有关规定，指挥和协调行车各岗位的工作，组织实施各种行车计划，确保行车工作的正常进行。

(2) 按照运营时刻表监控列车运行，确保列车运行安全、准点。

(3) 执行《施工、行车通告》，组织工程车运行和合理安排施工作业，监督施工作业和人员的安全。

(4) 传达上级有关运营工作的指令，发布调度命令，布置、检查、落实行车工作计划，确保行车工作顺利进行。

(5) 处理运营中出现的紧急事件，及时调整列车运行，尽快恢复正常运营，尽量减少损失。

（6）收集、填写运营工作有关数据指标，做好原始记录。

（7）监控各种行车设备运行，做好故障记录。

（8）协助值班主任确认“运营日报”，确保填写准确无误。

（9）听从值班主任的指挥，与电力调度员、环控调度员、维修调度员配合，共同完成行车和施工组织工作。

（10）正确使用设备，做好安全文明生产。

（11）班前班中要随时加强检查，发现不安全情况及时处理并报告。

（12）任何情况下，行车调度员有权拒绝违章指挥。

2）电力调度员

（1）负责所辖范围内的供电生产工作，保证整个地铁供电系统安全运行和连续供电。

（2）认真贯彻执行有关规章制度。

（3）执行供电协议有关条文，负责地铁控制中心与供电局间供电范围内的有关工作协调与联系。

（4）执行供电系统的运行方式，制定故障下系统的紧急运行模式。

（5）对电力调度员管辖范围内的设备在运营控制中心远程直接进行设备停启、运行方式转换的操作，对运营控制中心不能进行远程控制的设备，电力调度员负责编写操作要求发令到变电所值班员当地操作。

（6）审核所辖设备检修计划，根据批准的计划要求，组织设备的检修和施工，并负责对施工安全进行监督，对施工过程进行监控。

（7）指挥供电系统内的事故处理，参加事故分析，制定系统安全运行的措施。

（8）负责对供电系统的电压调整、继电保护、安全自动装置设备进行运行管理，执行继电保护及自动装置的运行、更改方案。

（9）收集整理供电系统的运行资料并进行分析工作，总结交流调度运行工作经验，不断提高系统调度运行和管理水平。

（10）正确使用设备，做好安全文明生产。

（11）班前班中要随时加强检查，发现不安全情况及时处理并报告。

（12）任何情况下，电力调度员有权拒绝违章指挥。

3）环控调度员

（1）负责指挥地铁环控系统，按计划实现安全、高效、经济的运行，为乘客提供一个舒适的乘车环境。

（2）认真贯彻执行有关规章制度。

（3）地铁范围内发生火灾、行车事故或站内滞留大量旅客等紧急情况时，执行合理的通风模式，确保国家财产、乘客和工作人员的生命安全。

（4）负责对车站扶梯、车站应急照明、一般照明、屏蔽门进行监视，通过火灾自动报警系统(fire alarm system，FAS)对全线各站的火灾报警、气体灭火系统、防淹门、消防风机、消防泵、水喷淋系统进行监控，全面掌握各车站机电设备运行状况，根据各站环境品质参数标准，调整各站环控模式。

（5）审批所辖设备的维修、施工作业计划。

(6) 对事故报警，认真确认、分析现场情况，及时通报行车调度员、电力调度员和值班主任，迅速指挥事故现场按事故模式运行。

(7) 收集整理环控系统运行资料信息并进行分析，总结交通调度工作经验，不断提高调度和管理水平。

(8) 正确使用设备，做好安全文明生产。

(9) 班前班中要随时加强检查，发现不安全情况及时处理并报告。

(10) 任何情况下，环控调度员有权拒绝违章指挥。

4) 客运调度员

(1) 负责按照公司的票务政策和客流组织方案的要求开展信息收集与发布工作，实现优质、高效的运营服务。

(2) 在非正常情况下，通过调度命令发布系统及 PIS(passenger information system，乘客信息显示系统)，及时向列车、车站发布列车服务信息。

(3) 按应急信息报告程序中的规定收集信息，使用电话等方式及时发布信息。

(4) 负责对管辖线路内客流量进行实时监控，掌握客流变化情况，密切关注各换乘站的客流情况，做好统计分析工作，为值班主任提供相关数据。

(5) 主动了解事故、事件概况，编写事故或事件快报并报安全稽查部门，协助值班主任及时撰写事故或事件处理经过、编写运营日报。

(6) 协助值班主任编写运营日报。

5) 设修调度员

(1) 负责所辖线别范围内非车辆专业设备、设施的日常维修的组织协调及监督工作。

(2) 负责所辖线别范围内非车辆专业设备、设施的故障(事故)的抢修指挥、组织、协调及监督工作。

(3) 在特殊情况下，如紧急抢修、故障处理、现场生产实际需要时或该职责所属部门暂时无法履行其工作职责时，且故障影响运营安全和运营生产的正常进行的情况下，维修调度员有权直接发布抢修命令，要求相关部门协助处理故障或生产任务。

(4) 在日常生产过程中，如遇设备管辖接口不清楚的设备、设施故障时，维修调度员应积极协调、指挥相关人员进行故障处理。

(5) 负责所辖线别范围内非车辆专业系统设备、设施的故障信息的收集、统计、分析等工作。

(6) 负责收集、跟踪分部生产调度所组织的本专业设备故障的抢修组织处理情况及设备状态。

(7) 遵守安全生产规章制度和劳动纪律，积极参加安全生产各项活动。

(8) 正确使用设备，做好安全文明生产。

(9) 班前、班中要随时加强检查，发现不安全情况及时处理并报告。

(10) 任何情况下，维修调度有权拒绝违章指挥。

2. 车站各岗位职责及工作标准

1) 车站层级管理框架

车站层级管理框架如图 6.18 所示。

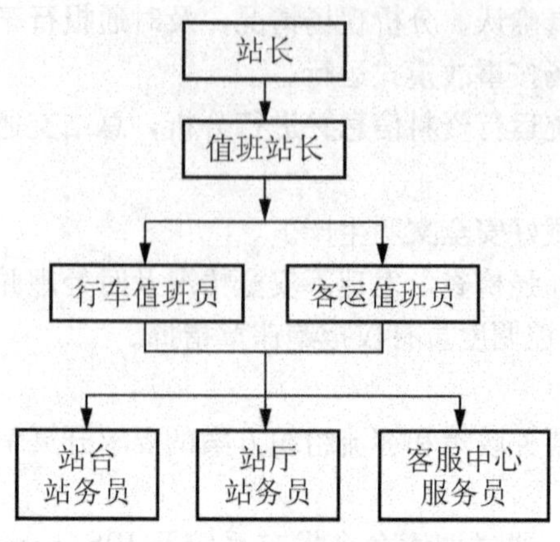

图 6.18 车站层级管理框架

在正常情况下车站实行层级负责制，由上至下顺序依次为站长、值班站长、值班员、站务员。信息汇报实行逐级汇报，由下至上顺序依次为站务员、值班员、值班站长、站长。车站站长/值班站长负责协调驻站人员的工作。

2）车站层级管理

(1) 车站各层级人员均有的管理权限、范围。具体包括：对车站的保洁、保安、商铺人员、施工人员等站内工作人员进行管理；对进入车站的乘客按《轨道交通管理办法》、《乘客守则》进行管理。车站管理地域范围为车站内部、站外风亭、出入口外 5 米范围内。

(2) 值班站长管理权限、范围。具体包括：负责本班内各岗位员工的考勤、工作安排和管理；值班站长对本班违章、违纪员工和危及行车安全、设备安全、乘客人身安全的行为有处理和考核权；负责对当班期间保洁员、保安员、商铺人员、施工人员、设备维修人员等在站内或到站内工作的人员进行管理；站长不在车站时，履行站长的工作职责；对站长负责，主动向站长汇报本班组管理情况，有权向站长、客运中心提出本人的建议和意见；对本班员工有考核权，对岗位调整、晋升有建议权。

(3) 值班员管理权限、范围。具体包括：值班员负责对当班站务员、保洁员、保安员、商铺人员、施工人员、设备维修人员等在站内或到站内工作的人员进行管理；对车站现金收益、票务、行车、设备运行安全进行监控；对本班值班站长负责，值班员须主动向值班站长汇报本班设备、设施运作情况和各岗位工作情况；对车站管理工作有权向值班站长、站长、客运中心提出本人的建议和意见。

(4) 站务员管理权限、范围。具体包括：有权对本班车站内的保洁员、保安员、商铺人员、施工人员、设备维修人员等在站内或到站内工作的人员进行管理；主动向值班站长/值班员汇报当班工作情况；对车站管理工作有权向值班员、值班站长、站长、客运中心提出本人的建议和意见。

3）站内各单位的合作关系

(1) 车站常驻人员有站务、保洁、保安、地铁公安、银行、商铺及设备设施维修人员。

(2) 站内各单位间的工作协调。车站成立以站长为组长，地铁公安驻站负责人为副组

长，各单位驻站(管区)负责人为组员的综治小组。综治小组每月至少组织一次会议，解决、协调车站工作。

(3) 站务与各单位人员工作合作。综治小组成员相互通报相关信息，尤其在重大节假日、大型活动前，站务应将有关运营组织方案及应急方案通报各部门；定期组织各部门参加消防检查及应急与紧急疏散演练；特殊情况下，车站站长/值班站长可调动地铁公安驻站人员、车站保洁、保安人员、设备维修部门驻站(管区)人员，参与车站的客运组织及应急处理。

4) 车站各岗位职责

地铁车站各岗位工作职责以某地铁公司为例说明如下。

站长岗位职责见表 6－3。

表 6－3 地铁车站站长岗位职责

工作内容	岗位职责
工作分工	站长负责全站的行车、客运和票务管理，乘客服务、事故处理、员工管理、班组管理、安全管理、员工培训等工作。站长不在车站时，授权当班值班站长管理车站日常工作
行车、客运和票务管理	① 领导监督值班站长的行车、客运和票务工作； ② 组织车站行车、客运和票务工作，编制、执行车站行车、票务和客运组织方案； ③ 定期计划、检查、总结车站行车、客运和票务工作
乘客服务	① 领导监督车站乘客服务工作，为乘客提供优质服务； ② 处理乘客投诉、来信、来访； ③ 汇总服务案例、服务技巧，提高员工服务质量
事故处理	① 车站发生事故时担任事故处理主任工作； ② 组织车站员工处理事故，尽快恢复正常运营； ③ 经常检查车站安全隐患
员工管理	① 监督各层级人员的管理情况，统筹安排并协调各岗位的工作； ② 定期进行员工教育，掌握员工思想状况； ③ 对车站员工进行考核； ④ 每月汇总、公布车站考核情况； ⑤ 对保安、保洁进行监督检查管理，考核其工作质量
班组管理	① 每月根据上级要求和车站实际情况审核班组工作计划，并对班组工作质量进行考核； ② 监督班组管理成员工作； ③ 每月定期召开班组管理成员会议； ④ 解决车站各班组出现的问题
安全管理	① 组织突发、紧急情况下的车站运作，确保车站行车、客运、票务、消防、治安、人身的安全； ② 进行车站日常安全检查，发现隐患并督促落实整改； ③ 每月进行安全教育、总结
员工培训	① 根据上级的要求和本站培训需求制订车站培训计划； ② 按车站实际情况安排培训工作； ③ 定期检查培训效果，进行培训总结

值班站长岗位职责见表 6-4。

表 6-4　地铁车站值班站长岗位职责

工作内容	岗位职责
工作分工	值班站长负责本班全站日常的行车、客运和票务管理，乘客服务、事故处理、设备日常管理、安全管理、员工培训等工作。站长不在车站时，值班站长接受站长授权，管理车站日常工作
行车、客运和票务管理	① 服从行调指挥，执行行调命令； ② 监督值班员接发列车； ③ 监督操作 LOW(联锁工作站)； ④ 组织乘客购票乘车； ⑤ 在站长领导下，组织突发、紧急情况下的车站运作； ⑥ 根据需要巡站检查和指导车站各岗位的工作； ⑦ 确保车票、现金安全； ⑧ 监督票务流程的执行，监督车站 AFC 设备运作情况
乘客服务	① 处理乘客的服务需求； ② 处理乘客投诉、来信、来访、乘客纠纷等； ③ 根据服务标准解决与乘客有关的问题，提供优质服务； ④ 处理、汇总本班的服务事件、服务问题，并及时向站长汇报； ⑤ 对站内服务设施、站外导向、告示牌等进行巡视、管理
事故处理	① 在站长不在车站时，担任"事故处理主任"的工作，按应急方案操作； ② 组织相关员工处理事故，尽快恢复正常运营； ③ 及时向行调报告处理情况
班组管理	① 每月根据上级要求和车站实际情况制订班组工作计划，并对班组工作进行总结； ② 按规定在班前组织召开接班会，在班后组织召开交班会； ③ 合理安排岗位，协调岗位工作； ④ 对当班人员劳动作业纪律进行监督、检查、考核； ⑤ 掌握员工思想状况，对当班员工进行思想教育； ⑥ 对保安、保洁进行监督检查管理，考核其工作质量； ⑦ 每月召开一次班组会议； ⑧ 解决本班组出现的问题
安全管理	① 确保行车安全、车站员工及乘客的人身安全； ② 确保车站收益安全； ③ 监督车站治安安全、消防安全工作； ④ 进行车站日常安全检查； ⑤ 及时向站长汇报安全情况
员工培训	① 组织实施车站本班培训工作； ② 定期总结本班培训工作，提出改进意见

值班员岗位职责见表 6－5。

表 6－5 地铁车站值班员岗位职责

岗位		岗位职责
值班员	行车值班员	① 在值班站长的领导下，负责车站行车组织工作； ② 负责监控和操作 LOW、各设备系统终端界面、IBP(integrated backup pane，后备盘)，通过 CCTV 监视各区域情况； ③ LOW 停用时负责组织人工接发列车； ④ 在线路施工和工程列车开行时安排好安全防护工作，负责车站施工作业登销记管理、施工安全监控、施工负责人管理等工作； ⑤ 按分公司、客运中心应急信息汇报程序及时上报车站各类应急信息； ⑥ 协助值班站长管理站务员； ⑦ 做好对乘客的广播
	客运值班员	① 在值班站长的领导下，主管车站客运、票务管理，组织站务员从事客运服务工作； ② 负责车票、钱款(含备用金)的配发、回收及保管工作； ③ 车站营收统计工作，各种票务收益单据的申领、填写及保管； ④ 负责车站票款解行的实施和安全； ⑤ 协助值班站长管理站务员，处理乘客事务，提供优质服务； ⑥ 监督站务员在岗工作情况； ⑦ 在非运营时间统计汇总当日营收情况； ⑧ 巡视车站，维护车站安全，防止意外事件发生； ⑨ 根据车站安排开关出入口

站务员岗位职责见表 6－6。

表 6－6 地铁车站站务员岗位职责

岗位		岗位职责
站务员	客服中心服务员	① 在客运值班员领导下，负责客服中心工作，按规定处理与乘客相关的票务事宜； ② 按规定时间开关售票窗口； ③ 兑零、售票时，严格执行“一收，二唱，三操作，四找零”的作业程序，准确兑零、售票，按规定提示乘客确认兑(找)零金额、票卡面值； ④ 负责车站客服中心相关的问询工作，热情接待乘客，对乘客提出的问题，按规定妥善解决； ⑤ 对无法通过自动检票机的票卡进行分析，并按规定处理； ⑥ 完成相应票务报表的填写，准确填写结算单，向客运值班员交清当班票款，发现问题及时汇报； ⑦ 正确使用票务设备，负责客服中心内设备的管理及卫生清洁，并确保客服中心门随时处于锁闭状态； ⑧ 加强防范，确保票款安全

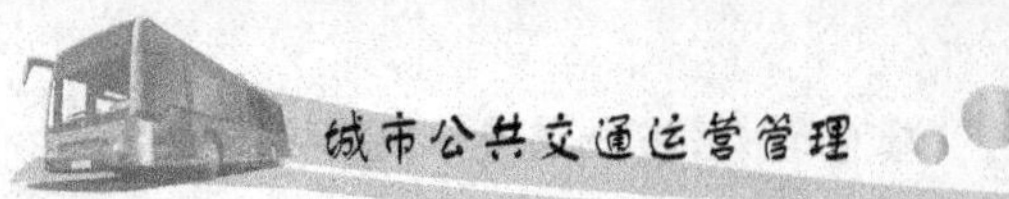

续表

岗位		岗位职责
站务员	站厅站务员	① 注意站厅付费区、非付费区乘客的动态，发现有违反地铁规定的行为要及时制止； ② 帮助乘客，回答乘客询问，特别注意老、弱、病、残、孕等需要帮助的乘客； ③ 协助值班站长、值班员及时更换钱箱、票箱，引导不能正常进出闸的乘客到客服中心处理； ④ 负责站厅边门的管理，对通过边门进出的人员进行严格登记； ⑤ 向客运值班员报告处理不了的问题； ⑥ 留意地面卫生，通知保洁人员对水渍、杂物等及时清理和设置警示牌，防止乘客摔倒； ⑦ 负责检查自动扶梯的状态是否良好； ⑧ 留意进站重点乘客(年老体弱者、小孩、神色异常者、残疾人、携大件物品的乘客等)，提供帮助，及时发现隐患并通知其他岗位，必要时通知车控室，以便通知目的地车站接应； ⑨ 多留意扶梯口，发现乘客在徘徊、试探上扶梯时应及时指导或指引其走楼梯、乘坐垂直电梯； ⑩ 注意乘客携带的物品，严禁乘客携带“三品”进站； ⑪ 发现乘客携带超大、超长、超重物品时禁止其进站乘车，并对乘客耐心解释； ⑫ 当值班站长、客运值班员不在站厅时，负责接受乘客的口头表扬、投诉或建议，做好记录并及时向客运值班员、值班站长汇报； ⑬ 发现精神异常、醉酒的乘客禁止其进站乘车，及时汇报车控室，必要时请求警务人员或其他同事协助，并注意自我保护；
	站厅站务员	① 在站厅、出入口范围发生的治安、安全事件，要及时赶到现场，注意保护好现场，寻找两名及以上目击证人，有资格人员可对伤者使用外用药； ② 在站厅、出入口范围发现非地铁宣传品时，及时采取措施并报告车控室； ③ 运营时间内每2小时巡视一遍出入口并将巡视情况报车控室，车控室作记录。发现有故意损坏或偷窃地铁设备设施行为时及时制止，并及时报告车控室； ④ 负责站厅、出入口的客流组织工作，及时疏导乘客，防止乘客过分拥挤，及时向车控室汇报客流变化情况； ⑤ 负责站厅票务工作的安全保卫
	站台站务员	① 负责维护站台秩序，当客车进站时应尽量于紧急停车按钮附近站岗，发现危及行车、人身安全时及时通知司机或按压紧急停车按钮； ② 向乘客宣传站在安全线内候车，维护站台秩序，组织乘客有序乘降，对车门/安全门关闭时抢上抢下行为予以制止； ③ 监督车门/安全门关闭情况，发现夹人、夹物时及时用电台通知司机，若司机无回应立即按压紧急停车按钮，并及时汇报车控室； ④ 检查站台乘客候车动态，帮助乘客，回答乘客询问，发现有违反地铁规定的行为要及时制止； ⑤ 列车到达间隔巡视整个站台，发现问题及时采取相应处理措施； ⑥ 站台站务员与司机之间有互联互控的责任，发生异常情况时通知司机，司机必须回应；司机要求车站协助时，车站须按规定给予配合，如NRM(normal responses mode，正常响应方式)监控、车门故障协助处理等

想一想

在地铁车站，跟票务有关的岗位有哪些？

任务拓展

上海地铁正为防止车门、屏蔽门夹人夹物事故设置了人防、技防等2道防线，进一步强化车门、屏蔽门等设施的上下客安全防范机制。技术防范的措施如图6.19所示。

(a) 屏蔽门紧急拉手

(b) 车门紧急解锁

(c) 站台紧急停车按钮

图6.19 技术防范的措施

专人监控紧急制动按钮，是安全防范的最后一道防线，上海地铁进一步明确了监控人员的安全责任。除了要求列车司机在启动前进一步加强瞭望、察看站台监控视频、确认站务员已经发出可以启动列车的人工信号外，车站站务员必须密切关注站台情况，一方面维护正常上、下客秩序，另一方面留意意外情况，一旦发生危险，将按下站台紧急按钮，阻止列车开行。

据了解，在“夹人事故”中，紧急制动按钮若能以最快的速度发挥作用，都是避免惨剧发生的最后一线机会。因此，地铁站站务员在上岗时，被明确要求距离紧急按钮不能超过一定的安全距离。

(资料来源：姜丽钧．站务员距紧急按钮不能超过一定距离[N]．东方早报，2010．有删改)

任务操作

(课堂任务操作)针对出行任务，分组完成：调研轨道交通运营管理岗位及其职责，重点是车站岗位职责，撰写调研报告。

任务考核

本任务主要学习了轨道交通客运岗位认知，请你思考以下几个问题，并作为自我检查：

1. 简要说明运营控制中心岗位及其职责。
2. 简要说明地铁车站的岗位及其职责。
3. 举例说明地铁站务员的工作内容。

任务6.3　城市轨道交通运营管理模式选择

知识目标

1. 熟悉城市轨道交通运营管理模式。
2. 了解不同运营管理模式的适用性。

能力目标

能根据城市发展的实际情况选择适合城市发展的轨道交通管理模式。

任务引入

从出行角度出发，调研你所熟悉的城市轨道交通运营管理模式。

任务分析

自1863年世界第一条地铁在英国伦敦建成通车以来，地铁便因其占用土地和空间最少、运输能量最大、运行速度最快、环境污染最小及节约能源等众多优势而成为各国各地备受推崇的理想交通方式。

根据中国城市轨道交通协会统计，截至2013年年末，我国累计有19个城市(不含港澳台地区)建成并投入运营城市轨道线路87条，运营里程达2539千米。2013年共新增2个运营城市、16条运营线路、395千米运营里程。在2539千米运营里程中，地铁2074千米，占总里程的81.7%；轻轨192千米，占总里程的7.6%；单轨75千米，占总里程的3.0%；现代有轨电车100千米，占总里程的3.9%；磁浮交通30千米，占总里程的1.2%；市域快轨67千米，占总里程的2.6%。

目前，还有许多城市正积极筹备建设城市轨道交通。然而，由于城市轨道交通属于资金密集型行业，具有项目投资大、工期长、票款收入通常难以补偿运输成本等特点，国内外采取了很多不同的城市轨道交通运营管理模式。

6.3.1　城市轨道交通运营管理模式

目前国内外城市轨道交通运营管理模式主要有以下几种类型。

1. 有竞争条件下的官办官营模式

有竞争条件下的官办官营模式是指线路为政府所有，两家或两家以上的营运单位通过招标方式获得经营权。

有竞争条件下的官办官营模式是一种带有计划性质的市场竞争。在此模式下，政府作为业主给企业的补助较为优厚；官办性质的企业不能过分重视盈利，所以票价带有福利性；但是由于创造了一定的竞争环境，客观上提高了企业一定的经营积极性。

知识链接

首尔地铁的运营管理模式

韩国首尔地铁运营管理模式采用了官办官营模式。首尔的轨道交通系统由政府出资修建，并委托国有企业运营；在同一个城市内有两家以上的轨道交通运输企业，他们通过招投标的方式获得新线路的建设及经营权。

首尔的轨道交通网络包括首尔地铁和首尔铁路系统两部分，分别由首尔地下铁公司、首尔快速轨道交通公司和韩国国家铁路公司3家国有公司运营。地铁从运输税务系统得到补助金，但每年仍有亏损。燃料税是运输税务系统资金的主要来源。为弥补亏损，市政府不得不注入额外的资金发行债券。地铁系统在不动产和注册方面是免税的，也不用上交公司所得税、城市建设税和营业税。

2. 无竞争条件下的官办官营模式

无竞争条件下的官办官营模式是指线路为政府所有，一家单位独家经营，或两家以上单位按行政区域划分经营范围。

欧美国家多是采用无竞争条件下的官办官营的管理模式，主要是因为欧美国家的轨道交通系统客流密度比较低，系统少有盈利的可能性；这些城市一般由非营利性的公共团体代表政府管理城市轨道交通；票价带有极大地福利性，运营收入不能抵偿运营成本，主要靠补助金支持日常开销。

知识链接

无竞争条件下的官办官营模式案例

伦敦、纽约、中国广州、柏林及巴黎的地铁运营管理都属于无竞争条件下的官办官营模式。这种模式的特点是城市轨道交通的运营者由政府指定，政府给予相应的补贴。

例如，纽约的地铁系统在纽约市运输局(Metropolitan Transportation Authority，MTA)的管理之下。MTA是纽约州政府的下属机构，负责管理纽约市内的公共交通系统。MTA的董事会成员基本都由纽约州政府指定，其余部分由纽约市长或郊区各县的官员指定。自1950年以来，纽约所有轨道交通系统的资金补助都来自市政府、州政府和联邦政府的拨款；运营费用占总拨款的65%，不足的部分由州和联邦政府补贴；用税收收入补贴运营所需的资金。

想一想

比较上述两种运营管理模式的优缺点。

3. 官办半民营模式

官办半民营模式是指线路为政府所有，交由政府股份占主导地位的上市公司经营。

知识链接

香港地铁的运营管理模式

中国香港地铁的运营管理采用的就是官办半民营模式。香港地铁公司是一家上市公司，它的第一大股东为香港特别行政区政府。虽然是市场化运作，但是香港特别行政区政府为地铁公司提供担保，从多个方面干涉公司的经营。因此，香港地铁不能算是完全民营的模式，只能算作半民营。

香港特别行政区政府委任有关人员组成香港地铁公司董事局后，就让其按商业原则运作。政府主要靠法律手段规范市场主体的行动。2000 年，香港特别行政区政府又对地铁公司进行股份制改造，让高层主管及员工持股。该公司 10％的股份通过上市私有化。

4. 官办民营模式

官办民营模式是指线路为政府所有，交由民间股份占主导地位的上市公司经营。

知识链接

新加坡地铁的运营管理模式

新加坡的地铁运营管理就属于官办民营模式。新加坡快速轨道交通公司负责新加坡地铁的运营。公司的最大股东为一家私人企业。新加坡国土运输局拥有轨道交通的所有权和建设权并承担建设费用。

国土运输局(Land Transport Authority，LTA)是新加坡轨道交通系统的建设者和所有者，同时还是运输规则的制定者。它指定规则确保系统的正常运营和养护维修等工作。LTA 通过与新加坡快速轨道交通公司(SMRT)签订租借合同授予 SMRT 地铁线路的经营权，并对 SMRT 的运输行为进行约束。

新加坡地铁是把建设和运营分开的一种管理模式，所有线路都在 LTA 建设完成以后交付运营公司使用。它的主要特点有 4 个：①地铁作为福利由政府负担建设费用；②淡化运营公司的职能，运营公司无线路的所有权，政府不干涉运营收入，也不对运营开支进行补贴；③运营公司完全民营，第一大股东为私人投资公司；④由政府指定运营水平和规则，以此保证轨道交通的公共福利性质。

5. 多种经济成分构成的模式

多种经济成分构成的模式即公私合营，线路归政府和地方公共团体所共有，同样由政府和地方公共团体共同组织人员经营。

知识链接

东京的轨道交通系统

东京的轨道交通系统很早就引入了多种经济成分。例如，有政府投资、商业贷款、民间投资及交通债券等多种形式，充分开拓了融资渠道。

以帝都高速交通营团为例，它的资本金由日本政府和东京都政府分摊，运营补助金50%以上来自地方公共团体，贷款来源于政府的公共基金、运输设备事业团的无息贷款、民间借入金和交通债券等。政府对帝都高速交通营团的控制在于高层人员的任免(董事长由东京都政府任命)。帝都高速交通营团的管理委员会是真正的实权机构，它决定收支预算、营业计划和资金计划等。管理委员会共有5名成员，其中4名由国土交通局任命，1人由出资的地方公共团体推荐。

6. 私办私营模式

私办私营模式是指线路由私人集团投资兴建，由私人集团经营，政府无权干涉私人工作。

在这种模式下能最大限度地激发私人投资者的兴趣，但在票价、线路走向等敏感问题上政府与私人投资者不可避免地发生冲突；政府难以保证轨道交通作为公共福利事业的本质。轨道交通的投资回收期长，私人投资者要有在开始几年亏损的情况下偿还贷款利息的心理准备；这种模式会激发私人投资者严格控制建设和运营成本。

知识链接

曼谷轻轨的运营管理模式

曼谷轻轨的建设和运营由一家私人企业控股的公司——曼谷大众交通系统公共有限公司负责。泰国政府通过合同形式对轻轨建设和运营以及该公司的股本结构进行约束，如特许经营协议规定，票价范围在10～40泰铢等。

总体而言，西方国家城市的轨道交通线路几乎都是国家政府或市政府所有，由政府机构直接运营或是交给公有性质的企业运营，而东方国家城市的情况就比较复杂。

6.3.2 不同运营管理模式的适用性

通过对轨道交通运营管理模式的分析，可以发现轨道交通的运营管理模式在世界各国呈现出多样化的格局。由于不同的管理模式是在不同的社会环境下发展起来的，在具体选择时应立足城市实际状况，设计和选择适应城市实际情况的管理模式，从而有利于城市轨道交通的持续、健康和稳定的发展。从以上分析可知，不同模式均存在自身的优势与不足，有自己的适应范围。

1. 轨道交通福利性和营利性的博弈

强调轨道交通福利性质的城市和国家(如纽约、新加坡)，政府承担了过多的责任，都存在后续投资困难的危机；在选择营利性的城市如曼谷，难以保证轨道交通项目本身的有序发展；而在中国香港、东京及首尔，城市轨道交通发展已逐渐走上良性循环，城市轨道交通的福利性和营利性得到了较好的融合，基本上能够自给自足，以线养线，政府的角色也在逐渐淡出。

2. 客流量和线路类型是影响轨道交通管理模式选择的重要依据

结合世界主要大城市轨道交通的客流量密度(表 6－7)及国内主要城市轨道交通的客流密度(表 6－8)进行分析，可以初步得出以下结论。

表 6－7　世界主要城市轨道交通客流密度

单位：万人/(千米·日)

城市	伦敦	巴黎	纽约	柏林	香港	首尔	东京	曼谷	新加坡	上海
客流密度	0.64	1.54	0.8	0.77	2.86	1.75	2.87	1.7	1.3	1.64

表 6－8　我国主要城市轨道交通客流量

城 市	运营时间	运营里程/千米	运营线路/条	日均客流量/万人次	城市级别	备注
北京市	1969.10.1	465	17	1000	直辖市	全国第一个拥有地铁的城市
天津市	1984.12	138.8	5	50	直辖市	曾停运，2005 年 12 月改造后重新开通
上海市	1995.4.10	577.3	16	800	直辖市	地铁总长世界第一
广州市	1997.6.28	246.4	9	600	副省级市	
长春市	2002.10.30	48.3	2	14	副省级市	全国第一个拥有轻轨的城市
大连市	2002.11.8	86.6	4	10	副省级市	
武汉市	2004.9.28	72.7	3	67.3	副省级市	
重庆市	2004.11.6	169.9	5	109	直辖市	
深圳市	2004.12.28	178.3	5	244	副省级市	
南京市	2005.4.10	81.6	3	120	副省级市	
沈阳市	2010.9.27	115.1	6	50	副省级市	
成都市	2010.10.1	115.2	3	55	副省级市	
佛山市	2010.11.3	14.8	1	12	地级市	第一个开通地铁的地级市，其 1 号级即广佛地铁线
西安市	2011.9.16	45.9	2	62.94	副省级市	
苏州市	2012.4.28	51.3	1	11.1	地级市	

续表

城市	运营时间	运营里程/千米	运营线路/条	日均客流量/万人次	城市级别	备注
昆明市	2012.6.28	40.1	2	—	地级市	全国第一套高原城轨系统
杭州市	2012.11.24	48	1	17.5	副省级市	
哈尔滨市	2013.9.26	17.5	1	12.6	副省级市	全国首条耐高寒地铁线
郑州市	2013.12.28	26.2	1	19.3	副省级市	

注：1. 表中运营里程和运营线路数据来源于中国城市轨道交通协会，截止时间为2013年12月31日。

2. 表中运营里程数据来源于多方媒体报道，个别城市为估算和预测，截止时间为2013年7月。

3. 表中城市轨道交通包含地铁、轻轨、独轨、有轨电车、磁悬浮等形式。

4. 表中不含港澳台地区。

(1) 当客流密度在0～1.5万人/(千米·日)时，轨道交通运输缺乏盈利所需的必要客流，因此需要在政府的扶持下存活。这种类型的轨道交通系统适宜采用官办官营的管理模式。

(2) 当客流密度在1.5万～2.5万人/(千米·日)时，轨道交通运输基本具备维持运营成本所需的客流且能略有赢利，因此可考虑采用有竞争条件下的官办官营模式、公私合营及官办半民营的模式。

(3) 当客流密度达到2.5万人/(千米·日)以上时，可采用官办半民营、管办民营的模式。

(4) 当轨道交通的业主(政府)独自承担建设费用，而不从运营收入抵扣时，在大于1万人/(千米·日)的客流密度时就可尝试官办民营的管理模式。

(5) 考虑到市中心地区修建轨道交通的成本和物业开发的难度较高，市中心区轨道交通线路不宜采用私办私营的模式，必须有公共资本参与。私办私营的模式最好用于市郊铁路。在市郊铁路的条件下，客流密度达到1.7万人/(千米·日)以上时就可采用私办私营的模式。

小案例

城市轨道交通运营管理模式案例

1. 北京市

北京是我国最早建设、运营轨道交通线路的城市，在体制改革以前，北京轨道交通一直沿袭在北京地铁总公司领导下的建设、运营一体化模式。轨道交通的建设与运营基本上依赖于市政府。为加快轨道交通发展，解决轨道交通投资、运营存在的资金来源单一、运营亏损严重等问题，北京市政府对轨道交通体制进行了改革：组建北京市基础设施投资公司、轨道交通建设管理公司、地铁运营公司；在八通线、城铁等线路的建设过程中实行社会多元投资参与的项目公司制；地铁4号线项目作为国内第一个公私合营模式项目进行建设，该线路的“特许经营协议”已经正式签署，合营的京港地铁公司获得了30年的特许经营权；酝酿票制及票价改革，在运营领域引入竞争机制等。一系列改革举措对轨道交通的发展产生了积极影响。

2. 上海市

2000年，上海市进行了轨道交通体制改革，根据投资、建设、运营、监管“四分开”

的原则，探索政企分开、产权明晰、投资多元化、运作市场化的轨道交通发展之路。组建了上海轨道交通投资公司(申通集团)、上海地铁建设有限公司和上海地铁运营有限公司。此项改革对解决轨道交通建设资金筹措、项目投资控制、加快轨道交通建设起到了积极作用。但随着线网规模逐渐扩大，产生了新的问题，如投资方与运营方的关系、建设方与运营方的关系等。2004 年，地铁建设有限公司、地铁运营有限公司先后并入申通集团，实施了新一轮的投资与建设、运营合一的模式，较好地实现了轨道交通网络运营的要求。

任务拓展

国务院在 2003 年发布的《关于加强城市快速轨道交通建设管理的通知》中，对轨道交通的前期准备和审批工作有明确的规定。

现阶段，申报发展地铁的城市应达到下述基本条件：地方财政一般预算收入在 100 亿元以上，国内生产总值达到 1 000 亿元以上，城区人口在 300 万人以上，规划线路的客流规模达到单向高峰小时 3 万人以上。

申报建设轻轨的城市应达到下述基本条件：地方财政一般预算收入在 60 亿元以上，国内生产总值达到 600 亿元以上，城区人口在 150 万人以上，规划线路客流规模达到单向高峰小时 1 万人以上。对经济条件较好，交通拥堵问题比较严重的特大城市，其城轨交通项目予以优先支持。

城轨交通资金需求量大，仅靠政府单一投资渠道建设，难以满足城市建设发展的要求。要进一步开放城轨交通市场，实行投资渠道和投资主体多元化，鼓励社会资本和境外资本以合资、合作或委托经营等方式参与城轨交通投资、建设和经营，并采取招标的方式公开、公正地选择投资者。在融资渠道上，鼓励和支持企业采取盘活现有资产、发行长期建设债券和股票上市等方式筹集资金。城轨交通沿线土地增值的政府收益，应主要用于城轨交通项目的建设。

要改革现有国有城轨交通企业的经营体制，引入竞争机制，增强企业活力，提高管理水平和效益。要通过加强管理，理顺价格，开拓经营范围，提高企业自我积累、自我发展的能力，减轻城市财政压力，逐步实行自负盈亏。

任务操作

(课堂任务操作)针对出行任务，分组完成：调研你所熟悉的城市的轨道交通运营管理模式，并分析其优缺点，同时可选择其他城市进行比较，并撰写一篇调研报告。

任务考核

本任务主要学习了轨道交通管理模式的选择，请你思考以下几个问题，并作为自我检查：

1. 轨道交通管理模式有哪些？各有哪些优缺点，并请列表比较。
2. 你认为一个城市选择轨道交通管理模式的根据有哪些？
3. 请对正在建或即将要建设轨道交通的城市管理者提出一些有益的管理建议。

项目7 城市轨道交通运营组织

任务7.1 城市轨道交通运输组织

知识目标

1. 掌握城市轨道交通运输计划的编制方法。
2. 熟悉列车运行图的编制步骤。

能力目标

能根据城市轨道交通运行的实际情况编制运输计划。

任务引入

从出行角度出发，调研你所熟悉的城市轨道交通的运输组织情况。

任务分析

7.1.1 运输计划

运输计划是轨道交通系统运营组织的基础工作，它包括客流计划，全日行车计划，列车开行方案，车辆配备、运用与检修计划，以及日常运输调整计划等内容。为了充分发挥轨道交通系统运量大和服务有规律的特点，轨道交通系统的运输组织必须以客流计划作为基础，根据客流规律，合理编制运输计划，合理调度指挥列车运行，实现计划运输。

1. 客流计划

客流计划是指计划期间城市轨道交通线路客流的规划，它也是其他计划的基础和编制依据。对新线来说，客流计划要根据客流预测资料来编制，既有线路则可根据统计和调查资料来编制。客流计划的主要内容包括沿线各站到发客流数量，各站双向上、下车人数，全日分时段断面客流分布，全日高峰小时和低谷小时的断面客流量等。

最基础的站间客流资料可以用站间客流量OD表来表示，见表7-1，表中每行之和为上车人数，每列之和为下车人数，右下角为全线客流总量。如果要分方向，则还需要看车站的排列顺序。区间的断面流量可以在此基础上生成。表 7－2 表示某地铁按车站统计的一个断面流量表。

表 7－1　站间客流量 OD 表　　单位：人

始发站＼到达站	1	2	3	4	5	合计
1	—	3 260	22 000	1 980	1 950	29 190
2	2 100	—	21 900	2 330	6 530	32 860
3	5 800	4 900	—	3 220	4 600	18 520
4	5 420	4 100	3 200	—	4 390	17 110
5	1 200	4 320	7 860	3 420	—	16 800
合计	14 520	16 580	54 960	10 950	17 470	114 480

表 7－2　某地铁车站流量表　　单位：人

站名	A	B	C	D	E	F
上车人数	29 160	23 358	19 459	84 011	14 728	16 252
下车人数	29 960	23 554	20 721	83 461	12 378	18 735
合计	59 120	46 912	40 180	167 479	27 106	34 987

在客流计划的编制过程中，高峰小时有断面客流，可以通过高峰小时站间到发客流量资料来计算，也可以通过全日站间到发客流量来估算。在用全日站间到发客流量资料时，在求出全日断面客流量数据后，可根据高峰小时的断面客流量占全日断面客流量的一定比例来估算，比例系数的取值可通过客流调查来确定。全日分时最大断面客流量，可在求出高峰小时断面客流量的基础上，根据全日客流分布模拟图来确定。

2. 全日行车计划

1）全日行车计划的概念和编制依据

全日行车计划是指城市轨道交通系统营业时间内各个小时开行的列车对数计划。它决定着城市轨道交通系统的输送能力和设备(列车)使用计划，也是列车运行图(时刻表)编制的依据。

全日行车计划编制的依据包括以下 4 个。

(1) 营运时间计划，即城市轨道交通系统全日营运时间范围。它与城市居民的出行特点和文化背景、习惯有关。例如，南京地铁二号线运营时间为每天 6:00—23:00(图 7.1)，停止营运的目的主要是为设备维护和检修留出时间。

(2) 全日分时最大断面客流量。可根据上述客流数据推算。

(3) 列车定员数。列车定员数由列车编组数和车辆定员数决定。列车编组数以高峰小时最大断面的客流量作为基本依据。车辆定员的多少取决于车辆选取的类型、尺寸、车厢座位布置方式等。

起点站	终点站	首班车时间	末班车时间
迈皋桥	奥体中心	5:46	23:07
奥体中心	迈皋桥	5:51	23:08
迈皋桥	中国药科大学	5:42	23:13
中国药科大学	迈皋桥	5:48	23:17

起点站	终点站	首班车时间	末班车时间
油坊桥	经天路	6:00	23:00
经天路	油坊桥		

图 7.1　南京地铁运营时刻表

(4) 设计实际满载率。满载率指实际载客量与设计载客容量之比，它反映着系统的服务水平。一般地，满载率可取 0.75～0.90。

全日行车计划的编制一般要在分时行车计划编制完毕的基础上汇总后完成。分时行车计划中的列车开行对数计算公式为

$$n_i = P_{\max,i}/(c_{\mathrm{p}} \times \beta)$$

式中，n_i ——第 i 小时内应开行的列车数；

$P_{\max,i}$ ——第 i 小时最大客流断面旅客数量；

c_{p} ——列车的设计载客能力；

β——列车满载率。

全日列车开行对数应为

$$N = \sum_i n_i$$

式中，N——全日列车开行对数；

n_i ——某小时 i 内应开行的列车数。

在实际交通系统中，经常需要用到另一个指标来评价行车计划，即发车间隔 I：

$$I_i = 60/n_i(\text{分钟})$$

或

$$I_i = 3\ 600/n_i(\text{秒})$$

2）全日行车计划编制的基础资料和过程

(1) 编制的基础资料：站间客流量 OD 表(表 7－1)；营运时间为 5:00—23:00；全日分时最大断面客流分布比例见表 7－5 第二列；列车编组 6 辆，定员为 260 人；满载率高峰小时为 120%，其他时间为 90%；高峰小时为早 7:00—8:00，晚 17:00—18:00。

(2) 编制过程如下。

首先，根据站间客流量 OD 表(表 7-1)推算出各站上、下车人数，见表 7-3，进而推算出各站上、下行断面客流量，见表 7-4。

表 7-3 各站上、下车人数统计 单位：人

下行上车人数	下行下车人数	站名	上行上车人数	上行下车人数
29 190	0	A	0	14 520
30 760	3 260	B	2 100	13 320
7 820	43 900	C	10 700	11 060
4 390	7 530	D	12 720	3 420
0	17 470	E	16 800	0

表 7-4 各站上、下行断面客流量 单位：人

下行	区间	上行
29 190	A—B	14 520
56 690	B—C	25 740
20 610	C—D	26 100
17 470	D—E	16 800

其次，根据以上条件，编制全日列车开行计划。

根据各站上、下行断面客流量(表 7-4)可知，早高峰小时最大断面客流量为 56 690 人。根据全日分时最大断面客流分布比例可计算出分时最大断面客流量，见表 7-5。

根据已知条件计算可知：

高峰小时每列车乘客人数＝260×6×1.2＝1 872(人)

其他时间每列车乘客人数＝260×6×0.9＝1 404(人)

根据计算公式，可分别计算出分时行车计划中的列车开行对数和发车间隔，见表 7-5。

表 7-5 全日列车开行计划

时间	全日分时最大断面客流分布比例	单向最大断面客流量/人	分时开行列车数	间隔(分：秒)
5:00—6:00	15%	8 504	7	8:30
6:00—7:00	50%	28 345	21	2:50
7:00—8:00	100%	56 690	30	2:00
8:00—9:00	70%	39 683	29	2:05
9:00—10：00	50%	28 345	21	2:50
10:00—11:00	40%	22 676	16	3:40

续表

时间	全日分时最大断面客流分布比例	单向最大断面客流量/人	分时开行列车数	间隔(分：秒)
11:00—12:00	45%	25 511	18	3:15
12:00—13:00	50%	28 345	21	2:50
13:00—14:00	55%	31 180	23	2:35
14:00—15:00	60%	34 014	25	2:25
15:00—16:00	60%	34 014	25	2:25
16:00—17:00	70%	39 683	29	2:05
17:00—18:00	90%	51 021	28	2:05
18:00—19:00	60%	34 014	25	2:25
19:00—20:00	50%	28 345	21	2:50
20:00—21:00	30%	17 007	12	6:00
21:00—22:00	20%	11 338	9	6:35
22:00—23:00	15%	8 504	7	8:30

3. 列车开行方案

列车开行方案是轨道交通日常运营组织的基础，包括列车编组方案、列车交路方案和列车停站方案3个部分。列车开行方案的比选应遵循客流分布特征与运营经济合理兼顾的原则，以实现既能维持较高的乘客服务水平，又能提高车辆运行效率的目标。

1）列车编组方案

（1）列车编组种类。列车编组各类具体包括3种。一是大编组方案。大编组是指在运营时间内列车编组辆数固定且相对较多，如地铁列车采用6辆或8辆编组的情形，二是小编组方案。小编组是指在运营时间内列车编组辆数固定且相对较少，如地铁列车采用3辆或4辆编组的情形。三是大小编组方案。大小编组是指在运营时间内列车编制辆数不固定，这有两种情形，一种是在客流非高峰时段编组辆数相对较少，在客流高峰时段编组辆数相对较多，如在客流非高峰和高峰时段，地铁列车分别采用3/6辆编组、4/6辆编组或4/8辆编组的情形；另一种是在全天运营时间内采用大小编组，如地铁列车采用3/6辆或4/6辆编组情形。在采用大小编组方案时，与4/6辆编组方案相比，3/6辆编组方案具有乘客服务水平较高，可根据客流量灵活编组及车辆维修周期一致等优点。

想一想

北京、上海、广州、南京等城市地铁的编组方案是什么？

（2）影响列车编组方案比选的因素。为满足一定的客流需求，轨道交通必须提供一定的列车运能。小时列车运能既与小时内开行的列车数有关，也与列车编组辆数和车辆定员有关。假设小时列车运能应达到 18 000 人，在车辆选型一定时，列车编组与列车间隔成正比关系；在列车间隔一定时，列车编组与车辆定员成反比关系，见表 7-6。由此可见，影响列车编组方案选用的主要因素是客流、通过能力和车辆选型。此外，在进行列车编制方案比选时，通常还应考虑乘客服务水平、车辆运用经济性和运营组织复杂性等影响因素。

表 7-6　列车编制与车辆选型、通过能力的关系

方案序号	一	二	三	四
编组辆数/辆	3	6	4	6
车辆定员/人	300	300	300	200
列车间隔/分钟	3	6	4	4
列车运能/(人/时)	1 800			

2）列车交路方案

(1) 列车交路方案的种类。一是长交路，又称常规交路，列车在线路的两个终点站间运行，到达线路终点站后折返。采用常规交路方案时，行车组织简单、乘客无需换乘、不需要设置中间折返站。二是短交路，又称衔接交路，是若干短交路的衔接组织，列车只在线路的某一区段内运行、在指定的中间站折返。采用衔接交路方案可提高断面客流较小区段的列车满载率，但跨区段出行的乘客需要换乘，以及需要设置中间折返站。与采用混合交路方案相比，短交路列车在中间折返站是双向折返，增加了折返作业的复杂性。三是长短交路，又称混合交路，长短交路列车在线路的部分区段共线运行，长交路列车到达终点站后折返。短交路列车在指定的中间站单向折返。采用长短交路方案可提高长交路列车满载率、加快短交路列车周转，但部分乘坐长交路列车乘客的候车时间会增加，且需要设置中间折返站。3 种交路如图 7.2 所示。

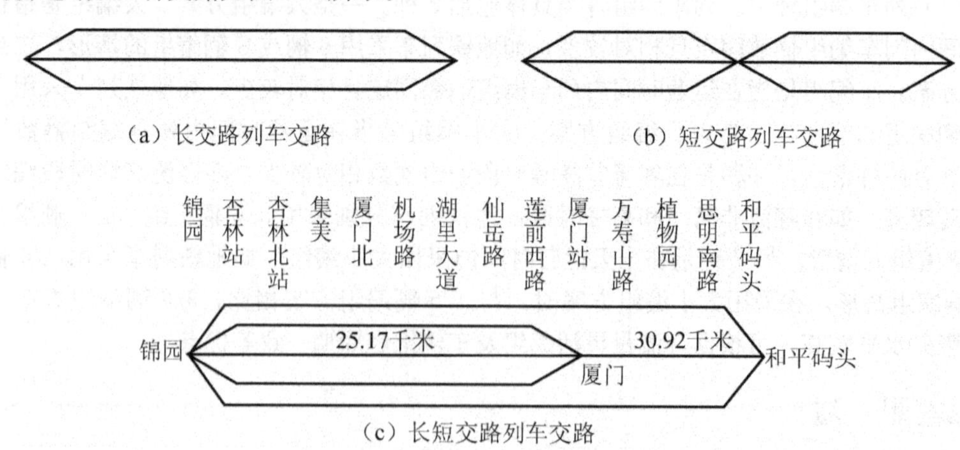

(a) 长交路列车交路　(b) 短交路列车交路

(c) 长短交路列车交路

图 7.2　不同类型的列车交路

(2) 影响列车交路方案比选的因素。符合客流的空间分布特征是列车交路方案选用的前提条件或必要条件。此外，影响列车交路方案比选的主要因素还有乘客服务水平、运营

经济性、通过能力适应性和运营组织复杂性等。当断面客流分布为阶梯形时，可选用长短交路或短交路方案，当断面客流分布为凸字形时，可选用长短交路方案；而在断面客流分布比较均衡时，一般应选用长交路方案。

小案例

京港新增13列车

据京港地铁公司行车计划负责人介绍，目前4号线和大兴线中，从天宫院站到新宫站的大兴线区间客流增长迅速，在早高峰时段，车辆的满载率可以达到95%，其中最高的小时断面客流可达20 000多人次。现在4号线和大兴线所使用的行车计划是发一趟天宫院至安河桥北的全线车辆，称为大交路；再发一趟由新宫至安河桥北的区间车辆，称为小交路。大、小交路车辆按照1∶1的比例发车，则天宫院至新宫的大兴线区段的发车时间间隔将是新宫至安河桥北4号线区段的两倍。平均下来，大兴线区段的发车间隔是4分钟，而4号线的平均发车间隔是2分钟。

随着大兴线区段客流的增长，京港地铁计划新增13列车辆，将车辆总数由现在的73列增加至86列。在运力储备提升的基础上，该公司计划将大小交路套跑按照2∶1的比例开行，即发两趟全线车辆，配以一辆区间车辆，这样大兴线区段的平均发车间隔将被缩短至3分钟。

（资料来源：王伟，等. 大兴线行车间隔有望缩短为3分钟[N]. 北京青年报，2012. 有删改）

3）列车停站方案

（1）列车停站方案类型，见表7-7。

表7-7 列车停站方案的类型

停站方案	停车情况	特征
站站停车	列车在全线所有车站均停车	线路上开行列车种类简单，不存在列车越行，乘客无须换乘，无须关注站台上的列车信息
区段停车	在长短交路情况下采用，长交路列车在短交路区段外每站停车，但是短交路区段内不停车通过。而短交路列车则在短交路区段内每站停车，短交路列车的中间折返站同时又是乘客换乘站	长交路列车在短交路区段内不停车通过，列车停站次数的减少使长交路列车的停站时间及起停车附加时间总和也相应减少，提高了列车运行速度，压缩了列车周转时间。有利于压缩长距离出行乘客的乘车时间和减少车辆运用、降低运营成本
跨站停车	在长交路的情况下采用，即线路上开行的列车选择不同的依靠站	与区段停车方案相似
部分列车跨多站停车	指线路上开行两类长交路列车，即普速、站站停车列车和快速、跨多站停车列车，快速列车只在线路上的主要客流集散站停车，而在其他站则不停站通过	提高列车运行速度，避免了部分乘客需要换乘的问题，既能提高运营经济性，又不降低对乘客的服务水平。该停车方案的运用也比较灵活，运营部门可根据客流特征、按不同比例确定快速列车开行对数

（2）影响列车停站方案比选的因素。采用非站站停车方案通常有利于减少车辆运用与降低运营成本，但采用非站站停车方案也会出现一部分乘客节约了乘车时间，另一部分乘

客增加了候车时间或换乘时间的情形，乘客节约时间总和是否大于增加时间总和取决于站间OD客流的空间分布特征。此外，由于轨道交通车站一般不设置侧线，采用非站站停车方案还会产生列车越行问题。因此，影响列车停站方案比选的主要因素为站间OD客流特征、乘客服务水平、列车越行、运营经济性和运营组织复杂性等。

在采用列车非站站停车方案时，存在后行列车越行前行列车的可能性。如果后行列车越行前行列车，可通过调整列车追踪运行间隔来避免越行，但这是以降低线路通过能力来换取列车不越行，难以适应大客流的线路或客流增加较快的线路。因此，采用非站站停车方案，必须对列车越行相关问题，如列车越行判定条件、越行站设置数量及位置等问题做进一步分析。

4. 车辆配备、运用与检修计划

车辆配备计划是指为完成全线全日行车计划所需要的车辆保有量计划。车辆保有量计划包括运用车辆数、在修车辆数和备用车辆数3个部分。列车保有量是根据线路远期客流预测数据，测算远期运行行车间隔，得出所需运用列车数；备用列车数量是按照运用列车数量的10%取得；检修列车数量一般为运用列车数量的10%～15%。

1）运用车辆数

运用车辆数是指为完成日常运输任务所必须配备的技术状态良好的可用车辆数量。它与高峰小时开行的最大列车对数、列车运行速度及折返站停留时间等因素有关，其计算公式为

$$N = n_{高峰}\theta_{列}\ m/60$$

式中，$n_{高峰}$——高峰小时开行的列车对数，单位为列；

$\theta_{列}$——列车周转时间，单位为分钟；

m——平均每列车编成辆数，单位为辆/列。

考虑到地铁车辆有时是以动车组形式编组，此时运用车辆数的公式为

$$N = n_{高峰}\theta_{列}\ L/60$$

式中，L——每列车动车组组数，单位为组/列。

上述两式中，列车周转时间是指列车在线路上往返一次所消耗的全部时间。它包括列车在区间运行时间、列车在中间站停留时间及列车在折返站作业停留时间。其计算公式为

$$\theta_{列} = \sum t_{运} + \sum t_{站} + \sum t_{折停}$$

式中，$\sum t_{运}$——列车在线路上往返一次各区间运行时间之和，单位为分钟；

$\sum t_{站}$——列车在线路上往返一次各中间站停站时间之和，单位为分钟；

$\sum t_{折停}$——列车在折返站停留时间之和，单位为分钟。

2）在修车辆数

由于运营过程中的损耗，车辆需要定期检修，以预防故障或事故的发生。在修车辆则是指处于定期检修状态的那部分车辆。车辆检修包含车辆检修级别和车辆检修周期。它们是根据车辆设计的性能、各部件在正常情况下的使用寿命及车辆的运用环境和运用指标(如走行公里等)来确定的。城市轨道交通系统车辆的检修级别通常包括日检、双周检、双月检、定修、回修和大修(厂修)6类。表7－8给出了某地铁系统车辆检修周期计划，可根据车辆的检修周期来推算在修车辆数量。

表 7-8　车辆检修周期计划

修程	检修周期	走行公里/万公里	检修休时
日检	每天		2
临修	每天		
周检	一周	0.4	4
月检	一个月	1	8
双月检	两个月	2	12
三月检	3个月	2	16
定修	1年	10	40
架修	5年	50	200
大修(厂修)	10年	100	320

3）备用车辆数

备用车辆数是为城市轨道交通系统适应可能的临时或紧急运输任务、预防车辆故障发生而准备的技术状态良好的车辆数。一般来说，这部分车辆可控制在10%左右。不过，投产不久的新线由于车辆状态较好，在客流量不大时，备用车辆数可适当减少，以节约投资。

5. 日常运输调整计划

由于作业延误、设备故障等原因，会造成列车晚点，因此需要根据列车运行的实际情况，按照恢复正点和行车安全兼顾的原则，对运输计划进行调整。

列车运行是运输生产活动的重要环节，在日常运输活动中，为了保证列车运行安全和按图行车，需要设置专门人员，调整运输计划。日常运输计划调整的主要方法有以下6种。

（1）始发站提前或推迟发出列车。

（2）根据车辆的技术状态、线路允许速度，组织列车提高速度，恢复正点。

（3）组织车站快速作业，压缩停站时间。

（4）组织列车放站运行。

（5）变更列车运行交路，具备条件时在中间站折返。

（6）停运部分车次的列车。

6. 人员配备计划

轨道交通公司主要包括运营部门、设备部门及辅助部门。其中运营部门人员主要是乘务员和站务工作人员；设备部门人员配备对象主要是车辆设备检修工作人员、变电站、触网、轨道等维护人员；辅助部门人员配备对象主要是从事信息、数据及研究工作的人员。

1）管理部门人员配备

管理部门人员配备应本着精简的原则，参考国内外有关公司的经验，结合自身情况，从实际出发予以确定。

2）运营部门人员配备

(1) 驾驶员的配备。驾驶员的配备分为包乘制和轮乘制，前者如北京地铁，优点是驾驶员对车辆的性能情况较为熟悉，有利于保养维修；缺点是人员配备较多。后者如上海地铁，它的优点是大幅度地降低了驾驶员的配置，减少了人工成本，提高了公司效益，不利因素是驾驶员对车辆的性能不是很了解。

(2) 站务工作人员的配备。站务工作人员配备可参照国内外有关轨道交通公司的经验，确定平均每个站所需要的工作人员定额，然后根据车站总数确定总人数。

(3) 设备部门人员配备。设备部门维修人员分成车辆设备维修人员和其他设备维修人员。前者所需的人数参照有关经验，先确定平均每节车厢所需要的工作人员定额，然后根据车辆总数确定；后者所需要的人数可先根据有关经验确定平均每千米营业线路所需要的工作人员定额，然后根据营业线路长度确定。

7.1.2 列车运行图的编制

列车运行图是轨道交通行车组织工作的综合性计划，是地铁和轻轨行车组织工作的基础，它规定了各次列车占用区间的顺序和时间、列车在各个车站的到发及通过时刻、区间运行时分、停站时分、列车出入车辆段时分、设备保养维修时间和驾驶员作息时间等。列车运行图不仅把沿线各车站、线路、供电、车辆、通信信号等技术设备的运用联合成一个统一的整体，而且把所有与行车有关的部门和单位都组织起来，严格地按照一定程序有条不紊地进行工作，从而保证列车安全、正点运行。

1. 列车运行图的内涵

列车运行图是用坐标原理来表示列车运行状况的一种图解形式。它能直观地显示出各次列车在实际上和空间上的相互位置和对应关系，还能直观地显示出列车在各区间运行及在各车站停车或通过的状态。列车运行图是列车运行组织的基础。

2. 列车运行图的组成

列车运行图的组成如图 7.3 所示。

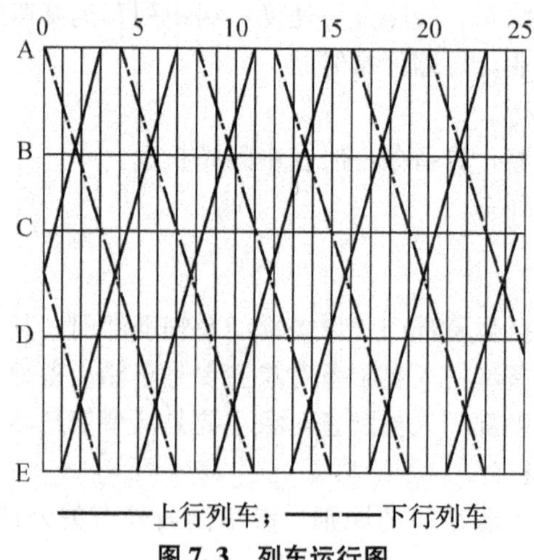

图 7.3 列车运行图

（1）横坐标，表示时间变量，按要求用一定的比例进行时间划分，一般城市轨道交通列车运行图采用1分格或2分格。

（2）纵坐标，表示距离分割，根据区间实际里程，采用规定的比例，经车站中心线所在位置进行距离定点。

（3）垂直线，是一组平行的等分线，表示时间等分段。

（4）水平线，是一组平行的不等分线，表示各车站中心线所在位置。

（5）斜线，列车运行轨迹(路径)线，一般以上斜线表示上行列车，下斜线表示下行列车。

在列车运行图上，列车运行线与车站的交点即表示该列车到达、出发或通过的时间。在列车运行图上，每个列车均有不同的车号和车次。按不同的列车类别规定代号或列车号，如专运列车、施工列车等；按发车顺序编制列车车次，上行采用双数，下行采用单数。列车车号表示每个列车的顺序编号。

3. 列车运行图的分类

根据列车运行速度，上、下行方向的列车数量，列车的运行方式等条件，列车运行图类别见表7－9。

表7－9　列车运行图的类别

分类标准	类别
按区间正线数目	单线运行图和双线运行图
按列车运行速度	平行运行图和非平行运行图
按上下行方向的列车数	成对运行图和不成对运行图
按同方向列车运行方式	连发运行图和追踪运行图
按使用范围	日常运行图、节假日运行图及其他特殊运行图(如春季、夏季、施工运行图等)

城市轨道交通系统的列车运行图多采用双线、成对、追踪、平行运行图。

4. 列车运行图编制要素

城市轨道交通列车运行图编制要素在内容上有3类：时间要素、数量要素、相关要素。

1）时间要素

时间要素包括以下内容。

（1）区间运行时分，指相邻车站之间的运行时分。

（2）停站时分，指列车停站作业(包括减速，加速，开、关车门等)及办理乘客上、下车所需时间总和。

（3）折返作业时分，列车到达终点站或在区间站进行折返作业的时间总和。

（4）出入段作业时分，即从车辆段停车库到达与其相接正线车站或折返的作业时间。

（5）运营时间，列车全日正常运送乘客的时间。

（6）停送电时间，指在运营开始前和运营结束后的停电、送电所需要确认的操作时间。

2）数量要素

数量要素是编制列车运行图的主要依据，是直接影响运行图编制的主要因素。

（1）全日分时段客流分布，根据客流的高峰、低谷而确定的影响列车的编组、运行列数等。

（2）列车满载率，即列车实际载客量与列车定员人数之比，编制运行图既要保证满载率又要留有一定的余地，以应对客流异动；同时，也要考虑乘客乘车的舒适性。

（3）列车最大载客量，分为定员载客量和超员载客量。

（4）列车入库能力，指每个时段通过出入库线路的最大的列车数。

3）相关因素

相关因素包括与其他交通方式的衔接，包括港口、机场、公交枢纽等；与大型体育场所，娱乐、商业中心的衔接；列车检修作业；列车试车作业；司机作息时间安排；车站的存车能力；电动列车的能耗等。

5. 列车运行图编制步骤

1）人工编制

（1）确定全日列车开行对数。

（2）确定运行图编制原则及具体要求。

（3）按列车运行图组成要素，收集资料并计算、查定各要素的数值。

（4）编制列车运行方案图。

（5）计算所需的运用列车数。

（6）征求有关部门的意见。

（7）修改运行方案。

（8）根据方案绘制详细的列车运行图。

（9）编写运行图说明书。

2）计算机编制

由工作人员将运行图编制要素的数据输入计算机，由计算机编制出列车运行图，通过人机对话进行修改。这种功能可以由工作人员预先编制软件实现。ATC系统的自动编制运行图，可以由传统的坐标图解形式表示，也可采用时间序列表示。

编制完成后，客运部门应编制相应列车运行时刻表，向乘客公布；车辆部门则应编制列车驾驶员专用的运行图。列车运行图反映了行车组织工作的水平。

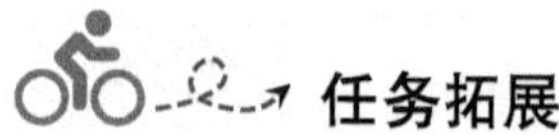

任务拓展

巧手绘制地铁列车运行图

地铁每条线路、每天正常运行的依据，就是一张制作到秒的列车运行图。过去，地铁客流变化相对稳定，一张运行图可以用上六七年。这几年北京地铁进入高速发展期，运营线路由原来的2条增加到8条。随着路网逐步形成，以及北京市交通低票价惠民政策的推出，地铁客运量发生了惊人变化，刚刚编制的列车运行图，几周后就难以应对客流的变化。为给乘客出行提供相对舒适的乘车环境，地铁列车运行图经常随着客运量的变化、随着乘客的需求、随着新线的开通不断调整。这几年，地铁列车运行图的调整、变化如同家

常便饭，最多的一年，新编、调整列车运行图达30张，平均每10余天就有一条线路的运行图进行调整或者新编。

以前要依靠格尺、笔和橡皮精心计算，如图7.4所示。近几年，虽然有了编制软件作为辅助工具，但要绘制好列车运行图，依然不是一件容易的事情。例如，地铁1号线，要把每天对开的313对列车合理、有序地“码放”在地铁运营的18个小时里，既要考虑早高峰时间最小2分15秒、晚高峰时间最小2分30秒的间隔，又要考虑安排好列车每天回库的80分钟的常规列车检修，还要考虑列车的折返时间，信号供电设备的技术指标，以及8条线路首末车时间的衔接……

图7.4 手绘地铁列车运行图

近几年，列车间隔从最初的缩短一两分钟到最短的缩短15秒，几乎到了极限。别小看这15秒，对于地铁来说就是“挤”出来的。为此，张欣和同事经常登上列车，在早晚高峰时用秒表检验车辆、信号的技术参数。每次都要在车上待上三四天，获取第一手资料，为新编列车运行图提供依据。他们还在人员操作、设备能力中科学挖潜，多次与相关单位研讨，结合设备实际特点，进一步优化列车作业时间，合理安排列车上线时间。“每次缩短列车运行时间，不单单是向设备要时间，还要跟人员、技术和管理‘抢’时间。”张欣说，每编制好一个时间点，她们经常要绞尽脑汁。当一张张新编列车运行图开始顺利实施，并缓解了地铁运力紧张状况时，张欣和她的团队依然不敢松懈，总会在第一时间来到运营一线，查看新图的运行状态，为完善、修改列车运行图做好准备。

（资料来源：谢琳．巧手绘制地铁列车运行图[N]．首都建设报，2010．节选，有删改）

任务操作

（课堂任务操作）针对出行任务，分组完成：调研你所熟悉的城市的轨道交通的客流，编制其运输计划。

任务考核

本任务主要学习了轨道交通运输组织，请你思考以下几个问题，并作为自我检查：

1. 简要说明全日行车计划绘制的依据。
2. 请分别说明列车开行方案、列车交路方案、列车停站方案的类型及影响因素。
3. 简要说明列车运行图的组成、编制要素及步骤。

任务7.2　城市轨道交通行车调度

知识目标

1. 了解行车调度员的素质要求、运行调度的基本任务及主要设施。
2. 掌握行车调度日工作程序及分析与考核。

能力目标

能根据行车调度日工作程序完成调度工作，并能进行行车调度分析。

任务引入

从出行角度出发，调研你所熟悉的城市轨道交通行车调度的程序。

任务分析

调度工作由控制中心实施，实行各部门各工种高度集中的统一指挥，保证列车运行安全、准时，及时调整与实现各种情况下的乘客运输任务，运行调度工作是城市轨道交通系统运行的核心，在调度机构的组织体系中通常设有行车调度员、电力调度员、环控调度员等调度工种。

7.2.1　行车调度员的素质

行车调度员是列车运行的统一指挥，负责监控或操纵列车运行控制设备，掌握列车运行、到发情况，发布调度命令，检查各站执行和完成计划情况，在列车晚点或运行秩序混乱时采取有效措施尽快恢复按图行车，负责施工要点登记，发生行车事故要迅速采取救援措施，并向上级和有关部门报告，填写各种报表。

行车调度员应具备以下素质。

(1) 必须熟悉驾驶员、车站行车值班员和车辆段信号值班员等与列车运行有关的作业人员情况，了解他们的工作经历、业务水平和个性等情况，充分调度有关人员的工作积极性。

(2) 必须熟悉车辆的技术性能、使用状态等情况。车辆是运送乘客的工具，实现调度指挥的物质基础，只在熟悉车辆情况，才能使按图行车建立在可靠的基础上。

(3) 必须掌握气候变化对客流增减及对列车运行影响的一般规律。例如，在雨天、高峰时间和低谷时间的客流量都会出现反常情况；在夏天打雷下雨时，避雨的人群有时会使车站出入口、站台堵塞等。

(4) 必须熟悉与行车有关的各种技术设备，如行车自动控制系统及其信号、联锁和闭塞设备、车站折返线设备和通信广播设备等。

(5) 必须掌握列车运行图理论，熟悉各种技术文件和有关的规章制度，能按有关规定绘制实际运行图，及时正确地发布调度命令，准确填写登记簿。

行车调度员是日常运输工作的具体组织者、指挥者，对实现列车运行图和完成运输工作的指标负有重大责任，所以，所有有关的行车人员必须执行行车调度员的命令，服从指挥。

想一想

如何做一个合格的行车调度员？

7.2.2 运行调度工作的基本任务

运行调度工作的基本任务主要有以下7项。

(1) 组织指挥各部门、各工种严格按照列车运行图工作。

(2) 监视列车到达、出发及途中运行情况，保证列车运行的正常秩序。

(3) 在运行秩序因故不正常时，能够采取措施，尽快恢复正常秩序。

(4) 及时、准确处理行车异常情况，防止行车事故。

(5) 随时掌握客流情况，及时调整列车运行方案。

(6) 检查监督行车部门执行运行图情况，发布调度命令。

(7) 当区间与车站发生行车事故时，按运行组织工作规定的程序和内容汇报给上级主管部门，并采取措施防止事故扩大，参与组织救援工作。

地铁或轻轨在双线行车时，正常情况下是按右侧单方向运行，列车运行以闭塞分区作间隔。有了行车闭塞方法、列车运行图及行车交路等之后，列车运行的问题还没有全部解决。这是因为有关列车运行的条件随时都可能发生变化，如客流有增有减，按图运行的列车可能发生晚点、运行秩序紊乱等，都需要采取相应的运行调整措施；在区间或车站发生事故时，更要及时防止事故扩大并组织救援等，都要求在日常的运输工作中根据情况的变化，采取调整措施，使列车尽可能按图运行。这一任务主要由行车调度员完成。

为统一指挥日常运输生产工作，地铁或轻轨的行车工作必须坚持高度集中、逐级负责的原则。行车调度员统一指挥；车辆段由运转值班员统一指挥；列车由本车值乘司机负责指挥(图7.5)；列车在车站时，所有乘务人员应按车站行车值班员的指挥进行工作。每一级都应严格执行上一级的调度指挥。在实行调度集中控制时，有关行车工作由该区行车调度员直接指挥，在转为车站控制时，由车站值班员指挥。

图7.5 列车司机与调度沟通

7.2.3 运行调度工作的主要设施

随着城市轨道交通运行控制系统的设备逐步向自动化、远程化、计算机化的方向发展，列车运行调度设备也从人工电话调度指挥方式，向电子调度集中和计算机调度集中控制设备发展。

1. 人工调度指挥系统

(1) 调度所设备，包括调度电话总机、传输线。

(2) 车站设备，包括调度电话分机、传输线。

(3) 车上设备，包括无线调度电话。

由调度员通过调度电话与车站值班员直接对话，由值班员安排列车进路，了解列车到达、出发信息，下达列车运行调整调度命令，通过车站值班员调度电话分机，呼叫列车驾驶室的无线调度电话，传达调度命令，调度员人工绘制实际运行图。

2. 电子调度集中设备

(1) 调度所设备，包括调度集中总机、运行显示屏、运行图绘制仪、传输线等。

(2) 车站设备，包括调度集中分机、传输线等。

(3) 车上设备，包括无线调度电话。

电子调度集中设备实现了运行调度指挥的遥信和遥控两大程控功能(欠缺遥测这项基础功能)。此时调度员将直接安排列车进路，直接指挥列车运行调整，并通过显示屏监督列车运行情况。在必要的时候，则可将列车运行进路排列工作下放至车站，由值班员执行。

3. 计算机控制的自动调度设备 CATS

计算机控制的自动调度设备 CATS(Computer automatic train supervisim)即 ATC 系统中央控制室(OCC)中的调度指挥系统，如图 7.6 所示。主要功能如下。

(1) 具有列车运行显示及人工控制功能。

图 7.6 地铁控制中心

(2) 能发出控制需求信息，并从线路轨道及信号设备接收信息。

(3) 能由OCC自动或由调度员人工将调度信息传送到车站设备(如停车时间、运行等级等)。

(4) 实现列车的动态显示，如列车位置、到站出发时分、车次车号等。

(5) 储存多套列车运行图，如正常运行图、节假日运行图、施工运行图、事故调整运行图等。

(6) 按当前正在使用的列车运行图调整列车运行。

(7) 监视列车运行、调整列车发车时间、控制列车停站时分、控制终点站列车进路。

(8) 非正常情况报警。

(9) 生成与修正运行报告、记录运行数据信息、提供实时记录的重放，包括运行图、统计指标等。

7.2.4 行车调度日工作程序

行车调度日工作程序在末班车入段停电后，为各项设备、设施的检修保养和线路施工养护的时间。但一般最迟必须在4:00前结束。

启用ATC系统时行调的日工作程序如下(以上海地铁1号线为例)。

(1) 每天4:00—4:30，日运营前的准备工作：①通知各站汇报检修人员、器具撤离情况，确保隧道内无人、无物遗留；②通知名站汇报线路及触网情况，并记录。

(2) 当情况正常时，通知电调向触网送电。

(3) 待电调回复送电完毕后，行调通知各站、段准备，按图定时间行车。

(4) 启动CATS，输入信息，调用当日列车计划运行图。

(5) 头班车出段，投入运行。

(6) 末班车入段，通知电调正线触网停电。

(7) 打印运行报表。

(8) 停电完毕，通知车站进入隧道维修养护开始。

(9) 中断CATS工作。

(10) 做好各类事故的统计整理。

(11) 汇总调度报表。

7.2.5 行车调度工作分析与考核

1. 行车调度分析

运行调度分析是指对列车运行图进行综合分析，查找行车秩序不正常的原因，寻找规律性的特征以供修改列车运行图，完善各方面的工作。列车运行图分析主要包括以下内容。

(1) 日运行图分析。一般情况下，由当班主任调度员负责分析，对列车运行计划完成情况、车辆运用情况、检修施工情况、电力运行情况、环控运行情况进行统计，并对列车晚点原因分类说明。

(2) 旬运行图分析。由调度所日勤分析员在日运行图分析的基础上，对列车运用、走行里程、正点率、计划兑现率及调度调整手段进行分析。

(3) 月运行图分析。在调度所主任的主持下，在旬运行图分析的基础上，完成对列车运用、走行里程、正点率、计划兑现率、运营里程、空驶里程、技术速度、行车事故次数等指标的分析。

(4) 特殊项目分析。如一段时间内，列车运行正点率持续较低，就应该对列车运行正点率作为特殊项目分析，找出列车晚点原因(如设备影响、客流大、天气不好、司机操作水平差等)。

2. 行车调度工作考核

行车调度工作考核指标包括计划兑现率、列车正点率、列车运行通过率和平均满载率等。

1) 计划兑现率

计划兑现率是指实际开行车数(不包括临时加开的列车数)与列车运行图计划开行的列车数之比。

2) 列车正点率

列车正点率是指按列车运行图的图定车次、时间准点运行的列车数(包括根据调度命令临时加开或减开，以及调点列车)与全部开行列车数之比。其计算公式为

列车正点率=(全部开行列车数－晚点列车数)/全部开行列车数

列车正点率可分为始发正点率和到达正点率。列车正点率统计中应注意以下 3 点。

(1) 凡按列车运行图的图定车次、时间准点始发、到达终点的列车都统计为正点列车数。早点或晚点不超过 1 分钟的按正点统计。临时增开的列车也按正点统计。

(2) 由于客流变化而抽线或加开列车，行车调度员采取措施对部分列车调点时，该部分列车仍按正点统计。

(3) 如遇大型活动，影响列车运行秩序，可以不统计正点率指标，或部分时间内的列车运行情况不予统计。

3) 列车运行通过率

列车运行通过率是指在车站不停车通过的开行列车数与全部列车数(不包括列车运行图图定的通过列车)之比。其计算公式为

列车运行图通过率=通过列车数/全部开行列车数

不论是在始发站还是中间站，由于晚点或其他原因，列车不停站通过，都统计为通过列车数，某次列车如连续或不连续在几个车站通过，只统计为一个通过列车。

4) 平均满载率

平均满载率反映单位时间内的车辆运能利用的程度。其计算公式为

平均满载率=(日客运量×平均运距)/(线路长度×旅客运输能力)

任务拓展

行车调度违规致地铁追尾

事故原因：地铁行车调度员在未准确定位故障区间内全部列车位置的情况下，违规发布电话闭塞命令；接车站值班员在未严格确认区间线路是否空闲的情况下，违规同意发车站的电话闭塞要求，导致地铁10号线1005号列车与1016号列车发生追尾碰撞。

据新华社上海2011年10月6日电，上海地铁“9·27”事故调查组公布调查结果：“9·27”事故是一起造成重大社会影响的责任事故，12名事故责任人员受到严肃处理。

2011年9月27日14:37，上海地铁10号线两列列车在豫园站至老西门站下行区间百米标176处发生追尾事故，295人到医院就诊检查，无人员死亡。

经事故调查组查明，在未进行风险识别、未采取有针对性防范措施的情况下，申通集团维保中心供电公司签发了不停电作业的工作票，并经上海地铁第一运营有限公司同意，9月27日13:58，上海自动化仪表股份有限公司电工在进行地铁10号线新天地车站电缆孔洞封堵作业时，造成供电缺失，导致10号线新天地集中站信号失电，造成中央调度列车自动监控红光带、区间线路区域内车站列车自动监控面板黑屏。地铁运营由自动系统向人工控制系统转换。

此时，1016号列车在豫园站下行出站后显示无速度码，司机即向10号线调度控制中心报告，行车调度员命令1016号列车以手动限速方式向老西门站运行。14:00，1016号列车在豫园站至老西门站区间遇红灯停车，行车调度员命令停车待命。14:01，行车调度员开始进行列车定位。14:08，行车调度员未严格执行调度规定，违规发布调度命令。

14:35，1005号列车从豫园站发车。14:37，1005号列车以54千米/小时的速度行进到豫园站至老西门站区间弯道时，发现前方有列车(1016号)停留，随即采取制动措施，但由于惯性仍以35千米/小时的速度与1016号列车发生追尾碰撞。

(资料来源：http：//news. enorth. com. cn/system/2011/10/07/007897734. shtml. 节选)

任务操作

(课堂任务操作)针对出行任务，分组完成：调研你所熟悉的城市的轨道交通行车调度程序并能进行行车调度分析，撰写一篇分析报告。

任务考核

本任务主要学习了轨道交通行车调度，请你思考以下几个问题，并作为自我检查：

1. 行车调度员必须具备哪些素质?
2. 运行调度工作的基本任务有哪些?
3. 说明ATC系统OCC中的调度指挥系统的功能。
4. 说明行车调度日工作程序。
5. 行车调度工作考核指标有哪些?

任务 7.3 城市轨道交通行车组织

知识目标

1. 了解列车运行的相关概念。
2. 掌握列车运行调整方法及特殊情况列车运行组织。

能力目标

能根据列车运行情况进行正确的运行调整。

任务引入

从出行角度出发，调研你所熟悉的城市轨道交通列车运行组织方法。

任务分析

7.3.1 列车运行相关概念

在双线行车情况下，城市轨道交通系统的列车通常是按右侧单方向运行。列车的定义为以站外运行为目的按规定辆数编成的车组，并具备规定的标志。列车的标志是头部缓冲梁上方两个头灯，显示白色灯光；尾部缓冲梁上方两个尾灯，显示红色灯光。

为保证列车运行的安全，在组织列车运行时，通过设备或人工控制，使列车按闭塞分区或站间区间保持间隔距离的方法，称为行车闭塞法。

保持列车间隔距离的方法有两大类：一类是空间间隔法，按一定的空间间隔开行列车，即在区间或闭塞分区内没有列车的时候，才准许驶入列车；另一类是时间间隔法，按一定的时间间隔开行列车，即第一列车发出后，须经过一定的时间才发出下一列车。由于按时间间隔法行车，不易严格保持后行列车和前行列车的安全间隔，如果进路办理疏忽或驾驶员操纵不当，容易发生追尾事故。因此，城市轨道交通线路在正常情况下采用空间间隔法行车。只是在特殊情况下，才准许采用时间间隔法，而且要有安全保证措施。

在自动闭塞线路上，基本行车闭塞法为自动闭塞法，实行行车指挥自动化或调度集中控制；当基本闭塞设备不能使用时，根据行车调度员的命令改为电话闭塞法；在电话中断时，可按时间间隔法行车。

各站的行车工作由行车调度员统一指挥。车站和车辆段行车工作分别由车站行车值班员、车辆段信号楼值班员指挥。列车由值乘驾驶员指挥，列车在车站时，所有乘务人员应按车站行车值班员的指挥进行工作。

7.3.2　列车运行调整方法

组织列车正点始发是保证列车正点运行和实现列车运行图的基础。对始发列车，行车调度员应在列车出库、列车折返交路和客流情况等方面进行具体掌握和组织，以保证正点发车，列车在始发站发车早点不应超过1分钟。

在列车运行晚点时，行车调度员应根据列车运行的实际情况按规定的列车等级顺序进行调整，对同一等级的旅客列车可根据列车的连续车次和乘客多少等情况进行运行调整，尽可能在最短时间内使列车恢复按图运行。

在进行列车运行调整时，列车等级顺序依次排列如下：专用列车、旅客列车、调试列车、回空列车及其他列车。在抢险救灾的情况下，优先放行救援列车。列车运行调整应注意列车运行安全，做到恢复正点运行和行车安全兼顾。

列车运行调整的主要方法如下。

(1) 始发站提前或推迟发出列车。

(2) 根据车辆的技术性能、驾驶员操作水平和线路允许速度，组织列车加速运行、恢复正点。

(3) 组织车站快速作业，压缩停站时间。

(4) 组织列车通过某些车站。通过车站分为列车载客通过和列车放空通过两种情况。列车载客通过车站应严格掌握，一些客流较大的车站原则上不应组织列车通过，仅在由于车辆、设备故障、事故或车站因乘客滞留造成人多拥挤等原因引起运行秩序紊乱，或是特殊需要时，方准列车载客通过车站。为了缓解客流压力或因列车晚点影响后续列车运行时，准许列车始发放空通过某些车站，但不宜连续放空两个列车。组织列车通过车站时，行车调度员要加强预见性和计划性，提前下达命令。驾驶员和车站有关人员应对乘客做好宣传解释工作，车站应维持秩序，组织好乘客乘降，保证乘客安全。

特别提示

安排列车通过车站应考虑越站乘客是否有返回乘坐的列车，因此，末班列车不能载客通过车站。

(5) 变更列车运行交路，组织列车在具备条件的中间站折返。

(6) 组织列车反方向运行。在双线线路上，如一个方向列车密度较大，而另一个方向列车密度较小，为了恢复正点运行，可利用有道岔车站的渡线，将列车转到列车密度较小的线路上反方向运行。

(7) 扣车。当一条线路的列车由于车辆、设备故障或其他原因不能正常运行，造成换乘站站台上乘客拥挤时，行车调度员应采取扣车措施，即将另一条线路的上下行列车扣在换乘站附近的各个车站，以缓和换乘站的压力。扣车时间一般应控制在10分钟内，如果堵塞线路的列车在短时间内不能恢复正常运行，可组织扣下的列车在换乘站通过。同时，行车调度员应发布畅通线路各站停售跨线票的命令。另外，由于在一个区间内不准有3个及其以上的列车运行，如出现这种情况，行车调度员应将第二列车后面的各列车扣在车站。

（8）调整列车运行时间间隔。当换乘站由于客流骤增造成作业困难时，行车调度员可根据列车的运行情况，适当调整列车运行时间间隔，尽量避免各线列车同时到达换乘站。

（9）在环形线情况下，当一条线路运行秩序紊乱时，要尽力维持另一条线路的列车正常运行，并通知各站组织乘客乘坐畅通线路方向的列车。

（10）停运列车。行车调度员对列车运行调整方法的选择，取决于列车运行的具体情况，而在实际工作中往往可以几种列车运行调整方法结合运用。

7.3.3 特殊情况下列车运行组织

1. 列车自动控制系统故障时的行车

在采用ATC系统情况下，由ATC子系统完成列车运行的控制任务，行车调度员只起监控作用；列车根据ATP子系统提供的信息，由ATO子系统自动驾驶运行。

在ATC系统发生故障时，行车指挥方法和列车运行控制方式改变如下。

（1）ATS子系统发生故障，改为调度集中控制，由行车调度员人工控制全线的信号与道岔、办理列车进路和调整运行秩序。

（2）ATP地面设备发生故障，因ATO车载设备接收不到限速命令，无法按自动闭塞法行车。此时，如是小范围的设备故障，可由行车调度员确认故障区间空闲后，向驾驶员发布命令，列车在故障区间限速运行；如是大范围的设备故障，须停止使用自动闭塞法，改为车站控制，实行电话闭塞法行车。

（3）ATP车载设备发生故障，因故障列车无法接受限速命令，该列车驾驶员应按调度命令，人工驾驶限速运行。

（4）ATP子系统和车站通信设备同时发生故障，采用时间间隔法行车。

（5）ATO子系统发生故障，列车改为人工驾驶，在ATP车载设备的监护下，按车内速度信号显示运行。

2. 改为车站控制时的行车

凡发生下列情形之一时，根据行车调度员的命令，由调度集中控制改为车站控制。

（1）对所管辖的道岔或信号失去了控制作用。

（2）表示盘上失去了复示作用或不能正确复示。

（3）停止使用自动闭塞法。

（4）清扫道岔。

（5）列车运行或调车有关工作必须由车站办理。

当调度集中控制改为车站控制时，在行车调度员的指挥下，由车站行车值班员办理闭塞、准备进路、开闭信号和接发列车。

3. 改用时间间隔法时的行车

由于自然灾害或其他原因使车站一切电话中断，车站行车值班员无法与控制中心、邻站取得联系，为了不间断行车，双线区间可改用时间间隔法行车。此时行车作业办法与要求如下。

(1) 车站行车值班员指定改用时间间隔法的第一趟列车驾驶员，将实行该行车法的情况通知有关车站。

(2) 除线路两端折返站外，中间站道岔一律置于正线列车运行位置，如车站行车值班员无法在控制台上确认道岔位置或转换道岔，必须随车就地确认或办理。

(3) 出站信号机置于停车信号显示，列车进入区间的行车凭证为红色许可证，手信号发车。

(4) 两列车的间隔时间和列车运行速度应符合要求。

4. 夜间施工时的行车

夜间施工是城市轨道交通系统生产生活的重要组成部分。运输调度部门既要按照批准的施工计划，保证设备维修更换、线路扩建工程等夜间施工任务顺利完成，又要保证次日运输生产能正常进行。为此，夜间施工时的行车应按有关作业办法与要求组织。

(1) 行车调度员应认真核对当夜施工计划，对施工内容、地点和方法做到心中有数。目前规定如施工负责人在 23:00 前未与行车调度员确认夜间施工，视为施工计划自行取消，行车调度员不予安排。

(2) 行车调度员在 23:00 后将施工命令下达给有关车站值班员和信号楼值班员，对重点车站应做重点布置。行车调度员应保证施工时间，并在施工过程中与施工负责人保持联系。

(3) 需向施工封锁区间开行施工列车时，列车进入封锁区间的行车凭证为调度命令。调度命令中应包括列车车次、运行速度、停车地点、停车时间及到达车站的时刻等有关事项。向施工封锁区间开行施工列车，施工地点每一段只准进入一列。施工列车进入施工地段时，应在施工防护人员显示的停车手信号前停车，根据施工负责人的要求，按调车办法，进入指定地点。

(4) 施工列车应按闭塞方式运行。当一个区段一条线路上，只有一个列车往返多次运行时，可采取封闭区间运行的办法。此时，列车以始发站根据调度命令，凭手信号发车，并且还必须符合下列要求：①封闭区间的所有道岔均应保持开通于列车运行的方向；②封闭区间无其他施工作业；③列车不准越出封闭区间运行；④列车按调度命令指定时间离开封闭区间。

(5) 行车调度员应在满足施工要求的前提下，尽量缩小线路封锁或封闭的范围，使其对行车和其他施工作业的影响达到最小。

(6) 当施工负责人报告不能按时完成施工作业、造成设备损坏、影响邻线列车运行和发生人员伤亡等情况时，行车调度员应立即报告值班调度主任，同时采取有效措施，确保施工安全和次日运输生产能正常进行。

任务拓展

广州地铁今晚将通宵营运，多个站点要封闭

广州亚运会开幕式 2010 年 11 月 12 日在海心沙主会场隆重上演，广州地铁线网今晚将史无前例通宵运营，广州地铁线网相关线路及车展运营服务有所调整，市民出行要多留神。

2010 年 11 月 12 日早班车起，广州地铁将实行 24 小时通宵营运。

因安保需要，2010 年 11 月 12—13 日 0:00，广州地铁将封闭多个站点，尤其是珠江新城附近的站点，列车经过时将直接“飞站”，站点出入口也临时关闭。据介绍，距离主会场最近的地铁五号线珠江新城站、猎德站、潭村站停止对外服务，列车在此 3 站将“飞站”通过；五羊邨站 A 出入口、B 出入口只进不出，持票观众可从五羊邨站 D 出口出站再步行。

地铁三号线体育西路站至客村站区间停止运营，珠江新城、赤岗塔站停止对外服务，客村站 A 出入口、B 出入口只进不出；地铁八号线鹭江站 A1 出入口、A2 出入口，客村站 A 出入口、B 出入口，赤岗站 C2 出入口、D2 出入口，磨碟沙站 B 出入口只进不出。

此外，2010 年 11 月 12 日 15:00—16:00，地铁二号线海珠广场站 A、B1、D 出入口只进不出；16:00—21:00，海珠广场站将停止对外服务，列车在此站不停站通过。

（资料来源：陈洁娜. 广州地铁今晚通宵营运，多个站点要封闭[N]. 南方日报，2010. 节选，有删改）

任务操作

（课堂任务操作）针对出行任务，分组完成：调研你所熟悉的城市的轨道交通运行调整方法，撰写一篇调研报告。

任务考核

本任务主要学习了轨道交通行车组织，请你思考以下几个问题，并作为自我检查：

1. 什么是行车闭塞法？
2. 列车运行调整方法有哪些？
3. 举例说明特殊情况下列车运行组织。

任务 7.4　城市轨道交通客运组织

知识目标

1. 掌握车站客流组织方法。
2. 掌握大客流类型及相应的组织措施。

能力目标

能分析地铁车站客流状况及采取相应的客流组织措施。

任务引入

通过乘坐你所熟悉的城市轨道交通，调研其某个车站的客流状况及采取的客流组织措施。

任务分析

城市轨道交通系统的客流量随时间段不同具有明显的高峰与低谷，且这种不均衡性也与城市的产业布局、居民出行习惯有关。因此，应该有计划地进行客流组织与疏导，依靠科学管理实行优质高效的客运管理。

7.4.1　客流组织的内容

轨道交通主要通过合理的客流组织来完成其大容量的客运任务。客流组织是通过合理布置客运有关设备、设施，以及对客流采取有效的分流或引导措施来组织客流运送的过程。轨道交通控制中心负责轨道交通线路的客流组织工作，车站的客流组织由站长/值班站长负责。

客流组织的主要内容包括车站售票和检票位置的设置、车站导向的设置、车站自动扶梯的设置、隔离栏杆等设施的设置，以及车站广播的导向、售检票数量的配置、工作人员的配备及应急措施等。轨道交通客流组织的目的在于以保证客流运送的安全，保持客流运送过程的畅通，尽量减少乘客出行的时间，避免拥挤，便于大客流发生时的及时疏散。

不管是何种形式的车站(高架、地下、地面)，进站乘客最基本的流线是购票—经过检票机—通过楼梯上站台—乘车。出站乘客则反之。大客流的情况下，车站通过合理安排人员，做好乘客的疏导、宣传工作，对车站人流进行控制。人流控制应采取由内至外、由下至上的原则，在车站出入口、入闸机进行人流的两级控制。侧式站台的车站相对于岛式站台的车站容易将不同方向的客流分开，但不利于乘客的换乘，售、检票设置较分散，不利于车站管理。

为此，在进行客流组织时应特别考虑这样几个原则：①合理安排售、检票位置，出入口，楼梯，行人流动线简单、明确，尽量减少客流交叉、对流；②乘客换乘其他交通工具之间顺利连接；③完善诱导系统，快速分流，以减少客流集聚和过分拥挤现象；④均匀布置站台范围内公共区楼梯与扶梯；⑤满足换乘客流的方便性、安全性和舒适性等一些基本要求；⑥客流流量控制，可以通过对出入口控制点进行控制等方法，加强站区客流流量控制。

7.4.2　车站客运技术设备认知

1. 乘客导向系统

乘客导向系统由设置在车站外、出入口、通道、站厅、站台和车辆等处，包括图形、文字、符号和数字在内的各种静态导向标志，以及实时发布的视觉和听觉导向信息组成。具体可分为静态导向标志(图7.7)和动态导向信息(图7.8)，动态导向信息，即实时发布的导向信息，是静态导向标志的补充。按基本功能和媒介形式的不同，它们又可分为若干类型，具体见表7-10。

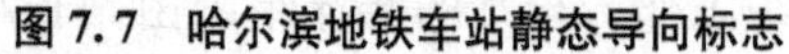
图 7.7　哈尔滨地铁车站静态导向标志

图 7.8　电子显示屏显示列车到达时间

表 7-10　车站导向系统

导向系统组成		内涵	举例
静态导向标志	方向性标志	为乘客提供引路信息和定位信息	出入口方向、售检票区域方向、换乘方向、列车运行方向、紧急出口
	示警性标志	一般危险或警告标志，指标乘客注意安全或不能进入	注意碰头、禁止吸烟、乘客止步、严禁跳下站台、高电压危险
	服务性标志	为乘客提供公共服务信息	线路和车站分布图、列车运行时刻表、票价信息、卫生间、车站周边公交线路与公共设施指南
动态导向信息	站台上的电子视觉信息	为乘客提供列车到站时刻及目的地、列车到站预告及安全提示、末班车离开后本站运营结束及发生紧急情况等信息	地铁站台电子显示屏上显示本次列车到达剩余时间
	车站内的广播信息	为乘客提供列车到站时间、候车安全提示、紧急情况时的安抚乘客和撤离通知等信息	列车广播到达车站名称

2. 售检票设备

售检票设备指为乘客提供售票和检票服务的相关设备。目前，国内轨道交通线路均采用自动售检票系统。

3. 站台

站台供列车依靠和乘客候车、上下车使用。站台按形式不同，分为岛式站台，侧式站台和岛、侧混合式站台。

4. 站台屏蔽门

站台屏蔽门是安装在站台边缘，将站台区域与列车运行区域隔开的设备。站台屏蔽门系统由门体结构、门机驱动系统和控制系统组成，具有降低空调能耗、保证候车安全、提高环境舒适度等功能。

5. 升降设备

车站升降设备主要有楼梯、自动扶梯和垂直电梯等，主要是为乘客提供快速、舒适的升降服务。为降低运输成本，出入口的升降设备通常采用步行楼梯；站厅、站台间的升降设备通常采用上行自动扶梯、下行步行楼梯；垂直电梯主要是为行动不便的乘客服务。

6. 其他设备

车站的其他客运设备还有广播、照明、通风和空调设备等。

7.4.3 车站客运作业

1. 客运作业基本要求

车站客运作业包括售票作业、检票作业和站台服务等。车站是轨道交通对乘客服务的窗口，车站客运作业直接面对乘客，客运作业的质量既反映了轨道交通的乘客服务水平，也反映了轨道交通的运营管理水平，关系到市民对轨道交通的满意度。对车站作业的基本要求主要有以下6点。

(1) 站容整洁。车站内外应门窗完整、明净；各种设备和设施摆放整齐、有序；站台、站厅、通道及出入口的墙壁光洁，地面无痰迹和废物；厕所清洁卫生。

(2) 导向标志完善齐全。车站出入口应有站台标记，车站内应有到达出入口、检票口、站台、售票处等处的导向标志。此外，还应有指引乘客换乘其他轨道交通线路或地面公交线路的换乘导向示意图。

(3) 优质服务。客运作业人员应遵守职业道德，文明礼貌、主动热情地为乘客服务，耐心、正确地回答乘客提出的询问，帮助乘客解决疑难问题，经常征求乘客的意见，及时改进工作，提高客运服务质量。

(4) 遵章守纪。客运作业人员应认真执行客运规章制度，服从命令、听众指挥。执行职务时，客运人员要仪表整洁，按规定着装，并佩戴标志。

(5) 掌握客流规律。车站客运部门要经常进行客流调查与分析，积累客流资料，掌握不同时期、季节、时间和性质的客流变化规律，对可能出现的大客流应有一定的预见性。

(6) 搞好联防协作。客运作业人员应随时与车站值班员、列车驾驶员、公安人员等有关工种作业人员加强联系，密切配合，协同工作，确保列车与乘客安全。

2. 客运服务流程

轨道交通乘客从其出发站输送到目的站，为他们提供安全、便利、舒适和快捷的乘车、候车的环境，运营企业必须在每一个环节均为乘客提供优质的服务，使每一位乘客在从购票乘车到下车出站的全过程中都感到满意。

(1) 引导乘客进站。在地铁各出入口设立明显的导向标志，方便乘客识别并根据导向指标进站乘车。

(2) 问讯服务。车站的问讯服务可分为有人式服务和无人式服务，车站的工作人员应向问讯的乘客提供服务。目前，地铁车站均提供自助式服务，在一些城市，已经采用了自助售票机实现售票和部分问讯功能一体化的设备。

(3) 售、检票服务。目前轨道交通提供售票服务的主要形式是自助发售为主、人工发售为辅的方式，提高了服务效率和水平。

(4) 组织乘降。站台应设有明显的候车安全线，提示乘客在列车未进站停稳、车门未完全打开之前，不要越过安全线，以防发生意外事件。目前，轨道交通基本都采用了屏蔽门技术，保障了乘客的候车安全。同时车站还提供广播，为乘客预报下次进站列车的方向和时间。

(5) 出站验票。乘客到达目的站后，持票卡验票出站，车站应有各类导向标志，引导乘客从所需要的出入口出站。同时利用自动售检票系统，车站还可提供票卡分析服务。

3. 站台服务作业

站台服务作业的主要内容是接送列车、组织乘降和站台管理。

(1) 接送列车。在接送列车时，应精神饱满、思想集中，站在指定位置，面向列车，目送目迎，注意列车运行状态。遇有危及行车安全和乘客安全的险情，应立即采用有效措施并及时向车站值班员报告。在列车到发过程中，提醒乘客在安全线内候车上，上车时注意安全，维持站台上的候车秩序。

(2) 组织乘降。列车到达前，应组织乘客尽可能在站台上均匀分布候车，以缩短列车停站时间。列车到达后，提醒乘客先下后上。

(3) 站台管理。加强站台巡视，防止乘客跳下站台或进入隧道。注意候车乘客动态及其携带物品，发现异常、可疑情况，或闲杂人员在站台上长时间停留，应及时与有关人员取得联系，进行处理。与列车驾驶员密切配合，防止车门夹人、夹物，或车门未关闭列车起动等现象，保证乘客安全。遇发生伤亡事故，应保护现场，疏导乘客，做好取证，并协助清理现场。

4. 投诉及客伤处理

轨道交通作为一个服务性的公共交通企业，投诉及客伤的处理是不可避免的。妥善接待、处理投诉及客伤，是良好的企业形象、企业管理水平的体现。

1) 投诉的处理

乘客投诉是指乘客对轨道交通运营服务质量提出不满意见，涉及规范服务、乘车环境、票款差错和列车运行等方面。按责任承担，投诉分为有责投诉和无责投诉。在有责投诉中，按事件的严重程度，可分为一般有责投诉和严重有责投诉。严重有责投诉是指乘客通过各种途径对轨道交通运营服务质量进行投诉，经查实确为轨道交通方责任，并且事件的情节与后果严重，给社会造成较大的不良影响。

轨道交通运营部门应建立相应的投诉处理制度，并可指定运营服务主管部门受理，也可设立服务热线接待乘客的咨询和投诉。对乘客的投诉，应认真受理，及时调查，按时回复。车站在接到投诉后，应及时进行调查，并将调查核实情况报告主管部门。对一般投

诉，原则上应在3日内处理完毕。处理投诉时应做到态度诚恳、用语文明、依章解释，并且追访乘客对投诉处理的满意度。

2）客伤的处理

客伤是指乘客在轨道交通管辖的运营区域内发生的人身伤害及伤亡事件的总称。客伤处理的原则是真诚待人、实事求是、适时安抚、协商解决。轨道交通企业应制定客伤处理的规则，指定专门部门和专人负责处理客伤事件，处理客伤的工作人员要了解企业的各项规章制度、设施设备的工作和使用要求，并掌握一定的法律知识。

轨道交通企业为了维护企业和乘客的利益，应向保险公司投保或设立安全基金，以帮助企业妥善处理客伤理赔事宜。从客伤的处理中，也可反映出运营管理中的缺陷和一些设备设施方面的不完善，帮助企业发现问题，解决问题，更好地做好为乘客服务的工作。

5. 车站客流组织

车站是轨道交通客流的集散地，一般由出入口及通道、站厅层、站台层、设备用房、管理用房及生活用房等几部分构成。车站的功能分区一般由付费区、非付费区及设备管理用房组成。乘客基本都在付费区与非付费区之间流动，这两个区域被分隔栅栏分开，由一个通道进行连通。

1）地铁车站候车环境

地铁车站候车环境主要由地面出入口及通道、站厅和站台3个主要部分组成。

（1）地面出入口及通道。车站地面出入口、通道的数量、规模和位置都根据车站进出客流的方向和数量确定，首先要照顾各个方向的客流，为满足远期发展的需要，可以预留部分出入口和通道，逐步开通使用，但考虑到消防疏散的需要，从运输安全的角度考虑，每个车站必须保持开通两个以上出入口通道。

（2）站厅。站厅一般设置在地下一层，主要是集疏乘客，售检票服务，引导乘客分流，设置车站各种管理和设备用房。站厅分为付费区和非付费区，通过栏杆隔离，一般站厅设备较多，主要为导向设施和自动售检票设备。站厅容纳率就是站厅每平方米能安全容纳乘客的数量。根据广州地铁的客流组织经验，站台容纳率一般为2～4人/米^2。

（3）站台。站台一般设置在地下二层供列车停靠、乘客上下，由站台和线路、乘降设备组成。站台容纳率就是站台每平方米能安全乘客的数量。根据广州地铁的客流组织经验，站台容纳率一般为2～4人/米^2。

另外，自动扶梯、检票机及票亭的布设都要以尽量避免进出站客流交叉为前提。客流交叉的减少能有效地提高乘客的流动速度，从而减少乘客的候车时间。因此，在进行车站设计确实站台的客流组织方法的过程中，在依照客流组织的原则下，宜因地制宜依据不同的车站形式来确实站台的客流组织方法。

2）换乘站的换乘方式

换乘站一般客流比较大，同时客流流线复杂，客流组织相对于其他车站也较为复杂。换乘站根据不同的换乘方式在客流组织管理上应注意采用不同的方法，总的原则在于应组织好换乘客流，缩短换乘路径，减少换乘客流与进出站客流的交叉、干扰。

（1）站台直接换乘。车站一般处于两条线路平行交织，而且采用岛式车站。这种情况下要求站台能够满足换乘高峰客流量的要求，换乘楼梯或自动扶梯应有足够的宽度，以免发生乘客堆积和拥挤。

(2) 站厅换乘。乘客在换乘过程中，须由一个车站的站台通过楼梯或自动扶梯到达另一个车站的站厅或两站共用的站厅，再由这一站厅通到另一个车站的站台。这种情况下下车客流朝一个方向流动，减少站台上人流的交织，影响乘客行进速度。

(3) 通道换乘。这种换乘方式下两个车站通过设置单独的换乘通道为乘客提供换乘。通道换乘设计应注意上、下行客流的组织，更应避免双方的换乘客流与进出站客流的交叉紊乱。

(4) 组合式换乘。在各种条件下一定要确保换乘客流顺畅，特别要做好客流的诱导工作。同时对于不同的站台设置方式，亦有不同的客流组织方式。

小案例

广州地铁公园前站站台

广州地铁公园前站站台是一岛两侧式的，即除了中间的站台外，两侧还各有两个站台。中间的岛式站台专门用于上车，两侧的站台则用于出站和换乘，这样就合理地分解了上、下车客流。该站是地铁一号线与二号线的交汇点，一号线在上，二号线在下，呈十字相交，相交点垂直距离高达 7 米。一、二号线共用一个购票、出入口平台，也就是原来的一号线车站。由于二号线是在一号线之下，须依靠扶梯上下。

7.4.4 大客流组织与调整

1. 大客流的内涵及分类

1) 大客流的内涵

大客流是指在某一时段集中到达的、客流量超过车站正常客运设施或客运组织措施所能承担的流量时的客流。当车站发生可预见性大客流或突发性大客流时，车站应合理安排人员，对客流做好疏导和组织工作，并会同地铁公安部门对客流进行控制。客流控制应坚持“由内至外，由下至上”的原则，在车站出入口、进站闸机、站厅与站台的楼梯、电扶梯处进行重点控制。

2) 大客流的分类

通常情况下，当车站客流达到车站容纳量的 70%以上时，就认为车站发生大客流。

根据各车站运能，依据大客流可能造成的危害程度、波及范围、影响大小、行车中断时间、人员伤亡及财产损失等情况，将大客流划分为一般级、较大级、重大级 3 个等级。

(1) 一般级，即Ⅲ级突发大客流，是指站台较拥挤，地铁运营秩序未受到较严重影响，通过车站及邻站支援能够处置的突发大客流。

(2) 较大级，即Ⅱ级突发大客流，是指站台、站厅都较为拥挤，地铁运营秩序受到一定影响，以地铁公司为主能够处置的突发大客流。

(3) 重大级，即Ⅰ级突发大客流，是指站台、站厅和出入口都较为拥挤，预计持续超过 30 分钟以上，地铁运营秩序受到严重影响，可能或已经造成人员伤亡、财产损失等后果。

从客流的时效性和产生原因将大客流分为节假日大客流、暑期大客流、大型活动大客流和恶劣天气大客流。

(1) 节假日大客流。节假日大客流主要由购物休闲、旅游观光和返乡探亲等乘客构成，在节假日期内，造成地铁各站客流较平时有大幅上升，购买单程票和初次乘坐地铁的乘客居多。

(2) 暑期大客流。暑期大客流主要由购物休闲、旅游观光和放暑假的学生等乘客构成，每年七八月地铁各站客流较平时有明显增加。

(3) 大型活动大客流。大型活动大客流是在特定时间段(如活动结束后)客流会显著增加，且一般都在周末。因大客流所发生的时间和规模大多可预见，且持续时间较短，影响范围有限，通常只对该活动地点附近的车站影响较大。

(4) 恶劣天气大客流。恶劣天气大客流是指出现酷暑、大雨、暴雪、台风等恶劣天气时，地面交通受到较大影响，市民改乘地铁或进入地铁车站避雨，造成地铁车站客流明显增加，对车站客流组织带来一定困难。

想一想

南京地铁一号线南京交院站可能会出现哪些类型的大客流?

2. 大客流的组织与调整方法

轨道交通公司面对大客流冲击的情况时，必须在保证疏散客流安全的前提下，尽快地疏散客流。大客流组织的主要措施包括以下几个方面。

(1) 增加列车运能。根据大客流的方向，在大客流发生时，利用就近的折返线、存车线组织列车运行方案，实施增开临时列车，增加列车运能，从而保证大客流的疏散。列车的运能是大客流组织的关键。

(2) 增加售、检票能力。售、检票能力是大客流疏散的主要障碍，车站在设置售、检票位置时应考虑提供疏散大客流的通道。在大客流疏散时，可采取事先准备足够的车票，在地面、通道及站厅增加设置售票点，增设临时检票位置来疏散大客流(图 7.9)。具体包括售、检票设备的准备、车票和零钞的准备、临时售票亭的准备、自动扶梯和垂直电梯的准备、临时导向标志和隔离设备的准备等。

图 7.9 南京地铁新街口站设立临时售票亭

(3) 采取临时疏导措施。在大客流组织中，临时合理的疏导对客流方向进行限制是一项很重要的组织措施。主要包括出入口、站厅的疏导，站厅、站台扶梯及站台的疏导，出入口、站厅的疏导主要是根据临时售、检票位置的设置，限制客流的方向，来保持通道的畅通和出入口、站厅客流的秩序。疏导措施主要有设置临时导向、设置警戒绳或隔离栅栏，采用人工引导及广播宣传引导等措施。

(4) 关闭出入口或进行进出分流。大客流往往是难以预测的，因此为了保证大客流发生时疏散客流的安全，在难以采用有效的措施及时疏散客流时，可采用关闭出入口或对某部分出入口限制乘客进入车站的措施来阻止一部分客流或延长大客流疏散的时间。

3. 突发事件客流组织

突发事件是指在没有任何征兆的情况下，在城市轨道交通车站内、列车上或其他设备设施内突然发生的、危及人身安全的事件，如自然灾害地震、人为因素爆炸、设备故障火灾等。

突发事件发生时在车站内或列车上的客流均称为突发事件客流。各车站应根据本站具体情况建立切实可行的突发事件客流组织预案，合理安排各岗位和地点的具体工作，迅速疏散客流，避免意外发生、扩大和蔓延。当发生突发事件时，车站可根据实际情况采用不同的客流组织办法对乘客进行疏导，主要有疏散、清客、隔离 3 种办法。疏散是指在紧急情况下，利用一切通道和出口迅速将乘客从危险区域全部转移到安全区域，包括车站疏散和隧道疏散；清客是指当车站或列车出现异常时，需要将乘客从某一区域全部转移到另一区域，包括车站清客和列车清客；隔离是指采用某种方式或设备人为地隔开人群或封闭某个区域。

任务拓展

广州地铁道岔故障连发 3 次，被迫清客

2012 年 2 月 18 日 14:00，地铁在 8 号线凤凰新村站再次因道岔故障无法正常运行，在停车 15 分钟后被迫清客。尽管广州地铁在 2 月 15 日 1 号线道岔故障时声明，此故障为偶发性故障，但如此小概率事件却在短短一周内接连出现 3 次之多。

1. 列车出故障被迫清客

2012 年 2 月 18 日 14:00，乘客严先生在 8 号线终点站凤凰新村站上了一列正要开往万胜围站的地铁后，发现列车迟迟没开动，车门大开着。其间，不断有乘客上车，在等待了 15 分钟左右，终于出现了一名工作人员，示意车上乘客全部下车，表示地铁出现了一些问题。严先生下了车后，看见好几位工作人员来来回回跑动。之后站台的屏幕转换成了绿屏，才知道是凤凰新村站出现了故障，地铁工作人员启用了该站台对面的一个备用站台。“平时这个站台是不用的。”一名现场工作人员透露。工作人员组织滞留在站台的乘客们移步至另一侧站台候车，几分钟后，一列车驶来接驳走了滞留乘客，出发驶往万胜围方向。

2. 道岔故障停运 35 分钟

2012 年 2 月 18 日 14:03，广州地铁通过官方微博通报了 8 号线故障信息。事发在 13:48，

凤凰新村站出现道岔故障，技术人员正在加紧恢复。故障出现后，前往凤凰新村方向乘客，需在昌岗站换车。其间，地铁通过手机短信、车站广播、车站电视向乘客做了故障通知。8号线沿途各站均受故障影响，滞留了不少乘客。

至14:23，凤凰新村站道岔恢复正常，8号线逐步恢复运行模式。

（资料来源：张秉璐．道岔故障连发三次，地铁8号线再中招[N]．新快报，2012．节选，有删改）

任务操作

（课堂任务操作）针对出行任务，分组完成：调研其某个车站的客流状况及采取的客流组织措施，并撰写一篇调研报告。

任务考核

本任务主要学习了轨道交通客运组织，请你思考以下几个问题，并作为自我检查：

1. 举例说明地铁车站乘客导向标志。
2. 客运作业基本要求有哪些？
3. 举例说明车站客运组织方法。
4. 举例说明大客流类型及组织与调整方法。

任务7.5 城市轨道交通票务组织

知识目标

1. 掌握票制及售检票方式。
2. 熟悉AFC系统及车票与票款流程。

能力目标

会用车站AFC设备并能分析一个城市的票价合理性。

任务引入

通过乘坐地铁，调研你所熟悉的城市地铁车站AFC设备及该城市轨道交通的票制。

任务分析

城市轨道交通的运营收入主要是票款收入，票价则是轨道交通运营政策中最重要的因素。因此，必须做好以确定票制、指定票价、售检票管理等内容为核心的票务管理工作。

7.5.1 城市轨道交通票制与票价

1. 票制

票制是票价制式的简称，有两种形式：单一票价制和计程票价制(分级票价制)。

目前，世界各国采用单一票价制的城市或线路约占57%，采用计程票价制的约占43%。采用单一票价制时，全程只发售一种车票，优点是售票简单，效率高，进站检票，出站不检票，可减少车站管理人员。缺点是乘客支付的车费不够合理，无论路途远近，都支付同样的车费，且给票价的制定带来了困难，既要为乘客的切身利益着想，又要保证地铁或轻轨的运用效益。计程票价制可以克服上述缺点，但车票的种类多，出站均需检票，售、检票手续烦琐，需要的检票人员多，必要时需配置自动或半自动的售、检票设备。

一般在运营里程较短或乘客平均运距较长的线路上采用单一票价制，而在运营里程较长，而乘客平均运距偏短的线路上采用计程票价制。另外，在流动人口较多的旅游开放城市，还可采取平时、高峰期间两票制，以提高经济效益和人为调节客流的时间分布。

2. 票价

城市轨道交通作为城市公共交通的一个组成部分，带有公益性质，不能单纯追求盈利，其票价不仅取决于本身运营成本，还受其他交通方式的票价水平、城市发展水平、市民生活水平、物价政策、企业交通补贴费用及乘客承受力等多种因素的制约。地铁或轻轨的票价要经政府有关部门综合研究后才能确定。

杭州地铁票制采用的是里程分段计价，起步价2元可乘4千米，4～12千米每1元可乘4千米，12～24千米每1元可乘6千米，24千米以上每1元可乘8千米，如图7.10所示。

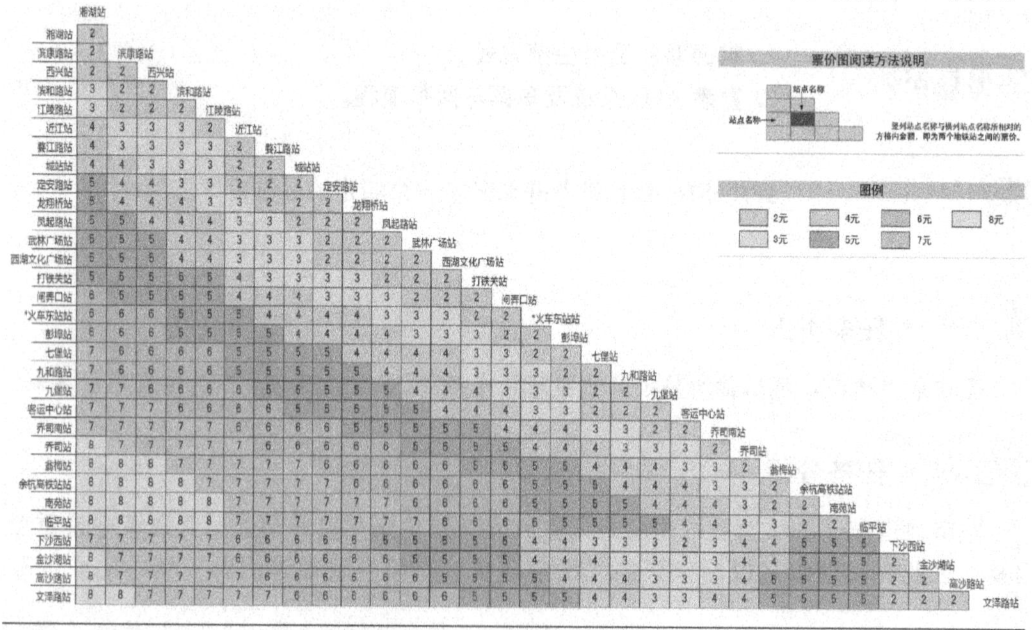

	湘湖站	滨康路站	西兴站	滨和路站	江陵路站	近江站	婺江路站	城站站	定安路站	龙翔桥站	凤起路站	武林广场站	西湖文化广场站	打铁关站	闸弄口站	*火车东站站	彭埠站	七堡站	九和路站	九堡站	客运中心站	乔司南站	乔司站	翁梅站	余杭高铁站站	南苑站	临平站	下沙西站	金沙湖站	高沙路站
湘湖站	2																													
滨康路站	2																													
西兴站	2	2																												
滨和路站	3	2	2																											
江陵路站	3	2	2	2																										
近江站	4	3	3	3	2																									
婺江路站	4	3	3	3	3	2																								
城站站	4	4	3	3	3	2	2																							
定安路站	5	4	4	3	3	2	2	2																						
龙翔桥站	5	4	4	4	3	3	2	2	2																					
凤起路站	5	5	4	4	4	3	3	2	2	2																				
武林广场站	5	5	5	4	4	3	3	3	2	2	2																			
西湖文化广场站	5	5	5	4	4	3	3	3	2	2	2	2																		
打铁关站	5	5	5	5	5	4	3	3	3	3	2	2	2																	
闸弄口站	6	5	5	5	5	4	4	4	3	3	3	2	2	2																
*火车东站站	6	6	6	5	5	5	4	4	4	4	3	3	3	2	2															
彭埠站	6	6	6	5	5	5	5	4	4	4	4	3	3	3	2	2														
七堡站	7	6	6	6	6	5	5	5	5	4	4	4	4	3	3	2	2													
九和路站	7	6	6	6	6	5	5	5	5	5	4	4	4	3	3	3	2	2												
九堡站	7	7	6	6	6	6	5	5	5	5	5	4	4	4	3	3	3	2	2											
客运中心站	7	7	7	6	6	6	6	5	5	5	5	5	4	4	4	3	3	2	2	2										
乔司南站	7	7	7	7	7	6	6	6	6	5	5	5	5	5	4	4	4	3	3	2	2									
乔司站	8	7	7	7	7	7	6	6	6	6	6	5	5	5	5	4	4	4	3	3	3	2								
翁梅站	8	8	8	7	7	7	7	7	6	6	6	6	6	5	5	5	5	4	4	4	3	3	2							
余杭高铁站站	8	8	8	8	7	7	7	7	7	6	6	6	6	6	6	5	5	5	4	4	4	3	3	2						
南苑站	8	8	8	8	8	7	7	7	7	7	7	6	6	6	6	5	5	5	5	4	4	4	3	2	2					
临平站	8	8	8	8	8	7	7	7	7	7	7	7	6	6	6	6	5	5	5	5	4	4	3	3	2	2				
下沙西站	7	7	7	7	7	6	6	6	6	5	5	5	5	5	5	4	4	3	3	3	2	3	4	4	5	5	5			
金沙湖站	8	7	7	7	7	6	6	6	6	6	6	5	5	5	5	4	4	4	3	3	3	3	4	4	5	5	5	2		
高沙路站	8	7	7	7	7	7	6	6	6	6	6	6	5	5	5	5	4	4	4	3	3	3	4	5	5	5	5	2	2	
文泽路站	8	8	7	7	7	7	7	6	6	6	6	6	6	5	5	5	5	4	4	3	3	4	4	5	5	5	5	2	2	2

图7.10 杭州地铁票价

南京地铁一号线16个车站。乘坐地铁实行2元、3元、4元的分段收费。起步价2元，可乘坐1～8个站(包括起点站)，3元可乘坐9～12个站，4元可乘坐13～16个站。

想一想

请说明南京与杭州地铁票制有何不同?

7.5.2 城市轨道交通售检票的方式

1. 开放式售检票

开放式售检票是指车站不设检票口，乘客在上车前或列车上付费，车上有随机查票并进行补票与罚款的售检票方式。

2. 封闭式售检票

封闭式售检票是指车站设检票口，乘客进出收费区进行检票并完成收费的售检票方式。封闭式售检票又有传统的人工售检票、半自动售检票和先进的自动售检票3种方式。见表7-11。

表7-11 轨道交通售检票系统的比较

售检票方式	内涵	优缺点
人工售检票方式	完全由人工来完成售票、检票和票务数据统计的方式	设备投资低，但需要大量的票务人员，占用车站较大的空间，乘客在购票、检票过程中花费的时间较长
半自动售检票方式	由人工参与、设备辅助来完成售票、检票和票务数据统计的方式	需要配备的票务人员相对减少，提高了系统自动化程度，在票务统计上实行了自动化管理，乘客在购票、检票等过程中花费的时间相对较少
自动售检票方式	完全由乘客自行操作售检票设备来完成售票、检票，并由设备自动完成票务数据统计的方式	为乘客提供人性化的操作界面，让乘客方便、快捷地乘坐轨道交通，但一次性设备投入较大(如上海轨道交通8号线自动售检票投入3亿元)

从国外的经验和发展趋势来看，凡实行计程票价制，绝大多数都相应采取自动或半自动售、检票方式。虽然采用自动或半自动售、检票方式要增加设备投资，但优点十分明显，如能高效准确地售、检票，既节约时间、节省大量劳动力，又避免因人为误解产生纠纷，确保乘客迅速通过售、检票口。采用自动或半自动售、检票方式，还可以加强票务管理，减少人为因素影响，尤其在客流调查方面具有人工售、检票无法比拟的优越性。

7.5.3 自动售检票系统

自动售检票系统(automatic fare collection system，AFC系统)是基于计算机技术、网络技术、自动控制技术等，能够实现购票、检票、计费、收费、统计全过程的自动化系统。

1. AFC系统组成

AFC系统是集电子技术、计算机通信和微机实时控制等于一身的自动收费系统和数据库系统。在轨道交通AFC系统的发展过程中，先后出现过磁卡AFC系统、磁卡和IC卡兼容AFC系统、IC卡AFC系统3种技术制式。

1）设备组成及应用

AFC系统主要有以下几个部分组成：中央计算机、车站计算机、编码/分拣机、人工售票机、自动售票机(图7.11)、闸机(图7.12)、自动加值机。

图7.11 地铁自动售票机

图7.12 地铁自动检票机

AFC系统开通后增加了自助服务功能，一是在原有人工售票基础上，增设了自动购票机，实现了乘客自助购票，并可减少排队等候时间；二是增加了自动查询机的数量，方便乘客自助查询；三是增设了一卡通卡自动充值机，实现自助充值，方便乘客。

AFC系统的应用见表7-12。

表 7-12　AFC 系统的应用

设备	内涵	主要功能
中央计算机系统 CC： Central Computer	是自动售检票系统的首脑机关，是由一组计算机组成的几个服务器和几个工作站，共同完成服务器功能和系统运营管理的各项功能，主要包括中央主机(数据库服务器)、通信服务器、远程拨号服务器、中央工作站(监控、系统设置、数据库、网管工作站等)	收集及保存车站计算机上传的各类有关票务、账务、客流、车站设备运行状态等数据；监视和控制所有车站设备的运行状态；设置系统运营参数及系统运行模式，并下达给车站计算机和车站设备；按照设定的周期(日、月、季、年)处理和统计收集到的各类数据，生成相应的各类报表并打印；时钟同步功能
车站计算机系统 SC： Station Computer	主要负责把一个车站的自动售票机、人工售票机、人工补票机、进/出口闸机等 AFC 车站终端设备联系在一起	对车站设备的操作控制，包括关闭、开启及设置工作模式等；监视车站 AFC 设备运行状态；采集、保存相关信息；提供车站一级的票务统计，能以要求的格式和内容进行车站报表打印；自动完成与中央计算机及各终端设备的时钟同步；与中央计算机实时通信，实时中央数据下载、下发和车站数据上传
编码/分拣机 E/S： Encoder/Sorter	通常安装在票务系统的制票中心	对新购入的票卡按各种类型进行初始化编码，只有经过编码/分拣机初始化的车票，才能被认作为有效票；根据运营需求，对票卡进行赋值，以满足各种各样的运营需求；对从车站回收的车票，自动将混杂在一起的车票(有单程票、储值票、老人票、儿童票、多程票等)进行分拣分类
人工售票机 BOM： Booking office machine	也称窗口式售票机(即由人工参与的售票机)，是由售票员负责操作设备发售车票	发售所有种类的车票，还可对所有车票进行加值、分析、更新等处理
自动售票机 TVM： Ticket Vending machine	自动售票机是乘客自行操作的自动售票设备。乘客根据目的地票价，在设备上选择相应的票价键，同时投入相应的钱币，设备自动将已格式化的卡进行编码发售	主要完成单程票的发售功能
闸机 Gate	也称进/出口检票机，主要有进站检票机、出站检票机、双向检票机	检查乘客所持车票的有效性，如果检查结果符合条件，则闸机在该车票上记录时间、站号、设备号、编上信息码等，提示乘客是进站、出站还是去补票亭更新

2）使用方法及注意事项

(1) 使用方法。乘客使用AFC系统主要是利用自动售票机购票，乘客应准备好面值1元的硬币或面值5元、10元的八成新纸币，按照显示屏提示进行操作。如果购票出现余额，自动售票机会以硬币方式找赎。自动售票机和自动充值机可以有效识别纸币和硬币真伪，对于使用假币者，一经发现将会移交有关部门处理。购票后，自觉排队在出入闸机前刷卡，刷卡时，要正确选卡、一人一卡、右手持卡、进站刷卡、保存好卡、出站刷(插)卡。同时在广大乘客中大力提倡“文明刷卡，有序进站，顺序出站，出入同检”。

(2) 注意事项。一是顺序刷卡。要有序通过闸机，不要拥挤，人多时请选择相邻闸机均衡进、出站。二是规范刷卡。一卡通卡刷进刷出，单程票卡刷进插出。刷卡时都要将卡轻触刷卡区，听到确认提示音，看到闸门打开即可通过闸机。三是遇有问题时，请找车站工作人员处理。四是一张一卡通卡不能多人同时使用，仅限本人当次进、出站使用。因为一个完整的交易过程必须有进、出站记录，只有形成一个完整的交易记录，才能进行下一次交易；五是地铁在每个车站均安装了多台售检票设备，一旦某台设备发生故障，乘客可选择使用其他同类设备。

2. 票卡

轨道交通使用的票卡，目前主要有磁卡和非接触式IC卡两种。磁卡通常用于单程票、多程票和纪念票等票种，非接触式IC卡通常用于储值票和员工票等票种。新建轨道交通线路更倾向于选用非接触式IC卡AFC系统，如沈阳地铁一、二号线的单程票和储值票均采用非接触式IC卡(图7.13)。单程票用的是薄型卡，因卡的采取成本较低，解决了票、卡价格倒挂的问题。

图7.13 沈阳地铁车票

单程票解决方案除了采用磁卡或薄型非接触式IC卡外，还可采用筹码，筹码采购成本较低，使用次数可达1 000次，因此每次使用成本很低。此外，筹码的回收机械简单、可靠，由于分拣直接在检票机上进行，车票可在车站内循环；筹码型单程票的缺点是不适宜作为商业广告的载体，如广州地铁、天津地铁一号线、南京地铁和武汉轻轨均采用筹码型单程票，如图7.14所示。

图 7.14 南京和天津的地铁单程票

3. AFC 系统的优势

(1) 方便乘客(使用一卡通来避免每次购票的麻烦)。

(2) 有效地减少乃至消除员工舞弊、欺诈行为(可以随时进行查账；使用最新的可靠的安全密码技术)。

(3) 提供灵活的票价政策(只需修改相应的参数表即可实施不同的票价方案)。

(4) 为城市各个公交运营单位之间的票务清算提供准确依据。

(5) 为城市公共交通规划提供准确的、客观的客流和票务统计依据(可以依据每条交易的明细记录，为客流统计、预测提供客观依据)。

另外，为了吸引客流，AFC 系统还可以对各类车票在收费上灵活地设置不同的优惠制度。例如，不同时间段优惠、不同日期优惠、不同乘降站点优惠、累计乘车积分优惠等，无须印制单独的票据和增加额外的人力监管，全部可以通过系统设置完成。

小案例

上海地铁推多种优惠

为了进一步降低市民公交出行成本，方便世博会期间游览上海的参观者，上海地铁将于近期首次推出一日票、多次票、月票、季票等各类优惠票种。

目前上海地铁运营里程已突破 400 千米，建成了国内最长、世界领先的城市地铁网络，拥有 11 条地铁线共 282 座车站，其中四线换乘站 1 座，三线换乘站 7 座，二线换乘站 32 座，网络中的 4 号线环线，与全网络各条线路几乎都有换乘，加上与之相配套的几十个公交枢纽站，方便了乘客换乘。方便的地铁网络换乘缩短了市民的出行时间，准点率高达 99%以上的地铁又是所有公共交通工具中准点率最高的。

为了进一步降低地铁公交出行成本，上海地铁又推出了一系列换乘优惠措施，如使用公共交通卡乘地铁当月满 70 元后可打 9 折、地铁与公交换乘优惠、实施“递远递减”的票价政策。

而且，地铁部门表示即将推出一日票、多次票、月票、季票等各类优惠政策，不但方便本地乘客，也为来沪游览观光的游客提供了便捷优惠的公共交通服务。

地铁一日票是在海外地铁网络发达城市较为普遍的一种车票，购买此种地铁票的乘客可在一日内任意乘坐地铁。对于借助地铁，穿梭于城市各景点的自助观光客尤其实惠。

(资料来源：陆文军．降低公交出行成本，上海地铁推日票、月票、季票[OL]. 新华网，2010. 有删改)

7.5.4 车票与票款流程

1. 车票流程

首先在制票中心进行编码、赋值等初始化处理，然后配送给各个车站，通过半自动售票机和自动售票机发售给乘客。乘客持票进出收费区时，检票机对有效票给予放行，进站时写入进站有关信息，出站时扣除乘车费用(储存票)或回收车票(单程票)；如遇到出站检票机拒收车票、禁止通行的情形，通常是单程票超程、超时使用或票卡读错等原因，此时乘客需到补票亭进行车票分析及处理。出站检票机回收的单程票可在车站重新发售、循环使用，而储值票则应送交制票中心再次编码后才能配送给车站发售。

2. 票款流程

票款来自自动售票机和半自动售票机的车票发售收入，以及乘客因各种票务问题所支付的现金。票款由专人定期收取，并根据车站计算机或半自动售票机的打印清单进行清点核对；将票款解缴银行，银行出具解款回单，车站将票款现金日报表、银行解款回单交给票务管理部门，票务管理部门汇总后交给财务部门入账。

任务拓展

西安地铁二号线采用区间计价制，规定相邻两站之间为一区间，起步价 2 元可乘坐 6 个区间，7～10 个区间 3 元，11～16 个区间 4 元，17 个区间及以上 5 元。首通段北客站至会展中心站共 16 个区间，全程最高票价 4 元。使用西安市长安通卡享受 9 折优惠。西安市内全日制中小学校学生使用长安通学生卡，享受 5 折扣值优惠。西安市老年人使用长安通老年卡非高峰时段免费乘坐，使用此卡乘坐地铁应同时携带《西安市寿星证》，以备核查。在高峰时段内不能使用长安通老年卡乘车，须凭其他有效车票乘车(高峰时段为早上 09:00 前，下午 17:00—19:00，除高峰时间外均为非高峰时段)。义务兵、革命伤残军人、伤残人民警察、盲人分别持《士兵证》、《中华人民共和国伤残军人证》、《中华人民共和国伤残人民警察证》、西安市残疾人联合会批准的盲人证免费乘坐地铁。一名成年乘客可免费带一名身高不足 1.3 米的儿童乘车，超过一名的，按超过人数购票。

任务操作

(课堂任务操作)从出行角度出发，通过乘坐地铁，调研地铁车站 AFC 设备使用及该城市轨道交通的票制，同时可选择其他城市进行比较，撰写一篇调研报告。

任务考核

本任务主要学习了轨道交通票务组织，请你思考以下几个问题，并作为自我检查：

1. 什么是票制？请列表比较北京、上海、广州、深圳、武汉等城市的票制。
2. 轨道交通售检票方式有哪些？各有何优缺点？
3. 轨道交通使用 AFC 系统的优势有哪些？
4. 简要说明车票流程。

任务7.6 城市轨道交通安全管理

知识目标

1. 掌握城市轨道交通运行安全事故的类型及对策。
2. 掌握城市轨道交通应急预案的编制与处置方法及流程。

能力目标

能分析具体的安全事故原因及提出相应对策，并能根据城市轨道交通实际情况编制应急预案。

任务引入

从出行角度出发，分析你所熟悉的城市轨道交通存在的安全隐患。

任务分析

现今，城市轨道交通已成为很多城市居民出行的重要方式，在一些大城市尤其是特大城市交通系统中，发挥着骨干和主导作用，而轨道交通运营是一项极为复杂的系统工程，运营安全保障工作涉及轨道、车辆、机电、信号、运输组织等多个系统，且客流集中、空间有限、封闭运行、通道狭窄，任何一个环节稍有疏忽，就有可能造成重大事故。因此，在国内外城市轨道交通运营中，如何避免运营事故发生，并在运营事故发生后最大限度减少人员伤亡，始终是城市政府及管理部门和轨道交通运营单位的首要任务。

7.6.1 城市轨道交通运行安全

1. 运行安全的内涵与分类

轨道交通运行安全是指轨道交通在运送乘客的过程中，涉及行车、乘客安全的各项生产活动安全。它与运行的关系是密不可分、相互促进、相互制约的。

无论是人的行为或轨道交通的各种设备，危及电动列车、施工列车在正线上正常运行所发生的事件；站段内所有与行车、调车作业有关的涉及人和设备安全的各事件；列车运行过程中，危及乘客的安全事件等都属于运行安全。运行安全总体上可分为行车安全和客运安全两类。

1）行车安全

和行车安全相对应的是行车事故。列车在运营时间内、运营线路上行驶过程中，由于有关作业人员工作差错、机件设备故障或外部因素影响造成人身伤亡、设备损坏或严重影响列车运行的都列为行车事故。

(1) 行车事故分类。行车事故包括我方责任、双方责任和无责任事故3类。

我方责任和双方责任事故均属于行车责任事故。自杀、他杀和非法进洞造成的行车事故属于无责任事故。

行车责任事故按照其性质、损失及对行车的影响程度，目前分为重大事故、大事故、险性事故和一般事故 4 类。

凡列车因冲突、脱轨、火灾或爆炸等造成人员死亡 3 人或重伤 5 人及其以上，或车辆中破一辆，或中断正线行车满 150 分钟及其以上者列为重大事故。

凡列车因冲突、脱轨、火灾或爆炸等造成人员伤亡数不够重大事故，或车辆小破一辆，或中断正线行车 90 分钟及其以上者列为大事故。

凡事故性质较严重，但未造成损害后果或损害后果不够大事故者为险性事故。例如，列车冲突、脱轨、分离、未准备好进路接发列车、向占用区间发出列车、向占用线接入列车、列车冒进信号，错开车门、运输途中开门和车未停稳开门、列车开错方向或进错轨道，电话闭塞时未办或错办闭塞发车等列为险性事故。

凡事故性质及损害后果不够险性事故者为一般事故。包括调车冲突、脱轨、挤岔、因错办或未及时办理信号致使列车停车、应停列车在站通过或应通过列车在站停车、因车辆部件脱落刮坏技术设备、因各种原因中断正线行车满 30 分钟及其以上、因行车作业人员违反劳动纪律延误列车正点运行、错误办理行车凭证发车，因调度命令漏发、漏传，或错发、错传延误列车正点运行等为一般事故。

小案例

2003—2012 年世界主要地铁事故和地铁袭击

1. 2003—2012 年世界主要地铁事故

2012 年 11 月 22 日，韩国釜山一列地铁列车发生故障，之后赶来分流乘客的列车由于速度过快而撞上前车，导致追尾事故，100 余人受伤。

2009 年 6 月 22 日，美国华盛顿两组地铁列车发生相撞事故，造成至少 9 人死亡，70 多人受伤。事故原因疑为电脑系统故障。

2009 年 5 月 8 日，美国波士顿发生地铁列车追尾事故，造成 49 人受伤。列车司机向警方承认，追尾发生时自己在向女友发送手机短信。

2008 年 9 月 12 日，美国洛杉矶地铁与货车迎头相撞，25 人死亡。

2006 年 8 月 16 日，美国纽约地铁突然着火，约 4 000 名乘客紧急疏散。事故造成 15 人受伤。

2006 年 7 月 11 日，美国芝加哥市一列地铁列车发生出轨事故，100 多名乘客因呼吸系统受伤被送进医院。

2003 年 1 月 25 日，英国首都伦敦市中心发生地铁列车撞月台引发大火事故，32 名乘客受伤。

2. 2003—2012 年主要地铁袭击

2011 年 4 月 11 日，白俄罗斯明斯克“十月”地铁站在高峰时段发生爆炸。此次爆炸被定性为恐怖袭击，造成 15 人死亡，逾 200 人受伤。

2010 年 3 月 29 日，车臣反政府武装在莫斯科市中心的卢比扬卡地铁站和文化公园地铁站接连制造自杀性爆炸事件，造成 40 人死亡，近百人受伤。

2004 年 8 月 31 日，俄罗斯莫斯科一地铁站发生自杀性爆炸袭击，10 人死亡，50 多人受伤。

2004 年 2 月 6 日，俄罗斯莫斯科一组地铁列车在行驶途中发生爆炸，50 人死亡，100 多人受伤。这是一起恐怖袭击事件。

2003 年 2 月 18 日，韩国大邱市地铁发生人为纵火事件，198 人死亡，147 人受伤。起因是精神病患者金大焕放火所致。司机和综合调度室人员在火灾发生时应对不当，安全疏散导向灯和路标未起到应有作用。电源被切断后，许多乘客在逃难中窒息身亡。

(2) 行车事故处理。发生行车事故后，行车调度员应采取下列措施。

第一，接到值乘驾驶员或车站行车值班员的事故报告后，立即报告控制中心主任和值班调度主任。报告事项包括：发生时间(年、月、日、时、分)、发生地点(区间、千米、米、某站、上行或下行)、列车车次、车组号、关系人员职务、姓名、事故概况及原因、人员伤亡情况、车辆及设备损坏情况、是否需要救援。

第二，接到救援请求后，应及时向车辆段运转值班室值班员发布救援列车出动命令。

第三，立即关闭后方站的出站信号(调控权下放时，应立即通知后方站行车值班员关闭出发信号)，阻止续行列车进入区间。

第四，通知电力调度员，切断索引电源。

第五，根据需要，向列车驾驶员发布疏导乘客命令，命令应指明疏导方向及注意事项。同时，发生各类事故及险情时，应按行车事故报告程序及内容进行报告，并填写事故报表。

第六，凡遇到需要救援，由调度所向车辆段发布救援命令，开行救援列车。

2) 客运安全

凡在车站的站厅(付费区内)、站台上、电动列车车厢内发生的危及乘客人身安全的事件，均属于客运安全。列车的车门、屏蔽门(图7.15)、站台边缘与列车停车后的缝隙、自动扶梯、电动列车进出站等都容易造成客伤。

图7.15 地铁屏蔽门发生爆裂

想一想

从客运安全角度，你认为乘客应该注意什么呢？

2. 运行安全对策

主要从以下几个方面着手加强城市轨道交通的安全生产。

(1) 健全安全法制。要做好运输安全，必须把它纳入法律的轨道。一是要制定有关运输安全的法规、法令，做到有法可依；二是要做到执法必严，违法必究；三是要提高城市的文明程度和居民的法律观念。

(2) 健全安全管理制度，提高科学管理水平。为确保运输安全，不仅要不断探索和完善安全管理制度，而且还要不断提高科学管理水平，积极研究先进的管理方法、手段，采用系统工作的方法，分析、评价并控制系统中的事故，调整设备、操作、管理、生产周期和费用等因素，使系统发生事故的概率降低到最小，以达到最佳安全状态。

(3) 提高关键设备(特别是行车指挥系统)的可靠性和先进性，为行车安全提供保障。对于城市轨道交通而言，脱轨事故可能由于车辆断轴或轨道状况不良所致，弓网事故既可能由于接触网参数失调，也可能是受电弓参数不匹配甚至因轨道不良引起。因此，设备方面的安全保障是无处不在的，要尽量避免各类故障的发生；一旦发生故障就能引起系统的反应，以便及时采取措施使之不至于发展为危及安全的事故。

(4) 加强安全运行的组织管理，不断提高行车组织工作水平。城市轨道交通的调度指挥系统大多以现代化的硬件设备为支撑条件，为行车调度员提供最佳工作环境，可以最大限度地减少调度员的机械、重复性工作。同时，还以优化调度指挥为目标，为调度员提供调度决策方案，全面提高调度指挥质量和调度指挥水平，保证稳定的列车运行秩序和正常运行状态。

① 加强列车速度控制，使列车速度保持在指定速度以下(避免冒进信号)或按规定对进站列车进行速度控制。在列车通过小半径曲线或进站通过道岔，以及进行工务维修或线路状况不佳需缓行时也应规定相应的限速值。在轨道上出现障碍物、发生自然灾害及设备故障时，首要的安全措施也是对列车进行限速缓行或指令停车。

② 严格执行接、发列车的标准化作业和程序。城市整个轨道交通网或某一线路上沿线各站应实行统一的接发列车作业标准，这对提高运输质量、保证行车安全具有重要意义。

③ 合理的运行图是安全运行的基础。运行图的编制必须符合《技术管理规程》和《行车组织细则》的有关规定，特别是必须严格遵守有关时间间隔标准和行车作业程序。

(5) 提高工作人员的素质和责任心。为确保列车的运行安全，除了保证设备的安全外，提高使用和操作这些系统的工作人员的素质和责任心也同样十分重要。因此，必须加强对工作人员安全责任心的教育和培养、操作技能的培训，逐步建立一套完整的安全规章和人员培训制度，形成强有力的安全保障体系。

此外，事故发生后的调查分析也是运输安全管理的一个重要组成部分。事故发生后，科学地调查分析事故原因，不仅为了查明责任，进行处理，更重要的是在于找出确实存在的不安全因素，预防为主，防患未然。

3. 轨道交通系统防灾

由于城市轨道交通系统的基础设施，如高架桥梁、浅埋地下隧道、地面轨道及其他设施不可避免地要受到自然环境的影响，如地震、洪水、台风等会对这些基础设施构成严重威胁。因此，城市轨道交通系统的防灾工作也是十分重要的，应本着预防为主的原则，从细微处着手，常抓不懈。可能对轨道交通系统造成危害的自然灾害包括地震、火灾、洪水、飓风等。

1）防灾原则

根据经济有效原则和不同强度自然灾害出现的频率，轨道交通系统的防灾原则为能够抵御一般的自然灾害，不破坏运输组织；当遭受中等自然灾害时，应不经修理或稍加维修即能运行；当遭遇概率较小的重要自然灾害时应能迅速排除险情并在较短时间内恢复运行。

根据轨道交通系统对不同灾害的敏感程度，防灾工作可分为考虑多种自然灾害影响的综合防灾和考虑主要自然灾害影响的重点防灾两种。一般来讲，高架桥主要考虑防震、防风；隧道主要考虑防洪、防火、防震；路面、地基主要考虑地震和防洪；站台主要考虑防震、防火；车辆主要考虑防火、防风等。

2）防灾对策

针对不同形式的自然灾害，应采取不同的预防和应急对策。

（1）轨道交通系统的基础设施在设计和施工中，就应该充分考虑当地的自然条件和可能发生的重要自然灾害，采取相应的技术处理措施，如选用较大的保险系数、提高设施等级或选用适宜的结构体系等。

（2）在容易遭受灾害的地方，设置先进的自动报警装置，包括监督装置、报警装置，并应配备专职人员监控，实现预防、监督、报警、善后处理系统化及自动化。例如，南京地铁一号线，在地铁车站及站线都安装有许多安全设备设施，如烟感器、温感器、消防箱、事故风机、事故照明、事故电话等专用设备，以及电视监控器、自动扶梯、楼梯、出入通道、防灾管理中心集中监视报警装置等。前一部分属专用；后一部分为平时运营服务所用，在灾害事故时为防灾抢险所用。在控制方式上基本以车站为基本单元，设有车站控制室，作为上述设备的监控、记录和操作室，且全线设有环控调度系统，处理日常和紧急情况下的事件，一些涉及全线或重大设备的运转由环调直接控制指挥。

（3）对工作加强应急培训，在紧急情况下不致发生混乱，并采取适当的方法使损失降至最低。

7.6.2 城市轨道交通应急管理

1. 应急预案的内涵

应急预案是针对具体设备、设施、场所和环境，在安全评价的基础上，为降低事故造成的人身、财产与环境损失，就事故发生后的应急救援机构和人员、应急救援的设备、设施、条件和环境、行动的步骤和纲领、控制事故发展的方法和程序等，预先做出的科学而有效的计划和安排。

小案例

《北京市轨道交通运营突发事件应急预案》
对轨道交通运营突发事件应急预案的规定

《北京市轨道交通运营突发事件应急预案》规定，轨道交通运营突发事件应急预案应包括管理类应急预案和处置类应急预案两大类。其中，管理类应急预案是指由市应急委或市交通安全应急指挥部为应对本市轨道交通运营突发事件而制定的，涉及若干部门职责的专项应急预案或部门应急预案。处置类应急预案是指由市轨道交通指挥中心及各轨道交通运营企业依据本预案规定的职责，结合本单位实际情况，为具体处置轨道交通运营突发事件制定的社会单元应急预案。

公共交通安全与应急预案一般包括管理类应急预案和处置类预案。前者适用于政府行政管理部门，后者适用于公共交通运营企业。

应急预案在面对突发事件，如自然灾害、重特大事故、环境公害及人为破坏时，可以有效进行应急管理、指挥、救援计划等。应急预案有几大重要子系统：完善的应急组织管理指挥系统；强有力的应急工程救援保障体系；综合协调、应对自如的相互支持系统；充分备灾的保障供应体系；体现综合救援的应急队伍等。

2. 轨道交通应急预案编制

1）突发事件的内涵

轨道交通运营突发事件是指在轨道交通运营线路上，因自然灾害、人为因素或设施故障造成轨道交通运营中断、人员伤亡、乘客被困等危及公共安全的突发事件。

依据轨道交通运营突发事件可能造成的危害程度、波及范围、影响力大小、人员伤亡及财产损失等情况，由高到低划分为特别重大（Ⅰ级）、重大（Ⅱ级）、较大（Ⅲ级）、一般（Ⅳ级）4 个级别。对可能发生和可以预警的突发事件应当进行预警。预警级别依据轨道交通运营突发事件的危害程度、发展情况和紧迫性等因素，轨道交通运营突发事件的预警由高到低分红色、橙色、黄色、蓝色 4 个级别。

（1）红色预警：预计将要发生特别重大（Ⅰ级）以上轨道交通运营突发事件，事件会随时发生，事态正在不断蔓延。

（2）橙色预警：预计将要发生重大（Ⅱ级）以上轨道交通运营突发事件，事件即将发生，事态正在逐步扩大。

（3）黄色预警：预计将要发生较大（Ⅲ级）以上轨道交通运营突发事件，事件已经临近，事态有扩大的趋势。

（4）蓝色预警：预计将要发生一般（Ⅳ级）以上轨道交通运营突发事件，事件即将临近，事态可能会扩大。

2）预案编制的目的和内容

（1）预案编制的目的：做好城市轨道交通事故灾难的防范与处置工作，保证及时、有序、高效、妥善地处置城市轨道交通事故灾难，最大限度地减少人员伤亡和财产损失，维护社会稳定，支持和保障经济发展。

（2）预案的内容一般包括总则（预案编制的目的、编制依据、预案组成、事件等级、适用范围等）、组织机构与职责、预警预防机制（预警级别、预警发布和解除、预警响应等）、应急响应（分级响应、处置程序、应急结束等）、信息管理（信息报告程序、内容、信息发布和新闻报道）、后期处置（恢复重建、事故调查、善后处置、总结和调查评估等）、应急保障（技术通信保障、救援和装备保障、队伍保障、物资保障、资金保障等）。例如，《广东省处置城市地铁事故灾难应急预案》的内容包括总则、分级标准、组织机构与职责、预警预防机制、应急响应、后期处置、保障措施等部分。

3）应急管理的规定

按《城市轨道交通运营管理办法》（国家建设部第 140 号令 2005 年 6 月 28 日）规定：城市人民政府城市轨道交通主管部门应当会同有关部门制定处理突发事件的应急预案；城市轨道交通运营单位应当根据实际运营情况制定地震、火灾、浸水、停电、反恐、防爆等分专题的应急预案，建立应急救援组织，配备救援器材设备，并定期组织演练。

（1）当发生地震、火灾，或者其他突发事件时，城市轨道交通运营单位和工作人员应当立即报警和疏散人员，并采取相应的紧急救援措施。

（2）城市轨道交通车辆地面行驶中遇到沙尘、冰雹、雨、雪、雾、结冰等影响运营安全时，城市轨道交通运营单位应当启动应急预案，并按照操作规程进行安全处置。

（3）遇有城市轨道交通客流量急增危及安全运营的紧急情况，城市轨道交通运营单位应当采取限制客流量的临时措施，确保运营安全。

（4）遇有自然灾害、恶劣气象条件或者发生突发事件等严重影响城市轨道交通安全的情形，并且无法采取措施保证安全运营时，运营单位可以停止线路或者部分路段运营，但是应当提前向社会公告，并报告城市人民政府轨道交通主管部门。

（5）城市轨道交通运营中发生安全事故，城市人民政府城市轨道交通主管部门、轨道交通运营单位应当依据应急预案进行处置。

（6）城市轨道交通运营中发生人员伤亡事故，应当按照“先抢救受伤者，及时排除故障，恢复正常运行，后处理事故”的原则处理，并按照国家有关规定及时向有关部门报告；城市轨道交通主管部门及运营单位应当配合公安部门及时对现场进行勘察、检验，依法进行现场处理。

4）应急情况报告

事故的报警是非常重要的，早期预警可以使事故救援工作开始于事故初发期，可以及时控制事故，防止事故蔓延和扩大。应急情况报告的基本原则是快捷、准确、首报、续报。其中，首报是指发生特别重大事故灾难时，要直接上报领导小组办公室，同时报省、市地铁事故灾难应急机构；续报是指在事故灾难发生一段时间内，要连续上报事故灾难应急处置的进展情况及有关内容。

特别重大事故灾难首报及续报应当包括以下内容。

首报内容：事件发生时间、地点、伤亡人数；事件初步性质、发生的可能原因等。

续报内容：事件发展趋势、人员治疗与伤情变化情况、事故原因、已经或准备采取的处置措施。

总报内容：事件处理结果、整改情况、责任追究情况等。

3. 轨道交通应急预案处置

城市轨道交通应急预案是针对城市轨道交通突发事件事前制定的应急管理、指挥、救援计划等方案。当突发事件出现时，信息的及时传递对于及时启动预案、减少事故损失、及早恢复正常运营是十分重要的，因此，必须制定信息传递制度。

1）信息分类与传递

信息传递应遵循“快速准确，有序高效，对口汇报”的原则；现场处置应遵循“职责明确，快速到位，控制有效”的原则。

(1) 信息分类。城市轨道交通突发事故或事件的信息按事件的性质和严重程度分为A、B、C三类。其中A类事件最为严重，事件的严重程度按A、B、C次序递降。

(2) 信息传递。信息传递坚持“电话汇报为主，短信群发为辅”的报告原则。

(3) 应急报告程序。对任何事故、事件的整体应急报告程序与预案实施的报告程序基本相同，即发现事故或征兆需要进入应急报告程序时，一般都应按下列规定程序进行：报警；发出救援指令；开始救援行动；现场处置；结束紧急状态。

2) 应急预案启动程序

轨道交通应急预案启动流程如图7.16所示。

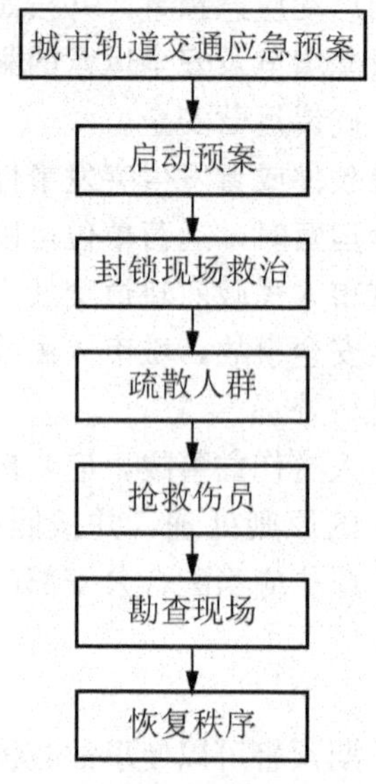

图7.16 应急预案启动流程

(1) 启动预案。轨道交通事故发生后，指挥中心迅速了解掌握事故发生的时间、地点、人数、起因等情况，进一步判明性质，在报告轨道交通公安部门的同时，迅速启动有关预案，公安部门应及时调派相关人员快速赶往现场，开展先期处置，各部门迅速启动各自的预案开展工作。

(2) 封锁现场救治。在现场情况进一步明确的基础上，指挥中心通过指挥调度系统，继续调集相应处置力量赴指定位置集结待命。前期到达现场参与处置力量，根据指挥部分工，进行处置工作。

(3) 疏散人群。相关应急管理人员到达现场后，视情况采取相应措施。有人员伤亡的，组织进行抢救，同时及时疏导和组织受到威胁的群众安全撤离，并及时将情况报告总指挥部。

(4) 抢救伤员。根据现场情况，组织到达现场警力和110联动单位，紧张有序地营救被困、遇险的伤亡人员。同时协调卫生等相关部门，保证抢救渠道畅通，并及时统计伤亡人数，上报总指挥部。

(5) 勘查现场。组织相关工作人员对现场进行全面、细致的勘查，寻找目击证人，查明事故原因。

(6) 恢复秩序。在抢救伤员、排除险情、勘查现场等各项工作结束后，立即安排施救单位迅速撤离现场，尽最大努力，尽快恢复运营秩序，各项处置工作结束后，各参与单位及时总结处置工作情况，报应急指挥办公室。

3) 应急保障

城市轨道交通应急保障主要包括技术保障、交通运输保障等方面，从而确保在发生紧急情况时能迅速控制险情、减少损失、尽快恢复城市轨道交通的运营正常。

(1) 抢险队伍保障。抢险队伍主要依靠以公安、消防、医疗卫生、施工单位等为主的基本抢险队伍，以环保、交通、防汛、工程建设、轨道抢险等为重点各专业救灾队伍，并以武警等为补充力量的应急队伍保障体系。

(2) 医疗卫生保障。卫生部门负责轨道交通建设突发事故的医疗卫生保障工作。医疗救护队伍在应急工作中采取有效措施，最大限度地防止人员伤情恶化，降低死亡率，并按照现场抢救、院前急救、专科医救的不同环节和实际需要组织实施应急救护。

(3) 物资保障。轨道交通公司负责轨道交通建设工程常备抢险物资的购置、保养和调遣使用，以及轨道抢险人员的储备和培训。加强对车辆、警械、防毒及防爆、灭火、起吊等设备、器材的保管和维护，满足处置时的需要。

(4) 技术保障。轨道交通公司要加大对先进救灾技术、装备的应用和推广工作，会同有关单位和专家加强对先进救灾技术和装备的研究，努力满足应急处置的需要。

(5) 交通运输保障。突发事故发生后，各有关部门相互配合，根据各自职能开展交通运输保障的应急处置工作。及时对现场和相关通道实行交通管制，组织开通应急救援绿色通道，负责交通工具的保障，确保救灾物资、器材和人员的紧急输送，在道路、市政设施受损时，要迅速组织有关部门和专业队伍进行抢修，尽快恢复良好状态。

(6) 电力保障。突发事故发生后，电力部门组织力量优先保证抢险救援的供电需求。

(7) 公共设施保障。突发事故发生后，各相关部门及时对水、电、燃气、热力、通信等运行和供应进行调控和应急处置，防止次生灾害的产生和蔓延。

(8) 资金保障。轨道交通公司每年将突发事故应急经费纳入预算，用于救灾队伍和装备的管理、维护保养、器材更新及定期演练的费用支出，做到专款专用。抢险过程中，应急救援资金首先由事故处置或发生单位承担，确保现场应急救援资金及时到位，处置完毕后统一结算。

4) 后期处置

(1) 善后处置。善后处理指挥组应按照国家相应的法律、规定，做好伤亡人员的善后处理工作，包括妥善安置受伤人员、征用物资补偿、及时补充救援物资等，尽快消除事故影响，恢复正常秩序。

(2) 保险理赔。突发事故发生后，所投保险机构应及时开展应急人员保险受理和受灾单位及受灾人员保险理赔工作。

(3) 事故调查。发生特别重大事故由国务院或者国务院授权有关部门组织事故调查组进行调查；发生重大事故、较大事故、一般事故分别由省人民政府、市人民政府有关部门进行调查。

5) 总结评价

应急状态解除后，指挥部负责组织轨道交通公司整理所有的应急记录和文件等资料；

分析导致发生突发事故的原因，总结经验和教训，评价在应急期间采取的主要对策和成效；并根据事故发生和处置情况，修订完善应急预案，并向政府提交书面报告。

书面总结报告应包括以下内容：发生事故的基本情况，事故原因、过程及造成的后果（包括人员伤亡、经济损失、环境污染），分析评价采取的主要应急响应措施及其有效性，主要经验教训和对事故责任人处理结果等。

6）宣传、培训与演练

（1）宣传和教育。轨道交通公司利用现场广播、宣传栏、警示牌、网站等多种形式，对轨道交通建设从业人员广泛开展有关工程施工突发事故应急相关知识的普及教育。同时应公布值班电话，建立灾情速报系统。

（2）培训。积极组织开展对事故现场指挥人员及队伍的指挥和技能培训，增强各相关单位的人员应对轨道交通建设、运营突发事故的知识，提高应急救援能力。

（3）演练。应定期组织对轨道交通突发事故应急处置综合或专项演练工作，加强跨部门之间的协调配合，确保各种紧急状态下的有效沟通和统一指挥，从实战角度出发，普及防灾减灾知识和技能，切实提高应急救援能力。

任务拓展

上海市处置城市轨道交通运营事故应急预案(事故分级)(节选)

1.5.2　根据上海市轨道交通已运营和试运营线路区域内突发事件的性质、过程和机理等划分，可能引发轨道交通运营事故的包括：

（1）由自然灾害引发的轨道交通运营事故；

（2）由机电设备、信号通信故障，大面积停电、车辆脱轨、冲突等引起的轨道交通运营事故；

（3）由车站大客流爆满或乘客大面积、长时间滞留车厢等引发的轨道交通运营事故；

（4）其他突发事件引发的轨道交通运营事故。

1.6　事故分级

为便于开展应急处置和事故调查，根据国家主管部门有关城市轨道交通运营事故的分级规定，本市轨道交通运营事故分为：特别重大、重大、较大和一般四级。

1.6.1　符合下列情况之一的，为特别重大轨道交通运营事故：

（1）事件突然发生，事态非常复杂，事件后果涉及全市范围，对公共安全、政治稳定和社会经济秩序造成特别严重的危害或威胁；

（2）导致 30 人以上死亡(含失踪)或者危及 50 人以上生命安全；

（3）造成 100 人以上重伤(包括急性中毒)；

（4）事故直接经济损失 1 亿元以上；

（5）造成 1 条已(试)运营线路运营区段单向中断运营 36 小时以上或者双向中断运营 24 小时以上；

（6）造成 2 条以上已(试)运营线路同时中断运营 24 小时以上；

（7）超出本市应急处置能力的、需要国家有关部门处置的突发事件。

1.6.2 符合下列情况之一的，为重大轨道交通运营事故：

(1) 事件突然发生，事态复杂，事件后果涉及数个区县，对公共安全、政治稳定和社会经济秩序造成重大危害或威胁；

(2) 导致10～29人死亡(含失踪)或者危及30～49人生命安全；

(3) 造成50～99人重伤(包括急性中毒)；

(4) 事故直接经济损失5 000万元以上，1亿元以下；

(5) 造成1条已(试)运营线路运营区段单向中断运营16小时以上或者双向中断运营12小时以上；

(6) 造成2条以上已(试)运营线路同时中断运营12小时以上；

1.6.3 符合下列情况之一的，为较大轨道交通运营事故：

(1) 事件突然发生，事态较为复杂，事件后果在较大区域范围内对公共安全、政治稳定和社会经济秩序造成较大危害或威胁；

(2) 导致3～9人死亡(含失踪)或者危及10～29人生命安全；

(3) 造成10～49人重伤(包括急性中毒)；

(4) 事故直接经济损失1 000万元以上，5 000万元以下；

(5) 造成1条已(试)运营线路运营区段单向中断运营10小时以上或者双向中断运营6小时以上；

(6) 造成2条以上已(试)运营线路同时中断运营6小时以上。

1.6.4 符合下列情况之一的，为一般轨道交通运营事故：

(1) 事件突然发生，事态相对简单，事件后果仅在一定范围内对公共安全、政治稳定和社会经济秩序造成危害或威胁；

(2) 导致1～2人死亡(含失踪)或者危及10人以下生命安全；

(3) 造成10人以下重伤(包括急性中毒)；

(4) 事故直接经济损失1 000万元以下。

所有分级中所称的“以上”包括本数，所称的“以下”不包括本数(下同)。

根据本市轨道交通运营实际，将一般运营事故再细分为A、B、C三类。其中：

1. 运营过程中发生人员伤亡、财产损失、影响正常行车，达到下列情形之一的，为一般事故A类。

(1) 造成2人死亡，或者3人以上10人以下重伤；

(2) 造成500万元以上1 000万元以下直接经济损失；

(3) 造成1条已(试)运营线路运营区段单向中断运营5小时以上，或者1条已(试)运营线路运营区段双向中断运营3小时以上。

2. 运营过程中发生人员伤亡、财产损失、影响正常行车，达到下列情形之一，后果不及一般事故A类的，为一般事故B类。

(1) 造成1人死亡，或者2人重伤；

(2) 造成300万元以上500万元以下直接经济损失；

(3) 造成1条已(试)运营线路运营区段单向中断运营3小时以上5小时以下，或者1条已(试)运营线路运营区段双向中断运营2小时以上3小时以下。

3. 运营过程中发生人员受伤(无人员死亡)、财产损失、影响正常行车，达到下列情形之一的，为一般事故C类。

(1) 造成1人重伤；

(2) 造成5万元以上300万元以下直接经济损失；

(3) 造成已(试)运营线路严重晚点2小时以上。

根据《上海市突发公共事件总体应急预案》，为适应本市突发事件的特点和处置要求，一次死亡3人以上的运营事故应列为报告和应急处置的重大事项。对可能恶化或社会影响面较大的事件，应加强情况报告并视情提高响应等级。

任务操作

1.(课堂任务操作)针对出行任务，通过乘坐地铁，调研你所熟悉的城市的轨道交通运营管理方面存在的安全隐患，并提出相应的解决对策，撰写一篇调研报告。

2.(课后任务操作)针对你熟悉的城市轨道交通，为其编制应急预案，然后与该城市轨道交通实际应急预案进行比较，找出存在问题。

任务考核

本任务主要学习了轨道交通安全管理，请你思考以下几个问题，并作为自我检查：

1. 举例说明行车与客运安全事故类型，并说明解决对策。

2. 你认为城市轨道交通企业应该从哪些方面防灾减灾?

3. 说明应急预案的内容及预案处置的流程。

4. 说明轨道交通应急保障主要包括哪些方面。

第 4 篇

城市水上公共交通运营管理

项目 8　城市客渡运营管理

任务 8.1　城市水上公共交通系统组成

知识目标　1. 了解城市水上公共交通的内涵。
2. 熟悉城市水上公共交通的构成及优劣势。

能力目标　能识别城市客渡系统的组成部分，并会分析其优劣势。

任务引入

现请你从所在城市或熟悉的城市选择水上巴士出行，调研其系统组成。

任务分析

8.1.1　城市水上公共交通的内涵

随着社会发展，经济快速增长，城市居民私家车保有量的不断增长，道路“拥堵”情况日益严重。人们对于交通工具的速度、可达性及舒适度提出了更高的要求。随着水上科技水平的不断进步，更加安全、高速、舒适的客运船舶出现和内河航道条件的不断改善，为内河水上客运的复苏提供了机遇。

城市水上公共交通是航行在城市及周边地区范围水域上的公共交通方式，是城市公共交通重要组成部分，主要包括城市客渡和城市车渡，其类型及技术指标见表 8-1。

水上公共交通的主要运行方式有 3 种：连接被水域阻断的两岸接驳交通；与两岸平行航行，有固定站点码头的客运交通；旅游观光交通；三者均为城市地面交通的补充。

城市客渡系统是城市水上公共客运交通的主体。城市客渡有固定的运营航线和规范的客流码头，是供乘客出行的交通工具。客流系统的运输能力则取决于城市客渡的运输能力及运营航线的配船线、航班频率、运营时间、河面交通通畅程度和水位枯涨情况。

表 8－1 城市水上公共交通类型及技术指标

分类名称		主要指标及特征		
		定员	平均运行速度 v/(千米/时)	备注
城市客渡	常规渡轮	≤1 200 人	v<35	静水航速
	快速渡轮	≤300 人	v≥35	静水航速
	旅游观光轮	≤500 人	v<35	静水航速
城市车渡	—	8～60 标准车位	v<30	单车载重 5 吨的车辆限界为一个标准车位

8.1.2 城市水上公共交通系统的组成

城市水上公共交通同地面公共交通一样，可以分为水上巴士和水上旅游公交两种。水上巴士一直是世界范围内滨水城市交通的重要运载模式之一。随着我国越来越多城市的交通问题变得日益突出，水上巴士服务系统作为舒缓城市区域地面交通压力的一种有效手段，加上它所具备的交通、旅游观光和休闲服务等新型服务功能，对我国许多国际化滨水城市构建特色旅游交通体系、发展特色水上旅游项目具有重要意义。目前，我国上海、广州、杭州等多个城市都开通了水上巴士，对缓解城市交通、解决居民出行等起到了很大的促进作用。

水上公共交通主要有线路、船只、码头等部分组成。

1. 线路

1）水上巴士线路

水上巴士主要是协助解决城市居民的出行问题，同时也可以作为旅游人口出行的工具。水上巴士线路应该主要以中心城区为重点，根据城市河道特点，开辟环城线路或以中心城区为核心向其他方向延伸。

2）水上旅游公共交通线路

作为水上公共交通的一部分，水上旅游公共交通线路的服务对象应有所侧重，主要目的应为满足游人的出行需求，因此，线路可以考虑在中心城区的范围内进行布设，根据城市河道情况，尽量覆盖城市相关景点。在线路的布设上也应该考虑游人缺乏出行信息、追求方便的因素。例如，随着旅游市场需求的日益多元化，休闲度假旅游占有越来越重要的地位，而苏州丰富的湖泊资源，优美的自然风光及良好的自然生态环境为休闲度假旅游创造了条件。因此，苏州市的旅游业为了适应市场变化调整产品结构，积极参与环境整治、开发湖泊休闲度假旅游。因此，可以考虑近郊古镇旅游线路和环太湖的旅游线路。

小案例

杭州水上巴士

2004年10月28日，杭州市民期盼已久的运河“水上巴士”正式开通，并在信义坊举行首航仪式。

杭州是全国首个市区运河干道开通水上公共交通巴士的城市。先期投入运营的水上巴士有两艘，分别为“钱江号”和“运河号”。船长23米，48个客位，设计最高时速可达29千米，水域通航里程5.5千米。“水上巴士”的开通将在一定程度上缓解市区道路的交通压力。市内河道行船的公交化，是杭州公交多条腿走路的一种尝试，其3元左右的票价也是贴近市民和游客的表现。目前，杭州水上巴士(水上公交)有8条线，如图8.1所示。分别为水上公交1号线：濮家站—拱宸桥；2号线：武林门—紫荆花路；3号线：打铁关—欢喜永宁桥；4号线：武林门—打铁关；5号线(假日)：武林门—汽车西站；6号线：汽车西站—丰潭路文二西站；7号线：梅花碑—环城北路坝子桥站；8号线：河坊街吉祥巷站—长运路田家桥站。

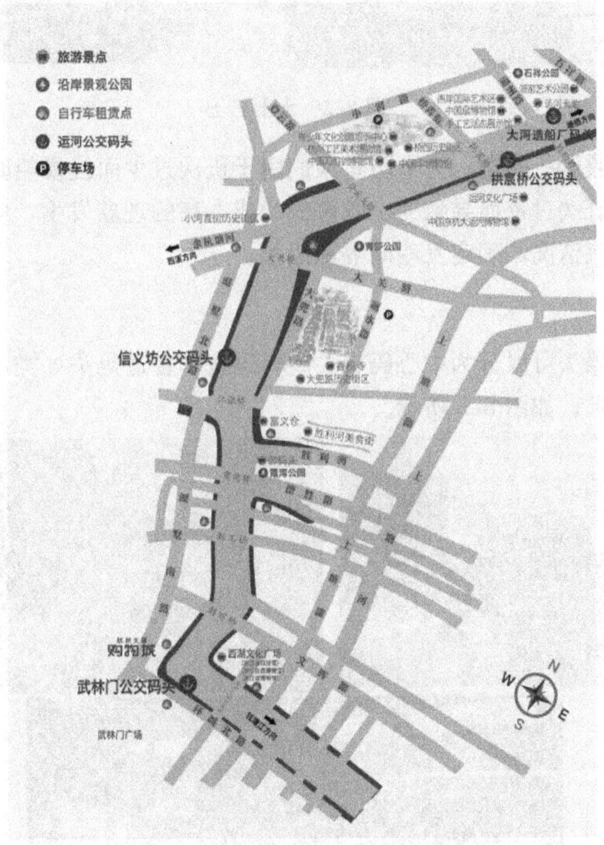

图8.1 杭州水上公交线路图

(资料来源：http：//www.hzssbus.com/49832-4968/101141.html.)

2. 船只

要提高水上公共交通的吸引力，除了强调其沿岸景点、景区的因素之外，还应该考虑交通工具的运行速度。也就是说，乘坐水上巴士的市民到达目的地所用的时间至少应该不超过乘坐陆上公共交通工具所用时间，只有这样水上巴士才具有生命力。这就对水上公共交通工具——船只提出了比较高的要求。针对不同航道的客观情况和不同方面的各种需求，水上巴士——船只的船型应该中、小型相结合，具有船速较快、停靠灵活的特点，且在船舱内配备空调，在船尾可以停放自行车、电动自行车以解决乘客水陆换乘的问题。对于供旅游公共交通使用的船只，应该采用豪华中型客船，并配备空调、彩电、音响、卫生洁具等设施，以满足游人的需求，水上巴士如图 8.2 所示。

图 8.2　水上巴士

在水上公共交通运行初期，为了防止人们由于班次过少而使候船时间过长以致人们不愿意乘坐，或者因班次过密而导致的实载率低、成本高的现象发生，应该根据上、下班和节假日等的实际客流情况，确定发船间隔和船型。

3. *码头*

水上公共交通码头可以分为中心码头、中转码头和普通码头 3 类，对不同类型的码头设施应有不同的要求，如图 8.3 所示。

图 8.3　水上巴士码头

(1) 中心码头：占有岸线150～200米，靠泊数不少于30艘(含8艘大型船舶)，码头为150吨级，标高宜为4.5米，应有必要的防洪措施。配备厕所、垃圾箱、收集船舶污水的设施；具有为船舶供水、供(充)电、补给食品的设施；候船处建筑与周边景观相协调，并有扶手、走廊式防雨棚及防滑、照明、消防等安全设施；有中英文旅游景点介绍；建筑物不超过两层；设有医疗点，配有旅客常用药品，有值班救生员和救援电话，与就近医院签订专门救护协议。

(2) 中转码头：占有岸线80～100米，靠泊数不少于15艘(含3艘大型船舶)，码头为100吨级，标高宜为4.5米，应有必要的防洪措施并配备厕所、垃圾箱、收集船舶污水的设施；具有为船舶供水、供(充)电、补给食品的设施；候船处建筑与周边景观相协调，并有扶手、走廊式防雨棚及防滑、照明、消防等安全设施；有中英文旅游景点介绍；建筑物为一层。

(3) 普通码头：占有岸线15～30米，有英文旅游景点介绍，候船处建筑可建成庭榭、竹棚式样，有扶手、走廊式防雨棚及防滑、照明、消防等安全设施，建筑物为一层。

想一想

你所在城市是否具备开通水上巴士的条件？如具备，设计一条可行的线路。

8.1.3　城市水上公共交通的优劣势分析

虽然水上巴士具有独特的优势，并在国外许多城市成功运营，但在国内的广州、杭州等城市推行后，都遭遇到了客运量“寒流”，亏损严重。因此，需要综合水上巴士相比其他交通出行方式(如轨道、常规公交、的士)表现出的优势、劣势等，来进行准确市场战略定位。

1. 水上巴士的优势

水上巴士具有快捷稳定、宽松舒适、环保、准点率高、噪声小的优势，不受城市堵车的影响，沿途还可以呼吸江河上新鲜空气，观赏两岸风光。同时，水上巴士吨位轻，受水位影响较小，可常年通行。

在城市人口出行需求日增、陆上交通难以满足的情况下，水上交通耗能少、污染轻、运量大、占地少的优势更加明显，更加符合城市发展的要求，同时水运是节约能源的交通运营方式，可以实现低碳出行的目标。

2. 水上巴士的劣势

一方面是路面交通日益拥堵，难以满足市民的出行需求，另一方面是水上交通无人问津，没有发挥到应有的作用，究其原因主要有以下几个方面。

(1) 班次少、候船时间长。水上巴士运行时，有的城市在高峰时段每20分钟，其余时段每30分钟对开1个航班，有些城市时间甚至更长，使得候船时间设置太长。

(2) 停靠的码头少、线路短。由于受到河道等自然条件的限制，水上巴士停靠的码头较少，使得出行的方向和目的地受制，这是水上巴士不如地铁、公交便利的主要原因。

（3）营运时间短。水上巴士一般城市始发站头班船 7:00 开，尾班船 18:00 开，对比市区内大部分公交车营运到晚上 22:00 后，22:00 后还有夜班公交车，水上巴士的这个缺点是显然的。

（4）换乘不便。码头与市民出行的目的地相距较远，并且难与公交、地铁接驳，所以乘坐不便也是市民不选择乘坐水上巴士的一大重要原因。

此外，船上安全设施不足，冬天乘坐天气冷，恶劣天气时不安全，船上噪声大等都是水上巴士的缺点。

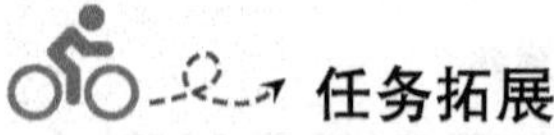

杭州水上公交 1 号线

杭州水上公交 1 号线最早运行时间是早上 6:45，但仅在双休日、节假日加密班次实行，正常运营时间是近 7:00 开始，每 30～40 分钟一个班次，从起点站濮家站至终点站拱宸桥一共经过 5 个站点。

任务拓展

水上巴士与其他公共交通方式的比较见表 8－2。

表 8－2　水上巴士与其他公共交通方式的比较

交通方式	投资 /(亿/千米)	单向运能 /(万/时)	速度 /(千米/时)	灵活性	舒适性	稳定性
水上巴士	0.1～0.2	0.2～0.4	15～30	一般	好	受气候影响大
地铁交通	6～8	3～4	25～60	差	一般	高
轻轨交通	2～3	1～2	20～45	差	好	高
快速公交	0.2～1	1～2	20～40	好	一般	中等

任务操作

（课堂任务操作）针对出行任务，分组完成：调研你所在城市或熟悉的城市水上巴士系统的组成，并分析其优劣势，撰写调研报告。

任务考核

本任务主要学习了城市客渡系统组成，请你思考以下几个问题，并作为自我检查：

1. 说明城市水上公共交通的内涵及类型。
2. 说明城市水上公共交通的构成部分。
3. 举例说明水上巴士的优劣势。

任务 8.2 城市水上公共交通运营组织

知识目标

1. 掌握城市水上公共交通的客流构成与需求定位。
2. 掌握城市水上公共交通的运营组织。

能力目标

能根据城市具体情况进行客流分析及确定合理的城市水上公共交通运营模式。

任务引入

现请你从所在城市或熟悉的城市选择水上巴士出行，调研其运营组织情况。

任务分析

8.2.1 城市水上公共交通客流分析

1. 客流构成

水上巴士开行的主要目的是解决居民的沿江、沿河日常出行及一定的观光出行。

(1) 沿江、沿河日常出行。该部分出行是指以上班、上学、回家、娱乐购物等为目的的出行。该类型出行是水上巴士开行的主要目的，也将成为水上巴士出行的主导内容。

(2) 观光出行。观光出行是指以观赏江河两岸风光为目的的出行。该部分客流不属于水上巴士主体部分，但在非工作日，该部分客流将有可能具有一定规模，水上巴士的运营也必须要考虑这一部分客流出行的需求。

2. 客流来源

1) 沿江、沿河日常出行

沿江、沿河日常出行是以上班、上学、回家、娱乐购物等为目的，相比观光出行而言，它具有更明显的刚性。该部分客流将主要来源于两个部分。

(1) 转移客流。如果现有出行的 OD 与水上巴士的行经点相吻合，该部分 OD 出行者将有可能舍弃目前所利用的出行方式，而改选水上巴士。也就是说，水上巴士开行后，OD 点在水上巴士行经点之间，且目前利用常规公交、地铁出行的出行者将有可能由其他方式转移至水上巴士。

(2) 诱增客流。随着社会经济的快速发展及土地利用的变化与发展，水上巴士行经点之间的 OD 量将会逐年增加，这些 OD 量中将有部分采用水上巴士方式，此为诱增客流。

2) 观光出行

观光出行属于弹性出行，它在很大程度上受经济、景观、人文心理等影响，也会受到运载工具设计等的影响。该部分客流可结合转移客流的调查进行分析。

3. 客流预测分析方法

客流预测分析将在对相关码头及周边地区现有公共交通客流群体进行抽样意愿问询调查与全样交通量观测调查的基础上，结合城市居民出行特性进行扩算分析。分析流程简图如图 8.4 所示。

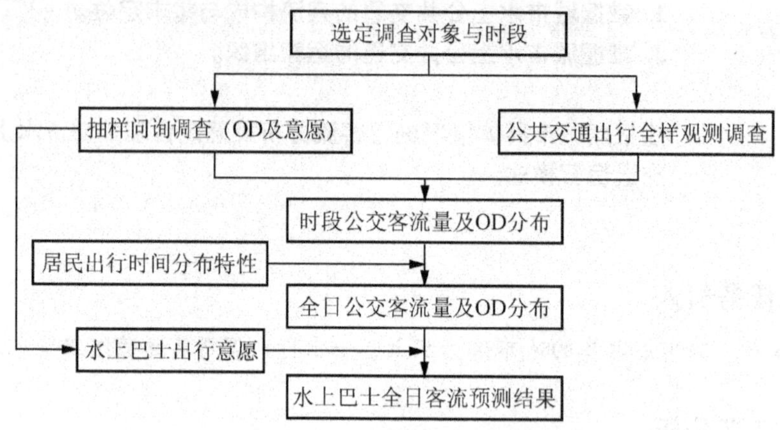

图 8.4　水上巴士客流预测分析流程

8.2.2　水上巴士需求定位

1. 市场功能定位

水上巴士分为公交通勤和旅游观光两大功能。从市场需求来分析，水上客运公交与道路公交、轻轨、地铁没有竞争优势，应重点考虑游览观光，同时兼顾公共交通功能。

公交通勤线可以作为道路交通的重要补充，融入城市客运交通系统，淡、旺季均定班开行，开通交通 IC 卡，寻求政府投入扶持和公交补贴。

2. 乘客定位

水上巴士乘客可细分为核心乘客群、重点乘客群和边缘乘客群 3 类。乘客群体出行模式分析见表 8-3。公交通勤线路的核心乘客群为沿江、沿河码头站点附近的居民。当水上巴士站点网络更加完善，而且与地面公交系统无缝换乘时，重点乘客群也将转变为核心乘客群。旅游观光线主要乘客为城市主城区居民和外地游客。

表 8-3　水上巴士乘客群体出行模式分析

项目	公交通勤线	旅游观光线
核心乘客群	沿江、沿河码头站点附近的居民，主要出行模式为步行＋水上巴士＋步行	沿江、沿河站点附近的居民、外地游客
重点乘客群	沿江、沿河码头站点直接辐射区居民，出行模式为常规公交＋水上巴士＋步行	城市主城居民 P＋R(park and ride，停车＋换乘)出行模式
边缘乘客群	沿江、沿河码头站点间接辐射居民，出行模式为常规公交＋水上巴士＋常规公交(或步行)	其他

3. 票价定位

旅游观光线路的票价可根据市场定价，而公交通勤线路票价需要考虑公共服务功能。根据公共交通的一般特点和其他城市水上巴士的调查，出行者对时间的敏感度随出行时间的增加而降低。时间差异不大时，乘客愿意时间长而票价低组合；时间差异较大时，乘客愿意选择时间短而票价高的组合。当票价差价达到2.5元左右而总出行时间较长时，多数人倾向于低票价方式；在同等时间的前提下，乘客愿意多花钱保证准点率。

结合我国杭州、广州水上巴士票价的设定，建议一般水上巴士的公交客运票价定位在1～3元，公交通勤线配置普通经济船，行程1小时左右，可结合客流情况确定发班时间间隔，但一般不宜太长。

8.2.3 城市水上公共交通的运营

城市水上公共交通也采用陆路公共交通运营模式，这对于前期的市场培育和形成稳定客源具有重要的作用。首先要有固定的行船时刻表；其次要有合理的票价；最后要有良好的承载工具。

1. 合理地进行水上交通线路的规划和布局

结合城市规划、人口、经济区域分布，优化调整现有的水上巴士运行路线，增设站点。作为客运公交系统的组成部分，水上巴士的目的在于方便市民出行，其站点应优先考虑市民出行的实际需求。行政商务区、居住区、学校等位置通常为人流较大的地区，这些地区往往具有更大的出行需求和交通压力，应在这些地区设置站点。

想一想

你所在的城市哪些地方适宜设立水上巴士站点？

2. 水上巴士的调度

水上巴士调度也可采用常规公交类似的调度形式，现以广州水上巴士为例说明。

1）发班间隔

班次：高峰时20分钟一班船，全程40～50分钟。

票价：全程1～2元，可刷羊城通，可自动投币。

安全：每艘船5名船员，船上有救生衣、晕船药。

2）调度形式有“快船”和“慢船”

首班船发出时间为7时，尾班船时间为18时。高峰时段7:00—9:00、16:00—18:00，始发站每20分钟对开1个航班。低峰时段每30分钟对开1个航班。6艘参与营运的水上巴士包括2艘快速船和4艘旅游船。快速船每艘载客60位，在行驶时间上，快速船将比旅游船快10分钟左右，旅游船全程需时40分钟。但旅游船可以比快速船多载乘客，每艘载客250人。

与市民平时接触的过江轮渡和珠江游船不同，一走进快速船乘客就可看到前方的驾驶室，走下台阶后就是过道和两排座位，座椅都是舒适的软座，如图 8.5 所示。两边还有观光用的窗户，乘客可顺道饱览一下珠江景色。每艘水上巴士上有 5 名船员，船上还有救生衣、晕船药品，乘客不必担心安全问题。

图 8.5　广州水上巴士

3）两台刷卡机刷羊城通

水上巴士试运营期间的票价为全程 2 元，如果只坐一站，票价为 1 元，超过一站为 2 元。码头上都有专门供水上巴士乘客使用的候船室，入口处各有两台羊城通刷卡机和两个自动投币箱，乘坐水上巴士就像坐公交车一样实行无人售票，既可刷羊城通也可投币。

3. 与其他交通工具的无缝连接

水上客运与公路运输、铁路运输、航空运输不只是竞争的关系，水运旅客要到某个港口，大部分情况下是需要借助其他交通工具的转乘才能到达的，所以，港口附近的市内公交、省际大巴，包括铁路、航空到港口的便利转乘，会给水上客运增加客源，从而促进整个城市交通业、旅游业的发展。采取水陆联运，与铁路、城市交通等单位签订联运协议或办联运公司，实现水陆交通的无缝连接。

4. 提高水上巴士服务质量

服务质量包括客船的乘坐舒适度、旅游环境和服务人员的专业水平和态度。现在旅客对服务质量要求越来越高，改造老旧客船，提高客船设施的档次，提高工作人员的服务水平以适应广大旅客的需要，为旅客创造比铁路、公路更为优美的环境，提供更为温馨的服务，让旅客体会到舒适的旅程。旅客对行程满意，就很可能成为水运的回头客或者宣传者，从而增加客运量。

5. 完善水上交通信息系统

充分利用城市旅游资源和中心城市构筑的水上巴士线路，在各港站和船务公司之间建立信息网，加强信息的传递与沟通。同时与铁路、公路、航空协作，建立透明、共享的信息平台，确保上海水上客运的顺利运营。

小案例

广州水上巴士规划具体分3期

2013年实施工作方案：2013年广州计划新开通金沙洲至新电视塔、金沙洲至西堤、长洲至海心沙的3条航线。

近期到2016年，完成规划航线19条，总航程约122千米，配船舶60艘，新建客运码头10个，升级改造现有码头27座，基本辐射中心城区珠江沿线的主要客流集散点。届时，水上巴士将形成北至金沙洲、西至芳村、东至鱼珠、南至仑头生态城的线网，通过开行至天河的高峰快线解决局部重点区域的通勤问题，通过珠江两岸开行"之"字形线路缓解海印桥、江湾桥等高峰过江出行需求问题。预计到2016年水上巴士年客运量将由现在的2 020万人次增长到7 300万人次。

中期到2020年，规划航线21条，总航程约237千米，覆盖范围将拓展至珠江后航道的番禺、大学城等区域，并强化与南沙新区的联系，同时构建珠江黄金岸线休闲交通航线，预计年客流量达到1.08亿人次；而到远期2030年，规划航线29条，总航程约370千米，预计年客流量达1.7亿人次。

（资料来源：http：//news. ycwb. com/2012-12/04/content_4152464. htm.）

任务拓展

国际国内水上巴士运营经验

水上巴士指的是在固定线路上运营，或将顾客运送到多个目的地的水上交通工具，主要在水网密集、水域发达的城市发挥公共交通的作用。许多国际化大都市，如纽约、伦敦、悉尼、东京等地都有定班的水上巴士系统，国内的杭州、广州等城市也试点运行了水上巴士，运营经验值得借鉴。

1. 纽约经验

纽约水上巴士公司提供的服务专业而且广泛，主要有通勤服务、观光服务和租赁服务。其中，通勤服务由双层水上巴士提供；观光服务包括随上随下式和海港观光；租赁服务主要提供以美国历史和交通为主题的教育旅游、公司团体租赁服务，以及为生日、团队训练、毕业聚会等各类社会活动提供租赁服务。

2. 悉尼经验

悉尼黄色水上巴士公司主要经营15分钟的悉尼歌剧院与达令港之间的短线游、45分钟的"悉尼歌剧院—达令港—生态花园—海港大厦—悉尼大桥"的海湾游，包括海湾鲁纳公园、海洋水族馆和动物园门票的长线包价环形游及2小时的"寻宝游"。

3. 上海经验

黄浦江水上巴士交通规划的推出，是为了缓解上海日益拥挤的沿江、过江交通，并支持"世博会"的召开，打造黄浦江"水上公共客运通道＋休闲游憩走廊"。

任务操作

(课堂任务操作)针对出行任务，分组完成：选择城市，调研其水上公共交通运营模式，并加以分析，撰写分析报告。

任务考核

本任务主要学习了城市水上公共交通的运营组织，请你思考以下几个问题，并作为自我检查：

1. 说明城市水上公共交通的客流构成。
2. 举例说明城市水上公共交通的需求定位。
3. 举例说明城市水上公共交通的调度形式，并分析其优缺点。

第 5 篇

城市公共交通的组织优化

项目 9　城市公共交通的协调与整合

任务 9.1　城市公共交通系统的组织协调

知识目标

1. 了解城市公共交通系统的选择及协调方法。
2. 了解城市客运枢纽的类型及换乘衔接组织。

能力目标

能针对城市公共交通系统协调及衔接提出可实施的建议。

任务引入

从出行角度出发，调研你所熟悉的城市公共交通系统协调及衔接问题。

任务分析

9.1.1　城市公共交通系统选择

城市交通有许多方式，它们在解决城市交通问题中起到了重要的作用，不同交通方式各有其自身的优势范围。城市客运交通系统构成如图 9.1 所示，该图显示了每种交通方式适宜的出行距离和客流密度。可以看出，小汽车适用范围较广，但承载能力有限；地铁和轻轨适用于长距离的大运量运输；步行的出行距离很小；常规公共汽车则适用于中距离中等运量的出行。出行距离范围与常规公共汽车相近，但是运量比常规公共汽车大的方式还有 BRT。

选取公共交通方式时，应使其客运能力与线路上的客流量相适应，常用的公共交通方式单向客运能力宜符合表 9－1 中的规定。

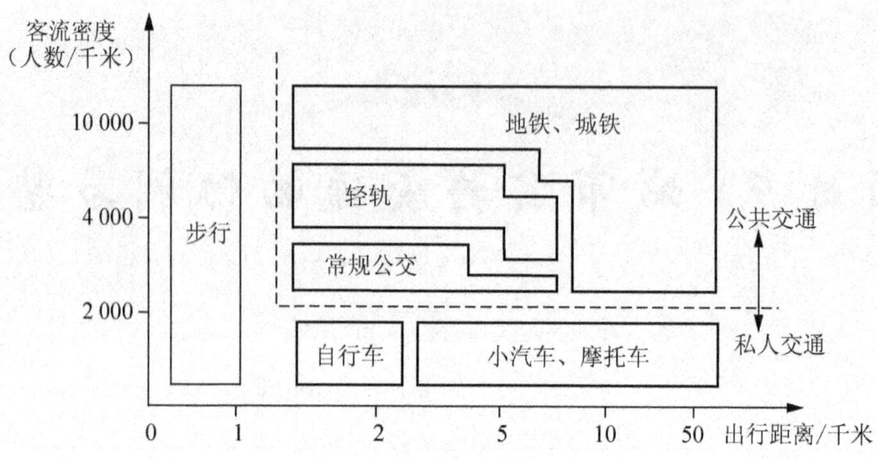

图 9.1 城市客运交通系统构成

表 9-1 城市公共交通方式单向客运能力

公共交通方式	运送速度/(千米/时)	发车频率/(车次/时)	单向客运能力/(千人次/时)
常规公共汽车	16～25	60～90	8～12
有轨电车	15～20	50～60	8～10
无轨电车	14～18	40～60	10～15
中运量快速轨道交通	20～35	40～60	15～30
大运量快速轨道交通	30～40	20～30	30～60

不同规模的城市公共交通发展对策不同，公共交通单程最大出行时耗应符合表 9-2 中的规定。

表 9-2 不同规模城市的最大出行时耗和主要公共交通方式

城市规模		最大出行时耗/分钟	主要公共交通方式
大	>200 万人	60	大、中运量快速轨道交通、公共汽车、电车
	100 万～200 万人	50	中运量快速轨道交通、公共汽车、电车
	50 万～100 万人	40	公共汽车、电车
中	20 万～50 万人	35	公共汽车
小	<20 万人	25	公共汽车

(1) 对于 100 万人口以下的大城市，可发展以 BRT 系统为主的公共交通系统，随着经济的逐步发展，对小汽车交通由鼓励型向竞争型转变，提高公共交通在城市中的地位，在基础设施建设的同时预留公共交通基础设施用地。

(2) 对于 100 万～200 万人口的大城市，根据其经济实力及客流分布状况，选择合适的大运量快速公共交通系统，BRT 系统建立后要考虑远期向轨道交通系统转变的可能性。在中心区通过提高公共交通的服务水平来吸引私人交通方式向其转移，满足城乡公交的出

行需求，采用 TOD(transit oriented development，公共交通导向发展)用地发展模式，建立公交换乘枢纽，提高公交系统效率。

(3) 对于 200 万以上人口的特大城市，城市群之间要建立以铁路为主的轨道交通系统，城市内部建立以轨道交通为主体、常规地面公交为补充的公共交通系统(BRT 系统也可以作为地铁交通的补充，为其喂送客流)，换乘枢纽建设完善，满足城区内部各种交通方式(包括公共交通方式)之间、城乡内外客流之间的衔接。中心区限制私人交通方式特别是私人小汽车的过度使用，通过市场经济杠杆对公共交通倾斜，保证其优先发展。结合土地规划来发展公共交通，实现一体化的公共交通发展。

小资料

公共交通导向发展模式

20 世纪 90 年代，随着一股新城市主义城市规划思潮在美国逐渐兴趣，美国学者提出“公共交通导向发展模式”(transit oriented development，TOD)，并逐步为人们所接受和认同。TOD 发展模式提出目的在于增加乘客出行选用公共交通的比例，增加居住舒适性、改善环境。

TOD 是一种以公共交通走廊为发展纽带、公交站点为开发节点，并以此带动城市空间及城市区域有序发展的可持续发展模式。它主张公交优先、强调节点土地紧凑综合利用，其中的公共交通是指城市轨道交通、BRT 系统。TOD 节点是以公交站点为中心，以 400～1 000 米为半径建立的具有工作、商业、文化、教育、居住等较完备功能的城市发展节点。TOD 节点内居民与雇员多采用步行、自行车、公交车出行方式，减少小汽车使用量。

中国香港人口 600 万，是世界上人口最稠密的城市之一。在 1 078 平方千米的土地中，位于海拔 50 米以下的部分仅占 18%，其余大多是陡峭的丘陵。香港在如此之高的密度下仍然能保持城市交通的顺畅，有效地控制交通污染，与其居民极高的公共交通使用率分不开。从 20 世纪 80 年代开始，公共交通一直负担着全港 80%以上的客流量，仅有大约 6%左右的居民出行使用私人交通工具。正是由于 TOD 开发对轨道交通建设产生的巨大需求，尽管香港的轨道交通线网建设起步较晚，但经过短短 10 多年的发展，香港已建成轨道交通通车里程达 130 千米。并一直保持着可持续发展的良好势头。香港的成绩很大程度上归功于 TOD 社区的土地利用形态。全香港约有 45%的人口居住在距离地铁站仅 500 米的范围内，九龙、新九龙及香港岛更是高达 65%。港岛商务中心内以公共交通枢纽为起点的步行系统四通八达，凡与步行系统相连的建筑，本身就是步行系统的组成部分，其通道层及邻接的楼层通常作为零售商业和娱乐用途，给行人提供了极大的方便。

9.1.2 城市公共交通系统的协调

1. 城市间公共交通的衔接

城市的公共交通不仅仅为市内交通服务，同时还承担着接驳市间客运的任务。从地域的角度来分析公共交通的间接的问题，得到城市间公共交通衔接关系分析图，如图 9.2 所示。城市通过公共交通系统接驳换乘轨道交通、水运、空运、公路等交通方式的城市间旅客，火车站、港口码头、长途汽车客运站、航空港是主要的衔接点，城市公共交通必须加强与这些衔接点的联系，以有效地衔接城市间客运。

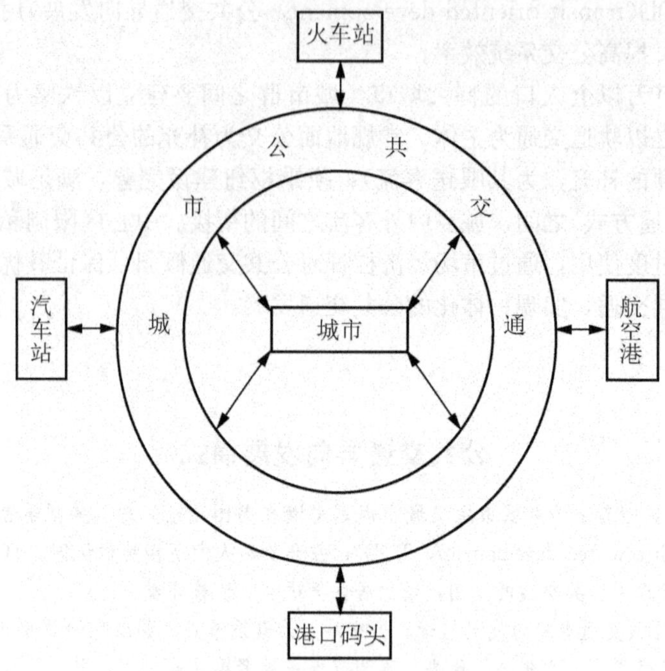

图 9.2　城市公共交通系统衔接关系分析图

小案例

南京南站实现“零换乘”

南京南站位于南京市南部新城核心区，是上海铁路局下辖的特等站，连接 8 条高等级铁路的国家铁道枢纽站。2008 年 1 月 10 日开工，2011 年 6 月 28 日启用，为京沪高速铁路五大始发站之一，是华东地区最大的交通枢纽，并为京沪高速铁路、沪汉蓉高速铁路、宁杭高铁、宁安城际铁路、宁合城际铁路、宁启城际铁路的客运枢纽站。南京南站总建筑面积约 45.8 万平方米，其中主站房面积达 28.15 万平方米，是亚洲最大的火车站。

铁路和公路南京南站“合二为一”吸引了大量的车流、人流，为缓解交通压力，车站设计了长途客车单向行驶车道和公交车专用疏散通道。

南京南站南北广场均设有公交站场，北广场公交站面积 1.7 万平方米，可安排 18～20 条公交线路；南广场设公交、团体车辆停车场，其中公交车站场面积 8 000 平方米，可安排 9～10 条公交线路，车站东西两侧都设有公交车行驶的专用疏解通道。广场东西两侧的出租汽车停车泊位达 730 个，社会车停车泊位达 2 348 个。在南京南站综合交通枢纽大致 600 米范围内，铁路、地铁、公路客运、公交、轻轨五大交通体系全包括在内，而通过 200 多部电梯，这五大交通体系完全连接在一起，真正实现“零换乘”。

2. 城市公共交通方式与其他交通方式的协调

城市客运交通系统包括了公共交通方式和非公共交通方式，公共交通与非公共交通方式具有各自不同的特点，发挥着不同的作用。对于城市综合运输体系而言，这两者必须有效衔接才能够使综合运输体系的运输效能得以充分发挥。城市公共交通方式与非公共交通的衔接关系如图 9.3 所示。

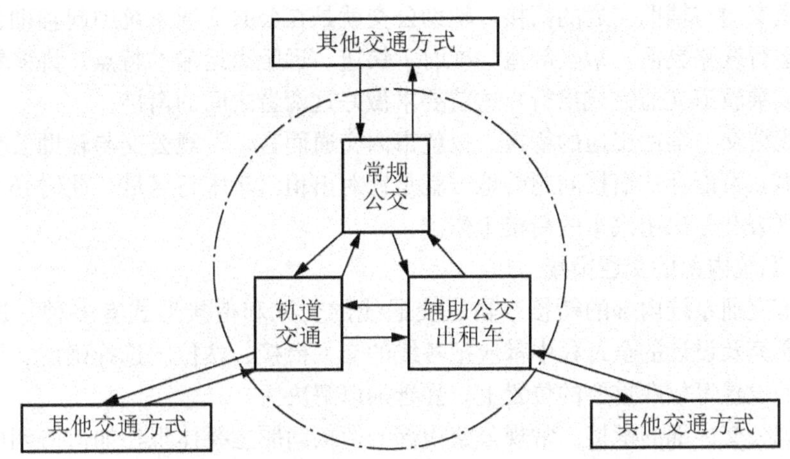

图 9.3 公共交通方式与非公共交通的衔接关系

(1) 公共交通与自行车交通的衔接。自行车是一种经济的短距离出行方式，随着城市规模的不断扩大，人们出行距离的不断增加，自行车出行将越来越不适应。但由于目前城市交通出行中自行车仍然占有很大比例，并且在今后很长一段时间仍将如此，因此，必须考虑为自行车与公共交通换乘提供方便。

(2) 公共交通与小汽车的衔接。小汽车作为一种舒适的交通工具，是人们生活水平提高后的一种自然追求，在今后一个时期，小汽车拥有量还会有较大提高。但小汽车是一种道路资源占用率高、燃油耗费大及污染较大的一种交通方式，针对交通供需矛盾突出的老城区或城市中心区而言，国家采取的策略是“不限制小汽车的拥有，但限制其使用”。因此，应当为小汽车出行者提供进入城区可选择的交通方式，做好小汽车与城市公共交通系统的衔接。

3. 城市公共交通系统内部各交通方式的组织协调

城市公共交通系统交通方式包括轨道交通、常规地面公交及辅助型公交等。为了充分发挥城市公共交通系统的效能，必须对城市公共交通系统主要构成要素进行合理的规模组织和衔接组织工作，使整个公共交通系统成为一个有机整体。

1) 城市公共交通系统内部规模组织

从资源配置的角度看，各种交通工具的重复无序配置也是一种严重的浪费和内耗，是一种典型的重复建设。在总体规模确定的基础上，为系统内部各交通方式选取一个合适的规模、比例，协调运量，保证通过常规公交、辅助公交及其他交通方式集聚到轨道交通上的交通量要与轨道交通的运能相适应。

2) 城市公共交通系统内部的衔接

(1) 轨道交通与常规公交的衔接。随着轨道交通的快速发展，地铁与常规公交换乘难的矛盾日益突出。在常规公交站点及轨道交通站点布局时应当综合考虑，做好两者的衔接工作，这有利于扩大轨道交通的乘客服务范围，并最终形成以轨道交通为客运走廊、地面公共交通为支线的城市公共交通系统。

(2) 轨道交通与辅助交通的衔接。辅助公交就是在公共交通系统中起辅助作用的交通方式。具有运行线路灵活，乘坐舒适、准时、快速、远距离运输的特点。许多乘客会选择经辅助公交换乘轨道交通完成出行，这就要求做好这两者之间的衔接。

(3) 常规公交与辅助交通的衔接。仅就市内交通而言，常规公交与辅助公交的衔接问题不是太明显，可能存在衔接问题的地方就是针对出租汽车限行区域，此时必须在限制区外围做好常规公交与出租汽车的衔接工作。

3) 各子系统内部的交通衔接

(1) 轨道交通系统内部的衔接。轨道交通线的交叉和衔接形式有多种，进行网络规划、可行性研究及设计的全过程中都应把各线的交叉衔接、站位的选择确定、换乘站和大型换乘枢纽的设置等放在重要的位置上，妥善加以解决。

(2) 常规公交内部的衔接。常规公交内部的衔接问题主要体现在如何协调好各线路之间的换乘，研究如何使乘客换乘次数少、出行时间短。

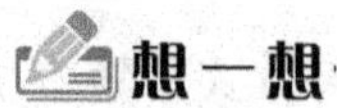

想一想

针对你所熟悉的城市，选择一些典型区域分析其交通衔接问题。

9.1.3 城市客运枢纽的规划

1. 城市客运枢纽的分类

枢纽是两种以上运输方式或多条公交线路交汇的场所，是乘客集散、转换交通方式和线路的场所。枢纽建立的目的是在各种交通方式并存的条件下为方便乘客、平衡客流，提高整个城市的客运交通服务水平(图 9.4)。由于城市规模的不断扩大，居民从起点到终点的一次出行，往往需要使用多种交通工具，把多种交通方式有机地结合起来。城市客运枢纽把私人交通、常规公交和城市轨道交通等独立的系统组合成一个有机的客运运输整体，给乘客带来极大的效益。城市客运枢纽概念图如图 9.5 所示。

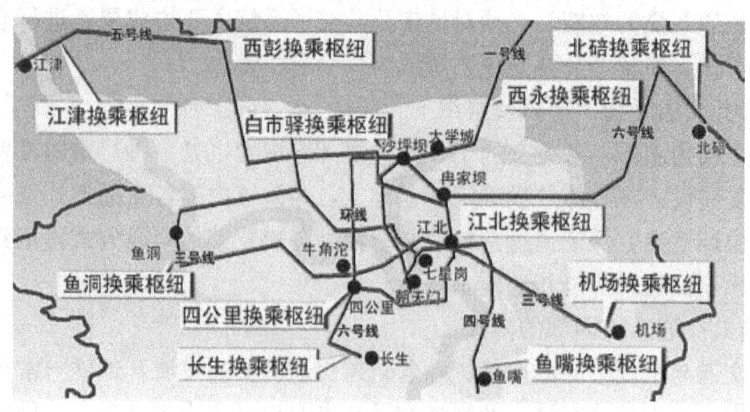

图 9.4　重庆城市换乘枢纽

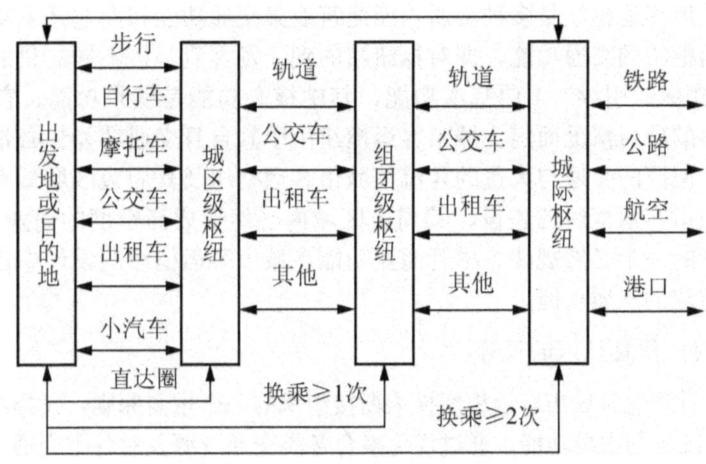

图 9.5 城市客运枢纽概念图

城市客运枢纽按交通功能、交通方式、交通组织、布置形式和服务区域进行分类，具体见表 9-3。

表 9-3 城市公交枢纽分类

分类依据	类别	说明
交通功能	对外枢纽	一般设在城市出入口，连接对外交通运输出入线路与城市公交线路，其规模与城市发展形态、经济文化活动相匹配
	市内枢纽	主要为城市内部区域或中心与外枢纽的客流交换服务。一般设在城市内主要客流集散点，多种交通方式、多条线路汇总点，对通畅和便捷性要求很高
	特定设施处枢纽	这些地点在某时间段内集散度大，枢纽为满足人们文化、娱乐出行而设
交通方式	方式换乘枢纽	如城市公共电车、汽车与地铁、轻轨、铁路、水路、航空运输等线路相互衔接的城市公交枢纽
	线路换乘枢纽	主要指公共汽车线路之间，包括公共汽车与长途汽车线路间的交汇处枢纽
交通组织	公交首末站换乘枢纽	枢纽内有多条电汽车的首末站，并设有停车、候车、调度及有关指示标志等设施
	公交中途站换乘枢纽	位于道路条件好、公交线路通达性高、多条线路交汇的路网节点，站点设置、人流组织是此类枢纽设计的重点内容
布置形式	立体式枢纽	枢纽站为地下或地上多层结构形式，适用于交通方式复杂、用地受到限制的情况，同时也可与综合性服务设施，如商业、文娱活动点相协调
	平面式枢纽	枢纽站设施布置在地面上，其规模视换乘需求而定
服务区域	都市级枢纽	吸引全市范围和对外交通客流的枢纽，如火车站、机场、港口等大型城市出入口
	市区级枢纽	连接卫星城镇与市内公交线路的城市公交枢纽及区内交通重收处枢纽
	地区级枢纽	设在地区性区域中心的客流集散点枢纽

一般地，城市客运枢纽是多种交通功能建筑或集交通功能和商业开发功能于一身的建筑综合体。客运枢纽的交通功能，即对枢纽站的到、发客流，按不同的目的和方向，实现“换乘、停车、集散、引导”4项基本功能，其中核心功能是换乘功能。它的商业开发功能则需根据具体的项目情况而定。城市客运枢纽由于其自身交通功能势必带来周边区域交通状况的改善，便捷的交通与大量的客流使城市客运枢纽及其周边区域具有巨大的商业价值，往往随着城市客运枢纽的建设，其周边区域内必然形成高密度的商业区、办公区等，这也是城市发展的一个必然规律。尽管商业功能在城市客运枢纽的设计中占重要地位，但是仍属于交通枢纽的从属功能。

2. 一体化换乘衔接组织的设计

一体化的设计理念是城市客运枢纽换乘衔接组织的一个重要原则，是指综合考虑不同层面的交通联系、疏解与引导功能，通过优化整合各类交通资源及对各类交通方式流线的合理设计，实现至少两种方式间的无缝换乘。一体化换乘衔接组织设计主要包括以下几点。

（1）换乘距离最短。布置枢纽时应尽量保证结构紧凑，充分利用空间，以缩短客流换乘距离，减少换乘时间。当枢纽设计位于十字路口附近时，应使其出入口分布在路口的4个方向，尽可能减少换乘客流横穿街道次数。使地面公交车站尽量靠近城市轨道交通枢纽出入口，通过公交线路及站点的空间布局优化、客流与运能的合理配置，提高公共交通对私人交通客流的吸引力，使公交企业在客运市场的竞争中提高效率，获取更大的利润，以满足中转换乘的方便与舒适及公交企业的利益。

（2）交通分流。实现交通分流的主要手段是通过平面流线分离设置和立体设计。平面流线分离设置对地面空间的需求较大，并且不可避免地会产生各种交通流之间的交叉。立体化设计理念的落实应以充分发挥各层面功能、保证设施的高效利用为基本原则，流线设计与换乘组织应本着安全、高效、便捷的思想，充分考虑在枢纽中进行换乘时的需求及心理特征。

（3）与周边交通体系协调。通过各种交通方式换乘系统的合理布局，促进动、静态交通的均衡分布。枢纽的地理位置及其周边道路的疏解条件、设施配套情况应与枢纽的功能、规模、能力相适应。设施与导向系统的配套应充分体现人文关怀，保证人在枢纽内行动的舒适、安全。减少公共交通与其他交通方式的相互干扰，使居民的出行选择由低效的私人交通工具向高效的公共交通方式转化，实现道路网络运送人流的最大化。

（4）集中布置，统一管理。交通综合体系的建设应考虑将交通换乘与商业等功能相结合，在设计中应当通过潜在引导使得枢纽与相关物业相互带动，相互促进，并尽最大可能充分利用地下空间，在控制地面土地利用规模的同时，创造通达便捷的集散吸引空间，结合周边条件刺激相关物业的开发。

任务拓展

“公交都市”首批创建城市

全国城市公共交通工作会议2012年10月30日在深圳闭幕，交通运输部正式授予深圳、北京等15个城市为国内“公交都市”第一批创建城市。交通运输部部长杨传堂在会上表示，希望各地交通部门把国家优先发展城市公共交通的决策部署落实到行动中，让人民群众“出行更便捷，乘坐更舒适，换乘更方便”。

为了推动公交优先发展战略的落实，交通运输部决定授予北京、石家庄、太原、大连、哈尔滨、南京、济南、郑州、武汉、长沙、深圳、重庆、昆明、西安、乌鲁木齐15个城市“公交都市”第一批创建城市称号。

“公交都市”是为应对小汽车高速增长和交通拥堵所采取的一项城市战略，已成为全球大都市的发展方向。东京、巴黎、伦敦、新加坡、香港、首尔、斯德哥尔摩、哥本哈根是世界闻名的八大公交都市。公交都市的共同特点为：具有高达60%及以上的公交分担率；以高快速路引导产业布局，以快速公交走廊引导人居集聚，以公交车站打造城市开发中心；采取全方位的公交优先政策(如财政补贴、公共交通换乘优惠、公交专用道等)，保证公共交通的优先发展；采取包括限制小汽车过快发展、引导小汽车合理使用的需求管理措施。

具体标准：有轨道交通的城市公共交通出行分担率达到45%以上；没有轨道交通的城市公共交通出行分担率达到40%以上；城市建成区公交线网密度3千米/千米^{2}以上。城市建成区公交站点500米覆盖率达到90%以上，实现主城区500米上车、5分钟换乘。新能源城市公共交通车辆比例达到5%以上。城市公共交通的乘客测评满意度达到80%以上。公共汽电车交通责任事故年均死亡率控制在4.5人/万标台以内。城市公共交通相关规划体系初步形成，城市公共交通政策和标准规范体系基本完善，城乡客运一体化管理格局基本形成。

任务操作

(课堂任务操作)针对出行任务，分组完成：调研你所熟悉的城市公共交通协调、衔接等方面存在的问题，并提出可实施性的建议，撰写一篇调研报告。

任务考核

本任务主要学习了城市公共交通系统的组织协调，请你思考以下几个问题，并作为自我检查：

1. 城市应如何选择公共交通系统?
2. 城市公共交通系统应做好哪些方面的协调与衔接?
3. 城市客运枢纽有哪些类型?请结合你所在的城市举例说明。
4. 对于你所在的城市，你会对该城市公共交通提出哪些有益的建议?

任务9.2 城市公共自行车运营管理

知识目标

1. 熟悉城市公共自行车的内涵、优势及运营模式。
2. 掌握城市公共自行车的组成及经营管理方法。

能力目标

能根据城市发展的实际情况选择适合城市发展的公共自行车运营模式，并能识别公共自行车的组成，会操作公共自行车的租赁系统。

任务引入

现请你从所在地区选择骑行公共自行车出行，调研公共自行车的操作流程。

任务分析

9.2.1 公共自行车的内涵与优势

公共自行车就是在城市某个区域内，隔一定距离规划出一些停放自行车的点，如地铁出口、住宅区门口，一个租赁点一般放置 30 辆自行车左右。那么一个城市就会像公交站点和地铁站点一样，有很多自行车租赁点。通过公共自行车管理系统来管理这些租赁点的自行车，每辆自行车都单独有一个可以锁自行车的装置和读卡租车、还车的读卡器(固定在地上的，不能移动)。每次租车把卡放到读卡器上读一下，锁就开了，自行车就可以骑走了；骑到任何一个其他租赁点都可以还车，因为系统是联网的。还车时把车放到锁的位置，将卡靠近读卡器读一下，车就锁了，还车成功。

知识链接

自行车又称脚踏车或单车，通常是二轮的小型陆上车辆。人骑上车后，以脚踩踏板为动力，是绿色环保的交通工具。在中国大陆、中国台湾、新加坡，通常称其为“自行车”或“脚踏车”；在港澳地区则通常称其为“单车”。有单人自行车，还有双人或多人自行车。从出行角度，现在城市居民更多选用电动自行车，但在我国广州等地区，因为电池回收等问题，禁止使用电动自行车。

公共自行车系统(public bicycle system，PBS)是一种区别于公共交通系统(public transport system)和传统自行车交通系统(traditional bicycle system)的新型的城市公共客运系统。它集成众多先进技术及交通管理理论，基于“随用随借，公众使用”的基本理念，在城市住宅小区、交通枢纽等关键节点设置公共自行车租赁服务站点，随时为不同人群提供适于骑行的公共自行车，并根据使用时间的长短征收一定额度费用，以该服务系统和配套的自行车路网为载体，提供公共自行车出行服务的城市交通系统。

作为城市交通的组成部分，公共自行车系统具有以下优势：①不存在大气和噪声污染，可为居民和旅游者提供便捷的绿色出行方式，提高城市的绿色竞争力，同时骑车还有助于强身健体，减少城市病的发生；②为城市提供 1～5 千米的短途出行解决方案，成为城市交通系统不可或缺的组成部分，提高道路资源的利用率，缓解道路交通拥堵，解决公交出行“最后 1 公里”难题；③与公共汽车相比，自行车具有体量小、操作灵活、可达性好和投资少的特点，可作为轨道交通接驳的辅助性工具，最大限度地促进各种交通资源的合理利用，满足居民多层次的短距离出行及不同出行目的的交通需求，便捷、高效地集散客流，提高城市交通的整体运行效率。

小案例

杭州免费租借自行车

什么是公交系统“最后一公里”问题？经常乘坐公交巴士出行的人们都知道，最近的巴士站点也许离单位、离家门口、离景点还要走上 10 分钟路程。因为存在着不便，一些市民宁愿打的或开私家车出门。如何解决这个“最后一公里”问题，杭州选择了自行车。

在法国，人们可以使用存有一定金额的内置RFID(radio frequency identification，无线射频识别)智能卡，从里昂及周边地区大约175个集散区租赁到自行车供自己使用；在丹麦首都哥本哈根，1/3的上班族使用自行车，就是政府部长也骑自行车上、下班；在英国，自行车租赁公司各地各处都有，许多外国游客就租自行车环游英国；在我国首都北京，有10多家自行车租赁公司，他们提供的自行车租赁服务，客观上起到了公共自行车交通的功能。

而以后在杭州，本地市民、“新杭州人”和中外游客可凭借公交IC卡或市民卡，随时在任何一个租赁服务点租到自行车，在另一个服务点放下。“比如市民或游客先在卡中存入200元，刷了卡租了自行车后，只要按时在下一个服务点刷卡归还，钱又会全部退到卡里。”相关人士介绍说。

据了解，为了加快自行车周转，提高使用率，自行车租赁将会有一个“免费时限”。也就是说，当过了这个“免费时限”时，系统就会自动从你卡中扣除延迟归还费。这个“免费时限”，目前暂定为半个小时。

“可是骑车游览西湖一圈下来，至少也要一个小时，那么被扣费了怎么办?”有人提出了这样的疑问。西湖风景区边上会设很多服务点，在游览一个新的景点时，及时归还、重新租赁即可。

(资料来源：邓国芳.免费使用，随取随放[N].杭州日报，2008.节选，有删改)

9.2.2 公共自行车系统组成

1. 基本设施

公共自行车系统基本设施是指完成一次公共自行车租还过程所需要的物理硬件设备，分为以下几个部分。

1）专用自行车辆

鉴于公共自行车租赁特性，自行车辆为专门制造的自行车，都进行特别设计以预防盗窃和损坏。车辆核心零件与普通自行车不兼容，选择坚固耐用材质。除了车锁和车筐，自行车辆某些部分还集成电子部件，能够实现车辆与停车桩的终端通信，以便电子收集统计车辆使用详细信息。

小案例

苏州市公共自行车与常规自行车的区别

苏州市公共自行车与常规自行车的不同点：第一，自行车没有后面的书包架；第二，自行车的龙头把手更宽，前面有一个塑料大包围；第三，在自行车的前后轮位置，有广告位；第四，这种自行车的支架比较特别，位于车辆前后轮之间，如图9.6所示。

图9.6 苏州公共自行车

(资料来源：http://www.shbicycle.com/detail.asp?id=5196.)

2）智能租赁终端

智能租赁终端(自助服务器)是供车辆租赁者通过刷卡实现借还车的设备，如图 9.7 所示。智能租赁终端能够自助售卖智能租赁卡，同时租赁者可以在终端上办理购买和增值业务。智能租赁终端有两面，一面带有液晶显示屏，显示购买租赁卡的操作界面，另外一面则是租赁站点的地图分布、读卡区域和操作界面。根据服务信息系统种类不同，有些系统租车需要通过智能租赁终端，也有些不需要通过终端管理。

图 9.7　公共自行车租赁终端

智能租赁终端的布设形式分为中央式和侧式，一般情况下，超过 16 个停车桩，终端通常选择中央式，尽量采用小尺寸，高度不超过 2 米。

3）锁止器

锁止器(mechanical brake)是位于租赁服务点内，固定专用自行车辆并实现租赁卡读取、自行车解锁和上锁的设备。锁止器包括锁具、读卡器、指示灯等。读卡器和卡通过 RFID 技术实现通信，如图 9.8 所示。

图 9.8　公共行车锁止装置

4）租车卡

公共自行车系统需要专门的租车卡(the card for renting public bicycle)来租赁自行车，

以实现租赁者身份的识别、自行车辆的解锁和租赁费用的存入和支付。智能租赁卡根据用途主要分为临时卡和固定卡。临时卡一般用于公共自行车临时、短期的租借，主要针对临时租用者和旅游者；固定卡用于公共自行车长期、高频的租借，主要针对城市常住居民。国内外城市公共自行车租赁卡各类和支付手段见表9-4。

表9-4　国内外城市公共自行车租赁卡各类和支付手段

城市	租赁卡各类	支付手段
巴黎	日卡、月卡、年卡	自行车IC卡
巴塞罗那	临时卡、年卡	自行车IC卡
杭州	临时卡、年卡	自行车IC卡、公交卡
上海	年卡	自行车IC卡、诚信卡

2. 智能管理系统

公共自行车系统智能管理系统主要包括控制中心、区域调度中心及信息发布系统，如图9.9所示。

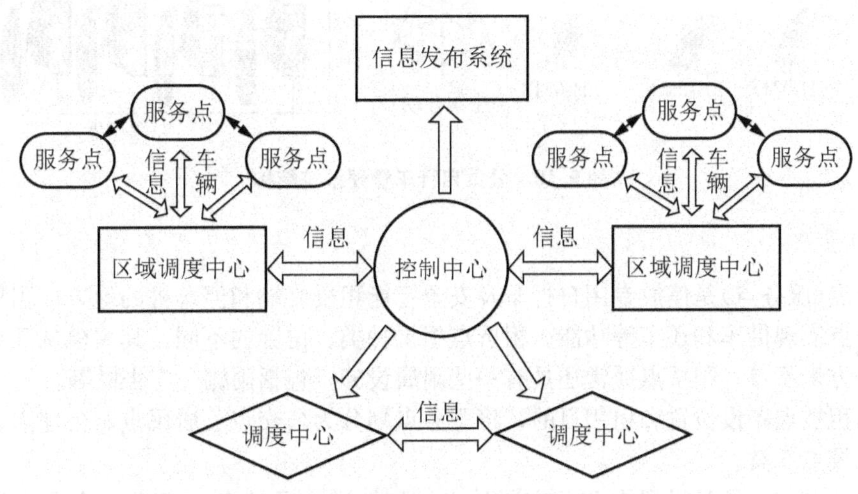

图9.9　公共自行车智能管理系统工作流程

(1) 控制中心是智能管理系统的核心，主要包括调度中心和信息中心。调度中心是通过信息中心传送的实时数据对各租赁点、停保基地的自行车辆进行调度，而信息中心承担数据的交换、搜集及处理功能。

(2) 区域调度中心。将租赁点划为不同区域，每个区域设立调度中心，将存车和调度功能一体化设置，降低系统成本，提高效率。

(3) 信息发布系统。包含租赁服务网点名称、位置、收费费率、网点租用率、平均租用时间、道路交通状况信息、交通管制信息等通过网络、通信工具、指示牌等媒介发布信息，为租用者提供有效信息。

目前国内外城市采用的是第三代公共自行车系统，该系统实现了控制中心、客服网点、租赁网点、服务终端、停车桩的互联，可实现通租通还、会员注册、数据更新等功能。国内城市上海EVERSAFE系统、杭州神行宝智能系统均可实现通租通还、查询、管理、结算和防范监控功能。上海松江公共自行车管理系统结构如图9.10所示。

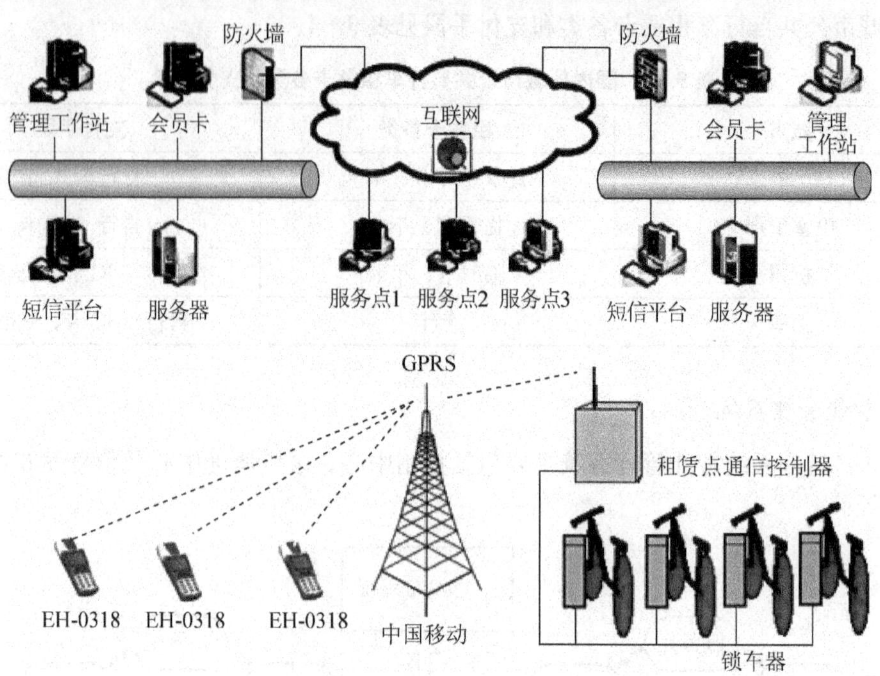

图9.10　公共自行车管理系统结构

3. 租赁点

租赁点(服务点)是停放专用自行车及安置智能租赁终端和停车桩的地方，租赁者可以在该服务点实现借车和还车等功能。租赁点根据种类、位置的不同，其规模从几十平方米到上百平方米不等，租赁点通常还具有一些附属设施，包括雨棚、广告栏等。

根据租赁点布设位置和租用目的，将服务点划分为公交点、居民点、公建点、休闲旅游点、院校点5类。

(1) 公交点。通常设置在公共交通站点，如轨道交通站点、BRT站点及常规公交站点，为换乘公交服务，提倡居民采用“B+R”(自行车+换乘)的方式出行。

(2) 居住点。分布于大型住宅区内部或周边，主要为居民日常出行提供服务。

(3) 公建点。鉴于公用建筑人流相对集中，在公用建筑周边设置租赁点满足通勤和休闲两方面的功能。

(4) 休闲旅游点。在旅游风景区内设置，实现旅游、观光、休闲的目的。

(5) 院校点。针对现有院校用地规模扩张，在院校宿舍区、教学区等关键出入口设置租赁服务网点为老师学生短距离出行提供便利条件。

想一想

你所在周边是否有公共自行车租赁点？属于哪种类型？

4. 停保基地

停保基地(repairing public bicycle base)是城市公共自行车系统的后勤服务基地，专门为公共自行车辆提供清洗、维护和维修服务，以保证自行车辆的外形整洁美观，维持车辆性能；并在停保基地内存放一定量公共自行车供调度使用，确保公共自行车系统的正常运营。

9.2.3 公共自行车系统运营模式

根据公共自行车系统在国内外的实践情况，可将公共自行车系统运营模式划为 3 类，即完全市场化模式、部分市场化模式和政府购买服务模式。

1. 完全市场化模式

完全市场化模式是由政府主导、企业投资自负盈亏的运营模式。具体来说，就是指政府在公共自行车系统中不进行任何投入，仅提供网点用地、用电、信息传输网络等必要条件，系统的建设、运营及维护完全通过市场化运作，由企业投入和承担。

完全市场化的首要基本条件是具有丰富的商业资源，政府能够通过商业资源吸引企业进入公共自行车的市场。对于政府来说，对公共自行车市场的干预程度最小，政府只需要制定企业的市场进入、价格幅度、产品服务质量和条件等相关要素，政府财政负担较小，但需要政府有较强的监管能力。对于企业来说，由专门化的企业通过市场竞争能够取得专业管理的效果。鉴于公共自行车系统属于公共服务产品的范畴，其投资额大，建设回收期长，投资风险更具独特性。从企业生存的角度来讲，在完全市场化模式下，企业承担全部投资，所有风险责任也由企业承担，这对于企业的盈利和可持续发展都是一个极大的挑战。典型案例有北京和广州地铁站的自行车系统。

2. 部分市场化模式

部分市场化模式是由政府主导前期系统建设投资、企业负责后期运营维护的运营模式。政府投入启动资金用于系统初期建设，主要包括公共自行车等硬件购置和基础设施建设，并且提供系统所必需的土地等；企业负责后续资金投入，主要用于系统的后期建设、运营和维护，政府根据运营实际情况按一定时间周期给予企业适当的财政补助。在此种模式下，一方面，政府可以及时解决投资额巨大的问题；另一方面，可以使政府将投资风险降至最低限度，而且使风险更加具体化。企业分散投资风险，减轻政府压力，通过政策保护、财税优惠和补贴等方式得到扶持，但在对企业的扶持过程中易使企业对政府形成过度依赖，降低了企业生产的积极性。上海市轨道交通和上海永久集团的 PBS 合作项目就是这方面的典型案例。

3. 政府购买服务模式

政府购买服务模式即政府出资、企业运作的运营模式。系统的初期建设和后续的建设、运营、维护资金均由政府投入，企业仅负责具体的建设、运营和维护工作。在这种模式下，政府对公共自行车进行直接干预，负责公共自行车系统的基础设施建设和全部资金投入，承担了全部投资风险。巨额资金限制了网点规模，从而使公共自行车系统难以得到推广。另外，政府部门要承担公共自行车的部分运营维护和管理工作，负担较重。对企业来说，它们的收入分配完全受政府调控，政府对企业在经营方面的要求总的来说是在尽可能降低经营成本的前提下提供高质量的服务。佛山、杭州是这种模式的典型案例。

公共自行车系统运营模式的市场化程度越高，政府的财政负担越小，投资风险也越小，企业提供的保障服务也越趋于高质量；反之，市场化程度越低，政府的财政负担也就越重，投资风险也越大，企业的专业化程度降低，提供的保障服务的质量越低。3 种模式均可以通过市场主体实施建设和提供服务，提高系统的建设、运行和维护效率，实现政府和企业双赢。各种运营模式的适应性分析见表 9－5。

表 9－5　各种运营模式的适应性分析

模式	适用条件	优点	缺点
完全市场化	地区发展水平高，政府能提供商业资源	政府无财政负担	难以保障偏远地区服务；政府监管能力要求高
部分市场化	地区发展水平差异大，政府能提供商业资源	解决偏远地区初期建设投入问题	政府需要一定投入
政府购买服务	政府无法提供商业资源或商业资源价值不足，政府有稳定财政保障	提供较好保障服务	政府财政负担较重

小案例

武汉公共自行车和杭州公共自行车两种模式的比较

现在国内开展公共自行车的城市越来越多，但做得比较早，规模比较大，具有代表性的是政府主导的杭州公共自行车和政府授权、企业运作的武汉公共自行车，下面分析这两种主要模式的不同实现方式。

(1) 杭州钱哪里来？从土地出让金里出。

杭州公共自行车系统的建设资金主要由市财政通过土地出让金返还投入，日常运营费用主要靠企业广告收入和自行车租金收入，目前基本实现收支平衡。一手打造杭州公共自行车系统的杭州市人大常委会主任王国平评价这种方式“体现了取之于民，用之于民”。

目前，杭州明确规定每年从土地出让金中提取 2.5%，这笔资金除了投入公共自行车外，还会投入公交汽(电)车和出租汽车系统中。在王国平看来，公共自行车发展的根本是将其纳入公共交通系统规划范畴加以规划和建设，“如果纳入到公交系统以后，政府就有开支的渠道去支持”。

(2) 武汉让全民投入公共自行车系统公益中。

武汉公共自行车系统也采取政府主导的模式，但政府原则上并不直接投入，授予企业广告经营权及其他项目开发权，企业通过经营获得资金，用于公共自行车建设和管理。

武汉政府自始至终坚持把公共自行车作为一项公益事业经营，企业也相应地享有优惠政策，如将符合条件的人员纳入政府公益岗位补贴范围，对节能减排企业引导资金补贴等，这些措施极大地激发了企业的积极性。

这个做法颠覆了企业“过去一谈起公共事业、公共服务，就应该是政府大包大揽”的印象，武汉公共自行车运营企业、武汉鑫飞达自行车集团董事长刘纯启认为，这种新的模式让一个企业能够承担社会责任，而且也做大做强了企业。“认为公益事业就是捐一点钱，是不对的。”“它创建了一个社会责任的共同体，这是武汉模式的灵魂。”

(3) 杭州模式、武汉模式哪个更好。

以上看来，两种模式各有优势，究竟哪种更好呢？公共自行车作为一个新型的项目，也是最近几年才在中国推广，不论哪种模式都不能完全说是成熟的。实践是检验真理的唯一标准，谁能坚持到最后，谁就是最好的。

(资料来源：http://club.china.com/data/thread/1011/2740/15/16/0_1.html.)

9.2.4 公共自行车的经营管理

1. 城市公共自行车布局设点要求

1) 布局模式

公共自行车站点在城市中的布局具有一定的模式，可进一步提高公共自行车使用效率，需构建网络型自行车系统(图9.11)，以满足多样性的使用需求。公共自行车系统的建设不应只沿主干道布设，还应继续深入居住区、商业区、校园等区域内部，就近有效地收集各个地块的不同出行需求的人流，在主干道上换乘其他公共交通工具出行。

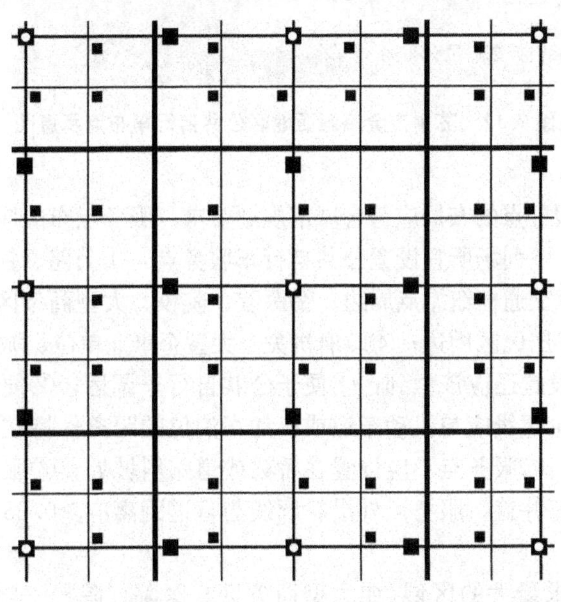

图9.11 网络型公共自行车布局模式

考虑到城市用地布局特征和不同等级城市道路职能，为确保整个城市综合交通的安全和畅通，建议网络型公共自行车系统结构模式为：主干道相交处不易设置站点；主、次干道衔接点附近设置大型站点，站点之间间距大，即布设密度小；次干道的衔接点附近设置中型站点，站点之间间距比大型站点之间小；次干道与支路及支路与支路衔接点附近设置小型站点，站点之间间距最小，即布设密度最大、覆盖面最广。由这 3 个层次的结构模式构建公共自行车网络系统，充分体现自行车出行融入公共交通系统的优势。苏州市金鸡湖西地区公共自行车布点如图 9.12 所示。

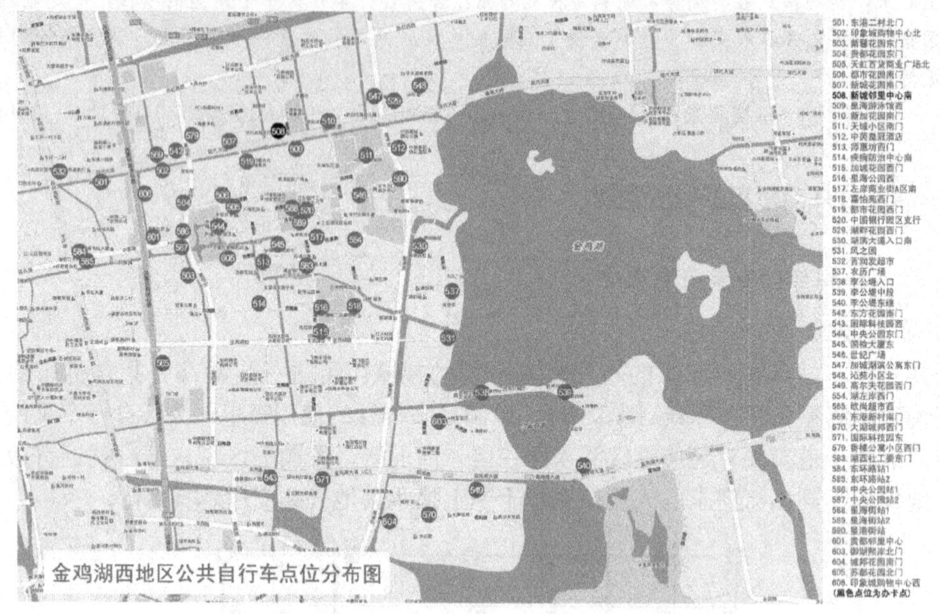

图 9.12　苏州市金鸡湖西地区公共自行车布点示意图

2）设点条件

城市公共自行车服务点的布局应符合城市规划要求，服务点布局应遵循就近服务、出入方便、合理分布原则。下列场所宜设置公共自行车服务点：①公路、铁路、水路、城市轨道交通、公交等大型客运交通枢纽站点周边；②医院、院校、大型商务区、旅游景点和体育场馆等公共场所周边；③居民区周边；④政府机关、大型企事业单位、城市道路等周边。

同时，服务点的设置还应该做到：①便于公共自行车调运；②便于电源、网络接入的地点；③服务点外沿轮廓线应与机动车道或机动车泊位的距离保持在 1 米以上；④服务点不宜占用非机动车道；⑤服务点不应设置在桥梁或道路斜坡处；⑥服务点在人行道上设点时，不应占压盲道和窨井盖，服务点外沿轮廓线与盲道距离应≥0.25 米。

3）设点间距

人口稠密出行需求量大的区域(如大型商务区、医院、院校、旅游景点、体育场馆、政府机关、大型企事业单位)，服务点宜以 300～800 米为间距进行布设；人口较少需求量较小的区域，服务点宜以 800～1 200 米为间距进行布设。

4）服务点配置自行车数量要求

根据服务点周边人员密集程度和需求量配置自行车数量：①公路、铁路、水路、城市轨道交通、公交等大型客运交通枢纽站点周边服务点，配车数≥100 辆；②医院、院校、大型商务区、旅游景点和体育场馆等公共场所周边服务点，80 辆≤配车数＜100 辆；③居民区周边服务点，50 辆≤配车数＜80 辆；④政府机关、大型企事业单位、城市道路等周边服务点，30 辆≤配车数＜50 辆；⑤人流分散区域周边服务点，10 辆≤配车数＜30 辆。

根据城区人员密集程度和出行需求进行城区空间等级划分，核心区为Ⅰ级，建成区为Ⅱ级，核心区和建成区以外区域为Ⅲ级。服务点自行车数量配置应与需求量变化相适应，适时调整优化。根据市民出行方式预测公共自行车需求，其计算公式为

$$P=C\times G\times B\times \eta\times \beta/M$$

式中，P——公共自行车需求，单位为辆；

C——高峰人流量，单位为人次；

G——非机动车出行比例；

B——公共自行车出行占非机动车出行的比例；

η——需求人群租用公共自行车系数，单位为辆/人次；

β——城区空间等级系数(无量纲)，Ⅰ级为1.5，Ⅱ级为1.2，Ⅲ级为1；

M——公共自行车高峰周转率。

另外，服务点公共自行车数量应与锁止器数量相匹配，车锁比宜控制在50%～80%。

2. 城市公共自行车服务点硬件设施要求

城市公共自行车服务点硬件设施要求见表9-6。

表9-6 城市公共自行车服务点硬件设施要求

构成部分		硬件设施要求
服务点	总体要求	① 统一的外观和标识； ② 场地平整硬化，与周边环境协调； ③ 配置管理亭、停车棚、自助服务机、锁止器和公共自行车等主要设施设备，自行车配置数量应符合相应要求； ④ 配置照明、监控和自行车存储设施等相关辅助设施，照明亮度应满足租用者安全使用相关设备的要求； ⑤ 整洁合格率应≥95%； ⑥ 具备通租通还功能； ⑦ 公共自行车租/还实行自助操作
	锁止器	① 固定在服务点合适位置，在锁闭情况下，公共自行车不能被移动； ② 具备信号输入输出接口，实现信息化管理； ③ 便于租用者进行公共自行车租/还操作
	公共自行车	① 符合国家标准要求； ② 有统一外观和标识； ③ 有统一的车锁； ④ 有唯一性的编号，并易于识别，且与钥匙牌编号一一对应； ⑤ 公共自行车完好率应≥95%
	自助服务机	确保设备完好，便于租用者自助操作

续表

构成部分	硬件设施要求
停保基地	① 城市公共自行车数量≤10 000 辆，应配置一处停保基地；每增加 10 000 辆宜增设一处停保基地； ② 选址和建设应符合城市规划、交通、消防、环保和安全生产等相关要求； ③ 配备自行车维修设施、存储场地和办公场所； ④ 占地面积应≥2 000 平方米
调运中心	① 选址和建设应符合城市规划、交通、消防、环保和安全生产等相关要求，宜分区域设置； ② 配备公共自行车调运专用车辆，并满足公共自行车调运管理的办公场所； ③ 及时掌握区域内服务点的公共自行车的运行状态，适时调运； ④ 提供调度车辆的停放场地，占地面积宜在 1 000 平方米左右，可与停保基地合建

3. 经营方式与支付手段

1）经营方式

公共自行车系统的经营方式有两种：一种是分区经营；另一种是分点打包经营。分区经营是按照行政区域或者地形划为若干区域，企业按照划分的区域经营。分区经营对政府财政投入要求大，但是易于系统分区管理。分点打包经营是根据各租赁点的规模和条件，将租赁点“肥瘦”搭配在一起打包交由企业负责运营。分点打包经营对政府财政投入要求少，有利于落后地区公共自行车系统发展，但由于租赁点分散对企业的运营能力要求较高，政府监管比较困难。

2）使用资费

公共自行车的使用资费，包括押金和租赁费用两部分。

（1）押金。押金可以保证用户按时归还车辆并保持车辆的完好，在财务方面可以贴补车辆购置费用，降低运营公司财务压力。对于普通用户收取押金金额为自行车成本的 50%～80%，一方面，这对用户放弃购置新车有一定的吸引力；另一方面，押金高于黑市二手车出售价格，防止车辆的失窃。

（2）租赁费用。由于公共资源是有限的，为避免公共自行车被长时间占用，定价上采用“短低长高”的策略(即短时间、短距离出行免费或低收费，长时间、长距离高收费)，鼓励自行车短期使用，提高自行车的周转率。

3）票种及支付手段

为满足不同需求，公共自行车系统提供多样化的租赁卡，可以提升公共自行车的吸引力，增加公共自行车的周转量，进而可提高公共自行车的广告价值，增加企业收入。

租赁卡的种类有年卡、月卡、日卡和临时卡。年卡和月卡主要针对长期使用公共自行车系统的用户，日卡和临时卡主要针对旅游者和临时使用公共自行车的用户。

支付手段主要有租赁 IC 卡和公交卡两种。在我国城市运用中，若直接引进已成功的系统，系统自带的自行车 IC 卡需考虑与当地公交卡的兼容，技术难度较大。若研究开发新的运行系统，直接拓展当地公交卡的功能，使其与租赁系统兼容，技术问题容易解决。

小案例

太原市公共自行车收费标准出台

太原市公共自行车的收费标准为第一小时免费，根据租用时间长短采取分段计费方式。

计费时段收费标准如下：第1小时内(含)免费；第1～2小时(含)收费1元；第2～3小时(含)收费2元；第3～24小时(含)收费3元，即租车超过3小时后，每增加1小时，按每小时3元计费(不足1小时的按1小时计费)，24小时内(含)最高收费66元；第24小时后每小时30元，即租用时间在24小时以上的，在66元基础上，每增加1小时加收30元，最高收费1 500元。

太原市公共自行车租用收费标准按每次租用时间分段计费，累加收取。重新租用重新计费。如果市民租车时间为5小时，收费采用分段累加，即第一个小时免费，第二个小时收1元，第三个小时收2元，从第四个小时开始，每小时收3元，5个小时的租车费用为0+1+2+3+3=9元。

租车时间超过2小时以上，需要支付3元租金，超过3小时，租金为6元，租车时间在1～2小时，出行成本低于或相等于公交车，租车时间超过2小时，出行成本要高于公交车。太原市物价局工作人员表示，1小时的免费租车时间基本能满足市民的上、下班需求。

(资料来源：丁岭燕．太原市公共自行车收费标准出台[N]．三晋都市报，2012. 节选，有删改)

4. 城市公共自行车租、还车操作流程

现以杭州市为例说明城市公共自行车服务点租、还车操作流程。

租车人按规定程序办理IC卡或开通公共自行车租用功能后，即可在杭州公共自行车租用服务点的锁止器上进行刷卡操作，租用公共自行车。

1) 租车

将具有租车功能的IC卡放在有公共自行车的锁止器的刷卡区刷卡，此时，锁止器界面上的绿灯闪一下变常亮，听到蜂鸣器发出“嘀”的响声，表示锁止器已打开，租车人应及时(30秒内)将车取出，则完成租车。租车刷卡时租车者的IC卡(Z卡除外，Z卡信用保证金充值时已存储在系统内)电子钱包区的200元金额，作为信用保证金从卡内扣除，存储在管理系统内。租车流程如图9.13所示。

2) 还车

将所租的自行车推入锁止器，当绿灯闪亮时，及时将租车时的IC卡在锁止装置的刷卡区进行刷卡，当绿灯停止闪亮，听到蜂鸣器发出“嘀”的响声，表示车辆已锁止，还车成功。同时还车刷卡时，系统已停止计时并完成计时收费结算。还车时还车人应确认车辆已被锁止。如未锁止(车辆仍可脱离锁止器时)，应重新操作还车。因未检查造成锁止器未锁止，所还自行车所产生的损失，由还车人承担。还车流程如图9.14所示。

3) 租、还车时可能出现的情况和解决方法

租、还车时可能出现的情况和解决方法见表9-7。

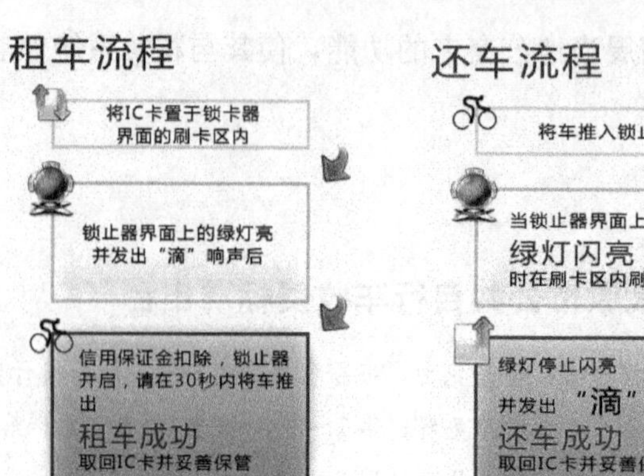

图 9.13　租车流程　　　　**图 9.14　还车流程**

表 9-7　租、还车时可能出现的情况和解决方法

序号	可能出现的情况	原因及解决方法
1	租车时红灯闪，无法实现租车	① 刷卡太快或刷卡不正确，请持卡在刷卡区重新刷卡，待绿灯亮。 ② 卡内消费资费不足支付自行车信用保证金，及时到指定服务点充值，或与工作人员联系申领 Z 卡。 ③ 该卡已租过公共自行车并未成功还车。 ④ 挂失等受后台限制的卡，应及时与工作人员联系处理
2	还车时红灯闪，无法实现还车	① 刷卡太快或刷卡不正确，请持卡在刷卡区重新刷卡，待绿灯亮。 ② 卡内消费资费不足，在有人值守服务点还车的，请立即告知现场工作人员，由工作人员人工操作，结算租车资费。在无人值守服务点还车的，应立即拨打城市热线电话求助，待工作人员到现场后，人工办理还车手续，结算租车资费。 ③ IC 卡与所租车辆不匹配，应及时调换。 ④ 挂失等受后台限制的卡，应及时与工作人员联系处理
3	锁止器指示灯不亮或红灯常亮	锁止器已发生故障，换一个锁止器租车
4	绿灯常闪	车未锁止好，请还车人重新刷卡锁止，待绿灯常亮，表示还车成功
5	① 租车时，锁止器已开启，租车者未在 30 秒内将车推出，自行车被重新锁止的，应重新刷卡租车，并及时将车推出锁止器，以实现租车。未重新刷卡租车的，该 IC 卡将被列入“异常卡”，无法实现异地再租车。此时，租车者应将 IC 卡置入自助服务机的置卡区内，按提示进行“异常卡”激活处理，才能实现异地继续租车。 ② 卡内消费资费不足是指该卡扣除 200 元信用保证金后，还车时不足以支付租车计时费用。一旦租车者租车时间超过 1 小时，产生租车资费时，该租车者的 IC 卡将无法实现在锁止器上成功还车。例如，李先生的 IC 卡，卡内或电子钱包区内存有 200 元资费。租车后，租用时间超过 1 小时，还车时应支付 1 元租车资费，由于卡内 200 元信用保证金扣除后，已无消费资费(200 元信用保证金已扣除存放在系统内)，造成锁止器无法完成资费结算，而无法实现还车。此时，还车者应及时向现场工作人员或通过电话求助。同时提醒租车者在租车时，应检查租车卡内是否存有足够的租车资费，以免无法顺利还车	

杭州公共自行车Z卡是以方便未持有杭州公交已发售各类IC卡的市民和中外游客租用公共自行车而新增的公交IC卡卡种。Z卡申领需凭本人有效证件在公交IC卡发售中心或有人值守的公共自行车租用服务点办理，办理时须填写“IC卡申领单”，一次存入300元现金(其中200元作为公共自行车租用信用保证金，100元存入该卡电子钱包区作消费资费)，使用时按规定刷卡结算。Z卡可反复充值使用，并在杭州公交所有充值网点进行充值，卡内最高充值额为2 000元，每次最低充值额为50元。

在发展绿色交通的大背景下，公共自行车系统受到广大市民的青睐。我国各大城市在引进公共自行车系统的过程中，应综合考虑自身经济发展水平、客流需求和政府财政负担等相关因素，选择符合自身实际情况的运营模式。在标准、服务和管理一体化的前提下，拓展其他资金来源渠道，充分利用民间资本，分担政府投资公共服务的风险。

公共自行车在城市短距离出行、“B+R”换乘及休闲旅游等方面发挥着巨大的作用。发展公共自行车系统是缓解城市交通拥堵，提高城市交通运行效率的手段之一，符合发展绿色交通、低碳交通的趋势。

任务拓展

启东市公共自行车服务运营管理考评细则

启东市区公共自行车服务项目采取“设备租赁，服务外包，市场运作，部门监管”的模式。为全面、客观、准确地评价系统的运转管理水平和服务质量，推动运营企业不断改进和提高管理服务水平，特制定如下考评细则。

一、考评工作的组织领导

由启东市城市管理局牵头并邀请监督员组成考评小组，对公共自行车服务项目的运营管理实施综合考评。

二、考评目的

监督、检查运营企业抓好公共自行车服务项目的日常运营管理各项工作，不断改进和提高管理服务水平，充分发挥系统效能，为市民提供优质、高效的公共服务。

三、考评方法及内容

考评采取每月固定抽查与日常监管检查相结合的方式，对公共自行车服务体系的网点管理、锁柱管理、设施维护、车辆状况、运转调度、网点卫生、客户服务、用户反馈等方面进行监督考核，汇总评分，满分为100分。年度考核得分为每月考核得分平均值。年度考核得分在90分及以上为合格，考核费用全额返还；低于90分的，以考核费用乘以年度考核得分率即为该租赁年度实际考核费用，考核费用的支付金额为考核费用×(考核得分/90)×100%；连续3个月月度考核得分在80分以下或一年之中5个月月度考核得分在80分以下的，甲方将有权加大处罚力度，直至中止或解除合同，并由乙方承担并支付甲方按合同应付的年服务费的1/3以弥补因此可能带来的部分损失和该项目重新招标的部分费用。具体考核项目及标准如下。

1. 网点完好率(6分)

除网点停电、迁移、人为恶意破坏等客观因素外，区域内网点完好率大于98%。如出现网点故障，不能正常使用，从后台系统显示或监管部门发现问题向运营管理公司通报开始计时，给予24小时的整改时间(如网点因非运营管理公司责任的客观因素而产生的大面积瘫痪问题，恢复期限则协商解决)。运营管理公司如未按期限排除故障，每个网点每超时一天(24小时)扣1分，直至恢复正常使用。

2. 锁柱完好率(20分)

检查锁柱完好率大于95%。对故障锁柱，从后台系统显示或监管部门发现问题向运营管理公司通报开始计时，给予2天(48小时)的整改时间，如超时修复，每超时1天(24小时)每个锁柱扣0.5分/天，扣分持续到修复。

3. 网点设施(网点底板、锁柱、站点控制器等)维护(8分)

网点设施保持完好，标识清晰，无严重锈蚀、破损现象，如出现上述及类似问题，应于5个工作日内解决，超期处理的，视情况每处每天扣0.2～0.5分。

4. 自行车维护(8分)

自行车应定期和不定期进行检修，车况完好率大于95%。特别是刹车失灵、前后轴紧固螺丝松动、铃铛失灵等故障车辆不得投放使用。抽查50辆，故障超过5辆，视故障性质和程度每辆扣0.2～0.5分。

自行车车身出现严重锈蚀等有损外观形象等问题，原则上一周(7天)内修复或调换；批量出现类似问题的，修复周期由甲、乙双方商定。如超期修复，每辆车每天扣0.1分，直至修复使用。修复期如超过一周，乙方应调度同数量自行车弥补缺额。

5. 运转调度管理(30分)

运营管理公司应基于后台自动监控系统平台，结合我市市区公共自行车使用规律和特点，实施科学有效的调度管理；要根据每个网点的用车规律，考虑高峰及非高峰时段的潮汐现象，做到重点保障兼顾一般，合理调度网点车辆配额，特别是要采取有效措施，保证车辆的归还，并防止车辆的丢失。

(1) 自行车网点投放率应不低于95%，每低1个百分点扣1分。

(2) 各网点车辆数以80%～20%为上、下限控制标准，抽查10个黄灯网点，1小时以后如黄灯未消除，每个网点扣5分。

(3) 在保障重点的前提下，一般网点出现全部满车或全部空车情况不能高于3%，即5个网点，若超过则每个网点扣1分；重点网点出现此情况每个网点扣2分。

(4) 早晚高峰时段1小时后，网点空位率50%及以上时，有自行车放置于锁柱以外的，每个网点扣1分。

(5) 确保用户能及时还车，在与用户协商后，若用户坚持要在本网点还车的，白天应在用户致电后20分钟内到达现场，晚上在30分钟内到达现场(路程较远的区域由市城市管理局在施工结束后按级别划分区域来确定时间)。若发生超时则每起扣0.5分。

6. 网点卫生管理(8分)

网点设施，包括底板、锁柱、站点控制器、自行车等设施保持清洁(下雨、下雪等恶劣天气及周边施工等特殊状况除外)，无积泥、无污垢、无严重浮灰，网点区域内环境卫生保持干净整洁，如抽查发现不达标，每处酌情扣0.2～0.5分。

7. 客户服务(10分)

客服系统需24小时通畅，做到有问必答，不能即时解答或解决的问题告知原因及处理时限，承诺的投诉事项必须在期限内完成。

(1) 服务态度类投诉，经确认运营方责任的，视影响程度，每起扣0.2~0.5分。

(2) 运转调度管理类，经核实确认的，运营方有责投诉，如不能按照承诺的时限处理还车等类似问题，根据事件性质、影响程度等，每起扣0.5~1分。

8. 用户反馈(10分)

通过12345及其他渠道进行用户满意率统计，用户满意率在90%以上，每低于标准1个百分点扣0.5分。

任务操作

(课堂任务操作)针对出行任务，分组完成：调研该地区公共自行车的组成、运营模式、资费标准及操作流程，并分析其优缺点，撰写调研报告。

任务考核

本任务主要学习了城市公共自行车运营管理，请你思考以下几个问题，并作为自我检查：

1. 说明城市公共自行车的内涵及优势。
2. 说明城市公共自行车的组成部分。
3. 举例说明城市公共自行车的运营模式，并列表说明其优缺点。
4. 结合你所在城市或区域，说明哪些地方适宜设置公共自行车的服务点。
5. 简要说明租还公共自行车的流程。

任务9.3 各种交通方式的整合与换乘

知识目标

1. 熟悉城市公共交通与其他交通方式整合的方法。
2. 熟悉各种交通方式之间换乘的方法。

能力目标

能分析城市各种交通方式的整合与换乘情况，并能提出可操作性的建议。

任务引入

现请你从所在地出发前往该城市较远处的景点旅游，调研该城市各种交通方式的整合与换乘情况。

任务分析

9.3.1　城市公共交通与其他交通方式的整合

1. 城市公共交通与步行系统的衔接

步行是人们短途出行的重要方式，更是实现公共交通出行不可缺少的必要环节。人们利用公共交通方式出行一般要经历步行到站、候车、乘车、步行换乘和步行到目的地等诸多环节，步行时间占了很大一部分，因此改善步行条件将有助于提高公交的服务水平。

步行系统以公共交通系统作为支撑，与公共交通系统有效衔接整合，可以给城市居民带来极大的便利，如可以在商业区设置与机动车完全分离的步行街(图 9.15)和步行区(图 9.16)，只允许公共交通可以经过或靠近这些区域，既可以确保行人安全、有舒适的步行空间等，又可以提供多样化的公共交通服务供居民选择。

图 9.15　青岛台东商业步行街

图 9.16　澳门有特点的人行道

步行通道按实际情况划定，原则上步行半径按照 500 米范围控制。步行区域应该设置在公共交通车站覆盖 500 米的地区。步行系统应主要布局在步行人流量大的区域，联系不同功能区域，融旅游、商业、休闲功能为一体。

步行系统设置时要注意以下事项：①人车分离，确保连续、安全；②步行通道在一定范围内要有公共交通方式与其衔接，能提供宽敞、舒适的公共交通服务；③步行通道要能安全地连接主要出发地和目的地，如商店、学校和工作场所等；④在步行通道附近的公交车站要有可以到达各个方向的公共交通线路，以方便乘客换乘。

2. 城市公共交通与非机动车的衔接

在城市交通方式中，自行车起着十分重要的作用，尤其是解决城市公共交通“最后一公里”的问题，现今很多城市都在大力发展城市公共自行车。因此，应大力发展多层次、多样化的公共交通，做好公共交通与非机动车的整合衔接，把部分个体非机动车交通转移到公共交通方式，优化城市客运结构。

在进行轨道交通与道路公交的规划设计时，必须要考虑适当的自行车道及车站内停放自行车的位置，这样方便自行车停车换乘。城市居民就可以骑自行车至公交车站，然后换

乘公共交通到达目的地，这样可以缩短自行车的出行距离。

为了实现非机动车与公交的紧密衔接，必须解决好非机动车的“行”与“停”的问题。非机动车通行系统设置应注意以下事项：①协调非机动车交通与其他交通方式的设施、运行组织的关系，重点建立非机动车与公共交通换乘点；②在主要公共交通车站特别是轨道交通和 BRT 的车站，均应设置考虑一定规模的自行车停车场地，在用地紧张的区域可以考虑设置地下停车场；③在进行公共交通规划和非机动车通行系统规划时，要注意公共交通车站、换乘站与非机动车车道相结合的整合规划，同时应能设置一定规模、通畅性好的自行车道(图 9.17)，甚至形成自行车线网，以提高自行车的通行效率，激发居民利用自行车出行的积极性。

图 9.17 武汉市彩色自行车道

小案例

西方发达国家：自行车现回归趋势

早已是以车代步的英国，城市的发展并没有抛弃自行车，在伦敦并不宽敞的大街上，辟出了专门的自行车道，漆着令人悦目又舒服的绿色，有的在拐弯地方还专门凹下去一截，以防止与汽车相撞，确保交通安全。此外，国家还将制定新的、更加严格的自行车技能考试标准，中小学生要通过这项考试才能骑车上路，以扭转目前汽车接送孩子上、下学的状况。

法国早就提出“人人都来骑车”的口号，各大城市都大力开辟自行车专用车道，巴黎市政府更是压缩小轿车车道，兴建公共交通和增加骑车人的空间。

有“欧洲自行车王国”之称的荷兰通过对使用自行车的工薪者减少税收，鼓励民众选择自行车。在荷兰，骑自行车最为安全，大街上标有醒目的红色自行车道，即使在转弯处，汽车也会永远先避让自行车，只要看见自行车驶来，汽车都会自动停下，静等它先通过。荷兰规定，机动车撞上了自行车，不管谁对谁错，机动车都要承担责任。

在德国，自行车依然是代步的重要工具，各大城市除了有较宽的人行道外，一般还辟有专用的自行车道。此外，德国各主要城市还建有专供自行车使用的“自行车高速公路”，最高时速可达到 50 千米。德国政府还计划在“高速公路”里面设置大型流动气流，骑车者可以借助风力快速前进，既迅速又省力。正因为这一点，在德国每 1 000 名居民中就有 814 辆自行车，其中 38%的人骑车上班。

素有“汽车之都”的洛杉矶设想打造成“自行车之都”。时任洛杉矶市长安东尼奥·维拉莱格萨(Antonio Villaraigosa)在该市举行的“自行车峰会”上曾表示，洛杉矶计划将在未来30年里修建2 560千米长的自行车道，并严防机动车与自行车“抢道”，以确保自行车在洛杉矶畅通无阻。

3. 城市公共交通与私家车的衔接

城市公共交通与私家车的衔接主要是城市轨道交通、BRT与私家车的衔接，私家车的拥有者所追求的出行质量是快捷、方便及舒适，因此做好私家车与轨道交通、BRT的衔接可以引导一部分私家车的拥有者使用公共交通，缓解城市交通堵塞的问题。

国外很多大城市都采用了P+R的模式来缓解机动车的增长给城市带来的交通压力，私家车可通过发展停车换乘设施与公共交通系统成功衔接，也就是在城市的边缘区轨道交通与BRT车站修建小汽车停车场，限制小汽车进城，这样可以避免更多的私家车进入市中心，从而缓解城市交通堵塞，改善交通环境。停车场与城市轨道交通、BRT要有良好的换乘条件，才能被乘客所接受。沈阳地铁三台子站停车场如图9.18所示。

图9.18 沈阳地铁三台子站停车场

小案例

P+R停车场调查

截至2010年5月，北京市已在五环路外3个地铁站设置了P+R停车场，分别是5号线的天通苑北站、4号线的安河桥北站、八通线的通州北苑站。

在这些P+R停车场，市民可以凭当天市政交通一卡通卡(简称IC卡)乘坐公共交通(含轨道交通和公共电汽车)记录，按次收费2元。停车时间为当日4:30至次日0:30。非换乘车辆和规定时间以外停放的车辆，收费将按照普通停车场的标准计时收费。

“P+R停车收费确实是优惠，但车位太少了，稍微晚些，往往就占不到停车位。”一位被拦在停车场外的车主唉声叹气。2010年4月一天的上午9:00，天通苑北站P+R停车场门前，工作人员在入口处不断挥手阻拦欲进场的车辆，告知里面已无车位。人们可以看到，停车场内436个车位早已经满满当当。

"一般在早上8:00—9:00，就基本上没有空车位了。"工作人员告诉记者。停车场的车位不足，场外的道路两侧便成了停车场，甚至连草坪上也停满了车。记者现场计数，场外停的车是441辆，其中有163辆是当天尾号限行的。有天通苑的车主戏称自己经常是"用20分钟开到地铁，用40分钟找车位"。

这种驻车换乘停车难问题，不仅出现在天通苑北站，有近400个车位的安河桥北站和有140个车位的通州北苑站同样是如此。

（资料来源：杨汛，等．"自驾车换乘轨道交通停车问题"调查[N]．北京日报，2010．节选，有删改）

9.3.2 各种交通方式之间的换乘

1. 常规公交与轨道交通之间的换乘

对于常规公交与轨道交通之间的换乘，一定要有清晰的线路信息，使换乘客流流向明确、通道畅通、换乘便捷无误。由轨道交通车站换乘地面公共汽车的客流，应通过人行天桥或地下通道直接进入常规公交站台，使人流与车流分别在不同的层面上流动，互不干扰。

对于常规公交与轨道交通的换乘，在布局时应做到：①当常规公交从主干道进出换乘枢纽时，应尽可能提供公交优先的专用道或专用标志；②换乘线路应尽可能短，以减少换乘步行时间；③为了保证出行者顺利换乘，应使公交车站尽可能靠近枢纽出入口，位于十字交叉口的枢纽，如果在4个方向都有出入口，应在入口显著位置设置通往不同公交车站的指示标志；④换乘枢纽出入口布置应有利于各方向乘客换乘，应尽可能减少横穿街道的次数；⑤当人流在广场汇集时，应避免密集的地面平交交通，可采用地下通道或地下步行广场与轨道交通站台衔接。

轨道交通与常规公交的换乘形式与换乘客流量，城市用地约束条件、科学技术水平、施工能力、经济发展水平等因素密切相关，主要有以下几种换乘方式：①常规公交在道路边直接停靠，利用地下通道或人行天桥与轨道交通车站连接，这种方式适用于换乘量小、站点受用地限制的车站；②常规公交与轨道交通处于同一平面，公交车停靠站和轨道交通车站的站台合用，并用地下通道连接轨道交通的两侧站台，这种方式适用于某一方向换乘客流量大且有较大的用地来布置车站；③轨道交通与常规公交处于不同平面，通过某一路径，使公交车到达站和轨道交通出发站同处一侧站台，这种方式适用于换乘量较大、用地较宽裕的车站；④在繁忙的轨道交通车站，入站的常规公交很多，可采用路外多个站台换乘枢纽的形式，这种方式适用于换乘量较大、轨道交通的地下站厅较窄的车站。

你所在的城市或熟悉的城市常规公交与轨道交通是通过何种形式换乘的？

2. BRT与常规公交之间的换乘

BRT与常规公交换乘枢纽站点是指BRT与其他交通方式之间客流转换相对集中的场

所，合理规划的枢纽能够使乘客安全、迅速地换乘，同时也使车辆进出枢纽对道路交通的影响降低到最低程度。

进行 BRT 与常规公交换乘枢纽设计时，应力争使两条换乘线路上的绝大多数客流不用转换站台就能换乘，以实现“门到门”的换乘方式，并最大限度地缩短换乘距离。因此，在进行 BRT 与常规公交换乘设计时，应该做到：①调整相交线路方向，创造良好的换乘条件，实现 BRT 与常规公交的有效衔接；②尽量缩短乘客的行走距离；③要有醒目的换乘诱导标志，避免枢纽内部人流与车流的平面交叉，建立安全、独立的步行换乘系统。

3. 自行车与轨道交通之间的换乘

在处理自行车与轨道交通换乘时，应做好：①发挥自行车近距离出行的优势，尽可能开辟自行车专用道，同时在轨道交通车站设置自行车停车场，为自行车出行提供方便、安全、舒适的出行环境；②大力发展公共自行车，完善公共自行车网络系统，以提高公共自行车利用效率，使得公共自行车与轨道交通之间能很好衔接，以方便市民出行。南京江宁地铁沿线公共自行车服务点布局如图 9.19 所示。

图 9.19　南京江宁地铁沿线公共自行车服务点布局

同时应注意的是，这种换乘只适合城市外围的车站，以有利于提供自行车的停放场地。对于市区尤其是市中心的车站，由于路面空间和停放空间的不足，不宜采用自行车直接换乘的方式，地面公交和自行车与轨道交通的换乘设置应避免重合和过分接近。

4. 私人交通与轨道交通之间的换乘

私人交通与轨道交通之间的换乘在小汽车拥有率较高的国家非常普遍，即由居住点开车前往大容量轨道交通车站，再利用轨道交通前往目的地。为了满足停车换乘的需要，吸引居民出行，由私人交通方式向轨道交通方式转变，轨道交通枢纽必须提供足够的停车设施，停车设置应做到：①停车场的大小必须满足交通需求量；②停车场的收费标准应在合理范围内，目的应该是鼓励乘客转乘轨道交通。

小案例

杭州地铁一号线余杭段社会停车场情况

2012年12月17日下午，一条来自萧山的地铁消息，让许多人留了心。地铁开通近一月，各大副城的人们逐渐习惯了“开车到地铁站—换乘地铁—进市区”的生活模式。

余杭，是地铁开通后影响最大的副城之一。泊位逾1 600，大部分停车场年内依然免费。

为了方便私家车换乘地铁，一号线余杭段的临平站、余杭高铁站、乔司站、乔司南站设置了5个临时停车场(其中地铁临平站周边有两个停车场)，停车位逾1 600个。

12月17日，记者来到地铁临平站(汽车南站)东侧停车场，发现偌大的停车场里只停了不到1/3的车位。停车场工作人员说，这个停车场可以停放290辆机动车与262辆非机动车。从12月起已经开始收费，收费标准为：15分钟～2小时，5元；2～4小时，10元；4～24小时，15元。

也许是这一道收费令，拦住了诸多有车族。例如，家住临平的小忻就向记者抱怨：“我在武林广场附近上班，每天需要开车去地铁临平站换乘，一天停车费就得交15元，地铁票来回是14元，这个交通成本太高了。”

不过，在临平站换乘的私家车主今年还是能“蹭”到免费泊位的。记者摸排后发现，大家的爱车可以停放在人民大道迎宾路交叉口西南侧的临时停车场，距离地铁临平站只有400米，泊位有454个，目前还没收费。

（资料来源：陈伟利，等．换乘地铁进市区，这些泊位可以停[N]．钱江晚报，2012．节选，有删改）

任务拓展

P+R停车场

P+R是停车换乘的意思，P+R停车场即换乘停车场(图9.20)，早上驾车停进P+R停车场，然后去换乘地铁抵达工作单位，下班后再坐地铁到达停车场，驾车回家，一天的停车费仅需5～10元。

图9.20　P+R停车场

停车换乘系统是指在城市中心区以外轨道交通车站、公交交通首末站及高速公路旁设置停车换乘场地，低价收费或免费为私人汽车、自行车等提供停放空间，辅以优惠的公共交通收费政策，引导乘客换乘公共交通进入城市中心区，以减少私人小汽车在城市中心区域的使用，缓解中心区域交通压力。

P+R的出行方式，既减少了道路拥堵时间，又节省了油费，2010年7月起上海便已试点的首批P+R试点停车场(锦江乐园站和淞虹路站)，受到了广大自驾族的欢迎，常常出现车位供不应求的情况。

驾车人持公共交通卡刷卡进入P+R专用停车场(库)，并用该卡换乘轨道交通，即可享受停车费用优惠。试行收费标准为在换乘服务时段内按次收费，每次10元。对于去市中心尤其是人民广场、中山公园、徐家汇、五角场等一带的自驾上班族，还是很划算的，毕竟那里又堵，停车又贵(10元/时)。

任务操作

(课堂任务操作)针对出行任务，分组完成：调研其各种交通方式之间的衔接与换乘，分析其存在问题，并提出可操作性的建议，撰写调研报告。

任务考核

本任务主要学习了各种交通方式的整合与换乘，请你思考以下几个问题，并作为自我检查：

1. 举例说明城市公共交通与其他交通方式之间的衔接。
2. 举例说明各种交通方式之间的换乘。
3. 列举某个城市在衔接与换乘方面存在的问题，并提出相应的对策。

任务9.4　城乡公交一体化实施

知识目标

1. 了解城乡公交一体化的内涵及要素。
2. 熟悉城乡公交一体化实施的内容及方法。

能力目标

能根据当地实际情况提出城乡公交一体化实施路径。

任务引入

通过乘坐公交等方法从城市前往乡村，调研当地城乡公交一体化实施的情况。

任务分析

9.4.1　城乡公交一体化的内涵及要素

1. 城乡公交一体化的内涵

城乡公交一体化是指城市公交向农村线路的延伸，并使公交通达镇、村，它实施“统

一营运车型，统一运价标准，统一服务标准，统一标识编号”的四统一，以实现统一、高效、协调发展的公共客运系统模式，也就是将城区公交、城镇公交及农村公交作为一个有机整体进行考虑，实现城乡出行者的有序流动和市场的有序运行，最终达到方便居民出行、促进社会经济发展的目的。

城乡公交一体化是在城乡道路十分畅通的条件下，实行城乡公交一体化管理，即：①线路网络布局一体化，即城乡客运网络统一构建，方便人们在各线路间换乘；②运营管理一体化，即农村公交、城镇公交和城市公交由统一部门调度管理，满足城乡居民出行需求；③政策一体化，即在优惠政策上通盘考虑，避免农村公交、城镇公交与城市公交优惠政策的二元化；④基础设施建设的统一化，即统一规划、统一布局，避免各自为政；⑤服务上网络化和标准化，构建统一的服务网络。

想一想

你的家乡城乡公交一体化实施的状况是怎样的？

2. 城乡公交一体化的要素

（1）线路。城乡公交一体化中，线路的作用主要表现在对道路加以规划建设的基础上，通过对线路的合理布局，实行科学的经营管理，充分发挥城乡公交的运输效益，扩大城乡公交的服务范围。在路网结构不断优化的同时，合理组织交通流，对线路加以合理利用，可以更好地提高道路的利用水平。

（2）场站。在城乡公交一体化系统中考虑的场站具有公共性、衔接性、公益性，其服务对象是应考虑城乡公交线路沿线特别是城市郊区范围内的其他集中居民的出行需求。合理、科学、有效地布设城乡公交场站是发挥城乡公交功能、改善公交企业运营效益、提高公交吸引力的先决条件。

小案例

张家港420个候车亭布点农村公交线

近年来随着公共交通的发展，城乡联系越来越紧密，公共交通已成为城乡一体化发展的助推器。张家港市在推进城乡客运一体化建设的过程中，致力于完善乡镇农村候车亭建设。

2009—2010年，张家港市共投入建设资金1 500万元左右，建成农村公交候车亭220个，切实改善了老百姓的出行环境和候车条件(图9.21)。

目前张家港市共有城乡公交候车点2 000多个，计划对农村道路路边具备建设条件的候车点，根据不同乡镇的特色文化建设造型各异的候车亭。例如在凤凰镇魏庄村，新建的公交候车亭选用了木质材料，造型古朴，典雅大方，和凤凰镇自然田园的旅游风格相得益彰。目前凤凰镇已建成农村公交候车亭45座，建设了1个凤凰客运站，3个首末站，又投入了30只公交候车亭，改善了老百姓的乘车环境。

2011年张家港市计划投资500多万，新建农村候车亭200个。根据规划，到2011年年底，市5万平方米以上集中居住区将全部实现公交车通达，形成以市区公交为根系，城镇公交为躯干，乡村公交为枝叶的三级公交网络。

图 9.21　江苏张家港市农村公交线候车亭

（资料来源：http：//www.jshd.gov.cn/art/2011/9/5/art_1141_129506.html.）

（3）车辆。在设计线路和停靠站点后，应根据线路客流情况及道路状况合理安排车辆，在客流较多的线路可以采取与城区公交同类型的常规公交进行营运，在客流较少的线路或客流有明显潮汐变化的路段所在的线路应选用中小型公交客运车辆进行运营，以经济、合理又能满足乘客出行需求的方法提供公交客运工具和安排公交运行时间间隔。

小案例

衢州市开化县小排量公交客车主打城乡公交牌

衢州市开化县交通企业结合当前节能减排，倡导百姓公交低碳出行、绿色出行，购置了低能耗、安全、舒适的小排量新型城乡公交客车，逐步取代现有的陈旧车型。目前全县农村城乡公交 147 辆，19 座的小排量新型城乡空调公交(图 9.22)占了 95%，通村率达到 92%。

图 9.22　小排量新型城乡公交客车

（资料来源：http：//www.moc.gov.cn/st2010/zhejiang/zj_jiaotongxw/jtxw_wenzibd/201204/t20120406_1221953.html.）

（4）管理。管理是城乡一体化系统中不可忽视的因素。人、车、路、站如何各得其所，在很大程度上取决于管理这一系统要素。

9.4.2 城乡公交一体化的实施

实施城乡公交一体化，宜对城、乡公交规划管理等实现统一，建立起一体化的管理体系。城市公交一体化实施内容如图9.23所示。

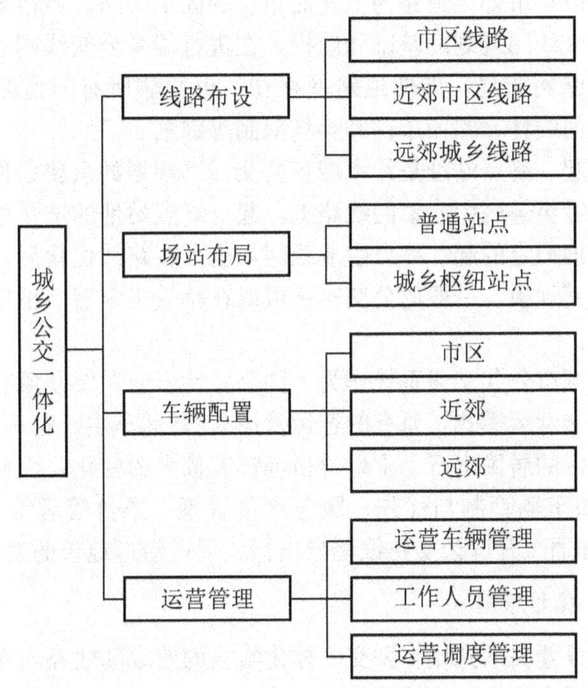

图9.23 城乡公交一体化实施内容

1. 城乡公交线网影响因素

城乡公交线网规划是一个复杂的过程，受到城乡形态、性质、规模及道路网布局形态多方面因素的影响，其中主要包括以下因素。

(1) 城市空间体系布局。由于城乡公交线网是联系城区与郊区乡镇、镇村的纽带，因此线网的走向、分布和总体结构取决于郊区及郊区城镇的空间体系布局，同时郊区城镇的经济产业发展及分布情况在一定程度上决定了客流产生量和与主城区的联系量，也是郊区城镇公交客运走廊形成的主要影响因素。地形、气候等自然条件在一定程度上影响居民外出方式的选择及线路的延伸，是影响网络整体格局的客观条件。郊区城镇体系的发展方向和城市城区产业的发展方向决定了未来线网发展的方向。

(2) 客运交通需求。城乡公交线网规划是在对规划区域内的客运需求量进行分析预测的基础上对公交线网中线路走向的规划和调整。在一定的服务水平要求下，客运需求量大的区域要求布置的公交线网客运能力较大。理想的公交线网布局应满足大多数交通需求的要求，具有服务范围广、非直线系数小、出行时间短、直达率高(换乘率低)、可达性高(步行距离短)等特点。在客运需求量过小的区域，由于路线客运能力太低是不经济的，因而在实施城乡公交一体化中可以考虑在发车间隔、公交线路走向等方面进行优化补充。在城乡公交一体化实施中，特别是城乡公交线路，应在充分考虑客运需求的基础上，考虑道路、管理等相关情况，决定线网中线路的主次、走向、优化，并在此基础上形成不同的线网布局。

(3) 道路条件。城市道路网特别是城市中郊区道路网是城乡公交线网形态的物质基础。城乡公交线网是以城市郊区道路为依托而布设的固定线路。城市郊区公路网规划和城区道路规划是城乡公交线网规划的基础和前提，在进行城乡公交线网规划时，一定要结合该城市城区和郊区的路网布局，即便道路网存在，也并非所有的道路都适合公交车辆行驶，还要考虑道路几何线性、路面条件和容量限制等因素。

(4) 场站条件。起、终点站址是约束城乡公交线网规划的重要条件，由于城乡公交车辆主要运营在城区边缘至郊区中心镇的线路上，起、终点站址的选择影响线路的走向及线路的客运吸引量。根据拟定的起、终点生成线网，也可在路线优化后，根据线路及车辆配置确定起、终点站及其规模。一般的公交车站可以在路线确定后，根据最优站距和车站长度的限制等情况确定。

(5) 政策因素。城市公共交通系统作为一种公益性事业，要使原有的郊区公路客运营运模式转换为城市公交营运模式，原有的客运营运人(营运车主、营运企业)等的利益都要受到较大的影响，郊区的居民出行、土地价格等都有较大的变化，因此城乡公交线网与城市交通的管理政策(如车辆管制与优先、服务水平管理、票价管理等)、社会公平保障政策、土地发展政策(如通过开辟公交路线诱导出行，促进沿途地带的发展)等有关。

2. 城乡公交线路规划原则

城乡公交线网的设置关系到城乡公交一体化实施的效率和效益，在实施城乡公交一体化中应综合考虑影响因素来设置线路网。城乡公交线路的规划应遵循以下原则。

(1) 起点站适宜设置在城市重要活动中心附近，如医院、市场、商业区等地点，且提供乡镇居民直达城市中心区的公交服务，起点站避免集中设置，防止形成新的“中心站”。

(2) 终点站尽量设置在集镇的中心或者客运汽车站，以便群众的出行。

(3) 由于城乡间出行距离较长，因此对公交的依赖性强，在公交规划中须首先满足这部分出行需求，尽量使用最短路径。

(4) 线路进入城市中心区后尽量减少过多的绕行。

(5) 城区内站点停靠应与城市公交线网一致，以集中利用站点资源，提高公交资源的利用效率，方便居民换乘。

(6) 部分线路可考虑利用城市公交线路延伸的方法来提供服务。

3. 城乡公交中途站点设置方法

城乡公交主要行驶在城市郊区范围，中途站点主要设置在城市郊区的原有客运道路上，公交线路较少，因此中途站点主要以路边停靠且为非港湾式停靠站。但由于郊区客流的不稳定性，居民生活区、工作区的分散性，在城乡公交线路网中不适宜采用常规公共交通场站布设方法。可根据城乡公交客流的特点将城乡公交中途站点分为固定停靠站和临时停靠站。固定停靠站是公交行驶中按线运行，到站停车；临时停靠站即招呼站，是根据郊区线路路段上乘客的需要设置的临时停靠站，供该停靠站附近的居民乘车使用。

城乡公交中途站点固定停靠站设置方法主要有以下5种。

(1) 固定停靠站应设置在公共交通线路沿途所经过的各主要客流集散点上，一般设站于城区边缘带的大型商业或生活区附近。

(2) 固定停靠站应沿衔布置，站址宜选择在能完成车辆的停和行两项任务的地方。

(3) 交叉口附近设置固定停靠站时，一般设在过交叉口50米以外处，在城区车辆较多的主干道上，宜设在100米以外处。

(4) 城乡公交中途固定停靠站在进入城区后应按城市常规公共交通公交路线的站间距来设置，可采用原城区公交停靠站。

(5) 城乡公交中途固定停靠站在城市中心城区外的间距应按客流集散点的情况来进行设置，站间距一般大于城市常规公交路线的站间距。

城乡公交中途站点的临时停靠站主要为郊区路线中长距离范围内没有固定客流的公交线路而设置，其目的是为了解决城乡公交线路沿线及附近的村镇居民点的居民乘车问题。一般建议在人口超过500人的行政村、居民点或大型商业区、企业厂址附近设置。

4. 车辆配置

城乡公交一体化客运车型的选择应当体现城市发展的阶段和特色，注重市场培育对车型的不同要求。车辆选型时可适当提高车型档次，具体车型选取要考虑车价与票价的协调，权衡车辆成本(包括维修保养、投资回报期等)和居民的承受能力。注意车辆自身性能的提高，在保证安全的前提下提高舒适性，考虑站场容纳能力和车辆实载率，选取适宜车长，明确投放更新，同时应与企业经营方式相适应，展现车型优势，树立品牌，注重环保和信息化建设。车辆运力配置主要考虑以下影响因素。

(1) 城乡公交客运需求量。公交客运需求量是指城乡居民出行需要乘坐公交车的人数，用以表示城乡居民对公交服务的利用规模，也是公共交通投放运输工具、编制生产经营计划和线路运营作业计划的主要依据。

(2) 公交乘客周转量。公交乘客周转量是指公交线路上各乘客被运送距离的总和，表示公交运输的总工作量。乘客周转量越大，要求配备的公交车辆越多。

(3) 公交线路长度。城乡公交线路布局应能充分发挥运载工具的运能，尽可能使乘客出行方便，提高公交服务水平。

(4) 车辆营运周转速度。公交车辆营运周转速度是指车辆在线路上来回周转一次的平均速度，它不仅反映了公交车辆在线路上的运营时间，也反映了公交车辆在首末站的停驻时间。车辆的运营周转速度高，则在路线上的周转就快，车辆投入相对减少。

(5) 发车间隔。发车间隔是指线路起点站相邻出发的两辆公交车发车的时间间隔。公共交通要按一定的行车间隔准时地沿规定路线来回行驶，时间间隔短，发车频率高，则车辆投入增多。因此，所配备公交车车辆数既要完成客运任务，又能按规定时间间隔在路线上周转。

5. 运营管理

1) 城乡公交一体化经营模式

(1) 公交化改造，集约化经营。按照“公平、公正、公开”的原则，采取线路置换、公司收购、参股经营、淘汰、转移、服务质量招投标等做法对城乡之间的农村客运进行公交化改造，取消挂靠车，重新购置公交车辆，实行公司化经营、公交化服务。

(2) 经营主体。城乡客运一体化具体经营企业应由具备较高经营资质、管理规范、经营实力与抗风险能力较强的客运企业具体负责实施。为此应打破城乡地域分割，可组建城乡公共交通股份制公司，专业从事城乡公交一体化经营工作。

(3) 片区经营。根据行政区域和线路走向，把经营区域划分为若干片区，每个片区由有限的客运企业经营，经营线路以中心城区为集散点向外辐射，线路长短不等，有机结合，远郊区、中心镇(乡)、村等级辐射。片区经营主体相互协调，统筹安排本区域内的线路、车辆，负责片区客运线路的运营，片区与片区之间实现各种运营方式的有效衔接。

(4) 发车班次。根据乡村客流的不均衡性，确定班次频率，保证一定的客运班车规模，提高线路营运的经济效益。在客流量比较大的线路采取"三个结合，一个衔接"的方式，即固定班次和滚动班次相结合，计划班次和计划外加班相结合，高峰期配足运力和平峰期均衡安排相结合，镇、村班次和城区长途班次衔接。对于偏远地区客流量少的线路，利用小型客车穿梭于村落内部，采取不定线路、不定班次、不定站点、不定票价、一票到达等灵活的运营方式。

2) 扶持政策

(1) 税收和交通规费政策。在税费上对公交实行"减"、"免"、"缓"的政策，如对公交运营的油料、养路费等实行优惠政策；在收费的路、桥上，公交车辆享受免费的政策。

(2) 票价政策。要制定科学合理的票价政策必须兼顾成本、易于接受、便于操作、公正合理的原则，同时也要与经济发展水平相结合。

(3) 财政政策。公共交通建设的投入要以政府投入为主，其发展应当纳入政府公共财政体系，统筹安排，重点扶持。

(4) 法规政策。城乡公交一体化实施要坚持政策法规的一体化，即对城市公交和农村客运采用统一的法律法规体系，从而规范运输经营行为，形成比较完善的城乡公交运输法规体系。

小案例

农民心目中的公交车

溧阳市交通局具体实施城乡公交一体化时，创新思路，将城乡公交一体化工程分为"城区"、"市到镇"、"镇到村"3个层次，勾勒出既贴合客运规律，又贴近市民出行习惯、城乡兼顾的蓝图。

公交化改造是大方向，企业则以赢利为目的，不能赢利难以生存。面对矛盾，路运公司因线制宜，对共营段较长的线路进行整合，实行公司化经营；对经营成分复杂的共营线，采取经济责任制模式过渡，但站亭设置、车辆更新、油料供应、票价等方面，以及对优质服务的要求，与公司化经营的线路完全同一标准。3年多来，该公司先后投入4 000余万元，更新高一级客车180多辆；票价始终保持稳定，班次间隔5～8分钟，总体经营还略有赢利。

到2008年，溧阳路运公司所经营的城镇班线全面完成公交一体化改造，实现了溧阳“市到镇”公交线路全覆盖。

2008年年底开始运转的8条镇村公交线，是以镇区为中心、向四周行政村辐射的区域公交网，是从溧阳城、镇到行政村的公交“延伸线”，也是城乡公交一体化工程的最后一役。至此，溧阳150个重点行政村全部贯通公交车。

镇村公交车从开通的第一天起，农民便从心底承认它是“自己的公交车”。社渚、竹箦两镇被定为试点，各开辟4条镇村公交线，沿途设置了150对公交站亭。2008年年底，溧阳客运公司分别向这两个农村客运站投放20辆小公交车开始试运行，如图9.24所示。

图9.24 镇村公交车

在财政上，溧阳市政府对发展镇村公交给予了大力扶持。《镇村公交实施方案》明确表示，在购车方面，政府每辆车给予3万元补贴，经营性亏损部分政府给予全额补贴，按季度发放，基本解决了经营单位的后顾之忧。

镇村公交与城区公交一样，同属公益性事业，只是主要服务对象不同而已。燃油税费改革后，国家给予城区公交的各项政策，镇村公交理应享受。这关系到镇村公交的生存、发展与推广，也可以说，是实践科学发展观、建设和谐社会的一个方面。

（资料来源：杨阳．农民心目中的公交车[OL]. 常州市交通与物流运输协会，2009. 节选，有删改）

3）保障措施

（1）科学的发展规划。城乡公交规划应参考规划居住人数、公路建设规划和新农村规划中各节点的规模，预测未来的人口、经济、用地，制定符合客观实际、适度超前，而又具有明显可操作性的发展规划。详细地制定各个布置点的公交发展规划，使城乡公交在班线、运力和场站建设工作中能规范、有序地发展起来。

（2）场站设施一体化建设。场站设施一体化建设主要是指城乡公交客运站点的选址、规模、等级、服务功能等由交通主管部门统一规划、合理布局，使各站点能与其他运输方式和各种客运服务方式有效衔接，与城乡规划相配套。

（3）广开建设资金渠道。公共交通是一项社会公益事业，仅靠政府投资和票价收入无法使公交正常运营和形成稳定客流，进而导致公交效益差、服务水平低下，形成恶性循环。应广纳社会资金，多渠道融资，转变观念，发挥自身优势，自我开发，实现创收。

(4) 服务体系的一体化。确定标准化的服务体系，增强从业人员的服务意识和责任意识，树立城乡公交的品牌形象。建立和完善对城乡公交运营企业的监督和考核机制。

(5) 客运信息一体化。建立公交乘客信息系统，为乘客提供实时信息，为出行提供更大便利，从根本上改善乘客出行信息获得困难的状况。建立营运车辆运行管理信息系统，为城乡公交经营企业提供实时调度和经营管理服务，为驾驶员提供自动导航和维修救援服务并预防超速和疲劳驾驶，为行业管理部门打击无证经营、跨线经营、站外揽客等违规经营行为提供技术支持。

(6) 加强宏观调控。城乡公交一体化管理机构要在法规政策制定、经营方式确定、运价制定管理、利益分配、线路发展、站点规划布局、车型选择等方面予以调控。

小案例

张家港市推进城乡公交一体化成效显著

近年来，张家港市大力推进城乡公交一体化，取得了显著成效。目前全市共有 54 条公交线路、726 辆公交车、44 个公交场站、1 200 余个公交站点，城乡居民公交出行分担率由“十一五”初的不足 10% 提高到了 15.5%。

一是理顺体制，形成发展合力。2003 年，实施城乡客运班线公司化改造，通过收购个体和挂靠中巴车，整合经营主体，形成市内公交和城镇公交“两元化”发展模式。2004 年，完成《张家港市公共交通发展规划(2004—2020 年)》编制，全面推进农村客运班车通达工程。2005 年，在苏州市率先实现了村村通公交的目标。2006 年和 2010 年，又分两次实施了公交体制改革，组建了张家港市港城公共交通有限公司，实现了全市公交统筹运作、城乡客运一体化发展格局。

二是加大投入，完善基础设施。自 2006 年起，共投入资金 18 863.82 万元，新增和更新公交车辆 618 辆(2010 年，建设了江苏省首座 LNG 加气站，首批投入 30 辆 LNG 清洁能源公交车)。自 2007 年起，共投入资金近亿元，建设了 6 个客运枢纽站，13 个公交首末站和 1 个公交停车场。2009—2011 年，共投入资金 2 500 万，建设成农村公交候车亭 420 只。同时，相继出台了一系列公交扶持政策，如对 70 周岁以上老年人免费乘车实行补贴，每季度预拨发展资金、公交低票价的实施、公交亏损由财政全额承担等，加速了城乡公交的快速发展。

三是率先争先，激发工作动力。2011 年，提出了“争创全省城乡公交一体化先进市”目标。制定出台了《张家港市镇村公交发展实施方案》，已报市政府转批实施，力争 9 月底前，所有符合开通条件的镇村公交线路全部开通，确保 10 月对全市镇村公交发展全面验收，形成以一级市区公交为根系、二级城镇公交为主干、三级镇村公交为枝叶，一、二、三级公交线路紧密衔接的沟通城镇、覆盖行政村群众集中居住点的树形公交客运网络。

四是打造品牌，发挥示范效应。近年来，注重打造公交行业优秀服务品牌，大力推行温馨服务和精品示范线路创建活动。继公交 6 路(2008 年被评为“全国巾帼文明岗”)成功打造为“温馨之路”品牌后，不断延伸品牌内涵，先后形成了“阳光之路”学生公交专线(2009 年获市妇女儿童发展和谐奖)、“和谐之路”228 路(2010 年被评为交通系统优质服务品牌)、“公交温馨热线”962011(2010 年被评为市交通系统优质服务窗口、市青年文明号)等一批具有特色的子品牌项目。

五是强化管理，提升服务质量。2009 年，投资成立了张家港市公交信息管理中心，主要实现了公交

车辆实时监控、轨迹回放及受理乘客的咨询、导乘、寻物、建议等功能。配备了“呼叫精灵”，设立了QQ服务平台，更好地满足了乘客的需求。另外，通过在全市所有公交车、出租汽车上安装GPS、建设公交电子站牌等方式，有效提高了公交运营管理效率。

（资料来源：http：//news. slnews. net. cn/html/2011-06/19/content _ 29101. htm.）

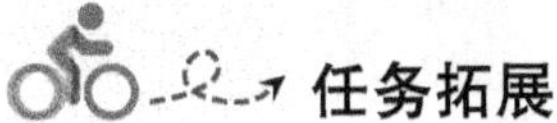

任务拓展

城乡公交管理体制障碍

城市公交与公路客运在管理体制上存在差异，具体见表9-8。

表9-8 城市公交与城乡客运管理体制的差异

项目	城市公交	城乡客运
主管部门	建设部(逐步改为交通部)	
管理模式	定班、定时、定线、定站、订票	定线、定班、定时，强调“车进站，人归点”
性质	公益性	营利性
税费	普遍不缴纳公路规模，缴税减少	需缴纳客运附加费、养路费、运管费、工商税、营业税等
财政	享受政府补贴	无任何补贴
荷载人数	按照车内面积核定	按照座位数核定，不允许超越
营运模式	区域经营	线路经营
服务范围	线路沿线(地毯式)	线路端点(跨越式)
线路确定	由政府规划	行政审批
经营特征	由归属政府的企业集约化经营	经营主体分散，市场作用明显

现行管理体制的作用，将统一的客运市场“分而治之”，对城市公交与城乡客运，采用了两套标准和政策，从而使管理体制的弊端逐步显现出来：①职能交叉，互相牵制，使城乡客运衔接差、相互配套差，严重阻碍了城乡公交一体化的进一步发展；②交通资源很难得到有效整合和充分利用，由于相互衔接差，相互不配套，一个完整的统一体被肢解后，必然导致资源浪费，企业效益和社会效益无法达到最优；③由于多家管理的体制与现代市场机制不适应，二者之间必然导致冲突，而解决的办法只有沿用行政手段偏多的刚性调控方法，必然导致市场竞争失序、信息传递不灵、价格反映不敏，最后导致管理失效，从而阻碍城乡客运的发展。

任务操作

（课堂任务操作）针对出行任务，分组完成：调研你家乡或你所熟悉的城市的城乡公交一体化实施的情况，并分析其优缺点，同时可选择其他城市进行比较，撰写一篇调研报告。

任务考核

本任务主要学习了城乡公交一体化实施，请你思考以下几个问题，并作为自我检查：

1. 说明城乡公交一体化的内涵及其要素。
2. 举例说明城乡公交线网的影响因素。
3. 举例说明城乡公交中途站点设置的方法。
4. 说明城乡公交一体化经营的模式。
5. 结合你家乡说明实施城乡公交一体化的保障措施。

任务9.5　城市公共交通智能化管理

知识目标

1. 了解智能交通系统的组成。
2. 掌握智能公共交通系统的应用。

能力目标

能基本应用城市智能公共交通系统，并能加以比较分析。

任务引入

从出行角度出发，体验你所熟悉的城市智能公共交通系统。

任务分析

9.5.1　智能交通系统的内涵和组成

1. 智能交通系统的内涵

智能交通系统(intelligent transportation system，ITS)是将先进的信息技术、通信技术、传感技术、控制技术以及计算机技术等有效地集成运用于整个交通运输管理体系，而建立起的一种在大范围内、全方位发挥作用的，实时、准确、高效的综合交通运输管理系统。智能交通系统实现了人、车、路的有机结合和协调发展，极大地提高了交通运输效率、保障交通安全、改善环境质量和提高能源利用率，从而充分体现经济、社会和生态效益的最大化，实现交通发展的可持续性。

1）车辆控制系统

车辆控制系统是指辅助驾驶员驾驶汽车或替代驾驶员自动驾驶汽车的系统。该系统通过安装在汽车前部和旁侧的雷达或红外探测仪，可以准确地判断车与障碍物之间的距离，遇紧急情况，车载电脑能及时发出警报或自动刹车避让，并根据路况自己调节行车速度，

亦称为“智能汽车”。美国已有 3 000 多家公司从事高智能汽车的研制，已推出自动恒速控制器、红外智能导驶仪等高科技产品。

2）交通监控系统

交通监控系统类似于机场的航空控制器，它将在道路、车辆和驾驶员之间建立快速通信联系。哪里发生了交通事故，哪里交通拥挤，哪条路最为畅通，该系统会以最快的速度提供给驾驶员和交通管理人员。

3）运营车辆管理系统

运营车辆管理系统通过汽车的车载电脑、管理中心计算机与全球定位系统联网，实现驾驶员与调度管理中心之间的双向通信，来提供商业车辆、公共汽车和出租汽车的运营效率。该系统通信能力极强，可以对全国乃至更大范围内的车辆实施控制。行驶在法国巴黎大街上的 20 辆公共汽车和英国伦敦的约 2 500 辆出租汽车已经在接受卫星的指挥。

4）旅行信息系统

旅行信息系统是专为外出旅行人员及时提供各种交通信息的系统。该系统提供信息的媒介是多种多样的，如电脑、电视、电话、路标、无线电、车内显示屏等，任何一种方式都可以。无论你是在办公室、大街上、家中还是汽车上，只要采用其中任何一种方式，你都能从信息系统中获得所需要的信息。有了该系统，外出旅行者就可以眼观六路、耳听八方了。

2. 智能交通系统的组成

智能交通系统是一个复杂的综合性的系统，从系统组成的角度可分成以下一些子系统。

1）先进的交通信息服务系统

先进的交通信息服务系统(advanced traveler information system ATIS)是建立在完善的信息网络基础上的。交通参与者通过装备在道路上、车上、换乘站上、停车场上及气象中心的传感器和传输设备，向交通信息中心提供各地的实时交通信息；ATIS 得到这些信息并通过处理后，实时向交通参与者提供道路交通信息、公共交通信息、换乘信息、交通气象信息、停车场信息及与出行相关的其他信息；出行者根据这些信息确定自己的出行方式、选择路线。更进一步，当车上装备了自动定位和导航系统时，该系统可以帮助驾驶员自动选择行驶路线。

2）先进的交通管理系统

先进的交通管理系统(advanced traffic management system，ATMS)有一部分与 ATIS 共用信息采集、处理和传输系统，但是 ATMS 主要是给交通管理者使用的，用于检测控制和管理公路交通，在道路、车辆和驾驶员之间提供通信联系。它将对道路系统中的交通状况、交通事故、气象状况和交通环境进行实时的监视，依靠先进的车辆检测技术和计算机信息处理技术，获得有关交通状况的信息，并根据收集到的信息对交通进行控制，如信号灯、发布诱导信息、道路管制、事故处理与救援等。

3）先进的公共交通系统

先进的公共交通系统(advanced public transportation system，APTS)的主要目的是采

用各种智能技术促进公共运输业的发展，使公交系统实现安全便捷、经济、运量大的目标。例如，通过个人计算机、闭路电视等向公众就出行方式和事件、路线及车次选择等提供咨询，在公交车站通过显示器向候车者提供车辆的实时运行信息。在公交车辆管理中心，可以根据车辆的实时状态合理安排发车、收车等计划，提高工作效率和服务质量。

4）先进的车辆控制系统

先进的车辆控制系统(advanced vehicle control system，AVCS)的目的是开发帮助驾驶员实行本车辆控制的各种技术，从而使汽车行驶安全、高效。AVCS包括对驾驶员的警告和帮助、障碍物避免等自动驾驶技术。

5）货运管理系统

这里的货运管理系统(freight management system，FMS)指以高速道路网和信息管理系统为基础，利用物流理论进行管理的智能化的物流管理系统。综合利用卫星定位、GIS、物流信息及网络技术有效组织货物运输，提高货运效率。

6）电子收费系统

电子收费系统(electronic toll collection system，ETC)是世界上最先进的路桥收费方式。通过安装在车辆挡风玻璃上的车载器与在收费站ETC车道上的微波天线之间的微波专用短程通信，利用计算机联网技术与银行进行后台结算处理，从而达到车辆通过路桥收费站不需停车而能交纳路桥费的目的，且所交纳的费用经过后台处理后分给相关的收益业主。在现有的车道上安装电子不停车收费系统，可以使车道的通行能力提高3～5倍。

7）紧急救援系统

紧急救援系统(emergency management system，EMS)是一个特殊的系统，它的基础是ATIS、ATMS和有关的救援机构和设施，通过ATIS和ATMS将交通监控中心与职业的救援机构联成有机的整体，为道路使用者提供车辆故障现场紧急处置、拖车、现场救护、排除事故车辆等服务。

想一想

你见过或使用上述何种系统？有哪种优点？

9.5.2 智能公共交通系统的应用

1. 智能公共交通系统的内涵

智能公共交通系统(advanced public transportation system，APTS)就是运用当下最先进的GPS技术、3G通信技术、GIS技术，结合公交车辆的运行特点，建设公交智能调度中心，对线路、车辆进行规划调度，实现智能排班、提高公交车辆的利用率，同时通过建设完善的视频监控系统实现对公交车内、站点及站场的监控管理。智能公交是未来公共交通发展的必然模式，对缓减日益严重的交通拥堵问题有着重大的意义，中国大部分一线城市都已实现公交智能化。

智能公共交通系统紧密结合目前城市公共交通的实际情况，借助先进的科学技术，结合人性化的设计理念，构造一套精密、复杂、庞大的公交车联网视频监控管理系统，为公共交通运营体系提供可视化管理服务，进而为公众出行提供便捷服务，为公众出行安全提供有力的保障。其组织结构如图 9.25 所示。

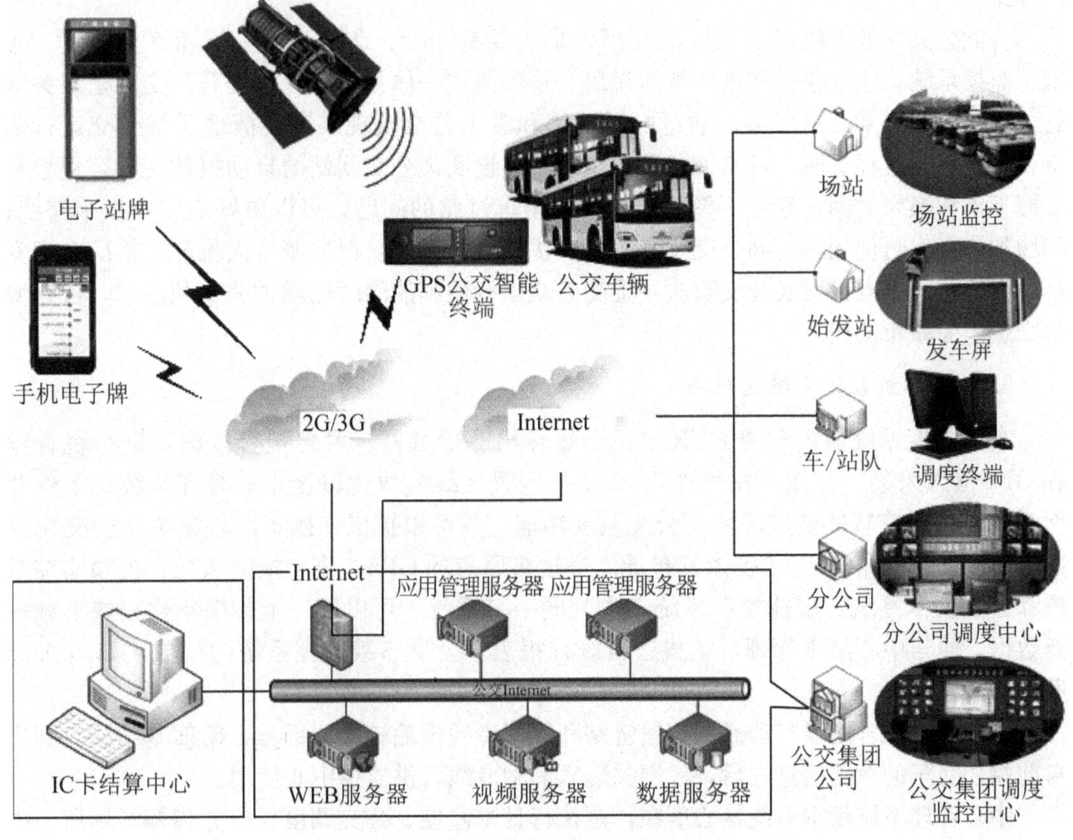

图 9.25 智能公共交通系统的结构

2. 智能公共交通系统建设的目标

根据国家相关政策，大力发展公共交通以应对日益严重的城市交通拥堵问题，通过建设智能公交调度指挥中心、全方位公交 3G 视频监控系统、实体智能公交电子站牌，结合公交车辆的运行特点，以塑造平安公交、智能公交为出发点，实现如下目标。

(1) 根据线路、站点客流量科学设置公交线路，系统使用计划排班调度与滚动排班调度相结合的调度模式，使车辆运营调度智能化、实时化、科学化，加强对运营车辆的指挥调度，提高运营效率。

(2) 通过建设公交调度监控系统，实现车辆营运的实时数据的采集，对车辆进行自动定位，更科学有效地管理公交车辆。

(3) 自动报站系统，车辆靠站设备通过车内广播自动播报车站信息，提醒乘客换乘和注意事项。

(4) 全面的视屏监控系统建设，可以提供公交车内、公交站点及公交场站视频数据，为实现平安、智能公交提供依据。

(5) 通过完善的公交信息服务系统的建设，公众可以通过手机、实体电子站牌等方便准确地获取公交线路信息、车辆实时信息等，使公交成为最优质、安全、经济、舒适的出行方式。

智能公共交通系统可以达到的应用效果主要有 4 个：①整合公交运营企业调度、排班、监控系统，实现模拟调度、智能排班、视频监控一体化管理；②提升公交乘坐服务体验，增强公众搭乘公交意愿，通过电子站牌和掌上公交实现乘客便捷地了解公交运行信息，公交运营过程透明、可掌握；③通过系统建设实现公交到站的自动报站使乘客更容易掌握下车和换乘时间，避免不熟路线的乘客坐车过站的问题，可以更好地安排换乘路线；④增加公交出行便利，提高公交车利用率，优化城市交通，根据城市人流分布情况合理安排公交线路、站点设置及公交班次，提高公众出行便利的同时也增加公交利用率，优化城市交通，为城市提速。

3. 公交车载监控系统的应用

车载监控系统通过车载 DVR 主机、摄像机、拾音器、紧急报警按钮，进行视音频和 GPS 信息采集、存储，并通过 DVR 主机内置无线模块传输至中心管理系统；车载调度系统通过公交智能调度屏实现公交调度功能，并可以扩展连接车内外喇叭、公交刷卡器、手麦、LED 信息屏、媒体发布屏。通过将原有的 GPS、公交报站系统、视频监控系统和公交刷卡系统、媒体发布系统集成为同一套系统。可以统一上传采集数据或下载更新数据，便与中心集中管理，生成运营统计报表。公交车载监控系统的构成，如图 9.26 所示。

传输网络包含无线移动通信传输链路和固网专线传输链路两部分，通信基站接收到来自前端公交车的数据信息之后，经网关送入固网专线，供监控中心使用。

中心管理系统是本系统核心所在，是执行日常监控、公交调度、应急指挥的场所。中心管理系统通过无线网络实现控制车载前端系统，实现视音频监控、GPS 定位、车辆线路管理、车辆调度、语音对讲、报警处理等功能，并且可以进行上传数据存储、汇总，生成后台管理报表，实现车辆维修管理、线路运营管理等功能。

4. 公交场站监控系统的应用

公交场站监控系统主要由模拟摄像机、DVR 主机、交换机、视频分析服务器组成，并可以连接调度指示牌、考勤机、广播、报警设备等。通过一整套设备，实现公交场站的安全管理。

5. 电子站牌系统的应用

公交电子站牌信息发布系统，通过 3G 或有线网络连接公交公司监控中心，即时显示车辆到站信息，具有广告循环播放及天气预报等公共信息播报等功能。电子站牌的构成如图 9.27 所示。

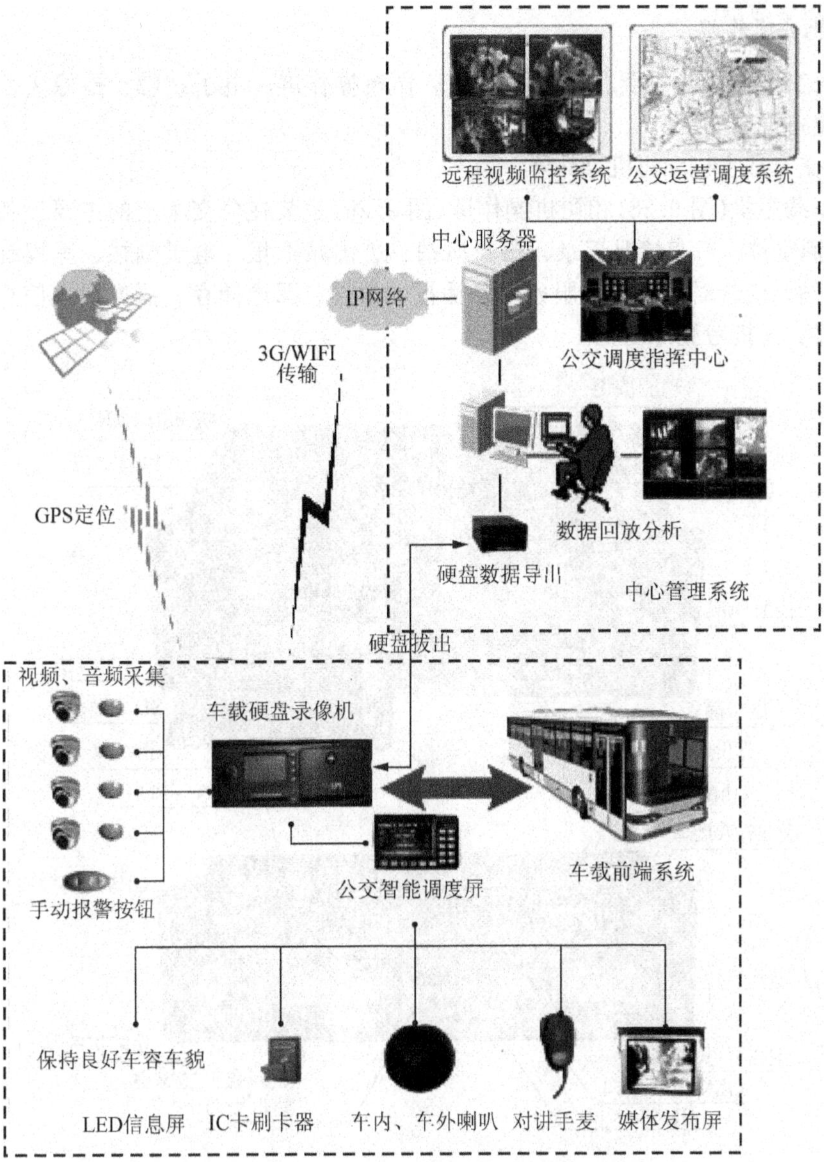

图 9.26 公交车载监控系统的构成

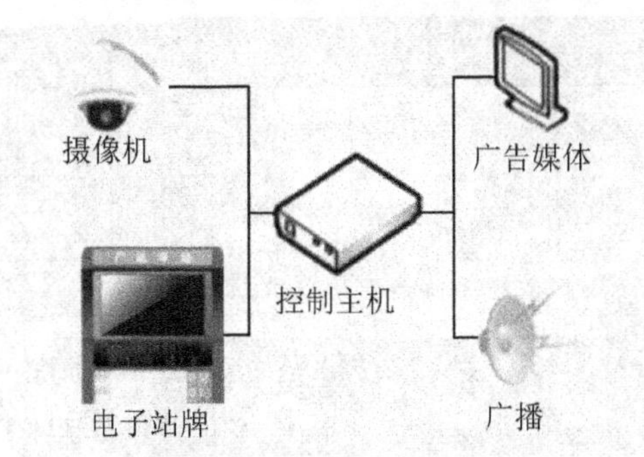

图 9.27 电子站牌的构成

3. 智能公交终端设备

智能公交终端设备主要包括车载主机、司机操作屏、电子站牌、摄像头、对讲手麦等。主要设备说明如下。

1）公交车载主机和司机操作屏

公交车载主机(图 9.28)和司机操作屏(图 9.29)是装在公交车上的主要设备，能够实现 GPS 车辆定位、行车情况记录、图像抓拍、进出站上报、电子围栏、里程统计、语音手/自动报站、语音对讲功能、服务用语播报、数据、图像储存、摄像视频信息显示、紧急情况报警、司机考勤等功能。

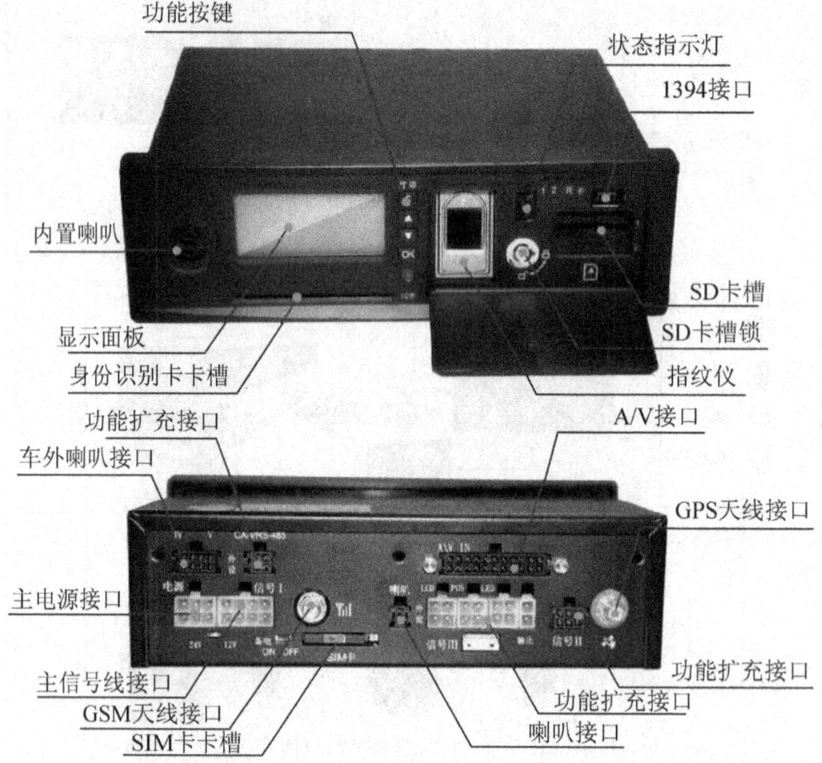

图 9.28　公交车载主机

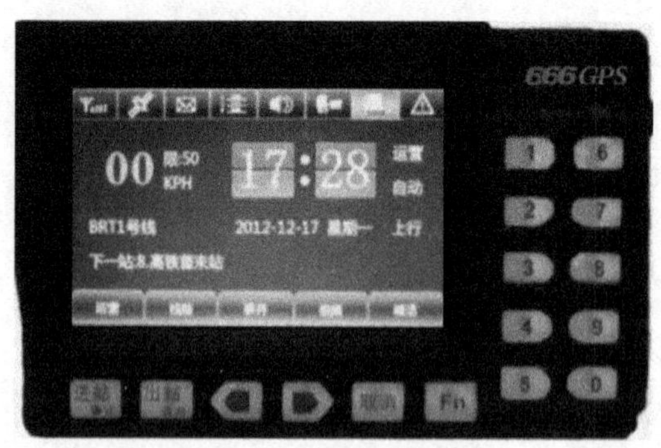

图 9.29　司机操作屏

2）电子站牌

公交智能电子站牌的基本原理是，对于已经安装GPS车载定位系统的公交车，通过无线网络将公交车定位数据发布到控制中心服务器中，计算出车辆的实时到站信息，将计算结果发送到安装有无线通信设备或光纤通信的智能站牌中，在LED屏或LCD屏上进行预报和信息发布，如图9.30所示。

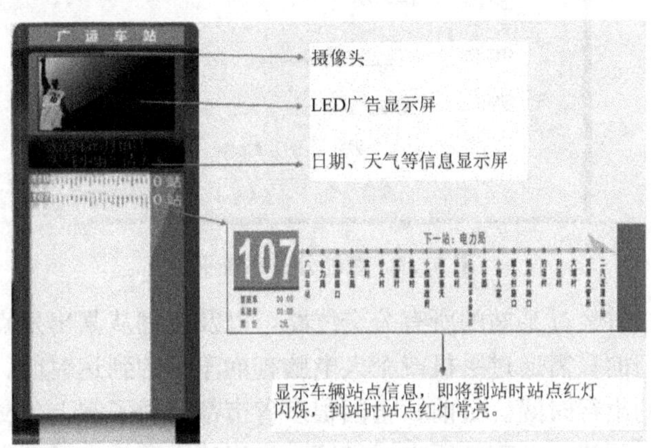

图9.30 电子站牌示意图

（1）电子站牌以公交站点动态的方式向乘客展示到站信息，乘客可以非常明了地了解车辆到本站还有几站，以及前面的公交车辆数。

（2）电子站牌液晶LED屏可以播放新闻节目，同时也可以播放商业性广告，可以增加公交企业的运营收入，必要的时候发布政府的通告及紧急公告信息等。

（3）在监控调度中心可以通过电子站牌摄像头实时查看站点视频，针对实际人流量调度公交车辆。

（4）电子站牌的摄像头，可以作为交通监控摄像头，对公交车的日常营运情况、车辆进站秩序和驾驶员行车作风实时监控。

（5）电子站牌作为重要的公共基础设施，其视频监控功能还能为社会治安提供一些重要的视频信息。

4. 智能公交系统平台

智能公交系统是基于GPS、GPRS、GIS等技术的综合运用于一体，实现公交车辆的定位、线路跟踪、自动语音报站、班车路线管理、报表统计、班车路线统计、实时视频监控、车辆调度管理、调度排班、驾驶员管理、油耗管理等功能，以及公交线路的调配和服务能力，实现区域人员集中管理、车辆集中停放、计划统一编制、调度统一指挥，人力、运力资源在更大的范围内的动态优化和配置，降低公交运营成本，提高调度应变能力和乘客服务水平，最终推动智慧交通与低碳城市的建设。智能公交系统平台如图9.31所示。

5. 掌上公交的应用

掌上公交是未来智能公交的重要组成部分，是面向乘客出行服务的网络电子站牌，市民只要用电脑或者手机上网就可准确掌握所需搭乘公交线路车辆的到达时间、离本站的距

图 9.31 智能公交系统平台

离等信息，还可以查看经过某站的所有公交线路，以及查询从某出发点到目的地的所有换乘方案。乘客在出门前只需通过手机或个人电脑查询车辆的到达时间、离本站的距离等信息，规划好最合适的出行时间。目前，全国很多省市都开通了掌上公交服务(图 9.32)，如北京、上海、重庆、天津、江苏的所有城市等，为当地乘客提供了便利。

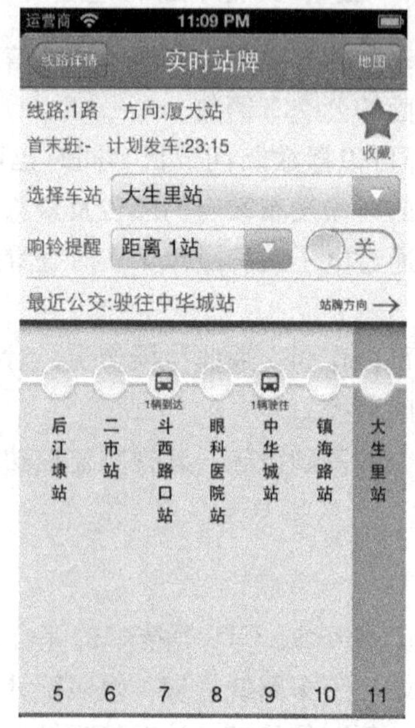

图 9.32 掌上公交服务

任务拓展

南昌掌上公交实现实时查询

你满头大汗飞奔到公交站台，可公交车已绝尘而去……因为不能掌握公交车的实时位置，人们常常为等待公交车而心生焦虑。近日，南昌移动推出“掌上公交”——用户可通

过手机方便地查询到想要乘坐的公交车的实时位置信息，从此，你可以掌握好乘公交出行的时间，告别飞奔赶公交的烦恼。

据介绍，掌上公交(mybus)，简单地说就是“把公交电子站牌搬到手机上”。基于该业务，手机用户可通过手机方便地查询到想要乘坐的公交车的实时位置信息，如距离所在的公交站还有多远。有了这些信息，乘客就可以灵活选择线路和站点，以及等车时机(如你附近有两个不同的站点，每个站点都有车可以到目的地，这个时候你就可以查询出那路车离站点更近，因此就到哪个站点去)，不用在公交站耗时间，更不用风吹日晒地在车站盲目等车，也不用为赶不上最近的一班车而懊恼，从而大大提高出行效率，全面提升用户出行体验。

据了解，目前南昌暂时只能通过WAP版使用掌上公交业务，大家可以手机登录江西移动无线城市首页即city. jx139. com然后点击进入“掌上公交”，按照提示即可操作使用。

掌上公交的使用有WAP网页和客户端两大模式，可以说，只要手机开通了上网功能都可以使用该业务，覆盖的人群非常广泛。该业务的客户端版相比WAP网页版功能更强大，如有线路收藏、预约车辆(如早上7:00—8:00只要有你要坐的公交车离你所在的公交站在1 000米以内，你的手机就会像闹钟样的响铃，提醒你赶紧过去等车)等全新业务模式，适合各种层次人群和手机用户使用。

“南昌市每天有145万人次乘坐公交车，掌上公交的推出无疑是个实实在在的民生工程。”南昌公交公司调度中心主任王小平告诉记者，掌上公交已在南昌156条公交线路1 000多辆公交车上覆盖，目前线路和站点正在逐步更新，已争取在南昌300多条公交线路、2 400辆公交车上实现全覆盖。

(资料来源：邱辉强．南昌“掌上公交”实现实时查询[N]. 南昌日报，2011. 节选，有删改)

任务操作

(课堂任务操作)针对出行任务，通过体验调研你所熟悉的城市智能公共交通系统的应用，并分析其优缺点，同时可选择其他城市进行比较，撰写一篇调研报告。

任务考核

本任务主要学习了城市公共交通智能化管理，请你思考以下几个问题，并作为自我检查：

1. 简要说明智能交通系统的内涵及构成子系统。
2. 举例说明智能公共交通系统的内涵及其应用效果。
3. 举例说明电子站牌系统的应用。
4. 举例说明掌上公交的应用。
5. 说明你所在城市的智能公共交通系统的应用。

参考文献

[1] 冯树民，白仕砚，慈玉生．城市公共交通[M]. 北京：知识产权出版社，2011.

[2] 闫平，宋瑞．城市公共交通概论[M]. 北京：机械工业出版社，2011.

[3] 裘瑜，吴霖生．城市公共交通运营管理实务[M]. 2 版．上海：上海交通大学出版社，2008.

[4] 莫露全，刘毅，蓝相格．城市公共交通运营管理[M]. 北京：机械工业出版社，2004.

[5] 中华人民共和国建设部．城市公共交通分类标准[M]. 北京：中国建筑工业出版社，2011.

[6] 交通运输部道路运输司．城市公共交通管理概论[M]. 北京：人民交通出版社，2011.

[7] 陈小鸿．城市客运交通系统[M]. 上海：同济大学出版社，2008.

[8] 中华人民共和国住房和城乡建设部．快速公共汽车交通系统设计规范[M]. 北京：中国建筑工业出版社，2010.

[9] 中华人民共和国住房和城乡建设部．城市轨道交通技术规范[M]. 北京：中国建筑工业出版社，2009.

[10] 阎国强，仇海兵．城市轨道交通概论[M]. 2 版．北京：人民交通出版社，2012.

[11] 慕威．城市轨道交通运营组织[M]. 北京：人民交通出版社，2012.

[12] 刘莉娜．城市轨道交通客运组织[M]. 北京：人民交通出版社，2010.

[13] 交通运输部道路运输司．国内外城市轨道交通事故案例评析[M]. 北京：人民交通出版社，2011.

[14] 毛保华．城市轨道交通规划与设计[M]. 2 版．北京：人民交通出版社，2011.

[15] 耿幸福，宁斌．城市轨道交通运营安全[M]. 北京：人民交通出版社，2010.

[16] 朱顺应，郭志勇．城市轨道交通规划与管理[M]. 南京：东南大学出版社，2008.

[17] 李智宏．快速公交系统的适应性分析与实践研究[D]. 成都：西南交通大学，2006.

[18] 赵洁雯．快速公交系统在大中城市交通发展中的应用研究[D]. 南京：南京林业大学，2008.

[19] 朱小郭．快速公交与常规公交协调衔接研究[D]. 长沙：长沙理工大学，2009.

[20] 夏正亚．快速公交系统在合肥市的应用研究[D]. 合肥：合肥工业大学，2009.

[21] 傅悦．城市公共交通发展的管理问题剖析[D]. 宁波：宁波大学，2011.

[22] 刘思阳．城市公共交通服务水平评价体系研究[D]. 成都：西南财经大学，2011.

[23] 侯兆收．公共自行车运营模式[J]. 交通科技与经济，2012(82).

[24] 李配配，崔珩．公共自行车与轨道交通的接驳与换乘研究[J]. 交通科技，2013(1).

[25] 何博．城市公共自行车系统的应用研究[D]. 成都：西南交通大学，2012.

[26] 叶丽霞．城市公共自行车调度系统研究[D]. 南京：南京理工大学，2013.

[27] 罗良鑫，等．广州水上巴士试验线客流预测研究[J]. 中国水运，2010(7).

[28] 王利明，毛超艳．重庆嘉陵江水上巴士规划、建设和运营初探[J]. 重庆交通大学学报(社科版)，2009(12).

[29] 赵志宏，陈学武，王炜．苏州市水上公共交通规划研究[J]. 规划师，2005(3).

[30] 崔园园，张璟．上海市水上客运模式转型分析[J]. 中国水运，2010(12).